Couverture Inférieure manquante

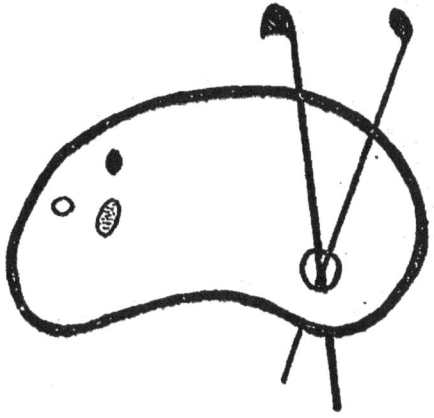

DEBUT D'UNE SERIE DE DOCUMENTS EN COULEUR

LE ROUERGUE
Sous les Anglais

Par M. l'abbé J. ROUQUETTE

MILLAU

IMPRIMERIE ARTIÈRES ET J. MAURY.

—

1887

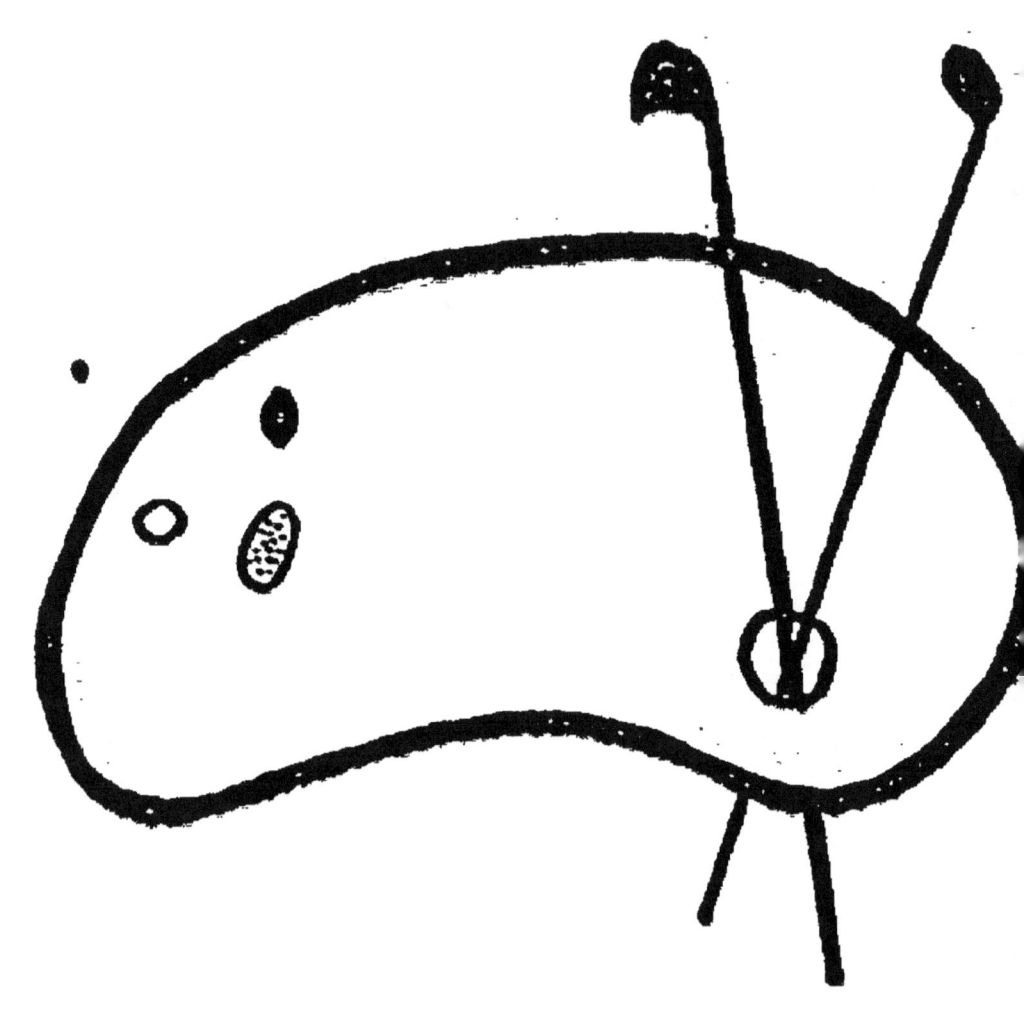

FIN D'UNE SERIE DE DOCUMENTS EN COULEUR

LE
ROUERGUE
SOUS LES ANGLAIS

PAR

M. L'ABBÉ J. ROUQUETTE

MILLAU
IMPRIMERIE ARTIÈRES & J. MAURY

1887

LE ROUERGUE

SOUS LES ANGLAIS

AVANT-PROPOS

Tout le monde connaît les désastres de la France au milieu du XIVe siècle, sa défaite à Poitiers, la captivité du roi Jean, l'apparition et les ravages des compagnies, le funeste traité de Brétigny, la perte des plus belles provinces du sud-ouest du royaume : mais peu de personnes, même chez nous, savent que le Rouergue fut du nombre des provinces cédées à l'Angleterre et que ce ne fut qu'après neuf ans de domination étrangère et par la force des armes que notre pays reprit sa place dans la monarchie française où nous nous sommes toujours maintenus depuis.

Notre province, toujours reléguée au dernier plan dans les historiens français, n'a été comptée pour presque rien dans la guerre de cent ans. C'est à peine si, de loin en loin, on trouve son nom mentionné dans les récits des évènements de ce temps-là. Cependant le Rouergue, comme les autres provinces ses voisines, joua un certain rôle dans les luttes de la France contre l'Angleterre, et l'on peut même dire qu'il y fit quelque figure. C'est pour mettre ce rôle dans son vrai jour, avec ses ombres et ses rayons, sans aucune teinte de chauvinisme que nous avons entrepris ce travail, œuvre difficile, soit qu'il s'agisse d'arriver à la connaissance des faits, soit qu'il faille les apprécier et en tirer des conséquences.

Avant d'écrire ces pages, où doit revivre un passé déjà bien loin de nous, étrangement défiguré, et dont l'esprit, les mœurs et les tendances sont si différents des nôtres, il a fallu nous livrer à de nombreuses recherches, tant la vérité, même en histoire, est difficile à trouver ! Nous avons parcouru nos principaux historiens, consulté les annalistes de notre province, et compulsé surtout les archives locales. C'est à cette dernière source que nous avons principalement puisé les matériaux dont nous nous sommes servi pour rédiger notre histoire. Aussi, ce travail, osons-nous l'espérer, sera-t-il plus exact et moins incomplet que tout ce qui a été fait jusqu'ici sur la domination anglaise dans le Rouergue. Les nombreuses pièces justificatives que nous publions à l'appui de notre récit seront une preuve de nos efforts et une garantie de notre véracité.

Parmi ces pièces, il en est plusieurs que nous avons cru devoir reproduire intégralement malgré leur longueur : ce sont les extraits des livres de compte des consuls boursiers de Rodez et de Millau. A un certain point de vue, c'est la partie la plus importante de notre publication. Voici qu'elle est l'origine de ces documents. Parmi les consuls, un avait la garde des deniers municipaux ; on l'appelait *le Boursier*. Il recevait les revenus de la ville, en payait les dépenses et tenait de tout un compte détaillé. Ce compte, vérifié et arrêté à la fin de chaque année consulaire par une commission dont faisaient partie les nouveaux consuls, était déposé dans les archives de l'hôtel de ville. Rodez, Millau et St-Affrique ont le bonheur de posséder plusieurs de ces livres précieux, véritables procès-verbaux des délibérations communales de cette époque. C'est là que se trouve l'histoire vraie ; là sont consignés, jour par jour, heure par heure, avec une exactitude minutieuse, les évènements du temps, la date précise des faits, et le nom véritable de leurs auteurs. Avec de tels documents dont il est impossible de contester l'authenticité, il nous a été facile de retracer le tableau fidèle de la domination anglaise dans le Rouergue. Si les annalistes de notre province, Etienne Cabrol, Bosc et de Gaujal avaient su les consulter, les nombreuses erreurs qu'on signale dans leurs écrits ne dépareraient pas leurs ouvrages ; il y aurait moins de lacunes et plus de liaison dans les faits qu'ils racontent : les livres des consuls boursiers auraient été pour eux ce qu'ils ont été pour nous-même, le vrai journal de ce temps, la clé d'une foule d'évènements restés inexplicables jusqu'à nos jours.

Les écrivains étrangers au Rouergue, tels que les historiens du Languedoc, du Quercy, de la Gascogne auraient pu consulter aussi avec fruit les livres de compte de nos consuls boursiers : ils y auraient recueilli des faits intéressants qui leur ont échappé ; ils y auraient trouvé des dates certaines au moyen desquelles ils se seraient épargné de regrettables anachronismes. Allons plus loin et osons dire que ces livres peuvent jeter du jour même sur l'histoire générale de France, et faire mieux comprendre certains évènements qui se sont passés dans le temps où nous subissions la domination de l'Angleterre. Le grand chroniqueur de cette époque, Froissart, est rempli d'inexactitudes ; tout le monde en convient : il doit par conséquent être soumis à une sévère révision, quand on lui emprunte les faits qu'il rapporte. Cette révision est devenue sûre et facile avec le secours de nos livres de compte, où, comme nous l'avons déjà dit, tout est certain, les noms, les dates et les faits.

C'est donc avec confiance que nous mettons au jour un travail dont nous pouvons garantir l'exactitude historique. Puisse le public accueillir le fruit de nos recherches avec une faveur égale au zèle que nous avons mis à le rendre digne de ses suffrages !

NOTE. — Comme il sera souvent question, dans cet ouvrage, de l'Histoire Générale de Languedoc, par Dom Claude Devic et Dom Vaysete, nous prévenons le lecteur que l'édition citée est celle que M. E. Privat fait paraître à Toulouse, avec des notes rédigées par des érudits de très grand mérite.

CHAPITRE PREMIER

Situation du Rouergue pendant les cinq années qui précédèrent son annexion à l'Angleterre. 1356-1361.

La guerre entre la France et l'Angleterre durait depuis longtemps, lorsque, en 1356, les Anglo-Gascons, commandés par le Prince de Galles, battirent l'armée française à Poitiers et firent prisonnier son chef, le roi Jean. Ce désastre, venant après la prise de Calais, la défaite de Crécy et les ravages du Prince Noir dans le Languedoc, jeta l'épouvante dans toute la France. Ce n'est pas ici le lieu de raconter tout ce qui fut fait dans notre pays pour réparer ces malheurs et en prévenir de nouveaux. Le cadre de notre travail exige que nous nous bornions à dire sommairement ce que fit, en ces circonstances critiques, la province du Languedoc à laquelle appartenait alors le Rouergue.

La bataille de Poitiers avait été livrée le lundi dix-neuf septembre 1356; la nouvelle en parvint à Millau le vingt-huit du même mois. Le vicomte de Narbonne, un des rares barons du Midi qui assistèrent à cette bataille, y fut blessé et fait prisonnier. Le premier octobre suivant, le comte d'Armagnac, gouverneur du Languedoc, convoqua à Toulouse les Etats généraux de cette province qui comprenait alors cinq sénéchaussées. Le clergé, la noblesse et les députés des villes se rendirent avec empressement à cet appel. Quand l'assemblée fut réunie, le comte d'Armagnac, dans un discours pathétique lui représenta le triste état du pays et la nécessité de le défendre contre les attaques des ennemis. Entrant dans les vues de leur président et s'associant complètement à ses sentiments patriotiques les Etats votèrent la levée d'une forte armée et les subsides nécessaires à son entretien. Ils défendirent les danses et les réjouissances publiques jusqu'à la délivrance du roi ; ils proscrivirent aussi l'usage des vêtements de couleur voyante et tout ce qui respirait le luxe des habits, comme or, argent, perles et pierreries. C'est du moins ce que rapportent généralement nos grands historiens de France : le consul boursier de Millau qui a consigné dans son livre de comptes un résumé des délibérations des Etats de Toulouse ne parle pas de ces prohibitions.

Quant à ces dons patriotiques tels que bijoux, pierreries, vaisselle d'or et d'argent, offerts spontanément par les hommes et par les femmes de la province et particulièrement par les femmes et par les hommes de Villefranche de Rouergue, ainsi que le rapporte l'auteur des *Annales* de cette ville, on sait aujourd'hui à quoi s'en tenir sur cette légende sentimentale. L'histoire vraie rejette ces faits, tout en regrettant qu'ils ne soient pas assez bien prouvés pour les admettre ; ils seraient en effet très-honorables pour notre pays, s'il était possible de les lui attribuer.

Outre ces préparatifs de défense générale faits dans la province, chaque ville reçut ordre de réparer ses murs d'enceinte, de les mieux fortifier et de les entourer de fossés.

A Millau, les consuls ayant appris que le fils d'Arnaud de Roquefeuil se trouvait à Saint-Beauzély de Lévézou, lui députèrent Raymond Rivière, leur collègue, et messire Guibert del Sales pour le prier de vouloir bien venir visiter leur ville et les aider de ses conseils pour la mettre en bon état de défense. Arnaud de Roquefeuil, se rendant avec empressement à cette demande, arriva à Millau avec une suite de trente cavaliers. Il y demeura quatre jours, au grand contentement de la ville, qui l'hébergea largement lui et ses compagnons d'armes.

C'est à cette époque que, par ordre du roi et sur les conseils d'Arnaud de Roquefeuil, Millau commença la démolition des couvents du Saint-Esprit, des Frères Mineurs et des chevaliers de Saint Jean de Jérusalem. Ces établissements, situés dans les faubourgs, nuisaient beaucoup à la défense de la ville. On ne les détruisit cependant pas entièrement; ce ne fut que dix ans plus tard que, dans un moment de panique populaire, on acheva leur destruction par le feu ou autrement. Rodez, Villefranche, Saint-Affrique et toutes les autres villes du Rouergue, se mirent également en état de défense : le comte d'Armagnac chargé de la garde du pays leur en avait donné l'ordre formel.

Ce n'était pas sans raison qu'on prenait ces

précautions. Après la bataille de Poitiers, plusieurs bandes d'Anglais mêlés de Gascons, se détachant du gros de l'armée qui rentra à Bordeaux avec son butin, se remirent en campagne. Le 12 décembre 1356, Bernard, fils du comte d'Armagnac, mandait de Rodez à Millau que plus de cinq cents hommes d'armes « eron issits del castel sagrat » pour venir ravager le Rouergue. D'après un autre avertissement reçu à Millau vers la même époque, une autre bande d'Anglais venant du Quercy forte de deux mille hommes avait passé le Lot et pénétré en Rouergue pour surprendre Millau. Arrivée à Entraygues, la redoutable compagnie au lieu de marcher sur Millau gagna les montagnes d'Aubrac où elle fit de riches captures. L'année 1356 finit au milieu de ce deuil et de ces alarmes.

Le premier janvier 1357, les Etats du Languedoc se réunirent une seconde fois à Toulouse. Ils s'occupèrent de la reddition des comptes, de l'argent levé pour l'entretien des hommes d'armes chargés de garder les frontières et de l'importante question des monnaies. Les historiens du Languedoc ne parlent pas de cette assemblée, et nous croyons qu'ils se trompent en attribuant aux Etats de Béziers, qui se tinrent le premier mars 1357, les résolutions prises aux Etats qui eurent lieu a Toulouse, vers la fin du mois d'avril suivant et qu'y avait convoqués le comte d'Armagnac, après avoir appris qu'une trêve de deux ans avait été signée par les rois de France et d'Angleterre.

D'après l'histoire du Languedoc, cette assemblée ordonna qu'on continuerait à lever l'impôt appelé *capage* pendant le temps marqué aux Etats réunis au mois d'octobre (1356) quoiqu'il fut porté, par un des articles de l'octroi, que le subside cesserait, dès que les rois de France seraient convenus d'une trêve ou d'une paix. « Or, continue dom Vaysete, comme les deux rois avaient conclu une trêve de deux ans à Bordeaux le 23 de mars précédent, le peuple de Toulouse, qui souffrait impatiemment cette levée, s'attroupa, et, s'étant armé, il courut en fureur au château Narbonnais, dans le dessein de tuer le comte d'Armagnac et les autres officiers du roi. Les factieux les assiégèrent pendant tout un jour et attaquèrent le château à coups de pierres et de flèches embrasées ; mais ils ne purent venir à bout de le forcer et *le comte s'évada heureusement pendant la nuit.* L'émotion dura tout le lendemain et les jours suivants, et les séditieux mirent le feu au château Narbonnais, pillèrent et brulèrent les maisons des officiers du roi, entre autres celle de Montrevel, Juge-mage, tuèrent diverses personnes, et commirent plusieurs autres désordres. Enfin le tumulte s'apaisa et le comte d'Armagnac, ayant fait prendre une partie des principaux coupables, les fit punir rigoureusement » *(Hist. du Lang. t. IX p. 672.)*

Un historien de nos jours, renchérissant sur le récit de dom Vaysete, affirme, sans en donner aucune preuve, que le comte d'Armagnac, après avoir juré de supprimer l'impôt, cause de la sédition et de n'exercer aucune vengeance contre les rebelles, rassembla ses soldats aussitôt qu'il fut libre, et fit saisir et pendre les plus notables bourgeois de Toulouse. (Hist. de France par M. H. Martin, t. V. p. 176.)

Tel est le récit que nos grands historiens font de l'émeute Toulousaine. Mais d'après les notes du consul boursier de Millau qui écrivait sur le rapport officiel de témoins oculaires, la conduite du comte d'Armagnac ne fut pas aussi odieuse que le prétendent les auteurs cités.

Assiégé pendant toute la journée du 9 mai, dans le château Narbonnais, auquel le peuple avait mis le feu, le comte capitula le soir aux conditions suivantes : il promit de ne pas exiger le *capage* et de pardonner l'insulte qu'il venait de recevoir.

Si plus tard on infligea quelque punition aux séditieux, ce fut d'après le conseil et l'autorisation des Etats Généraux réunis à Albi, le 8 juillet de la même année. Les Etats, tout en reconnaissant que l'offense faite au roi dans la personne de son lieutenant ne pouvait rester impunie, supplièrent le comte d'apporter la plus grande modération dans le châtiment qu'il fallait infliger aux rebelles. Dans tous les cas, la lenteur réfléchie que le comte d'Armagnac mit à poursuivre cette affaire, les conseils dont il s'entoura, nous prouvent que la haine et l'emportement ne furent pas les uniques mobiles de sa vengeance et que les vrais coupables furent seuls punis. Il est à croire que parmi ces coupables ne se trouvaient pas « de notables bourgeois, » puisque, d'après le consul boursier, le menu peuple seul était l'auteur de la sédition. (1)

Les états d'Alby furent les derniers que présida le comte d'Armagnac, comme gouverneur du Languedoc ; on y arrêta définitivement les comptes des trésoriers et nous trouvons que Guilhem Phélip, consul de Millau, un des quatre délégués par les communes du Rouergue, fut choisi par les États pour apurer ces comptes. Tout de suite après la clôture de ces Etats, le comte d'Armagnac alla, avec quelques troupes et son second fils Bernard, au secours de la Provence, envahie par les routiers, et, un peu plus tard, en Normandie combattre les Anglais. En partant il nomma pour commander à sa place en Languedoc, Thibaud de Barbazan, Sénéchal de Carcassonne et Raymond de Rabastens, Sénéchal de L'Agenais.

Cette même année 1357, les trois Etats furent convoqués à Alby pour le 7 décembre. Dans une réunion préparatoire tenue à Rodez, les communes du Rouergue élurent pour les représenter Raymond Saumade et Raymond Melge pour la Basse Marche, Guy de Voncs, Consul de Millau, et Jean de Capluc pour la Haute-Marche.

Le 14 décembre suivant, le Régent de Fran-

---

(1) Archives municipales de Millau, livre de comptes de B. Guibert, consul boursier, coté, C. C. 351.

ce ayant nommé son frère Jean, comte de Poitiers, âgé de 15 ans, son lieutenant et celui du Roi, dans toutes les provinces d'en deçà de la Loire, le nouveau gouverneur du Languedoc convoqua toutes les communes de cette immense province à Lyon par où il devait passer en se rendant dans le Midi de la France.

Le Rouergue envoya à Lyon pour ses représentants quatre personnages choisis : Huc Gauthier pour Villefranche, Raymond Metge pour Peyrusse, Guy de Voncs pour Millau et Jean de Capluc pour Saint-Affrique. Le voyage dura 15 jours. L'historien du Languedoc ne parle pas de ces Etats qui se tinrent dans les premiers jours de l'année 1368.

Dans le courant de janvier de cette même année 1358, le Sénéchal du Rouergue convoqua les trois états de sa province deux fois, d'abord à Rodez, puis à Villefranche; on voulait leur demander des secours tant en hommes qu'en argent pour défendre les frontières du Rouergue sans cesse menacées par les Anglais qui s'étaient emparés de plusieurs places du Quercy entre lesquelles notre consul boursier mentionne « Calviac, Montat et Siensac ». Le Sénéchal voulait que les troupes chargées de défendre les frontières fussent entretenues aux dépens des trois Etats : ce qui fut énergiquement refusé. Cependant, sur la proposition de Messire Arnaud de Roquefeuil, les Etats votèrent 2100 florins d'or qu'on remettrait au Sénéchal pour l'entretien de cinquante hommes d'armes et qu'on emploierait à la défense du pays, à l'expulsion des Anglais de Calvinhac et autres lieux, à moins qu'on n'aimât mieux, avec cet argent, racheter les places prises.

Sur ces entrefaites, le comte de Poitiers arriva dans son gouvernement qui se composait du Quercy presque entier, du Rouergue, d'une partie du Périgord, de l'Agenais, du Bigorre, de la partie de la Gascogne soumise alors à la France et de ces provinces du Midi qui plus tard ont formé le Languedoc proprement dit.

Le comte de Poitiers chargé d'administrer et de défendre cette immense étendue de pays réunit souvent les Etats, pour en tirer des secours de toute sorte.

Au commencement de l'annee 1358, il les convoqua deux fois à Toulouse, dans l'espace de deux mois. A la première réunion, qui eut lieu le 12 avril, les trois députés envoyés par les communes du Rouergue, furent Raymond Mazelier, de Peyrusse, pour la Basse-Marche, Gui de Voncs et Bernard Roquefort, de Saint-Affrique, pour la Haute-Marche. A la seconde assemblée qui se tint le premier mai, les trois ordres votèrent une levée de mille glaives, ou gens d'armes, et mille sergents à pied, qu'ils se chargèrent d'entretenir à leurs frais, pendant deux mois. On décida encore que chaque sénéchaussée aurait un trésorier pour percevoir les subsides, et un homme de guerre pour lever les troupes et les diriger dans leurs mouvements. La sénéchaussée du Rouergue nomma pour ce dernier office Gui de Voncs le jeune de Millau. A ces États assistèrent comme représentants des communes du Rouergue, Gui de Voncs, pour Millau, Jean de Capluc, pour Saint-Affrique, Raymond Calvel, pour Saint-Sernin, Raymond Bonansa, pour la Roque-Valsergue, Bernard Saumade, pour Villeneuve, Raymond Mazelier, pour Peyrusse, Raymond de Nijolieiras, pour Saint-Antonin, et un délégué de Najac qui n'est pas nommé. Le clergé fut représenté par deux députés.

Dom Vaysete parlant de ces États (t. IX p. 680.) nous dit qu'ils ne furent composés que des députés des villes, Nous avons suivi la version du consul boursier de Millau qui relate la présence des trois ordres à cette assemblée.

« Can fon venguts en Gui de Voncs de Tolosa fez sa relassio al cosselh général de l'esquila coma totas las communas de la Lenguadoc, els senhiors de las gleisas, els baros avian consentit à Moss. lo comte de Peitieus, sobre la défensa del païs., etc. »

Ici doit trouver place une curieuse négociation, ignorée de dom Vaysete, que ne mentionnent pas les historiens de France, à laquelle prirent part tous les consulats du Languedoc et qui n'a été bien tiré au clair que de nos jours par M. Germain dans un excellent travail imprimé dans les mémoires de la société archéologique de Montpellier, 1858. Nous voulons parler d'un traité secret que Charles, régent de France avait fait avec Waldemar III, roi de Danemarck, et en vertu duquel celui-ci moyennant six cents mille florins d'or fournis par la France, s'engageait à faire une descente en Angleterre pour délivrer le roi Jean. La langue d'Oïl avait consenti à payer une partie de ce subside, mais il manquait quatre cents mille florins que le régent demanda aux communautés du Languedoc. Deux conseillers du prince, Guillaume de Marchières et Alexandre Lorfèvre, furent chargés de négocier cet énorme subside. Ils allaient de ville en ville, quelquefois réunis, souvent séparément. Guillaume de Marchières, que notre consul boursier appela « Guillalmes de Marchao » arriva seul à Millau, le 3 août 1359. Il y réunit les délégués de toutes les communes de la Haute-Marche du Rouergue, leur fit part de l'objet de sa mission et les pria de vouloir bien se rendre, le 15 août, à Béziers, où devaient se trouver les délégués de toutes les communes du Languedoc. Millau députa à Béziers le consul Étienne Laurens. Cette assemblée qui eut lieu le jour indiqué ne prit aucune résolution et renvoya la décision de l'importante affaire qui lui était soumise à une autre réunion qui se tint à Toulouse, le 8 septembre suivant. On y arrêta plusieurs choses dont parle notre consul boursier, entre autres les deux suivantes : 1º que les communes du Languedoc fourniraient un subside de deux cents mille florins d'or pour la descente en Angleterre ; 2º qu'on enverrait au roi de Danemark une ambassade composée de sept personnes notables, prises dans les sénéchaussées de la Province.

Le 28 du même mois, les communes du

Rouergue se réunirent à Cassagnes Bégognez pour répartir entre elles la part du subside qui leur était échue, pour nommer le député qui devait faire partie de l'ambassade envoyée à Waldemar III et fixer, en même temps, son indemnité de voyage.

L'alliance franco-danoise n'eut pas d'autres suites et le traité entre le régent de France et le roi de Danemark pour la descente en Angleterre dut être abandonné, lorsqu'on apprit que le roi d'Angleterre en personne avait envahi le nord de la France avec une armée formidable.

Vers le même temps, David, roi d'Ecosse, prisonnier d'Edouard III, ayant été mis en liberté moyennant une rançon de cinq cent mille nobles, le dauphin Charles promit au roi d'Ecosse de lui payer la moitié de cette rançon à la condition qu'il ferait la guerre au roi d'Angleterre. *(Hist. d'Angl. par Duchêne t. I. p. 680)*. Si ces divers traités avaient été éxécutés, nous nous demandons comment aurait fait le régent de France pour payer les énormes sommes d'argent promises à ses alliés ?

A toutes ces charges les Etats tenus à Montpellier, en mars 1359, ajoutèrent la gabelle du sel. Cet impôt qui devait finir à Noël, que d'autres Etats réunis à Carcassonne, au mois d'octobre suivant, prolongèrent pour deux ans, consistait à payer au fisc quatre gros tournois pour chaque quintal de sel vendu par le gouvernement aux particuliers. Cette année fut féconde en subsides de toute sorte

CHAPITRE PREMIER

extorqués aux communes de la Languedoc, tant par le comte de Poitiers, que par les comtes de Foix et d'Armagnac. On peut voir le détail de ces exactions dans Dom Vaysete et dans le livre de comptes de nos consuls boursiers.

Il était impossible qu'un pareil état de choses durât plus longtemps. Les communes du Rouergue, pays infertile et sans industrie, ruinées par toutes ces dépenses, perdaient patience. A plusieurs reprises, nous les voyons se concerter pour refuser le payement de certains subsides : si, plus tard, elles consentent à les acquitter, ce n'est que par force. D'un autre côté, avant l'expiration de la trêve entre la France et l'Angleterre, les Anglais s'étaient remis en campagne et les provinces du Midi qu'ils envahirent eurent beaucoup de peine à se défendre contre leurs attaques. Des bandes détachées de l'armée de Robert Knoles, qui du nord s'était précipitée sur le Midi en passant par l'Auvergne, ravagèrent une partie du Rouergue et effrayèrent l'autre. (1) C'est vers

---

(1) La date de cette expédition de Robert Knoles, que l'auteur de l'histoire du Languedoc et son savant annotateur ont eu de la peine à trouver, devient certaine et elle doit être au mois de juin 1359, si l'on veut bien s'en rapporter à notre consul boursier. Voici ce qu'il dit : Dimercres a XXV de jun receupen una letra de Rodez trameza per Gui de Vones da Tolosa enque mandava que Moss. lo comte de Peitieus avia receupudas letras en quo fazia mensio que quatre milia glavis eron en Alvergne el qual era Robi Kanola et un autre que s'apela lo Polsig d'amors « Jean de Wine, célèbre pour sa courtoisie et qu'on surnommait le Poursuivant d'amours » et un autre que s'apela Matieu Buon ezera lur ententa de venir en Rozergue o vas Belcaire eravizava nos de fortificar nostre luoc et de ben gazar. » Livre des comptes de G. Borcier, consul de Millau, année 1359-1360.

Cette date que M. Molinier ne donne que comme *probable* est à nos yeux certaine.

cette époque que Villeneuve, Savignac et Bar tombèrent au pouvoir des Anglais. En 1361, ces lieux furent rachetés au moyen d'une somme d'argent que fournit toute la sénéchaussée du Rouergue.

Un danger plus grand que les bandes de Robert Knoles et de ses lieutenants, Jean de Winc et Mathieu Buoü, qui marchaient à sa suite, menaçait notre patrie.

Le roi d'Angleterre, Edouard III, irrité de ce que les Etats Généraux de Paris avaient refusé d'approuver le traité conclu à Londres entre lui et le roi Jean, le 24 mars 1359, s'était jeté sur le continent à la tête d'une forte armée et ravageait le nord de la France. Epouvantés de cette invasion, le régent, fils aîné du roi captif, et son conseil se décidèrent à reprendre les négociations avec le roi d'Angleterre. Des pourparlers eurent lieu à Brétigny, hameau situé à deux lieues de Chartres ; un traité de paix, conclu et signé, le 8 mai 1360 en fut la suite.

En vertu de ce traité, Edouard renonçait à ses prétentions sur le royaume de France et aux anciennes possessions des Plantagenets au nord de la Loire. Le roi de France, de son côté cédait, en toute souveraineté, la Guienne, le Poitou, la Saintonge, l'Agenais, le Périgord, le Limousin, le Quercy, le Rouergue (1), l'Ar-

---

(1) Dans l'énumération des pays cédés à l'Angleterre, le Rouergue est le dernier, et l'article qui le concerne est ainsi conçu dans l'article premier du traité. « La cité et le chastel de Rodais et les terres et pays de Rouergue. Et s'il y a aucuns seigneurs, comme le comte d'Armaignac qui tiennent aucunes terres ou lieux dedans les mettes desdits lieux, ils feront hommage au roi d'Angleterre et tous autres services et devoirs deus à cause de leurs terres, ou lieux, en la manière qu'ils ont fait au temps passé. »

magnac, c'est-à-dire toute la partie sud-ouest de la France, au midi de la Loire, et en outre, Calais et son territoire, comprenant tout le littoral de la Picardie et de l'Artois, depuis la Somme jusqu'à Gravelines.

Indépendamment de cet immense territoire cédé à l'Angleterre, et qui comprenait tout ce qui compose aujourd'hui les départements de l'Aveyron, de la Charente, de la Charente-Inférieure, de la Corrèze, de la Dordogne, du Gers, de la Gironde, des Landes, du Lot, du Lot-et-Garonne, des Hautes-Pyrénées, du Tarn-et-Garonne, des Deux-Sèvres, de la Haute-Vienne, de la Vendée, toute la côte du Pas-de-Calais, il fallait encore payer au roi d'Angleterre, pour la rançon du roi Jean, trois millions d'écus d'or, qui représenteraient aujourd'hui trente millions de francs, d'autres disent un milliard.

Par suite du même traité, Edouard devait être mis en possession de ses nouveaux domaines, au plus tard le 29 septembre 1361 ; le 30 novembre suivant, les deux rois devaient faire, à Bruges, un acte solennel, en vertu duquel ils renonceraient à la souveraineté sur les terres cédées de part et d'autre.

Disons, en passant, que ces renonciations respectives n'eurent jamais lieu, et que, de leur omission volontaire, au moins du côté du monarque anglais, découlèrent les plus graves conséquences. On verra plus tard l'importance de cette remarque.

La plupart des grands seigneurs d'Aquitaine virent avec peine le traité de Brétigny. Il leur en coûtait, en passant sous la domination étrangère, de perdre leur nationalité et leur influence dans le maniement des affaires de la Languedoc. Le plus mécontent de tous fut le comte d'Armagnac. Il ne pouvait se résoudre, lui, proche parent du roi de France, lui, son ancien lieutenant en Languedoc, lui, possesseur de terres immenses en Guienne, à prêter foi et hommage à un prince qu'il avait naguèrr combattu à outrance en Gascogne et en Normandie. Ces seigneurs refusèrent donc d'accepter le changement introduit par le traité de Brétigny, sous prétexte que le roi n'avait pas le droit de les tirer de son ressort sans leur approbation.

Informé de la résistance des seigneurs gascons, le roi Jean leur députa le prince Jacques de Bourbon, qui les calma et fit cesser leur opposition ouverte à l'exécution du traité. Jean écrivit lui-même de Calais au comte d'Armagnac une lettre pleine de bonté, dans laquelle il l'engageait à se soumettre au roi d'Angleterre, par amour pour lui, autant que par respect pour la foi jurée. Il n'est pas sûr que d'Armagnac se fût rendu à la prière royale, s'il avait eu les moyens de tenir tête à son redoutable adversaire. Quoi qu'il en soit, lui et les autres grands seigneurs d'Aquitaine obéirent, bien qu'à regret, aux ordres du roi.

Quant aux communes, quoique fatiguées des guerres civiles et étrangères, quoique épuisées par les subsides qu'on leur extorquait pour l'entretien des troupes et le rachat des places prises par les ennemis, toutes ou presque toutes partageaient alors les sentiments de la noblesse, et firent avec elle et le clergé les plus grands sacrifices d'hommes et d'argent, afin de repousser l'invasion étrangère et de maintenir sauf l'honneur de la France et de son roi prisonnier. Elles se montrèrent surtout patriotes et généreuses lorsqu'il fallut payer la rançon du roi Jean. Le prix de cette rançon étant, comme nous l'avons dit, de trois millions d'écus d'or, payables, en sept termes, dont le premier de six cent mille écus, devait être acquitté à Calais, dans les quatre mois de l'arrivée du roi en cette ville, il importait de réunir le montant du premier terme, puisque la personne royale ne serait délivrée qu'après son versement. Grâce au dévouement du tiers état, la somme fut payée et, le 14 octobre 1360, le roi Jean quittait Calais et rentrait dans son royaume. Les communautés de la sénéchaussée de Carcassonne avaient donné, pour le premier payement seulement, quatre-vingt-dix mille moutons d'or; la sénéchaussée de Toulouse, cinquante mille moutons; celle de Beaucaire, soixante-dix mille moutons; les communes du Rouergue, pays pauvre et infertile, s'étaient engagées à donner, toujours pour acquitter le premier payement de la rançon royale, six mille moutons d'or. Charles Jori, chargé de percevoir ce subside dans le Rouergue, son pays natal, mourut avant d'avoir entièrement rempli son mandat; il n'avait versé dans la caisse du trésorier général que quatorze cents moutons. Sur ces entrefaites, le Rouergue, ayant été cédé à l'Angleterre, les communes se dispensèrent d'achever le payement de la somme promise : on ne put pas même obtenir des héritiers de Charles Jori, qu'on apurât ses comptes. D'après les annales de Villefranche, tome I, p. 20, cette ville devait 93 florins qui lui furent remis par Charles V, le 30 mai de l'année 1370. Millau devait une plus forte somme : trois cents moutons d'or, qui lui furent également remis par Charles V, en vertu d'une lettre que nous rapportons aux pièces justificatives.

A l'occasion du subside voté et non payé intégralement par le Rouergue pour la rançon du roi Jean, Bosc, copié par tous les historiens ses successeurs, nous a donné un joli conte, avec l'intention très-louable d'honorer son pays. Il nous raconte t. I p. 188, de ses Mémoires :

« Les Etats du Rouergue, assemblés à Rodez, se soumirent de leur propre mouvement, à une imposition de six mille *moutons d'or*, (environ cent quatre-vingt mille livres d'aujourd'hui) et ils en firent la répartition avant de se séparer. Cette somme fut mise en dépôt jusqu'à ce que le roi demanda qu'elle fût comptée au dauphin, son fils, par une lettre qu'il adressa de sa prison à ses amés et féaux, les prélats, barons et communautés du Rouergue ; cette somme fut apportée au dauphin Charles par Jean Colomb, trésorier de Rodez. »

Tout est faux dans ce récit.

1° La répartition du subside de 6000 moutons d'or, voté par les communes du Rouergue aux États de Toulouse, fut faite le 20 août 1358, à Saint-Affrique, où se trouvèrent réunis les délégués de notre province : sur ce point, notre consul boursier ne laisse aucun doute. « Lo lhus a XX d'aost (année 1358) foron trames à St-Affrica li senhors B. Portanouas e Uc Benastruc per cohéquar, am las altras comunas de Rozergue, lasquals ley eron, per jornada asignata, los VI milia motos per la redempcio del rey nostre senhor. »

(Livre du consul boursier, année 1367-1368. Arch. mun. de Millau.)

2° Dans le compte du trésorier général du subside rapporté en entier au t. X de l'hist. du Lang. p. 1211 et suivantes, on ne voit figurer que 1400 moutons, versés par le receveur Charles Jori.

3° Bernard Coulomb, et non Jean Coulomb, ne fut trésorier du Rouergue qu'en 1381 : quoi qu'il en soit de l'existence et du nom de ce trésorier, il ne put apporter au dauphin les six mille moutons d'or, puisque le Rouergue ne les avait pas payés. (1)

La levée de tous ces subsides épuisa le pays; la peste et les routiers mirent le comble à ses malheurs. Vers le milieu du XIV° siècle,

---

(1) Communitates senescalliæ Ruthenensis obtulerunt dare in adjutorium prime solucionis VIc millia scutorum auri, que fieri debuit in Calesio, VI, millia mutones auri et fuit commissa exequco et recepcio dicte summe per regem Karolo Jori.

Dictus Karolus obiit in dictis partibus Ruthenensibus unde est oriundus. Nullum compotum potuit haberi a suis heredibus cum dicta patria non sit de hobediencia regis.

De qua summa (6,000 moutons) dictus Karolus Jori solvit receptori supra dicto XIIIIc mutones. »

Hist. du Lang. t. X, p. 1239.

une mortalité effroyable, connue sous le nom de *peste noire*, ravagea l'Europe et particulièrement nos contrées méridionales. Le Languedoc fut un des pays les plus éprouvés. Quant au Rouergue, l'air pur de ses montagnes ne le mit pas à l'abri de l'épidémie. Le fléau y pénétra aussi et y resta même plus longtemps que dans les provinces voisines. Nous trouvons qu'en 1361, à Millau, notamment, la peste emporta beaucoup de pauvres gens, un grand nombre de personnes de qualité, entre lesquelles Madame d'Arpajon, femme du seigneur de Levézou et cinq consuls sur les six dont était composée l'administration municipale.

A la peste se joignit un fléau plus redoutable encore, le fléau des bandes armées, appelées *compagnies*. On sait qu'après la trêve faite par la France avec l'Angleterre, des milliers de gens d'armes se voyant sans emploi, pour deux ans, s'associèrent en troupes de bandits et commencèrent la guerre pour leur propre compte. Ce fut pire après la paix de Brétigny.

Des chefs Anglais, Gascons, Normands, Bretons, ne sachant vivre que de la guerre et du pillage, réunissent autour d'eux des hordes de brigands et se répandent sur tous les points de la France pour la rançonner. En l'année 1361, la présence de ces bandes armées est signalée, dans les livres du consul boursier de Millau, à Saint-Rome-de-Tarn, à Saint-Affrique, à Vabres, qui soutient contre elles un siège long et meurtrier (septembre et octobre), à Saint-Léons et dans tout le Séveraguais. On les voit aussi s'emparer de Rebourguil, de Mélac, de Bournac et d'Espalion, de Villeneuve, de Savignac et de Bar, d'où on ne parvint à les chasser qu'à force d'argent. Les routiers viennent jusqu'aux portes de Millau et se logent dans les faubourgs. En arrivant, ils mettent le feu à la maison d'Etienne d'Olmières, ancien consul. C'est à la lueur de cet incendie, qu'un habitant notable de la ville va trouver le chef des bandits, Gui de Vayr (c'était le frère cadet du comte d'Auxerre), campé dans le couvent des sœurs Minorettes (clarisses) et l'engage à cesser ses ravages et à se retirer. Gui de Vayr y consent, à la condition qu'on lui donnera de l'argent et des vivres. Pour éloigner ces hôtes dangereux, Millau donna avec empressement ce qu'on lui demandait.

Deux jours après, au moment où cette compagnie quittait Millau, une autre y arrivait. La visite de cette seconde bande commandée par le fameux Seguin ou Segui de Badefol, coûta à la ville trente-quatre setiers d'avoine. L'avoine et les provisions de bouche n'étaient pas les seuls impôts que les routiers prélevaient sur les villes et les campagnes : ils enlevaient tout ce qu'ils trouvaient sous la main, hommes, femmes, meubles et bestiaux. Ce n'était qu'à prix d'argent qu'on pouvait opérer le rachat de ces captures. Aldebert Johan et Guilhem Phélip, conseillers de Millau, ayant été faits prisonniers par Segui de Badefol, leur rançon coûta à la ville cent florins.

Au mois d'octobre suivant, Béraut ou Bertucat d'Albret s'empara du Monastier, sur les confins du Gévaudan et du Rouergue. Le sénéchal, Bertrand de Terride, étant allé lui demander ce qu'il venait faire en ce pays : « En tirer de l'argent ou le ravager », lui répondit audacieusement le capitaine des routiers.

Si l'on voulut se débarrasser de ces nuées de pillards, qui s'étaient abattus sur notre province comme des vautours sur une proie, il fallut composer avec eux. Le Sénéchal, Bertrand de Terride, au nom des États du pays, assemblés plusieurs fois à cet effet, traita avec Bertucat d'Albret, le plus influent des chefs des compagnies, et promit de lui faire donner cinq mille deux cents florins d'or, à la condition qu'il n'entrerait pas en Rouergue, et qu'il en ferait sortir les autres chefs de bande qui occupaient Espalion, Mélac et Bournac.

Le sénéchal et Béraut d'Albret allèrent d'abord à Bournac, chateau du Vabrais, tombé au pouvoir de Garcis ou Garciot du Chastel. Ce chef de brigands qui, après avoir reçu du maréchal d'Audeneham, cent mille florins pour évacuer le Languedoc, (*Histoire du Languedoc, tome X, page 1232*), s'était jeté sur le Rouergue pour le piller, accepta le nouveau traité qu'on lui proposait, à la condition qu'en sus de la somme convenue, on lui donnerait à lui-même mille florins d'or. La ville de Saint-Affrique, les vassaux du seigneur de Caylus, et des autres seigneurs de la contrée durent accepter ces conditions, afin de voir s'éloigner du Vabrais, Garciot du Chastel et ses ribauts.

Le sénéchal, Béraut d'Albret et Garciot du Chastel vinrent ensuite à Millau, et donnèrent connaissance aux consuls du traité qui venait d'être conclu à Bournac. Le soir de ce même jour, Bernard de Terride et ses compagnons, les chefs des routiers, allèrent coucher à Aguessac. Les consuls les accompagnèrent jusqu'au passage du Tarn ; avant de se séparer, le sénéchal fit comprendre aux consuls, que pour rendre plus traitables les capitaines des compagnies, il serait bon de leur faire quelque présent. La ville leur envoya des draps de lit bien propres pour les faire coucher et sept livres de fruits confits ; c'était le présent qu'on faisait ordinairement aux personnes de marque.

Le lendemain, le sénéchal et ses compagnons se rendirent à Espalion, afin de décider Jean Aymeric, qui en était maître, à accepter le traité de Bournac ; mais Jean Aymeric rejeta toute proposition et continua de garder Espalion. Nous dirons plus tard comment il fut obligé d'en sortir. La « finance » payée aux chefs des compagnies ne fut pas la seule imposition extraordinaire levée cette année sur le Rouergue. Le roi de France « jeta » aussi sur toutes les terres de sa domination l'impôt du sel, l'impôt de douze deniers par livre sur la vente des marchandises et le treizième sur la vente du vin. Ajoutez à ces exactions les subsides ordinaires payés au souverain, le commun de paix, par exemple, les subsides extraordinaires votés au comte d'Armagnac pour la défense du pays, les dépenses faites par les villes pour se fortifier, s'administrer, les dépenses considérables occasionnées par la réunion fréquente des Etats, les pertes éprouvées par les campagnes ravagées et pillées par les routiers, et l'on aura une idée de la déplorable situation où devait se trouver notre province en la calamiteuse année 1361. Le changement de gouvernement pouvait-il lui faire craindre un sort plus malheureux?

Toutefois, avant d'accepter ce changement, ordonné par le gouvernement Français et réclamé à plusieurs reprises par le lieutenant du roi d'Angleterre, les États du Rouergue se réunirent deux fois à Rodez, (en décembre 1361, et en janvier 1362) avec le dessein de délibérer sur la soumission demandée, sur la situation et la défense du pays. Le procès-verbal de la tenue de ces États est dans Doat v. 194 f. 294 « Le comte d'Armagnac, dit M. Molinier dans une note ajoutée à l'histoire du Languedoc, t. IX, p. 729, commença par exposer la situation: il expliqua qu'il fallait absolument que le roi réservât ses droits de suzeraineté pour que les habitants, en cas de déni de justice de la part des Anglais, pussent s'adresser à leur ancien souverain. On voit que, dès cette époque, les habitants du Rouergue et le comte d'Armagnac prévoyaient les querelles qui devaient inévitablement s'élever entre les deux parties contractantes. » Le comte proposa ensuite aux Etats de chasser tous les Anglais du Rouergue, et particulièrement ceux qui tenaient Espalion, pourvu qu'on lui votât les subsides nécessaires à cette entreprise. A mesure que le moment de la soumission à l'Angleterre approchait, le désir de la résistance se réveillait plus vif et plus ardent dans l'âme patriotique du comte de Rodez. Les habitants du Rouergue pouvaient bien partager les sentiments généreux de d'Armagnac, mais ils étaient impuissants à les seconder. Il fallut donc baisser la tête et accepter les faits accomplis. Une assemblée générale du clergé, de la noblesse et des communes, réunie à Villefranche, dans les premiers jours de février 1362, décida que, puisqu'on ne pouvait faire autrement, la remise du Rouergue à l'Angleterre, aurait lieu quand on voudrait. Le Rouergue va donc passer sous la domination de l'Angleterre, non par droit de conquête, mais en vertu du traité de Brétigny. Avant de raconter comment ce traité fut exécuté en Rouergue, faisons connaître en quelques mots, notre province et son ancienne organisation.

La Sénéchaussée du Rouergue, pays pauvre, sans industrie, on pourrait dire entièrement agricole, d'une grande surface, mais peu peuplé, faisait partie de la grande province du Languedoc au XIVe siècle et avait la même étendue qu'a maintenant le département de l'Aveyron, sauf le canton de Saint-Antonin qui en fut distrait en 1808. Elle se divisait en deux contrées ou Marches. La Basse-Marche avait pour villes principales : Villefranche, Peyrusse, Villeneuve, Najac, Saint-Antonin, Sauveterre; la Haute-Marche : Millau, Saint-Affrique, Vabres, Saint-Geniez,

Saint-Sernin. Entre ces deux contrées se trouvaient enclavées les terres du comté de Rodez qui avait pour chef-lieu la ville de ce nom. Outre ces villes plus ou moins fortifiées, le sol du Rouergue était hérissé de petites places fortes. Elles couronnaient nos vallées, s'élevaient sur les bords escarpés des rivières, adhéraient aux flancs abruptes, des montagnes, quelquefois elles s'élevaient majestueusement dans les plaines. C'était dans leur sein que les populations rurales renfermaient les troupeaux et les provisions, aussitôt qu'était signalée l'approche des bandes armées qui, dans ce temps, ne vivaient que de pillage. Toutes ces forteresses, qui étaient la terreur plus que le refuge du peuple sont démolies. Leurs ruines conservent encore ce caractère fier et guerrier qui distinguait les châteaux forts dans les pays de montagnes ; seules, les villes, en s'embellissant, ont perdu leur antique physionomie militaire. Il faut avoir vécu par la pensée et l'étude, au milieu de la Société du moyen âge, pour comprendre la nécessité de ce luxe de fortifications.

Tel était l'état matériel du Rouergue. Il faudrait un long discours pour faire connaître à fond son organisation politique, civile, judiciaire, militaire et religieuse ; contentons-nous d'en dire quelques mots.

La province était gouvernée par un sénéchal nommé par le roi. Cet officier, révocable à volonté, avait la conduite des troupes ; il convoquait et présidait les états, chargés de voter et de répartir les subsides ; il rendait la justice au chef-lieu de la sénéchaussée, à Villefranche, où se trouvait un tribunal de première instance pour les causes intéressant les terres et les personnes relevant directement du roi, et d'appel pour les habitants des fiefs. Tous les ans, il visitait plusieurs fois les baillages et y tenait les assises, assisté du Juge-Mage, du procureur du roi et d'autres officiers de sa cour. Il était en un mot le représentant du pouvoir central dont il avait les pouvoirs, sauf, pour ses administrés, qui croyaient avoir à se plaindre de sa conduite et de ses jugements, à se pourvoir devant le roi, ou son conseil. Comme on le voit, le sénéchal était un personnage important et occupé : aussi ne confiait-on cette charge qu'à des chevaliers instruits et de bonne naissance.

Dans l'ordre judiciaire, au dessous du sénéchal, se trouvaient les juges des petites cours royales et seigneuriales, jugeant en premier ressort. Les cours royales, au nombre de seize, avaient leurs sièges fixés à Peyrusse, Roquecezière, Najac, Villeneuve, La Roquevalsergue, la Guiole, Sauveterre, Saint-Geniez, Saint-Rome-de-Tarn, Verfeil, Saint-Affrique, Saint-Antonin, Cassagnes-Royaux, Millau, Compeyre et Villefranche. Ces baillages ou chefs-lieux de cours royales comprenaient cinq cent-soixante-dix paroisses, composant deux évêchés, Rodez et Vabres. Les justices seigneuriales, laïques et ecclésiastiques, étaient beaucoup plus nombreuses. Il y en avait jusque dans les plus petits fiefs, tels que

Comberoumal, Saint-Léons, etc. Le comté de Rodez et la vicomté de Creyssels avaient un ressort très-étendu. Si la justice ne fleurissait pas en ce temps-là, ce n'était pas faute de juges.

Dans l'ordre militaire, le sénéchal avait pour subordonnés les châtelains ou gouverneurs des forteressses royales. Au même capitaine était souvent confiée la garde de plusieurs places. D'après M. Boutaric, le Rouergue, du temps qu'Alfonse, frère de Saint Louis, était maître de cette province, (1325) n'aurait eu que trois châtellenies auxquelles il pouvait nommer, Najac, Millau, la Roque Valsergue. En 1360, il y en avait un bien plus grand nombre, comme nous le verrons plus tard. Il va sans dire que les seigneurs gardaient eux-mêmes, ou faisaient garder, en leur nom, leurs villes et leurs châteaux. De tous ces seigneurs le plus puissant était Jean d'Armagnac, vicomte de Creyssels et seigneur de la baronnie de Roquefeuil qui comprenait Meyrueis et plusieurs autres lieux, Gui de Sévérac, d'Arpajon, Arnaud de Roquefeuil, Arnaud de Landorre, les seigneurs de Panat, de Caylus, de Calmont d'Olt, etc.

Dans l'ordre ecclésiastique les évêques de Rodez et de Vabres étaient de puissants seigneurs terriens. Sous eux on remarquait le Dom d'Aubrac, le prieur de Saint-Gilles ou de Sainte-Eulalie sur le Larzac, les abbés de Conques, de Bonneval, de Bonnecombe, de Loc-Dieu, de Nant, le Prieur de St-Léons, etc.

Dans l'ordre civil, toutes les villes, petites

et grandes, possédaient une administration municipale régulière et indépendante, s'occupant avec une sollicitude remarquable de tout ce qui intéressait la communauté, répartissant les subsides qui étaient imposés, pourvoyant à ses propres besoins par des taxes volontaires, tenant parfaitement sa comptabilité, faisant en un mot ses affaires avec un zèle, une activité, un dévouement qui nous étonnent et que les municipalités d'aujourd'hui sont bien loin d'égaler! Ces communes du XIVe siècle étaient la vraie force du pays : rien ne se faisait sans elles et elles ne faisaient rien d'important sans l'approbation de tout le monde. L'appel au peuple était la règle fondamentale de ces petites républiques.

Tout ce que nous venons de dire n'est qu'une introduction à notre travail. L'histoire de la domination anglaise dans le Rouergue commence au chapitre suivant.

CHAPITRE DEUXIÈME

Prise de possession et administration du Rouergue par les Anglais. — Défaite du comte d'Armagnac par le comte de Foix à la bataille de Launac. — Les Anglais prennent possession du Rouergue.
1362-1363

Jean, roi de France, et Edouard, roi d'Angleterre, en vue d'exécuter le traité de Brétigny, avaient, depuis quelque temps, nommé, chacun de leur côté, plusieurs commissaires dont les deux principaux étaient Jean Chandos, vicomte de Saint-Sauveur, pour le roi d'Angleterre, et Jean le Meingre, dit Boucicault, pour le roi de France. Munis des pouvoirs nécessaires à l'accomplissement de leur mission, ces commissaires se mirent en campagne, avec une petite escorte de chevaliers des deux nations, et arrivèrent à Poitiers, le 22 septembre 1361. Cette ville fut la première remise à Chandos. Boucicault lui délivra ensuite St-Maixent, Niort, Fontenay-le-Comte, Marans, La Rochelle, Saint-Jean-d'Angély, Saintes, Cognac, Angoulême, Villeboy, Toure, Bouteville, Melle, Parthenay, Thouars, Limoges, Saint-Yrieix, Périgueux, Montignac, Sarlat, Gourdon, Cahors, Lauzerte, Moissac, Montauban, Réalville, Caylus et Figeac. Après la remise de Figeac, les commissaires entrèrent en Rouergue, et se dirigèrent directement vers Villefranche ; ils y étaient arrêtés le 8 février 1362.

Mais avant de raconter la délivrance officielle du Rouergue à l'Angleterre, faisons connaître au lecteur la source où nous avons puisé nos renseignements. Au moment où nous rédigions ce chapitre, un hasard des plus heureux nous fit connaître un document, publié depuis peu à Niort, par M. A. Bardonnet, sous ce titre : *Procès-verbal de delivrance à Jean Chandos, commissaire du roi d'Angleterre, des places françaises abandonnées par le traité de Brétigny, publié d'après le manuscrit du Musée britannique.*

A l'aide de cette pièce, dont l'habile éditeur mérite toute confiance, nous allons suivre, d'étape en étape, les commissaires royaux à travers notre province. Les livres de nos consuls boursiers confirmeront, et, au besoin, rectifieront les détails que nous allons emprunter à la publication de M. Bardonnet.

Arrivés à Villefranche, Chandos et Boucicault se présentent à une porte ; ils lisent leurs lettres de créance et remettent aux consuls la charte de délivrance du Rouergue, ainsi que celle qui les relève eux et leurs administrés du serment de fidélité fait au roi de France. La porte s'ouvre : on en livre les clés à Boucicault qui les donne à Chandos ; celui-ci les rend aux consuls. Les commissaires sont alors introduits dans la ville.

Chandos fait ensuite publier l'ordre suivant :

« L'on fait assavoir de par notre seigneur le roi d'Angleterre, seigneur d'Yrlande et de

Acquitaine, et de par Monseigneur Jehan Chandos, son lieutenant, à vous tous prélas et gens d'Eglise, et chiefs d'ostels de Villefranche, tant religieux, clergier, nobles, bourgeois comme autres, que demain soyez devant le lieutenant dessus dit en l'hostel des frères mineurs pour ouyr ce que l'on vous vouldra dire de par notre dit seigneur. » Conformément à cet ordre les consuls et quarante habitants de Villefranche se rendent au couvent des frères mineurs, et, sur la demande de Chandos, y prêtent entre ses mains serment d'obéissance au roi d'Angleterre.

La formule du serment était ainsi conçue :

« Nous jurons et promettons à vous sire lieutenant du roy d'Angleterre, notre seigneur, que dores en avant serons à notre dit seigneur, le roy d'Angleterre et à ses hers et successeurs, vous et autres ses lieutenants, comis et deputes, pour nous et pour nos hoirs et tous les notres, bons et loyaulx, oubeyssans et subges ; son corps, vie et membres garderons, sauverons et deffendrons, ses biens et ses droys, mesmement la cite et ville de Villefranche, à lui et à ses hoirs et successeurs à son obéissance, garderons et deffendrons contre toutes personnes qui peuvent vivre ou mourir a noustre loiaut pouvoir, sans jamais recognoistre aultre seigneur ou souverain et a vous, sire lieutenant, et à tous aultres ses ministres et officiers, ferons ou nom de luy les oubéissances et serements accoustumes, bon aide et conceill donnerons, son secret selerons, sans reveler à nuls ses ennemis ; domages et destorbances deffendrons et contradirons, les homages services et revenances a lui dehues, en la seigneurie d'Aquitayne bien et loyalement ferons ; ses rentes et autres devoirs li payerons et rendrons, et ce promettons et jurons sur les saints Euvangelis de Dieu *(qui ici sont)*, sur le signe de la croys, sur notre baptesme, sur notre foy et notre créance, sur notre part de paradis, sur le dampnement de nos ames, pour nous, nos hers et successeurs. »

Les noms des personnes, au nombre de quarante qui prêtèrent le serment, nous sont connues par le Procès-Verbal de délivrance ; Nous ne rapporterons que les noms des quatre consuls qui étaient : Pierre Martiel, Bertrand Izarn, Jean Baysse, Guillaume de Argus.

A son tour, Chandos jura de conserver les privilèges de la ville et de les faire confirmer par le roi d'Angleterre. C'était, du reste, ce qu'il faisait toujours, en prenant possession d'une ville ou d'un château fort.

Le 9 février, les commissaires royaux allèrent à Villeneuve dont Chandos prit possession avec les formalités accoutumées. Trois consuls, Géraud de Viole, Bringuier la Garde, Pierre Lecier et quarante six habitants lui prêtèrent serment de fidélité.

Le même jour, Chandos et Boucicault se rendirent à Peyrusse qui fit sa soumission, et prêta les serments requis par l'intermédiaire de ses trois consuls, Salomon Blanc, Hugues Cassalier et Bertrand de Reissac. Chandos alla aussi prendre possession de Najac et de Saint-Antonin. Le Procès-Verbal de la délivrance du Rouergue au roi d'Angleterre ne parle pas de ces deux villes : nous savons par les livres du consul boursier de Millau qu'elles subirent le sort de leurs voisines.

Les commissaires royaux retournèrent ensuite à Villefranche où deux consuls de Verfueil, Arnaud Citart et Ameilh Costans ; trois consuls de Rieupeyroux, Antoine Valette, Hugues de Cros et Pierre Martin, firent à Chandos serment de fidélité tant pour eux que pour les localités dont ils étaient les mandataires.

Le lundi 14 février, Chandos et Boucicault quittèrent Villefranche et allèrent à Sauveterre, où ils entrèrent sans difficulté. Quarante habitants et trois consuls de cette ville prêtèrent le serment de fidélité. Sauveterre avait une forteresse dont Jean Garrigues était châtelain. Chandos reçut son serment de fidélité et le maintint dans son emploi. Le mardi, 15 du même mois, les commissaires se présentèrent devant Cassagnes-Bégognez qui ouvrit ses portes et fit sa soumission.

Trois consuls, Pierre de Severde, Raymond Sabatier, Bernard Barre et vingt-trois habitants de cette localité prêtèrent serment d'obéissance à Chandos.

Le mercredi, 16 février, Chandos et Boucicault se présentèrent devant St-Rome-de-Tarn qui ferma ses portes et refusa de recevoir les délégués des rois de France et d'Angleterre. Ceux-ci, très mécontents, s'acheminèrent vers Millau où ils arrivèrent à la nuit close.

Le maréchal Boucicault fut introduit dans la ville et descendit à l'hôtellerie de Raymond Péri ; Chandos et sa suite se logèrent dans les faubourgs. Entre les personnages de marque qui l'accompagnaient, nous trouvons Messire Jean Basset, Bertrand de Terride, Amanieu du Foussat, Guillaume de Seris, (del serieis) gentilhomme Saintongeois. Ce chevalier, d'abord attaché à l'Angleterre, se rallia plus tard au roi de France, qui le nomma premier président du parlement de Paris.

Le jeudi, 17 février, les administrateurs de la ville reçurent communication des pièces officielles dont étaient porteurs les commissaires. Ensuite les deux conseils se réunirent en assemblée générale et délibérèrent que, puisqu'on ne pouvait faire autrement, il fallait remettre la ville au roi d'Angleterre, ce qui eut lieu, le lendemain 18 février 1362, avec le cérémonial suivant :

On ferma toutes les portes et l'on remit les clés aux consuls. Chandos et Boucicault se présentèrent à la porte de l'Ayrolle. Un guichet qu'on ouvrit mit en communication les consuls et les ambassadeurs des deux rois. Alors, le maréchal Boucicault, parlant au nom du roi de France, commanda aux consuls de faire serment de fidélité au roi d'Angleterre et de remettre les clés de la ville à son lieutenant. Le serment prescrit fut prêté et les clés remises à Boucicault qui les donna à Chandos. Celui-ci ouvrit alors la porte et rendit les clés aux consuls en leur disant de bien garder leur ville pour son maître le roi d'Angleterre. Puis il jura sur la croix et les saints évangiles que Millau serait maintenu dans ses libertés et franchises. Ces formalités remplies, Chandos fut introduit dans la ville et conduit chez un de ses plus nobles habitants, Guilhem Pellegri, dont la maison avait été préparée d'avance pour le recevoir.

Selon la coutume, les consuls firent ensuite leurs présents. A Chandos, on donna trente-sept poules, quatorze chevreaux, deux veaux, quatre cochons de lait, un muid de vin clairet, douze livres de fruit confits, du pain, du vin et de l'avoine en quantité. Les présents offerts à Boucicault ne furent pas moindres. Les consuls firent pêcher les fossés de la ville et offrirent à leur nobles hôtes le poisson qu'on prit.

Le samedi, après dîner, Chandos se rendit à la maison commune où on lui servit des fruits, des épices et du vin : il dirigea ensuite ses pas vers le pont vieux, monument célèbre par son antiquité, par ses fortifications et par les procès que son droit de péage avait autrefois suscités entre le vicomte de Creissels, les seigneurs du voisinage et le roi de France, Philippe de Valois, qui vint sur les lieux pour régler les différends. Au retour de cette promenade, Chandos alla voir l'église Notre-Dame de l'Espinasse, et, comme il était presque nuit, on acheta de grosses torches de cire pour éclairer la marche du cortège dans les rues tortueuses de la cité.

CHAPITRE DEUXIÈME 43

Dans le *Procès-verbal de délivrance à Jean Chandos des places françaises*, on voit figurer, comme ayant prêté au roi d'Angleterre le serment d'obéissance, deux *jurés*, Etienne Cavella et Guiraut de Costes. C'est une erreur. A Millau il y avait des consuls, non des jurés. De plus, parmi les consuls et les membres des deux conseils de l'année 1362, nous n'avons trouvé personne qui portât ces noms. Cet article du *procès-verbal* a été ou mal rédigé, ou altéré par les copistes. En 1362, les consuls et leurs conseillers portaient les noms suivants :

CONSULS

Jean Tiffi.
Ramond de Voncs.
Guilhem Manoasca.
Jean Portala.
Bernard Johan.
Bertrand Guisbert.

CONSEILLERS

Bertrand Delrieu.
Me Ramond Garnier.
Me Etienne Laurens.
Etienne Dolmières.
Bertrand Ratier.
Ramond Vellas.
Berto del Sales.
Aldebert Jean.
Ramond Crozier.
Ramond Péri.
Bernard Dazilla.
Guilhem Odet.
Ramond Delrieu.
Ramond Rozier.
Jean Dazilla.
Etienne Cadèno.
Huc de la Villa.
Jean Gravezou.
Etienne Gétanen.
Huc Azam.
Jean Borses.
Ramond Portanovas.
Jean Fornier.
Guilhem Borsier.
Guilhem Delrieu.
Me Guilhem Phelip.
Bertrand Gélot.
Guilhem Aldra.

Etienne Borsier. Bertrand Tomas.
R. Portanovas (jeune). Jean de la Villa.
Pierre Cabonel. Ramond Borsier.
Ramond Deluers. Guilhem Rocanh.
Me Bertrand de Peiriac. Guilhem Guarigua.
Jean Delessida. Jean Selhaur.
Me Ramond Fornier. Me Ram. de Moncalm.
Guilhem Ressa. Me Ramond Delmas.

Voilà donc les Anglais maîtres de Millau. Depuis longtemps ils désiraient posséder cette place ; pour la conquérir, ils avaient plusieurs fois projeté des expéditions armées, avant comme après la bataille de Poitiers. La délicieuse position de cette ville, son air pur, son climat tempéré, la fertilité de sa vallée, le vin, produit exquis de ses côteaux, le nombre et la richesse de ses habitants, en faisaient la perle des communes du Rouergue. Il n'en fallait pas tant pour exciter la convoitise des Anglais, surtout lorsque sous la conduite du prince de Galles ils couraient, en pillards, tout le midi de la France. Chandos passa dix jours à Millau, et traita un grand nombre d'affaires importantes. Il examina, confirma et étendit les privilèges de la ville (1) ; il fit pu-

---

(1) Les lettres de Jean Chandos, confirmant les privilèges de Millau sont en français ; elles se trouvent dans les archives de Millau. S. AA. 13.

Johan Chandos vicomte de Saint-Sauveur, lieutenant général des parties de France pour nostre seigneur le roy d'Angleterre, seigneur d'Illande et d'Aquitaine au sénéchal de Roergue et à tous autres justiciers et officiers royaux en la seigneurie d'Aquitaine ou à leurs lieutenants salut. Comme ainsi que nous fusmes venuts à la ville de Amilhau et avons pris la saisine et possession d'icelle pour remettre à roy d'Angleterre et reçu les serments d'oblier une ordonnance sur les monnaies ; il mit sous la sauvegarde du roi d'Angleterre le couvent de Sainte-Claire, situé hors des murs, près de la porte de la Capelle, à l'endroit où se trouvent aujourd'hui le Calvaire et l'Esplanade ; il reçut le serment d'obéissance que lui firent les consuls et quelques habitants de plusieurs villes et communautés de la Haute-Marche du Rouergue. Le procès-verbal mentionne les noms que voici :

CONSULS DE COMPEYRE

Bernard Malia.
Pierre Dolent.
Durand del Bras.
Dorde Guirbert.

CONSULS DE PAULHE

Etienne Melet.
Pierre Falguière.

CONSULS DE SAINT-ROME-DE-TARN

Maître Raymond Rauseigne.
Jean Fosset.
Dorde Faure.

CONSULS DE SAINT-AFFRIQUE

Bernard Desperat.

---

béissance des consuls habitants de ladite ville lesquels nous firent comme ils étaient tenus de faire au roy nostre seigneur pour le traicté de la paix ; suit la confirmation des privilèges de la ville faite sur la demande de ses habitants représentés par les consuls.. Et que ce soit ferme et establi à toujours nous avons fait appouser notre scel à ces présentes données le XXVIe jour de février mil CCC soixante et un.

Par Monseigneur le Lieutenant,
PIGACHE.

Bernard Colombier.
Jean Gautier.

HABITANTS DE SAINT-AFFRIQUE

Maître Raymond Falgaye.
Pons de Pradilles.
Dorde Gay.
Pierre Aldra.
Guilhaume Poyre.
Jean Bonnefons.

CONSULS DE SAINT-GENIÈS

Hugues de Foraboli.
Jean Robert.

PERSONNES DE LA ROQUEVALSERGUE

Maître Giraud del Bosquet, syndic de la Roquevalsergue.
Audibert Bonnet.
Maître Raymond de Voucuse.
Maître Diodat la Sala.
Guilhaume Provost.
Pierre Again.

LE PRIEUR DE SAINT-LÉONS

Frère Raymond Boyer, procureur de l'abbé de Sylvanez.

Avant de quitter Millau, Chandos donna l'ordre d'effacer, partout où elles seraient peintes ou gravées les armes du roi de France : c'est ce que l'on fit le 10 mars 1362. Le 10 mai suivant, on refit aussi la bannière de la ville ; enfin, un artiste de Millau nommé Guillem Guizart, « argentier », fit pour le consulat un nouveau sceau qui coûta cinq francs, huit sous, six deniers. (*Livre du Consul boursier, 1362*).

Le 28 février, les commissaires partirent de Millau et allèrent, Boucicault à Avignon pour voir le Pape, et Chandos à la Roquevalsergue où il reçut le serment de onze habitants. Ce fut aussi à la Roquevalsergue que Guy de Sévérac et Arnaud de Landorre firent à Chandos leur serment de fidélité. Le 3 mars, Chandos était à Saint-Geniez-Rive-d'Olt, où il reçut le serment de cinquante-cinq habitants de cette ville, et de deux consuls de la Guiolle, Durand Taille et Raymond Sabatier.

« Le VII° jour dudit moys, ledit Monseigneur le lieutenant se partit de Saint-Geniez, et venit au chastel de Caumont, pour faire délivrer la ville de Espelion tenue par Messire Jehan Emerit. (1)

« Et ilec demoura pour tractier et pourchassier ladite délivrance, ledit jour.

« Et le IX° jour, fist delivrer ledit lieu d'Espelion et en bailla la saisine aux gens du seigneur de Caumont, en qui seigneurie ladite

---

(1) Jean Aymeri, chevalier Anglais, était un de ces chefs de routiers qui, après la bataille de Poitiers, se mirent en campagne pour piller les possessions françaises. Malgré la trève de deux ans faite entre la France et l'Angleterre, Jean Aymeri vint en Rouergue et s'empara d'Espalion où il régnait en souverain. En l'obligeant de renoncer à sa prise, Chandos agissait dans l'intérêt d'Edouard III auquel appartenait le Rouergue depuis le traité de Brétigny. Chassé du Rouergue Jean Aymeri alla dans le centre de la France continuer ses exploits. Froissart raconte que ce brigand voulant s'emparer de la Charité tomba dans une embuscade, fut pris par le parti français et condamné à payer trente mille francs pour sa rançon. Jean Aymeri compta cette somme, et comme il désirait se refaire de cette énorme perte, il forma le projet de s'emparer de Sancerre : pris et blessé dans cette entreprise, il mourut à Sancerre même des suites de ses blessures.

(*Froissart t. III; p. 37 et 38 Ed. de Sauvage.*)

ville est, et la leur fist delivrer et vuidier ceulx qui la tenoyent empechee.

« Et d'ilec se partit, y celui jour, et venit coucher à Conques.

« Et le X*e* jour dudit mois, se partit d'ilec et venit à Peyrusse ; et ilec receust seramens de foyauté, comme appert par le livre desdis seramens.

Le XI*e* jour dudit mois, venit ledit Monseigneur le lieutenant d'ilec à Figiac. »

Le sénéchal du Rouergue, subdélégué de Chandos, prit possession, pour le roi d'Angleterre, de tous les autres lieux que nous n'avons pas mentionnés.

En même temps qu'il recevait le serment des villes, Chandos organisait le service administratif de la province. A son entrée en Rouergue, il nomma sénéchal, Amanieu du Foussat, en remplacement de Bertrand de Terride. Il pourvut aussi de gouverneurs militaires les places les plus importantes du pays. Il nomma Giraut de Mirémont châtelain de Villefranche ; Jean de Calmangie, châtelain de Villeneuve ; Jean de la Caussade, châtelain de Saint-Antonin ; Amanieu du Foussat châtelain de Najac (1) et de Millau ; Arnaud

---

(1) La construction de cette belle forteresse, qui, aujourd'hui encore, existe en partie, fut ordonnée par le comte Alphonse, frère de Saint-Louis, après la révolte de Najac, qui suivit la mort de Raymond VII. Sévèrement punis les habitants de cette ville furent en partie dépouillés de leurs biens et expulsés ; la tour de Najac qui formait une coseigneurie mouvant du comte, passa dans son domaine direct. Dès 1253, la construction du nouveau château était décidée en principe et le sénéchal, Jean des Arcis, avait réuni tous les matériaux nécessaires. La reconstruction du grand château de Najac coûta au comte Alphonse 16.000 livres. (*Hist. du Lang.* t. VII p. 514.)

d'Albret, châtelain de Peyrusse et de la Roquevalsergue ; Guillaume de la Barde, châtelain de Saint-Geniez ; Guillaume Forestier, châtelain de Sauveterre ; Jean de Scissat, châtelain de Compeyre. Quatre places ou forteresses, Saint-Affrique, Roquecezière, La Guiolle, Verfeil, ne furent pas pourvues, pour le moment, de gouverneurs militaires.

Le Rouergue s'aperçut à peine de la révolution qui venait de s'opérer dans son sein. Son passage sous la domination de l'Angleterre, s'effectua sans aucun désordre, sans aucune violence. Les officiers anglais mirent tant de ménagement dans l'accomplissement de leur mission, et les communes tant de bonne grâce dans leur obéissance ; elles firent même, en général, un si gracieux accueil à l'ambassadeur du roi d'Angleterre, qu'on dirait, à voir comme les choses se passèrent, que notre province parut très-peu affectée de la perte de sa nationalité. Les Anglais, du reste, prirent le véritable moyen de se faire accepter : ils n'innovèrent rien, ni dans l'organisation de la province, ni dans l'administration de la justice ; ils n'imposèrent aucun nouveau subside ; ils respectèrent partout les droits acquis ; ils confirmèrent les libertés, coutumes et franchises des communes, les augmentèrent même en plusieurs lieux, notamment à Millau.

Comme par le passé, les actes officiels purent être rédigés en latin, en français, en langue vulgaire : liberté absolue sur ce point. Il n'en avait pas été ainsi lors de la conquête de l'Angleterre par les Normands. Guillaume, leur chef, ordonna qu'on plaidât en normand et depuis lui tous les actes furent expédiés en cette langue jusqu'à Edouard III. Il voulut que la langue des vainqueurs fut la seule du pays. Des écoles de langue normande furent établies dans toutes les villes et les bourgades. Cette langue était la française mêlée d'un peu de danois. Voilà pourquoi les chevaliers et les fonctionnaires anglais venant en France après le traité de Brétigny, ne furent nullement embarrassés dans l'expédition des affaires. Ils comprenaient et parlaient le français comme les indigènes ; aussi, les actes administratifs de ce temps sont-ils indifféremment rédigés en français ou en latin ; quant à la langue d'oc, un très court séjour dans le Midi dut suffire aux Anglais pour la comprendre et la parler ; cette langue au 14e siècle ne différant pas beaucoup du français.

Si ce régime avait duré, le Rouergue aurait pu réparer ses malheurs passés et voir encore des jours prospères, à l'abri du gouvernement du roi d'Angleterre. D'après le consul boursier de Millau, cette année 1362 fut bonne : la recette de la ville excéda la dépense : l'argent augmenta de valeur : quatre sous, dit-il, en valaient huit. Ce régime cessa malheureusement, lorsque le roi d'Angleterre eut donné l'Aquitaine à son fils, le Prince de Galles. D'un autre côté, la situation géographique du Rouergue fut un obstacle incessant à son repos et à son bonheur. Placée à l'extrême limite de la Guienne du côté

CHAPITRE DEUXIÈME

de l'Auvergne et du Languedoc, notre province resta toujours ouverte aux courses des compagnies et au passsage des troupes, allant du nord au midi de la France. La Haute-Marche surtout ressentit les effets de son trop grand voisinage des possessions françaises. Pendant huit ans et plus, elle fut obligée de se garder nuit et jour pour se mettre à couvert des routiers, qui venaient butiner sur ses terres. L'année même où nous sommes (1362), nous offre plusieurs exemples des luttes qu'elle eut à soutenir contre les brigands armés qui infestaient toute la France.

Vers les premiers jours de juin, le sénéchal Amanieu du Foussat reçut une lettre de Chandos, qui était « en France, » l'avertissant que plusieurs compagnies de routiers se proposaient de venir en Rouergue, avec le dessein de le piller et de s'emparer de quelques places. En prévision de ce danger et pour le conjurer, s'il était possible, le sénéchal convoqua les Etats de la province à Villefranche (14 juin).

Sur ces entrefaites, on apprit à Millau qu'une armée d'Espagnols au nombre de *six mille* hommes, campée aux environs du Puy, devait traverser le Gévaudan et le Rouergue pour se rendre en Languedoc. Ces troupes, composées de soldats castillans, voulant se soustraire à la persécution de Pierre le Cruel, étaient entrées en France, en 1361, sous la conduite de don Henri, comte de Transtamare, et de don Sanche, frères bâtards du roi de Castille. Mais, comme elles commettaient, en Languedoc, autant de pillages que les compagnies, le maréchal Audenehan les prit à son service et les mena en Auvergne pour combattre les routiers. La campagne finie, le comte de Transtamare se rendit à Paris, et don Sanche fut chargé de reconduire les Espagnols en Languedoc. Au commencement de septembre, ils se trouvaient au Tensonnieu. Averti de leur présence sur les frontières de son gouvernement, le sénéchal Amanieu du Foussat se met en campagne avec une nombreuse compagnie de gens d'armes. Le 20 du même mois, il arrive à Millau, d'où il se porte à la Roque-Valsergue afin de surveiller la marche des bandes espagnoles. L'armée de don Sanche passa, par détachements, devant Millau, qui lui fournit des vivres moyennant finances, et s'achemina vers le Languedoc, en traversant le Larzac. Un de ces détachements ayant reçu quelque insulte des gens qui gardaient le fort de l'Hôpital-Guibert (Hospitalet) la troupe espagnole s'en vengea en ravageant le pays. Le sénéchal du Rouergue se plaignit au maréchal Audeneham, lieutenant du roi de France en Languedoc, et le pria de les faire cesser. Sur ces représentations, le maréchal fit, avec don Sanche, un traité, en vertu duquel les Espagnols s'engageaient à ne pas entrer sur les terres du roi d'Angleterre. La nouvelle de ce traité fut portée à Millau le 23 octobre 1362.

Dans le temps que les Espagnols saccageaient le Larzac, d'autres routiers pillaient le Camarès. Ces routiers, commandés par Jean

Aymeric, à qui Chandos avait fait évacuer Espalion, s'étaient emparés de Bournac et de Combret. Les chasser de ces postes, fortifiés par la nature plus encore que par l'art, n'était pas chose facile.

Le sénéchal, qui tenait à honneur de purger le pays de ces malfaiteurs, réunit deux fois les états du Rouergue à Villefranche, et leur proposa de voter une levée de troupes pour reprendre Combret. Les états rejetèrent la demande du sénéchal, disant que c'était à lui comme seigneur, de défendre le pays. Ceci se passait le 19 novembre 1362.

Les routiers, laissés libres dans leurs courses, se livrèrent de plus belle à leurs pilleries. Le comte de Rodez voulant mettre ses terres et celles de son parent, le vicomte de Creyssels, à couvert des ravages de ces brigands, fit une trêve avec Jean Aymeric. D'après ce traité, les Anglais devaient respecter les possessions du comte et celles de son parent et n'y prendre que les choses nécessaires à la vie. Jean Cresswel le signa à Cassagnes Royaux au nom de son chef, Jean Aymeric, le 27 février 1363. (*Hist. du Lang. t. X, page 1302.*)

Quelque temps après, le sénéchal, pressé de nouveau par les plaintes des populations de la Haute-Marche du Rouergue, de plus en plus spoliées par les gens d'armes de Jean Aymeric, se rendit aux vœux des états. Le 19 mars 1363, il vint à Millau, y réunit les garnisons anglaises, logées à Aguessac et à Saint-Beauzély, et les mena devant Combret pour en faire le siège.

A cette nouvelle, Jean Aymeric, qui, avec une partie de ses gens courait le pays, rentra dans sa place et la défendit si bien que toutes les forces du sénéchal ne purent le contraindre à la lui faire évacuer. Le sénéchal après avoir guerroyé inutilement deux mois dans le Camarès, retourna à Villefranche. Il y convoqua une troisième fois les États et leur proposa de racheter Combret avec de l'argent ou d'en chasser les routiers par les armes. Les États n'ayant accepté ni l'une ni l'autre de ces propositions, Jean Aymeric resta maître de sa conquête encore quelque temps. Il l'abandonna volontairement le 19 juin 1363, lorsqu'il apprit que l'Aquitaine, donnée par le roi d'Angleterre à son fils aîné le prince de Galles, allait avoir un maître capable de la défendre.

Aux pillages des Espagnols sur le Larzac, aux brigandages des routiers de Jean Aymeric dans le Camarès, nous avons à ajouter un évènement malheureux qui, bien qu'accompli hors du Rouergue, eut pour ses habitants les plus funestes conséquences. Nous voulons parler de la guerre que le comte d'Armagnac fit, cette année, au comte de Foix. Entraîné par sa mauvaise destinée, le comte de Rodez s'empressa de profiter de la paix générale et de la captivité du roi de France, pour attaquer son rival. La rencontre de ces deux puissants seigneurs eut lieu à Launac, sur la rive gauche de la Garonne, le lundi 5 décembre 1362. Sous la bannière du comte de Foix marchaient les comtes de l'Isle et

CHAPITRE DEUXIÈME

d'Astarac, les vicomtes de Castelbon, de Cardonne, de Couserans, et une grande partie de la noblesse de Foix et de Béarn. Les comtes de Comminges et de Montlauzun, le vicomte de Creissels, plusieurs membres de la famille d'Albret, Bernard de Terride, Guirault de Jauli, Manaud de Barbazan, les routiers Garziot du Chastel, Béraut d'Albret, que nous avons vus naguère rançonnant le Rouergue, et une foule d'autres seigneurs suivaient le le comte de Rodez. D'Armagnac engagea l'action ; Gaston de Foix, retranché sur une éminence, soutint bravement le choc de son adversaire. Après une lutte acharnée, la victoire se décida pour le comte de Foix, et elle fut complète. Neufs cents gentilshommes restèrent entre ses mains.

Serré de trop près et forcé de fuir, le comte d'Armagnac se cacha dans une forêt voisine du champ de bataille, où il fut découvert par un soldat allemand qui servait sous les drapeaux de son ennemi. Ce soldat amena son prisonnier au comte de Foix, en chantant le couplet suivant :

> Lou renard estant au boscadjé
> Lous layros que panoûan
> Aro sio à mon damnadjé
> Ce tou t'en fuyos plus avant.

> Le renard étant au bocage
> Par les larrons tout est pillé ;
> Maintenant je veux être damné
> Si tu t'en fuis davantage.

Les prisonniers donnèrent leur foi au vainqueur, qui leur vendit bien cher leur délivrance. La rançon des captifs était alors le meilleur fruit de la guerre Mais alors, comme toujours, c'étaient les peuples qui payaient les sottises des rois :

Quidquid delirant reges plectuntur Achivi.

S'il fallait en croire une ancienne chronique que mentionne le nouvel historien de Gascogne, M. l'abbé J.-J. Monlezun, Gaston de Foix aurait tiré de ses prisonniers un million de livres (dix ou quinze millions d'aujourd'hui). Toujours est-il vrai que la rançon du vicomte de Creissels, fut fixée à treize mille trois cent trente-trois florins d'or, et payée en grande partie par ses vassaux du Rouergue. La rançon du comte d'Armagnac s'éleva à la somme de trois cent mille florins d'or, qui valaient trois cent soixante mille francs, le florin était alors à 24 sous. La preuve de ce que nous avançons, contrairement au dire de tous nos historiens, qui ont porté à un million de francs la rançon du comte de Rodez, se trouve dans le livre de comptes du consul-boursier de Millau, sous l'année consulaire 1363-1364.

Pour se procurer cette énorme quantité d'argent, le comte d'Armagnac frappa à toutes les portes. Il s'adressa à ses vassaux, il s'adressa aux communes, il s'adressa à ses amis. Les vassaux firent leur devoir, et, pour ne citer qu'un exemple, rappelons que la communauté du Bourg de Rodez donna trois mille francs pour la rançon de son seigneur. L'acte qui nous fait connaître cette largesse, fut pris par le notaire Gaillard Clari, le 27 juillet 1303 ; il en est fait mention dans un ancien inventaire des archives du Bourg, qui se trouvent maintenant aux archives communales de Rodez. Les communes et les amis du comte vinrent aussi à son secours.

Jean d'Armagnac avait une femme digne de lui ; elle lui était même supérieure par la naissance : c'était Béatrix de Clermont, comtesse de Charolais, fille de Jean de Clermont, petit-fils de saint Louis. Le comte de Rodez, veuf en premières noces de Régine de Goth, fille et héritière de Bertrand de Goth, neveu du pape Clément V, avait épousé Béatrix, trois ans après son premier mariage. Aussitôt après avoir appris la défaite et la captivité de son mari, la comtesse d'Armagnac chargea l'abbé de Bonneval et le seigneur de Bertholène de parcourir les principales localités du Rouergue afin de les intéresser au malheureux sort du comte. Elle fit aussi convoquer par eux toutes les communes à Rodez, sa résidence ordinaire, dans le but de leur demander de l'argent pour le rachat de l'illustre prisonnier. A cette assemblée, présidée par la comtesse Béatrix, se rendirent seuls les députés de Millau, qui ne voulurent prendre aucun engagement sans le concours des autres communes. La comtesse ajourna alors l'assemblée à Villefranche, où, à trois époques différentes, les communes se réunirent, sous la présidence du comte de Montlauzun. Quoique nous ne connaissions pas positivement le résultat de leurs délibérations, nous tenons pour certain que les communes finirent par accueillir favorablement la demande de la comtesse et lui votèrent un subside applicable à la rançon de son mari. C'est ce qui résulte des livres de compte des consuls-boursiers de Millau, où nous voyons cette ville donner, à plusieurs reprises, des sommes considérables en acquittement de la dette contractée envers le comte d'Armagnac pour le tirer de prison.

Les subsides fournis par les vassaux et les communes ne suffisant pas pour payer sa rançon, le comte remit à son vainqueur une certaine quantité de joyaux, comme gage de 73.000 florins d'or. Malgré cette énorme somme la dette n'étant pas entièrement garantie, le comte d'Armagnac, qui voulait, à tout prix, sortir de prison, se décida à une démarche qui dut singulièrement coûter à son amour propre. Il eut recours au prince d'Aquitaine dont la générosité mit fin à la captivité du vaincu de Launac. C'est, du reste, ce que nous dirons plus tard et cette particularité de la vie du prince de Galles, restée inconnue jusqu'à nos jours, ne sera pas le point le moins piquant de notre récit. (1)

---

(1) Lo sabde a XIV de iun de voluntat del cosselh general de l'Esquilla fon trameses en B. Vellas e en B. Ratier à Rodes per tener una iornada que zavian nos essems am las attras comunas de Rozergue davan Madona d'Armanhac laqual iornada nos avia mandada per Moss. lo prior de Bonaval local portava una lettra de crezensa en laqual iornada nos dis lo dig prior que Madona d'Armanhac volia explicar à las comunas que conia Moss. d'Armagnac fos en las mas de son enemic prionier del comte de Fois a coma agues facha granda finansa per la redempsio de sa persona a IIIc milia floris d'aur e coma Moss. d'Armanhac la dicha finansa non pogues paguar sine l'aiutori de sos amics...

C'était pour la seconde fois que le comte d'Armagnac etait fait prisonnier de guerre. En 1329, ayant accompagné en Italie le connétable Raoul de Brienne et plusieurs autres seigneurs français qui allaient secourir le roi de Bohême. Jean de Luxembourg, en guerre avec les princes du nord de la péninsule, il fut pris au siège de Ferrare et obligé de payer une rançon de 20.000 florins d'or. Afin de s'acquitter de cette dette, les communes du Rouergue payèrent double taille pendant plusieurs années. *(Hist. du Lang. t. IX, p. 455.)*

CHAPITRE TROISIÈME

Le roi d'Angleterre érige l'Aquitaine en principauté et la donne à son fils aîné le prince de Galles qui en prend possession.
1362-1363

Le roi d'Angleterre, convaincu qu'il était nécessaire pour conserver ses vastes possessions du continent, de les placer sous l'autorité d'un maître puissant et respecté, les érigea en principauté et les donna à son fils aîné le prince de Galles, appelé ordinairement le *Prince-Noir*, parce que, se croyant assez remarquable par sa bonne mine, il méprisait les ornements extérieurs et portait toujours une cotte d'armes brune et une aigrette noire à son casque.

Outre ce premier motif tiré de la politique, le roi d'Angleterre en avait d'autres non moins déterminants, mais qu'il ne pouvait mettre en avant. Il s'agissait d'éloigner de la cour de Londres et même de l'Angleterre le prince de Galles qui, malgré la volonté de son père, avait épousé depuis un an Jeanne de Kent, veuve de Thomas de Holland, femme jeune encore et dont la beauté éblouit son siècle ; il s'agissait enfin de mettre un terme à une vie de plaisirs, de luxe et de prodigalités telles que le fils aîné d'Edouard III, à son départ pour la Guienne, étant criblé de dettes, dût faire son testament pour donner des gages et fournir une hypothèque, le cas échéant, à ses nombreux créanciers. La création de cette principauté en sa faveur venait donc bien à propos. C'était un des plus beaux et des plus riches états de l'Europe : Il comprenait vingt-six diocèses et quatorze sénéchaussées. (1).

Ces revenus joints à ceux des autres possessions que le prince de Galles avait en Angleterre allaient lui permettre ainsi qu'à la princesse sa femme « de tenir un état de maison si grand et si étoffé qu'au dire de Froissart, nul autre de prince et de seigneur en chrétienneté ne s'acomparoit au leur. »

Les lettres confirmatives de ce don, fait sous la simple réserve de l'hommage lige et la redevance d'une once d'or, sont du 19 juillet 1362. Jusque là, les provinces françaises, occupées par les Anglais, avaient été gouvernées, au nom d'Edouard III, par son lieutenant, Jean Chandos, administrateur habile autant que capitaine vaillant.

Lorsque la noblesse d'Aquitaine apprit qu'elle avait un nouveau chef, elle manifesta, au rapport de Froissart, le désir de le voir résider dans ses états. Le vainqueur de Poitiers se rendant à ces vœux quitta sa patrie en février 1363. Quelques jours après, accompagné de sa femme et d'une suite brillante de chevaliers, le jeune Edouard débarquait à la Ro-

---

(1) Dans l'énumération qu'il fait de ces diocèses M. Delpit en a omis un, celui de Vabres en Rouergue. — Docum. franç. qui se trouvent en Angl. p. 133.

chelle où Chandos alla le rejoindre. Celui-ci et Jean de Beauchamp, avaient été nommés commissaires pour le mettre en possession de ses domaines.

Le fils aîné du roi d'Angleterre prit, alors, dans les actes officiels, les titres de Prince d'Aquitaine et de Galles, de duc de Cornouailles, de comte de Cester et de Kent. Pendant les cinq premiers mois qui suivirent son arrivée en Aquitaine, le Prince s'occupa activement de l'administration de sa principauté. Il créa un grand conseil, espèce de Sénat, où Français et Anglais notables entrèrent indistinctement. Cependant les places les plus lucratives et les plus importantes, telles que celles de sénéchaux, furent généralement réservées aux amis du prince, les chevaliers anglais qui l'avaient suivi sur le continent.

Le Prince choisit Bordeaux pour sa capitale et y tint habituellement une cour nombreuse et brillante. Ami de la représentation, du faste même, le prince était magnifique en tout, dans son palais de Bordeaux, dans ses voyages, dans ses présents, dans ses ambassades dont, il va sans dire, il faisait tous les frais. La première de ces ambassades qu'il envoya au pape Urbain V, résidant à Avignon, était composée d'Austensius de Sainte-Colombe, évêque de Sarlat, d'un docteur anglais, de Jean de Beauchamp, comte de Warvik, avec une suite de trente-cinq chevaux. La seconde, encore plus magnifique, traversa le Rouergue et s'arrêta à Millau le 25 avril 1364. Elle comptait deux cents cavaliers ayant à leur tête le comte de Warvik. Les consuls lui donnèrent un bal à l'hôtel-de-ville auquel assista la baronne d'Arpajon, une des plus grandes dames de la contrée.

Quand le Prince se fut installé dans son palais de Bordeaux et qu'il eût pourvu aux principaux besoins de l'administration générale de ses états, il songea à réclamer de ses vassaux l'hommage dû à leur nouveau souverain.

Le fond de cet hommage était le serment de fidélité, en vertu duquel l'inférieur promet, devant Dieu, de tenir les engagements qu'il prend envers son supérieur. Ces promesses sacrées faisaient la force des princes. Aussi, pendant des siècles, l'Europe chrétienne, sans armées permanentes, sans police organisée, a-t-elle vécu par le seul serment de fidélité, tellement que cette société s'est appelée la féodalité ou la fidélité. A son arrivée au pouvoir, chaque souverain s'empressait de demander cet hommage. C'est ce que fit le prince d'Aquitaine quelques mois après avoir pris possession des états que son père venait de lui donner.

Jusqu'au milieu de notre siècle, on n'avait connu aucune copie exacte du procès-verbal de cette longue et importante opération, dans laquelle plus de mille vassaux ou représentants des villes d'Aquitaine comparurent devant les commissaires du roi et le prince de Galles. En 1847, M. Jules Delpit publia ce précieux procès-verbal dans son livre intitulé : *Collection générale des documents français qui se trouvent en Angleterre.* C'est dans cette pièce et dans les *comptes* de nos consuls-boursiers que nous puiserons les faits contenus dans le présent chapitre.

La prestation de l'hommage commença à Bordeaux le 9 juillet 1363, et dura dans cette ville jusqu'au 30 du même mois. De Bordeaux, où ils recurent les hommages de plus de trois cents feudataires, le prince et les commissaires royaux se transportèrent à Bergerac : ils y étaient rendus le 4 août. Du 10 au 15 de ce mois, le prince séjourna à Périgueux et y reçut les hommages des tenanciers du Périgord, du Quercy et de quelques seigneurs du Rouergue : il était à Angoulême le 18 et le 21 août. D'Angoulême, Edouard se rendit à Cognac, à Saintes, à St-Jean d'Angély, puis revint sur ses pas et arriva à la Rochelle le 29 du mois susdit. Le 1er septembre, le prince et les commissaires s'arrêtèrent à Benon, et le 3 à Niort ; le 6, ils étaient à Saint-Maixent, et le 13, à Poitiers. Le Prince, devant faire un long séjour dans cette ville, y fit convoquer les prélats, les nobles et les communes du Rouergue pour lui prêter serment de fidélité. Voici la lettre qui fut adressée aux consuls de Millau; nous l'avons trouvée dans les archives de cette ville, où elle est conservée en original :

« Jehan Chandos, vicomte de Saint-Sauveur, lieutenant de Monseigneur le roy d'Angleterre et de Monseigneur le prince d'Aquitaine et de Galles, en Aquitaine, à nos très chers et très bons amis les consuls, université et habitans de la Millau, salut et dilection.

« Comme ledit Monseigneur le prince soit en alent a Poitiers pour certaines causes, et la soit son propos de demorer certain temps, pour prendre et recevoir ses homages, sermentets foyaltés et autres devoirs qui encore ne li son faits : nous vous mandons de part le roy, nostre seigneur, et chargeons sur toute l'amour et foyaulté que vous avez et devez avoir à luy, que quatre ou six de vous, plus notables et sufficientes personnes, et ayant bon et sufficient povoir pour tous les autres, soyez a Poitiers le xviiie jour de septembre prochain venan, par devant ledit Monseigneur le prince, et par devant nous, pour oïr ce que nous vous dirons, de part le roy, nostre seigneur, et comanderons fere ou dit Monseigneur le prince, et dont nous vous montrerons povoir et convenable garant de ce fere.

» Donné à Saint-Jehan-d'Angeli le xxvie jour d'aoust, l'an mil 300 soixante et trois.

» *Signé :* PICACHE. »

Tout le monde se mit en mesure d'exécuter les ordres du souverain. Mais comme le voyage était long et dispendieux, les petits lieux qui n'avaient que des syndicats, les petites communes se firent représenter par les délégués des villes les plus importantes. Millau députa deux consuls : Raymond Garnier, Etienne Laurens, et deux conseillers, Raymond de Voncs et Bernard Fontès, notaire ; Villefranche nomma pour ses mandataires, Raymond de Jouans et Hugues del Peyro ; Villeneuve, Raymond de Roget. Arrivés à Poitiers, nos députés comparurent devant le prince et lui firent l'hommage requis. La formule du serment des délégués de Millau, que nous avons trouvée rédigée en langue romane dans les archives de cette ville, est ainsi conçue :

« Nos cossols d'Amelhau per nos et per la universitat de nostra vila juran aissi sus lo missal e sus la cros que nos seran à Mossenhen lo Princip de Guiana bos e lials ; secret tenrem ; dampnatgé que sentissessem à lui o à sos membres apparelhar li revelarem ho a persona tal per loqual pogues venir à sa noticia : salva la superioritat al rei d'Enclaterra per el retenguda el transport fag per lo rei d'Enclaterra à Mossenhen lo Princip. »

Les consuls de Villefranche firent un pareil serment ; les *Annales* de cette ville en font foi. A la page 246 du tome I, nous lisons : « Dans les archives de l'hôtel de ville, il y a des lettres d'Edouard, fils aîné du roi d'Angleterre, par lesquelles il déclare que les consuls de la présente Villefranche lui avoient presté serment de fidélité sous certaines protestations y exprimées en date du 28 septembre 1363. »

Le Prince confirma les privilèges des communes qui reconnurent sa souveraineté, et, à son tour, jura de n'y porter aucune atteinte.

La noblesse se rendit aussi à l'appel du prince d'Aquitaine. Entre les Seigneurs qui allèrent lui prêter foi et hommage, nous remarquons Jean d'Armagnac, vicomte de Creyssels, Guy de Sévérac, Arnaud de Landorre, Aldebert d'Arpajon, Guillaume de Labarrière

Guillaume de Capdenac; tous ces barons firent leur serment de fidélité soit à Agen, soit à Angoulême, soit à Poitiers; aucun ne le fit entre les mains du prince en Rouergue.

Le comte d'Armagnac prêta son serment au prince d'Aquitaine à Angoulême le 2 avril 1365, et non le 26 juin 1365, comme le dit par erreur M. de Gaujal. (*Delpit, p. 121 de l'ouvrage cité.*)

A l'occasion de la prestation du serment d'obéissance dû au prince d'Aquitaine par la noblesse, le clergé et les communes de notre province, les annalistes du Rouergue, s'appuyant sur le *Trésor des Recherches et Antiquités* de Borel, médecin à Castres, nous racontent un petit drame dont nous empruntons la mise en scène à M. de Gaujal. Cet auteur, du reste, n'a fait que répéter ce qu'avaient dit ses devanciers Etienne Cabrol et l'abbé Bosc :

« Après la mort du roi Jean, lisons-nous à la page 198 des *Annales du Rouergue,* le prince d'Aquitaine somma les habitants de Villefranche de venir lui prêter un nouveau serment de fidélité à Rignac, et il paraît qu'il s'était rendu en Rouergue pour le recevoir et qu'il était logé chez le seigneur d'Arpajon, à Caumont de Plancatge. Pollier, issu d'une maison distinguée et premier consul de Villefranche, et Guillaume de Garrigues, juge-mage de Rouergue, députés de cette ville, se présentent devant le prince ; mais loin de consentir à prêter le serment qu'il exigeait, ils le refusent constamment pour n'*être point traîtres à leur roi.* Ce motif de leur refus explique l'intention du prince d'Aquitaine ; s'il n'eût voulu que le même serment qui avait été prêté au roi d'Angleterre en 1362, les habitants de Villefranche, déjà liés par ce serment, n'eussent point fait difficulté de le renouveler ; mais le prince ne demandait point le serment dû par le vassal au seigneur, il exigeait celui du sujet au souverain, et les députés de Villefranche le refusaient parce que le roi de France s'était réservé *la souveraineté, le ressort, et les sujets*. Le Prince, irrité, voulait les faire mettre à mort. Le seigneur d'Arpajon obtint qu'il leur permettrait de retourner à Villefranche pour faire des représentations à leurs concitoyens. Ils y retournèrent, en effet ; mais ce fut pour les exhorter à redoubler de fidélité et à persister dans leur noble résolution. Ils eurent même le courage d'aller retrouver le prince anglais et s'exposer à sa colère, en lui disant que la détermination de leurs compatriotes était inébranlable, imitant ainsi et la constance et le dévouement de Régulus. Pollier ne perdit point la vie, grâce à l'intercession du seigneur d'Arpajon, son ami ; mais le *juge-mage* fut attaché à la queue d'un cheval et traîné ainsi jusqu'à Villefranche, où, dit-on, le prince de Galles alla en personne faire reconnaître la plénitude de son autorité. »

Cette narration est un tissu d'erreurs aussi ridicules qu'odieuses. Prouvons-le en quelques mots :

1º Le prince de Galles ne demandait pas le serment de *sujet à souverain*, comme le dit

M. de Gaujal, à l'effet d'étayer son récit; il exigeait seulement, ce qui était légitime, le serment dû par le vassal au feudataire, réservant à son père, le roi d'Angleterre, les droits de souveraineté, tels qu'ils lui appartenaient d'après le traité de Brétigny. Les actes d'hommage et les serments de fidélité faits au prince par le comte de Foix, le seigneur d'Albret, et par plus de mille tenanciers, dont M. Delpit rapporte la formule détaillée dans son procès-verbal ; le serment des consuls de Millau, dont nous avons rapporté nous-même la formule authentique, prouvent surabondamment ce que nous disons relativement à la nature de ce serment. (1)

2º Le prince de Galles, qu'on fait venir en Rouergue en 1364, n'y parut pas cette année Nous pouvons même affirmer qu'il ne visita jamais notre province, pendant tout le temps qu'il en fût maître. Les livres de comptes de nos consuls-boursiers nous en donnent la preuve certaine. Dans ces livres, pendant huit ans, on voit le séjour du prince indiqué partout ailleurs qu'en Rouergue. On y trouve bien, en 1364, une annonce de la visite du prince à Millau, mais on y trouve aussi que ce voyage ne se réalisa point. Il est donc faux que les consuls de Villefranche aient été convoqués à Rignac pour faire leur soumission.

(1) Le consul boursier parlant de la cession de la Guienne par Edouard III au prince de Galles, dit : « Nostre seignor lo rei d'Enclaterra avia donat lo dugat de Guiana à Moss. lo princip de Gualas, à sa vida, tant solamen, retengut al davan dig nostre seignor lo rei, lo sobeiranetat.

Il est plus faux encore qu'ils aient refusé le serment exigé, puisqu'ils allèrent à Poitiers le faire entre les mains du prince lui-même.

3º En 1364, le juge-mage du Rouergue ne s'appelait pas Guillaume de Guarrigues, mais bien Guillaume Vassal ; il était chevalier, seigneur de Frayssinet, et avait prêté serment d'obéissance au prince dans l'église Saint-Front, de Périgueux, comme on le voit dans le procès-verbal publié par M. Delpit. Guillaume Vassal qui, en 1362, avait remplacé, dans la charge de juge-mage, Guillaume de Grinhioles, conserva cette charge jusqu'en 1368 ; à cette époque on lui donna pour successeur Raymond de Cabanac. D'où il suit que, pendant tout le temps de la domination anglaise, le Rouergue n'eut pas de juge mage portant le nom de Guarrigues.

4º Nous avons vu que le prince de Galles convoqua les consuls de Villefranche, non à Rignac, mais à Poitiers, et que ce fut dans cette dernière ville que les délégués de Villefranche, dont Pollier ne faisait pas partie, prêtèrent sans difficulté, le serment exigé.

Et maintenant, aux démentis donnés par l'histoire, est-il nécessaire, pour appuyer notre thèse d'ajouter des réflexions puisées dans les faits eux-mêmes ? Faut-il faire remarquer ce qu'il y a d'invraisemblable dans la conduite d'un juge-mage qui, représentant de la justice, s'insurge contre la loi et désobéit à un prince dont il tient sa place et ses pouvoirs ? Faut-il faire observer que la manière d'agir du jeune Edouard en cette circonstance, est entièrement opposée à sa douceur et à sa modération bien connues, au début de son gouvernement en Guienne ? Le vainqueur de Poitiers avait trop d'élévation dans l'âme, trop d'habileté et de courtoisie pour commettre une action aussi impolitique et aussi barbare que celle dont on le charge ! L'histoire racontée par M. de Gaujal et ses devanciers, étant donc fausse de tout point, doit être effacée de nos annales, quelque honorable qu'elle ait paru devoir être jusqu'à présent pour Pollier et Villefranche. Pollier a pu être un très brave chevalier, un excellent patriote, mais il n'a jamais joué le rôle de Régulus ; il n'y avait pas place pour un si beau dévouement.

Après ces observations, on n'aura pas de peine à juger les lignes suivantes que nous lisons page 3, tome IV, des œuvres de M. de Gaujal : « Le plus beau trait dont cette famille (la famille Pollier), eut à s'honorer, c'est la conduite que tint, en 1364, Pierre Pollier envers le prince de Galles, auquel, au péril de sa vie, il refusa constamment de prêter serment de fidélité, au nom des consuls de Villefranche, dont il était le premier député. Cette héroïque résistance à une domination étrangère, attestée par les *Annales de Villefranche* et par Borel, fut peut-être le principe de l'appel que le comte de Rodez fit au roi contre le prince de Galles, et qui eut pour résultat l'expulsion des Anglais du Rouergue et de la Guienne. »

L'auteur estimable des *Documents historiques et généalogiques sur les familles et les hommes remarquables du Rouergue* érige aussi en Régulus Guarrigues et Pollier, et il regrette vivement que le Rouergue *connaisse à peine ces dignes citoyens et ne leur ait pas élevé des statues !!!*

On voit au musée de Rodez un tableau représentant Guillaume Garrigues et Pierre Pollier refusant le serment de fidèlité au Prince d'Aquitaine. Ce tableau, peint par Théophile Castan, de Sévérac, et donné à la ville de Rodez par M. Fleuchaire, ancien préfet de l'Aveyron, est à refaire, le sujet qu'il représente étant complètement faux.

Disons maintenant comment s'est formée la légende de Pollier et de Garrigues auxquels un auteur aveyronnais a proposé d'ériger des statues.

Borel, médecin à Castres, homme érudit mais sans esprit de critique, est le premier qui dans son *Trésor de Recherches et Antiquités gauloises et françaises*, nous ait fait connaître l'acte de Pierre Pollier. Parlant des principaux membres de la famille des Pollier à l'article *Enseigne*, voici ce qu'il nous dit sur le héros légendaire de Villefranche :

« Il y a eu aussi un Pierre Pollier qui, l'an 1364, après la mort du roi Jean, rendit une action très glorieuse, car les Anglais, ayant occupé presque toute la France, et ayant sommé Villefranche de venir prester serment de fidélité pour le roi d'Angleterre dans la ville de Regnac, ledit Pollier, premier consul, estant député vers le rey Edouard à cet effet, eut bien le courage d'y aller et refuser de le faire pour n'estre traite à son roy : et sur le point qu'on alloit le faire mourir, un seigneur du nom d'Arpajon obtint en sa faveur qu'on lui permettoit de retourner à Villefranche pour prendre avec le peuple une meilleure résolution, et les ayant au contraire affermis, ils se défendirent et demeurèrent fidèles au roy de France. »

Tel est le point de départ de notre légende: tout y est simple mais invraisemblable. Pierre Pollier, premier consul de Villefranche, se trouve en face du roi d'Angleterre qu'on fait venir en 1364 à Rignac et à la suite duquel marchait d'Arpajon. Pollier pressé de prêter le serment le refuse, retourne à Villefranche, fait révolter la ville contre son oppresseur et, se mettant sans doute à la tête de ses compatriotes, il bat le roi Edouard et passe sous la banniière du roi de France.

L'auteur des *Annales de Villefranche* trouvant le drame raconté par Borel faux dans quelques-uns de ses détails, le modifie : il déplace la scène, il change le nom et la qualité des personnages dont il augmente le nombre c'est lui qui, le premier, nous fait faire connaissance avec Guillaume de Garrigues ; il va même jusqu'à chercher une date qui s'adapte mieux aux évènements, et, après tous ces changements, il nous donne une histoire plus invraisemblable que celle qu'il a voulu corriger.

Voici la version de Cabrol :

« Il faut que cet auteur (Borel) des *Recherches des antiquités gauloises* ait esté trompé par des faux mémoires sur la datte du fait qu'il raconte de ce noble Pierre Pollier et qu'il qualifie là de consul, car il ne se trouve point qu'il y ait eu aucun de ce nom qui fut consul de la présente ville en ce temps-là ; ainsi, il y a plus d'apparence que cela arrivât en 1360 lorsque le millord Chandos vint pour prendre possession du Rouergue pour le roy d'Angleterre et après trois commandements qui furent faits aux consuls et habitants de la présente ville, il reçut leur serment icy l'an 1361, le 13 février, à quoi ils firent longue résistance et furents contraints enfin de l'exécuter parce que le roy de France le leur enjoignit expressément, ou bien que ce fut lorsque le prince de Galles manda venir à Rodez, en 1365, le juge-mage de Rouergue pour se soumettre à lui, lequel ne l'ayant pas voulu reconnoistre pour seigneur, le prince le maltraita et l'ayant fait attacher à la queue d'un cheval le fit traisner ignominieusement jusqu'en la présente ville, et sans doute que ce Pierre Pollier avait esté député de cette communauté pour l'y accompagner, et qu'estant prest de subir quelque sévère punition de sa juste obstination, ce seigneur d'Arpajon auroit obtenu quelque grâce pour lui. »

D'après ce qu'on vient de lire, Cabrol ne donne pas une pleine confiance à Borel ; il rectifie son récit et ne l'accepte à la fin qu'après l'avoir profondément modifié. Comme nous l'avons dit, ce qu'il y ajoute le rend plus invraisemblable.

L'abbé Bosc, professeur au lycée de Rodez,

est le troisième auteur qui a parlé de Pollier et de Garrigues. Leur histoire qu'il a lue dans Borel et Cabrol le frappe, et, sans s'informer si le fond est vrai ou du moins vraisemblable, il se l'approprie et en fait un récit digne d'un humaniste rouergat. Régulus apparaît et ce souvenir classique embellit la narration trop gothique de Borel et de Cabrol. Et c'est ainsi que chaque historien ajoute quelque trait à notre légende.

Rapportons le récit de l'abbé Bosc :

« Après la mort du roi Jean, en 1364, les Anglais ayant sommé les habitants de Villefranche de venir prêter serment de fidélité au roi d'Angleterre dans la ville de Rinhac, Pierre Pollier et le juge-mage furent députés par les consuls pour se présenter au prince de Galles ; mais ils refusèrent constamment le serment qu'on exigeait, et comme le prince de Galles se disposait à les faire condamner à mort, le seigneur d'Arpajon obtint, en leur faveur, la permission de retourner à Villefranche pour prendre avec leurs concitoyens une meilleure résolution. Dès qu'ils y furent arrivés, nouveaux Régulus, ils ne firent que les affermir dans leurs sentiments, les exhortant à ne pas trahir leur roi légitime. Ils eurent même le courage d'aller rapporter la réponse au prince anglais à Rinhac, d'autres disent à Rodez.

» Pollier obtint grâce par la médiation du seigneur d'Arpajon chez qui le prince de Galles était logé à Caumont (nouveau détail inventé par Bosc) ; mais le juge-mage fut attaché à la queue d'un cheval et traîné jusqu'à Villefranche où le prince de Galles (qui n'est jamais venu en Rouergue) fut forcé d'aller en personne se faire reconnaître. »

Inventée par de trop naïfs chroniqueurs, rajeunie par un professeur de l'Université, notre légende arrivée à son épanouissement est recueillie par un historien juriste qui va lui donner la consécration historique. M. de Gaujal, qui est cet historien juriste, a senti le côté faible des récits que ses devanciers avaient faits sur Pollier et Garrigues. Pour les fortifier et les faire accepter plus facilement, l'auteur des *Annales sur le Rouergue* a prétendu que le serment demandé à Villefranche par le prince de Galles n'était pas le serment de vassal à seigneur, mais celui de sujet à souverain. Nous avons réduit à sa juste valeur cette nouvelle explication : inutile donc d'y revenir, comme aussi de rapporter le récit de M. de Gaujal que nous avons déjà cité et réfuté en entier.

Voila de quelle manière s'est formée la légende des héros villefranchois, Pollier et Garrigues. Comment croire à leur mérite quand on manque même de titres pour prouver leur existence ? Des *mémoires faux* fournis à Borel par la famille Pollier ou par quelqu'un de ses flatteurs, sont les seuls fondements de cette histoire romanesque.

CHAPITRE QUATRIÈME

Évènements qui eurent lieu en Rouergue pendant l'année 1364.

Après avoir pris possession des belles provinces que lui avait données son père, le Prince en visita les principales villes. En janvier 1364, il était à Agen ; au mois de mai suivant, il se trouvait à Limoges ; un mois après il était à Périgueux. Ces trois villes et Angoulême reçurent encore, dans la suite, plusieurs fois sa visite. Toujours dans cette même année 1364, le comte de Warvic qui avait eu jusque là le titre de connétable de Guienne fut remplacé par Jean Chandos. C'était un excellent choix. Si tous les officiers, nommés par le fils du roi d'Angleterre, avaient eu la sagesse, le désintéressement et l'élévation de caractère de ce grand personnage, il est probable que la domination anglaise sur les terres françaises n'aurait pas été renversée aussitôt qu'elle le fut. La dureté, la cupidité des fonctionnaires anglais en Aquitaine ; les prodigalités de leur chef, ses demandes incessantes d'argent à ses sujets, furent les principales causes de sa chute après quelques années de gouvernement.

Outre les revenus ordinaires de ses possessions de France et d'outre-mer, le Prince d'Aquitaine et de Galles se fit apporter d'Angleterre, la première année de son arrivée en Guienne, 18.000 livres sterling. Malgré cet énorme secours, ses dépenses excédèrent ses recettes. *(Jules Delpit, ouv. cité, p. 143).* Il est vrai que le déficit dans ses finances put être attribué aux grandes libéralités que le Prince fit aux seigneurs gascons pour se les attacher. S'il voulut donc soutenir l'état de sa maison et celui de la princesse sa femme, s'il voulut pouvoir payer tous ses officiers et les gens d'armes nécessaires à la garde de ses provinces, le prince dût avoir recours aux impôts extraordinaires. Les états généraux de l'Aquitaine, convoqués à Périgueux le jour de la fête des saints Apôtres Pierre et Paul, lui votèrent, sur sa demande, un subside d'un *guianez* par feu (le guianez valait alors seize sous trois deniers). A cette assemblée assistèrent Guy de Sévérac et deux consuls de Millau, Aldebert Johan et Etienne Laurens. En Rouergue on cria beaucoup contre cet impôt. On envoya au Prince des députations pour en obtenir la remise, ou au moins un délai pour le paiement : toutes les démarches étant devenues inutiles on finit par s'exécuter. (1) Seul, le comte d'Armagnac s'en prétendit exempt et refusa de le laisser lever sur les terres de son comté de Rodez.

Les fiefs du comte d'Armagnac, en Rouergue, étaient alors très considérables. D'après

---

(1) Millau paya pour sa part de ce fouage 690 *Guyanez* d'or. *Livres des consuls boursiers*, 1364-1365, 1365-1366.

Bonal, chapitre 29, page 398 de ses *Mémoires manuscrits*, le comté de Rodez comprenait les lieux suivants :

La châtellenie d'Ayssène et la Besse.
La châtellenie de Ségur.
La châtellenie de Cabrespines.
La ville d'Entraygues.
La châtellenie de Montrozier.
La châtellenie de Camboulas et lieu de Vibal.
La ville de Montjaux.
La châtellenie de Rodelle.
La ville d'Aubin.
La ville de Marcillac.
Le lieu de Cassagnes.
Le lieu de Sébazac.
La ville de Bozouls.
Le lieu de Montazic.
Le lieu du Minier.
Le lieu du Vialar.
Le lieu d'Alpuech.
Le lieu du Monastère.
La ville ou bourg de Rodez.

Le comte fondait son refus de payer le fouage sur la coutume et ses franchises. Il prétendait que jamais, même sous les rois de France, alors que le Rouergue leur appartenait, ses vassaux n'avaient payé d'impôts qu'à lui seul, leur seigneur direct. Il ajoutait que ses vassaux s'étant épuisés pour payer sa rançon, on ne pouvait en exiger de nouveaux subsides sans les ruiner et les exaspérer. C'était du fond de sa prison, où le retenait toujours le comte de Foix, que Jean d'Armagnac soutenait ces prétentions, par l'organe de son conseil. Les officiers du prince n'écoutèrent pas ces raisons, et comme la résistance aux ordres de leur souverain partait du Bourg, où résidait le conseil du comte de Rodez, ils se mirent à poursuivre la ville comtale avec les armes de la loi.

Ici commence entre les consuls du Bourg, le conseil du comte, d'un côté, et les officiers du Prince, d'un autre côté, une lutte qui durera autant que la domination anglaise en Rouergue et qui finira par son renversement. Toute révolution politique a sa cause : le fouage, réclamé opiniâtrement par les Anglais, et refusé non moins opiniâtrement par les vassaux du comte de Rodez, voila la vraie cause de l'expulsion des Anglais du Rouergue et par suite de toute la France. On trouvera les détails de cette affaire interessante dans un extrait des livres de compte des consuls du Bourg que nous rapportons aux pièces justificatives. Contentons-nous d'en raconter ici les premiers et principaux incidents afin de ne pas trop ralentir notre récit.

A son début, la lutte fut timide, molle de part et d'autre : on aurait dit que chacun doutait un peu de son droit. A la fin de novembre 1364, le sénéchal du Rouergue envoie des commissaires à Rodez pour réclamer le fouage ou exécuter ceux qui refuseraient de le payer ; les consuls du Bourg leur ferment les portes de leur ville. Les commissaires ajournent, sous certaines peines, les consuls devant le sénéchal à Villefranche. Les consuls ne comparaissent pas ; on les condamne par défaut. Cependant Raymond de la Salle, sénéchal du comté de Rodez, se rend à Villefranche et obtient du sénéchal du Rouergue un délai de quinze jours afin d'en référer au prince. Avant l'expiration de ce délai, les commissaires reparaissent à Rodez, citent de nouveau les consuls devant le sénéchal à Villefranche et menacent de saisir les biens de ceux qui ne veulent pas payer le fouage. Cette fois on arrête les saisies en donnant de l'argent aux commissaires ; puis les consuls du Bourg vont à Villefranche, et, afin de se rendre favorables les officiers du prince, ils leur apportent dix-huit livres de fruits confits (coffimens). Ce présent adoucit si bien la justice, que toute menace de saisie cessa pendant un an. Au bout de ce temps, les citations des consuls à Villefranche et les ordres de saisie recommencent de plus belle. Les sergents et les commissaires reparaissent à Rodez. Les consuls du Bourg prient alors Mme d'Armagnac de demander elle-même au prince la cessation de ces poursuites vexatoires, et un nouveau délai pour le paiement du fouage. Le prince accueille favorablement la requête de Mme d'Armagnac et ordonne à son sénéchal de suspendre, pour un temps, la réclamation de ses droits. Elle fut suspendue en effet, mais pour être reprise un peu plus tard avec plus de vivacité.

On était alors aux derniers jours de l'année 1364. Le prisonnier de Gaston-Phébus gémissait toujours dans les fers de son vainqueur. Fatigué d'une captivité plus nuisible encore à ses affaires qu'à sa santé, le comte de Rodez, pour sortir de prison, se décida à une démarche qui, comme nous l'avons dit, dût prodigieusement coûter à son amour propre. Il chargea son fils Jean d'Armagnac d'aller trouver le prince d'Aquitaine et de lui emprunter la somme d'argent qui manquait à sa rançon. Cette somme étant très considérable, il était à craindre que, dans les circonstances présentes, le Prince ne put ou ne voulut la prêter. Edouard avait l'âme trop grande pour refuser un service à son puissant mais malheureux vassal ; il ouvrit donc généreusement sa bourse au comte, qui, avec ce secours, acheva de payer sa dette à Gaston et sortit de prison. (1)

D'Armagnac, mis en liberté, alla remercier Edouard qu'il rencontra à Angoulême. C'est là qu'après avoir fait hommage de ses terres au prince, il fut reçu membre de son grand conseil. Ce titre exigeant un second serment, le comte de Rodez s'empressa de le faire entre les mains de son suzerain. Ceci se passait dans les premiers jours d'avril 1365. *(Delpit, ouvrage cité, p. 121)*. D'Angoulême le comte de Rodez se rendit en Rouergue. Il alla ensuite à Avignon, en passant par Millau, où nous le voyons à la fin de ce même mois d'avril.

Tous ces faits relatifs à la captivité de Jean d'Armagnac et à la manière dont elle prit fin

---

(1) « Vérité est que Monseigneur le Prince nous prêta grant foison de son argent à nous délivrer de prison, de sa grâce. » Lettre du comte d'Armagnac aux consuls de Millau rapportée plus loin.

sont incontestables. Nous les trouvons consignés dans les livres de nos consuls-boursiers et dans une lettre écrite par le comte de Ro-Rodez à la commune de Millau, lettre très-importante et que nous rapporterons, en son lieu, dans un chapitre subséquent. Sur ce point, nous sommes en contradiction avec Froissart et les écrivains qui se sont inspirés de son récit, notamment le moderne historien de Gascogne. Tous, en cette circonstance, font tenir au comte d'Armagnac une conduite aussi fausse que ridicule. Mais, pour apprécier la narration de notre grand chroniqueur, il est nécessaire de la rapporter en entier, telle que nous la trouvons au chapitre 3, tome 3 de ses chroniques, édition de Denis Sauvage :

« Quand le prince de Galles fut issu hors d'Angleterre, et que le roy son père luy eut donné à tenir en fief et en héritage de luy, toute la terre et duché d'Aquitaine, et fut venu à Bordeaux sur Gironde, et il eut pris toute la possession et toutes les terres, et eut séjourné environ un an au païs, luy et la princesse sa femme furent priés du comte Jehan d'Armagnac, qu'ils voulsissent venir en la comté de Bigorre, en la belle et bonne cité de Tarbe, pour veoir et visiter celuy païs qu'ils n'avoyent encore veu. Si tendoit ledit comte d'Armignac à ce que si le prince et la princesse estoyent en Bigorre, le comte de Foix les viendroit veoir : auquel il devoit, pour sa rançon, deux cens et cinquante mille francs. Si leur feroit prier, pour luy, que ledit comte de Foix voulsist quitter ladite somme ou en partie, ou en faire grâce. Tant fit ledit comte d'Armignac, que le prince et la princesse, à leur estat (qui pour ce temps estoit grand et estoffé) vindrent en Bigorre, et se logèrent en la cité de Tarbe.

» Pour le temps, que le prince et la princesse estoyent à Tarbe, estoit le comte de Foix en la ville de Pau. Car il y faisoit faire et édifier un moult bel chastel, tenant à la ville, au dehors, sur la rivière de Gave. Si tost comme il seu la venue du prince et de la princesse (qui estoyent à Tarbe) il s'ordonna, et les vint veoir en grand estat, à plus de six cents chevaux : et avoit soixante chevaliers en sa compagnie.

» De la venue du comte de Foix furent le prince et la princesse fort réjouis, et lui firent très-bonne chère : et bien le valoit : et l'honoroit la princesse très liement et grandement. Et là estoyent le comte d'Armignac, et le sire d'Albreth : et fut le prince prié qu'il voulsit prier au comte de Foix, qu'il quittast au comte d'Armignac tout, ou en partie, la somme des florins qu'il luy devoit. Le prince (qui fut sage et vaillant homme) respondit, tout considéré, que non feroit. Car pourquoi ? comte d'Armignac, vous fustes pris par armes, et par belle journée de bataille : et meit nostre cousin le comte de Foix, son corps et ses gens en avanture contre vous : et, se la fortune fut bonne pour luy, et contraire à vous, il n'en doit pas pis valoir. Par faict semblable Monseigneur mon père ne moy ne saurions gré qui nous prieroit de remettre arrière ce que nous tenons par belle aventure, et la bonne fortune que nous eusmes à Poictiers : dont nous regracions nostre Seigneur. Quand le comte d'Armignac ouit ce, il fut tout ébahy, Car il avait failly à ses ententes. Nonobstant ne cessa il pas : mais en pria la princesse : laquelle de bon cuer requit et pria au comte de Foix qu'il lui voulsit donner un don. Madame, dit le comte, je suis un petit homme et un petit bachelier : si ne puis faire nuls grans dons ; mais le don que vous me demandez, s'il ne vaut plus de soixante mille francs, je vous le donne. La princesse tiroit à ce qu'outrément le don qu'elle demandoit, le comte de Foix luy donnast : et le comte, qui sage et subtil estoit, et qui en ses besongnes assez clair veoit, et espoir de la quittance du comte d'Armignac se doutoit, son propos tenoit, et disoit : Madame, à un povre chevalier que je suis, qui édifie villes et chasteaux, le don, que je vous accorde, doit bien suffire. Oncques la princesse n'en peut autre chose attraire : et, quand elle vit ca, elle dit : comte de Foix, je vous demande et prie que vous faciez grâce au comte d'Armignac. Madame dit le comte à vostre prière je dois bien descendre. Je vous ay dit que le don que vous demandez, s'il n'est plus grand de soixante mille francs, je le vous accorde : et le comte d'Armignac doit deux cens cinquante mille francs : et à la vostre prière et requeste, je vous en donne les soixante mille. Ainsi demoura la chose en celuy estat, et gagna le comte d'Armignac, à la prière de la princesse d'Aquitaine soixante mille francs. »

Le comte d'Armagnac passa en prison les années 1363 et 1364. Il ne put donc pas, dans cet intervalle, recevoir le prince et la princesse de Galles à Tarbes, comme le prétend Froissart. Le comte d'Armagnac sortit de prison dans les premiers mois de 1365, après avoir payé au comte de Foix toute sa rançon, grâce au prince de Galles qui lui en fournit les moyens. Quand il recouvra sa liberté, il n'était donc pas redevable au comte de Foix de deux cents cinquante mille francs, ainsi que le dit notre chroniqueur. Ces deux remarques suffisent pour mettre à néant un récit, où le caractère du comte d'Armagnac et de la princesse de Galles est singulièrement abaissé. Les ruses subtiles dont Froissart fait honneur à ces grands personnages, nous paraissent indignes de leur fierté et de leur franchise naturelle.

Quant aux preuves matérielles sur lesquelles reposent nos remarques critiques, on les trouvera dans la lettre que le comte d'Armagnac écrivit aux consuls de Millau et que nous rapporterons en entier, sous sa date, un peu plus bas.

Reprenons le fil de notre histoire et achevons de raconter les évènements, accomplis dans notre province, en 1364.

Au commencement de cette année 1364 le prince, sur les instances des consuls de Millau, fit un mandement qui mérite d'être rapporté. Pour en comprendre la teneur il est nécessaire de connaître les circonstances qui le motivèrent. Pendant les années précédentes, les religieux qui avaient leurs couvents dans la banlieue et les faubourgs de Millau, voulant se soustraire aux dangers que leur faisaient courir les attaques incessantes des routiers, se réfugièrent dans l'intérieur de Millau, ville bien fortifiée où ils furent bien reçus. De ce nombre étaient les Frères Mineurs, leurs sœurs les Clarisses, les Bénédictines de l'Arpajonie, les Carmes, les Chevaliers de saint-Jean de Jérusalem, les chevaliers du saint-Esprit et peut-être d'autres. Ces religieux, fort contents du séjour de la ville, manifestèrent un peu trop hautement l'intention de s'établir définitivement à Millau. L'administration municipale craignant que ces nouveaux hôtes, pour elle d'un grand embarras, sans être d'aucun secours, n'envahissent l'enceinte de la ville déjà trop étroite pour le nombre de ses habitants, porta ses plaintes, à la vérité un peu exagérées, au prince d'Aquitaine qui fit droit à ses réclamations par une lettre patente que nous avons trouvée dans les archives communales.

Cette lettre adressée au sénéchal du Rouergue après avoir longuement énuméré les doléances des consuls, porte en substance qu'il n'est permis à personne de vendre des terres ou des maisons, dans la ville ou ses faubourgs pour y bâtir des couvents et des églises, et qu'il est défendu à toute personne religieuse d'en acheter pour le même objet ; que ceux qui contreviendraient à cet ordre seraient passibles de la peine qu'il conviendrait au sénéchal de leur infliger.

L'ordre du prince sollicité par les consuls était un peu prématuré. Les motifs qui avaient forcé les religieux à quitter leurs maisons et à se réfugier dans la ville existaient toujours et existeront encore longtemps, comme on le verra dans toute la suite de cette histoire. L'année même où nous sommes, tout en confirmant les religieux dans leurs frayeurs, aurait dû faire prendre patience aux consuls et calmer leurs alarmes. En effet, on peut affirmer que, pendant toute cette année, le Rouergue fut plus ou moins rançonné par les compagnies. Le livre de notre consul boursier nous les montre ravageant tant la Basse que la Haute-Marche. Nous y trouvons que Louis Raimbaut s'était emparé de Saint-Paul (village situé entre l'Aveyron et l'Hérault); qu'Anizorgues avait pris Combret; que Bras-de-Fer courait dans le Sévéraguais; que Ségui de Badafol, Pénibora et Bertucat d'Albret étaient aussi venus prendre leur part de butin, soit à Saint Jean-du-Bruel, soit aux portes mêmes de Saint-Affrique.

Afin de protéger le pays contre ces bandes dévastatrices, le sénéchal Amanieu du Foussat, à la tête de ses troupes, passa une grande partie du mois d'août à Millau ou à la Roquevalsergue. Il se porta ensuite à Saint-Affrique pour contenir des routiers qui s'étaient repandus dans tout le Camarès.

Pendant cette campagne, le sénéchal reçut le serment de fidélité de tous les habitants de la Haute-Marche du Rouergue ayant atteint l'âge de quatorze ans. Ce serment, prescrit par le Prince, fut fait, le 4 et le 5 septembre 1364, par les habitants de Millau.

Le prince d'Aquitaine, jaloux de son pouvoir, craignant toujours de le perdre, connaissant d'ailleurs la position précaire où il se trouvait vis-à vis de ses sujets, prenait tous les moyens de les lier, pour les tenir plus sûrement sous son autorité. Les officiers du Prince en employaient même quelques uns qui, quoique dans les usages du temps, étaient odieux et révoltants. Ainsi, le sénéchal du Rouergue, Amanieu du Foussat, expédia de Rodez à Millau, pour être exposé sur la porte de l'Ayrolle, un *quartier* d'homme supplicié, lequel, malgré les nombreuses réclamations des consuls, y resta attaché plus de deux mois, sans doute pour effrayer ceux qui, après avoir juré fidélité au Prince, auraient eu envie de violer leur serment. Millau, qui était une ville lettrée et courtoise, où vivaient un grand nombre de familles distinguées, tant de la noblesse que de la bourgeoisie, Millau qui avait donné, comme il donna plus tard, beaucoup, peut-être trop de gages de sa fidélité aux Anglais, fut indigné de cette exhibition comminatoire, mais il lui fallut subir cet affront immérité.

Un peu plus d'un an après, Rodez s'étant trouvé dans le même cas, l'évêque de cette ville écrivit au Prince d'Aquitaine pour lui représenter que le lieu, où avait été exposé le quartier d'homme supplicié, étant de sa juridiction et de celle du comte de Rodez, il le priait de le faire enlever. Par une lettre que nous rapportons aux pièces justificatives et qui est adressée au sénéchal du Rouergue, le prince répondit que si les allégations de l'évêque étaient fondées, il fallait lui accorder ce qu'il réclamait.

Ces exhibitions barbares, très fréquentes au moyen-âge étaient encore en usage, en plein 17e siècle. Parlant des troubles de Rennes, Mme de Sévigné raconte ceci : « Avant hier on roua un violon qui avait commencé la danse et la pillerie du papier timbré ; il a été écartelé après sa mort et ses quatre quartiers exposés aux quatre coins de la ville, comme ceux de Josseran à Aix. »

(Lettre 426 : t. 2e p. 429, Didot 1860)

Le dernier fait relatif à la présente année est l'arrivée à Millau de Diégo Massi, que le Prince avait nommé châtelain de cette ville. Le 9 novembre 1364, il fut installé dans le château royal, situé près de la porte de l'Ayrolle. Cette antique demeure des vicomtes de Millau étant en très mauvais état et sans meubles, les consuls prirent dans les hôpitaux de Millau quelques objets de literie pour faire coucher leur nouveau gouverneur.

CHAPITRE CINQUIÈME

Thomas de Wetenhale est nommé Sénéchal du Rouergue
1365-1366.

Au mois de mars de cette année 1365, la princesse de Galles mit au monde un fils auquel on donna le nom d'Edouard. La nouvelle de sa naissance, transmise officiellement à toutes les villes de l'Aquitaine, arriva à Rodez et à Millau dans les premiers jours d'avril. Les écuyers, porteurs de la lettre de la Princesse, reçurent de bonnes étrennes. Les consuls du bourg de Rodez leur donnèrent vingt florins ; les consuls de Millau ne furent pas moins généreux : ils firent même participer à leur largesse Diégo Massi, leur châtelain, qui reçut à cette occasion dix florins. Le fils aîné du prince d'Aquitaine et de Galles à qui était réservée une grande destinée ne vécut que cinq ans. Il mourut à Bordeaux en 1370, peu de temps avant le retour de son père dans son pays natal, où il devait mourir lui aussi, sans avoir pu ceindre la couronne d'Angleterre. C'est à cet enfant, premier né du prince d'Aquitaine que les états d'Angoulême, en 1367, votèrent le fouage de dix sous par feu, objet de si vives oppositions de la part de la noblesse, et cause première du renversement de la domination anglaise en Guienne.

Dans le courant du mois de mai 1365, le sénéchal du Rouergue, Amanieu du Foussat, fut remplacé par Thomas de Wetenhale. Ce nouveau gouverneur de notre province appartenait à une famille noble d'Angleterre. Il était l'ami particulier du prince de Galles et le cousin d'Hugues de Calverly, personnage important à la cour du prince d'Aquitaine. De tous les historiens, tant anglais que français, qui ont parlé de notre sénéchal, aucun n'a rapporté son vrai nom ni connu son histoire. Johnes l'appelle Whitwel; Barnès, sir Thomas Wake; Froissart le nomme tantôt Thomas de Wakefair, tantôt Thomas de Witevale. Son vrai nom, nous le répétons, est Thomas de Wetenhale que nous avons trouvé ainsi écrit dans ses lettres dont les originaux se voient encore aux archives communales de Rodez et de Millau. Quant à son histoire, nous la rétablirons d'après les livres de nos consuls boursiers et ce que nous en dirons pourra être considéré comme hors de toute contestation et servir à rectifier plusieurs passages de Froissart qui a complètement dénaturé les faits et gestes de notre sénéchal.

A peine arrivé en Rouergue, Thomas de Wetenhale fit exécuter l'ordre du Prince prescrivant de placer ses armes sur les portes des villes. A Millau, un maître maçon, nommé Nicouleau « local era frances » sculpta ces armes sur trois pierres, qu'on fit peindre par des artistes de la localité et qu'on plaça sur les trois principales portes de la ville. On en fit autant à Rodez, à Saint-Affrique et certainement partout ailleurs.

A ce sujet l'auteur des *Documents historiques et généalogiques sur les familles et les hommes remarquables du Rouergue* a écrit les lignes suivantes qu'on trouve à la page 755 de son III° volume : « Il est rapporté, dans un titre de la cité de Rodez, qu'en 1365, le prince de Galles ayant ordonné que ses armes seraient empreintes sur les portes de la ville, les consuls furent forcés d'obéir ; mais Pierre Boissière, procureur-général du comte et de l'évêque, fut assez courageux pour dénoncer les consuls comme traîtres à la patrie et il les cita devant la cour commune du paréage. Le descendant de ce généreux citoyen, Jean Boissière, fut anobli sous le règne de Louis XI. »

Voici le fait dépouillé de toute poésie : Les consuls de Rodez ayant mis à exécution l'ordonnance du prince de Galles, touchant la pose de ses armes sur les portes des villes, Pierre Boissière crut voir dans ce fait une atteinte aux droits de l'Evêque et du comte dont il était le procureur. Il protesta donc et en appela au prince lui-même, par un acte officiel que reçut son confrère le notaire Gaillard Clari, le 2 juillet 1365.

Les consuls, voulant éviter un procès, répondirent qu'ils reconnaissaient pour leurs supérieurs le comte et l'Evêque, et que la crainte seule d'être violentés par le prince les avait portés à exécuter ses ordres. D'après cela, les consuls de Rodez ne furent pas traîtres à la patrie, et Pierre Boissière agit plutôt en procureur retors qu'en citoyen courageux. Comment, d'ailleurs, les consuls de Rodez et des autres villes du Rouergue auraient-ils pu être traîtres à la France en exécutant les ordres du Prince, lorsque tout le Rouergue lui appartenait en vertu du traité de Brétigny ?

Le 29 juillet 1365, le prince ayant assemblé à Bordeaux les Etats généraux de l'Aquitaine, y fit une ordonnance dont l'objet principal était la refonte des monnaies et la demande d'un subside pour faire cette refonte. Après la tenue du parlement, Thomas de Wetenhale qui en avait fait partie, convoqua les communes du Rouergue à Villefranche et leur notifia l'ordonnance du prince. Le 26 août il assembla encore les trois ordres de la province à Rodez, où il se rendit avec toute sa cour. Le but de cette seconde réunion était de faire voter par les Etats la somme d'argent qu'on voudrait allouer au prince. Les délégués du comte de Rodez parmi lesquels se trouvaient plusieurs membres de la noblesse, refusèrent toute espèce de subside. Les autres députés, tant de la Haute que de la Basse-Marche se chargèrent de payer 4,200 francs pour la refonte des monnaies.

Au mois de septembre suivant, le prince, ayant hâte de régler l'importante question des monnaies, convoqua un second parlement à Périgueux. Il présida lui-même l'assemblée qui fut très-nombreuse. Le sénéchal, des députés de la noblesse, du clergé et de toutes les grosses communes du Rouergue y assistèrent. On y vit aussi le comte d'Armagnac. Ces Etats votèrent au prince un subside de deux *sterlings* par feu, à la condition que, pendant un an, à dater de Noël prochain, on serait exempt de tout autre fouage. Le prince très content des Etats accorda, sur la demande des députés de Millau la remise des 4,200 francs qu'à la réquisition du sénéchal, lui avait votés l'assemblée de Rodez.

Le prince était généreux, ses actes le prouvent. On regrette de ne pouvoir faire le même éloge de tous ses officiers. Parmi ces chevaliers anglais qui avaient suivi le jeune Edouard sur le continent, et auxquels ce prince avait distribué les meilleures charges de ses Etats, il y en avait qui, contre sa volonté, exploitaient impudemment les hauts emplois qu'il leur avait donnés pour le bien de ses peuples, et non dans l'intérêt de leur fortune personnelle. Le sénéchal du Rouergue paraît avoir été du nombre de ces chevaliers cupides. Les faits que nous allons raconter, d'après les notes de nos consuls boursiers sont peu propres à nous donner une haute idée du désintéressement de ce grand personnage.

Depuis quelque temps Millau était sous le coup de poursuites judiciaires, intentées à l'occasion de faits graves. L'administration municipale voyant avec peine qu'on différait de jour en jour l'exécution de l'ordre prescrivant la démolition de l'église et du couvent des chevaliers ds Saint-Jean de Jérusalem situés dans les faubourgs, y avait mis le feu, sous prétexte que les compagnies pouvaient s'emparer de ces édifices et s'y cantonner au grand préjudice de la ville. Elle avait aussi démoli certains travaux de fortification que, par ordre du prince, on venait de terminer au château royal. Elle avait, enfin, dans un moment d'émotion populaire, occasionné par je ne sais quoi, livré les clés d'une porte de la ville à Arnaud de Roquefeuil qui était venu en armes au secours des consuls et de leurs partisans. Il s'agissait d'arrêter les poursuites commencées et d'obtenir du souverain des lettres de grâce. Le sénéchal allant à Bordeaux voir le prince offrit ses services à la ville. Celle-ci les accepta, et, en retour, envoya cinquante florins d'or au sénéchal, tant pour ses frais de voyage, que pour les droits de sceau des lettres de grâce, dans le cas où il en obtiendrait. Le prince accorda tout ce qu'on lui demanda.

A son retour de Bordeaux, le sénéchal vint tenir les assises à Millau où il fit son entrée le 31 août 1365. Le conseil de ville, ayant appris qu'il portait les lettres de grâce, ordonna aux consuls de le recevoir lui et sa suite avec distinction. Les consuls remplirent parfaitement leur mandat. Ils accueillirent de leur mieux le sénéchal, le juge-mage, le procureur du prince, et leur donnèrent du pain, du vin en abondance, un veau, trente-quatre pièces de volaille, douze paires de pigeons, quatre oies, plusieurs plats de poisson et seize sétiers d'avoine.

Le sénéchal traita plusieurs affaires à Millau.

Il y reçut en audience les délégués des communes du baillage qu'il avait mandés à l'effet d'écouter leurs plaintes touchant les malversations des commissaires chargés de percevoir les subsides dûs au prince. Il examina avec soins la grosse affaire des fortifications du château royal ; puis il montra et remit aux consuls la lettre de grâce dont il était porteur, réclamant pour coût du sceau quarante nobles guianez d'or. Les consuls qui croyaient avoir assez payé le sénéchal avec les cinquante florins donnés d'avance, trouvèrent sa demande exagérée. Le sénéchal tout courroucé se fit rendre la lettre, et le jour même partit de Millau pour Compeyre, laissant un grand nombre d'affaires inachevées.

Le conseil, mécontent de cette rupture qui pouvait avoir et qui eut en effet des suites fâcheuses, députa au sénéchal, dans la nuit, trois notables citoyens chargés de lui remettre les quarante guianez d'or et de le prier de terminer les affaires commencées à Millau. Le sénéchal ne voulut ni accepter l'argent ni remettre la lettre de grâce. Il se contenta de régler quelques affaires le concernant et négligea toutes les autres. Il refusa même une chose juste et conforme aux privilèges de la ville, sous prétexte que Millau avait forfait à ses devoirs.

Deux chefs de voleurs, pris depuis peu, avaient été condamnés à mort par la cour du baillage. En vertu d'une ancienne coutume, les consuls devaient examiner ce procès criminel et donner leur avis sur la sentence du juge. Le sénéchal s'opposa à l'exercice des droits consulaires et fit pendre les deux malfaiteurs. Les consuls indignés allèrent au pied de la potence, protester contre la violation de leurs priviléges et en appelèrent au souverain. Cet acte de courage acheva d'indisposer le sénéchal contre la ville, et il ne tint pas à lui qu'elle ne fut sévèrement punie, malgré la lettre de grâce octroyée par le prince. Cet état violent dura deux mois après lesquels le sénéchal revint à Millau avec le juge-mage du Rouergue et le procureur du prince. Comme toujours, la ville reçut honorablement les officiers de son souverain, et leur donna, sans doute pour se les rendre favorables, du du pain, du vin, un quartier de bœuf, un mouton salé, vingt têtes de volailles, huit cochons de lait et vingt-deux sétiers d'avoine. Pour en finir avec le sénéchal et avoir la lettre de grâce, les consuls offrirent de payer deux cent soixante-un florins d'or. Avant de rien conclure, le sénéchal voulut visiter le château, afin de prescrire les fortifications qu'on devrait faire. Il ordonna donc : « de far un pon bon e suffisien de peira am pon levadis davan lo castel, ezal cap del pon daus la dogua una barbacana, e sobre la porta del castel machacolas ; e far una torn moguda da pe daus lo com del castel, daus l'Ayrolla, coma aquela daus l'altra part, daus lo Carmo ; en après levar tot lo mur del torn del castel de l'alt d'aquel de la vila ; en apres far un valat de torn tot lo castel. » A ces conditions la ville devait obtenir sa grâce.

Après mûre délibération, le conseil accepta cet ultimatum. Le lendemain deux consuls allèrent à St-Affrique, où se trouvait le sénéchal, et lui apportèrent la soumission de la ville et les florins d'or. Avant de recevoir l'argent et de rien conclure définitivement le sénéchal voulut avoir l'avis du prince sur toutes ces affaires. Le prince n'approuva pas entièrement la conduite du sénéchal : il lui permit bien de toucher les florins, mais il maintint les consuls dans les droits qu'ils avaient de prendre connaissance des procès criminels. Le prince était équitable, et ce n'est pas la seule fois que nous le voyons redresser les injustices commises par ses officiers.

Comme Millau, Rodez eût de fâcheux démêlés avec le sénéchal. Peu de temps après son arrivée en Rouergue, Thomas de Wetenhale visita la capitale de notre province, où il fut bien accueilli. La ville lui offrit en présent des torches de cire et des fruits confits d'une valeur de quinze florins. Près de douze mois se passèrent sans que le sénéchal songeât à molester les consuls du Bourg pour les contraindre à payer les fouages accordés au prince. Vers la mi-août seulement de l'année 1366, il recommença les poursuites avec plus d'ardeur que son prédecesseur. A neuf reprises différentes, il ajourna, soit à Villefranche, soit à Sauveterre, les consuls et plusieurs personnes privées du Bourg. Mais les vassaux du comte de Rodez, persistant toujours dans leur refus de payer l'impôt au prince, le sénéchal cita tous les habitants du Bourg à Villefranche.

Les consuls, désirant mettre un terme à des procédures qui entrainaient des frais énormes, suivirent le conseil du poète :

Munera, crede mihi, placant hominesque Deosque :

ils firent au sénéchal un présent de 127 florins dont trente-six étaient destinés aux officiers de sa cour et un à son chapelain. Le sénéchal, calmé par les florins, cessa de poursuivre en masse les habitants du Bourg, et se contenta désormais d'ajourner de temps en temps les consuls.

Pendant l'année 1366, le Rouergue eut à subir une épreuve plus pénible que les tracasseries administratives du sénéchal. Les routiers, que personne n'occupait à la guerre en ce temps-là, se jétèrent en plus grand nombre que jamais sur notre province. La Haute-Marche surtout en fut infestée. Le capitaine Nicola ravagea le Camarès ; les gens d'armes d'Arnaud de Cervolles, après avoir pillé le Gévaudan, vinrent courir dans la vallée du Tarn jusqu'aux portes de Millau. D'autres compagnies dont on ne nomme pas les chefs rôdaient autour de Saint-Jean-du-Bruel, de Saint-Rome-de-Cernon, de Saint-Léons, de Saint-Affrique, de Palmas, etc. Plusieurs détachements des troupes bretonnes que Duguesclin conduisait en Espagne traversèrent aussi le pays et le pillèrent, car c'étaient « de malvades gens et que fazian grans mals. »

Le passage de ces bandes armées et pillardes obligeait toutes les places à se garder comme en temps de guerre. Partout on faisait le guet nuit et jour. Personne n'osait sortir de peur d'être fait prisonnier. Les villages ouverts, les campagnes sans défense payaient pour les villes fortifiées. Les routiers prenaient tout ce qu'ils trouvaient, hommes et bêtes.

En présence de ces dangers dont on ne pouvait prévoir le terme, Millau augmenta ses fortifications, répara ses murs d'enceinte, et acheva de démolir les couvents et les églises des frères mineurs, des religieux du Saint-Esprit et des chevaliers de Saint-Jean de Jérusalem. Ces édifices, situés sur la même ligne dans le faubourg de l'Ayrolle, pouvaient, en cas d'attaque, nuire beaucoup à la défense de la ville. Ainsi le jugèrent Chandos et le sénéchal qui prescrivirent de les raser. Cet ordre que nous reproduisons aux pièces justificatives d'après l'original conservé dans nos archives communales, fut donné à Millau, le 27 mars 1366, et non le 27 mars 1367 comme le dit M. de Gaujal, page 202 de ses *Annales*.

Chandos, alors connétable de Guienne, se trouvait de passage à Millau où il séjourna quelque temps. Il alla voir le pape à Avignon. Son escorte était magnifique. Elle se composait du sénéchal Thomas de Wetenhale, du juge-mage du Rouergue, du procureur du prince et de deux cents cavaliers dont plusieurs étaient des personnages de distinction. La ville fournit le pain et le vin pour les hommes, le foin et l'avoine pour les chevaux. Et comme elle ne pouvait offrir à ses nobles hôtes des volailles et du gibier, parce qu'on était en carême, elle leur donna du poisson en quantité, trente-quatre livres de fruits confits et quarante livres de cire en torches.

Le 28 avril suivant, Chandos revenant de son ambassade repassa par Millau. Quand on sut sa prochaine arrivée, les consuls firent acheter un veau sur la montagne du Levezou. Le commissionnaire amena le veau et sa mère. Mais le nourrisson n'ayant pas été jugé digne de figurer sur la table de Chandos, fut renvoyé dans ses montagnes. On trouva à la Salvage, domaine du Larzac, un veau plus présentable ; à ce veau on joignit dix chevreaux : tels furent les présents qu'on fit au connétable de Guienne.

De Millau Chandos se rendit à Rodez. En deux mois c'était la seconde visite qu'il faisait à cette ville. Les consuls du bourg et de la cité reçurent honorablement le grand connétable, et, dans l'espérance qu'il pourrait les servir auprès du prince, ils lui offrirent de beaux présents. L'usage de faire des présents aux étrangers de distinction était général, à cette époque, et les villes n'y manquaient jamais.

Rodez eut peu d'occasions de pratiquer ce genre de générosité envers les Anglais. Il n'en fut pas de même de Millau où l'on voit affluer les grands officiers de la cour d'Edouard. Entre ces visiteurs de haut parage qui vinrent à Millau, pendant les années 1365 et 1366, on peut mentionner Messire Thomas de Panséra, cousin du Prince et « grand seigneur de son hôtel », Messire Guillaume de Chamville, sénéchal de Saintonge, Messire Thomas de Guaranso, Messire Roux Basset de « Droitain », cousin de Jean Chandos, Messire Jacques d'Andella (d'Andeley), membre du grand conseil du Prince, Hugues de Calverly, capitaine des Anglais qui allèrent en Espagne appuyer les prétentions d'Henry de Transtamare contre son frère Pierre le Cruel.

Jacques d'Andeley, Jean de Beauchamp et Jean Chandos étaient chevaliers de la jarretière. Alors comme aujourd'hui cette distinction était la suprême marque d'honneur de la noblesse anglaise. Cet ordre ne comptait avec le roi qui en était chef que vingt-cinq membres. (*Hist. d'Angl. par Duchêne, t. I, p. 671.*) Tous ces grands personnages séjournèrent plus ou moins de temps à Millau. Les consuls les accueillirent avec empressement et leur firent, selon l'usage, de très beaux présents : à certains d'entre eux ils prêtèrent une assez forte somme d'argent dont ils avaient besoin pour faire le voyage. Les bons rapports que Millau entretint toujours avec les Anglais lui concilièrent l'affection de Chandos à tel point, qu'en parlant des consuls de cette ville, le connétable de Guienne les appelait « ses bons amis. »

Don Vaysete, suivi par B__c et de Gaujal prétend qu'en l'année 1365, le duc d'Anjou assembla à Rodez les délégués des trois sénéchaussées de Toulouse, Carcassonne et Beaucaire pour leur faire voter un subside de 15.000 fr. promis à Seguin de Badefol pour qu'il évacuât la place d'Anse, près de Lyon.

(Hist. du Lang. t. IX, p. 774.) Ces états n'ont pas été et ne pouvaient pas être réunis à Rodez, ville cédée à l'Angleterre par le traité de Brétigny et où les autorités françaises qui gouvernaient le Languedoc ne pénétrèrent qu'après le retour du Rouergue à la France. L'erreur de Don Vaysete en a fait commettre une plus grande à Bosc lorsqu'il dit, pour expliquer la tenue de ces états à Rodez que les Anglais n'occupèrent cette ville qu'en 1365. *(Bosc, t. I, p. 189).* Plus sagace que tous ces historiens, le savant annotateur de Don Vaysete trouve singulier le fait en question et cherche à l'expliquer ; peine inutile : le fait doit être complètement rejeté comme faux. Ce qui a donné lieu à cette erreur c'est qu'on a confondu ces prétendus Etats de Rodez en 1365, avec ceux que présida le duc d'Anjou en 1377, et qui avaient un même objet, chasser les Anglais des places qu'ils occupaient en auvergne. Nous parlerons plus bas de ces derniers états à l'occasion desquels ont été commises plusieurs erreurs. Notre tâche est bien ingrate ; en faisant l'histoire du Rouergue au XIVe siècle, nous regrettons bien d'être presque toujours occupé à réfuter nos devanciers.

CHAPITRE SIXIÈME

La Guerre d'Espagne et ses suites funestes.
1366-1367

En ce temps-là régnait en Castille un prince très-vicieux appelé Don Pédro et surnommé le Cruel. En horreur au peuple qu'il opprimait par son avarice, détesté de la noblesse dont il avait prodigué le sang, haï du roi de France qui avait à lui reprocher le meurtre de sa belle-sœur, Blanche de Bourbon, suspect au pape à cause de ses alliances avec les Maures, maudit des gens d'église dont il pillait les biens, ce roi devait succomber sous le coup de la réprobation universelle. Don Pédro avait trois frères consanguins, fils naturels de son père et d'Eléonore de Gusman. L'aîné de ces princes, don Henri, comte de Transtamare, secondé par les rois de Navarre et d'Aragon, demanda aide et secours au pape Urbain V et au roi Charles V afin de détrôner don Pédro, dont la conduite tyrannique soulevait toute l'Europe chrétienne. Le pape et le roi de France accueillirent favorablement les sollicitations de don Henri et mirent en œuvre tout ce qui pouvait favoriser son entreprise. Le prince Henri offrait de prendre à son service les compagnies qui causaient alors en France des maux infinis.

Afin de les décider à sortir du royaume et à se jeter sur l'Espagne, on eut recours à Duguesclin qui était encore prisonnier de guerre. Le pape, le roi de France et don Henri se chargèrent de payer sa rançon que Chandos fixa à cent mille francs. Le chevalier breton, mis en liberté, alla trouver les chefs des routiers, les harangua noblement, promit de leur distribuer deux cent mille francs et en obtint, grâce à cette largesse, qu'ils feraient sous ses ordres l'expédition d'Espagne.

Le projet de cette guerre étant rendu public, plusieurs grands seigneurs français et anglais voulurent se mettre de la partie. Ils firent leurs préparatifs de départ et allèrent rejoindre les compagnies. Chandos, à qui Duguesclin fit offrir de partager avec lui l'honneur de cette campagne, s'en excusa et céda le commandement des troupes anglaises à Hugues de Calverly. Le jeune comte de la Marche, Jean de Bourbon, fut nommé par Charles V chef de l'entreprise, avec ordre de se conduire, en tout, par les avis du chevalier breton qui était le véritable général.

Au commencement de décembre 1365, les troupes anglo-françaises réunies et fortes d'environ trente mille combattants se dirigèrent vers les Pyrénées-Orientales, les franchirent malgré la rigueur de la saison, et descendirent en Catalogne, avec la permission du roi d'Aragon. Le prince Henri rejoignit Duguesclin et entra avec lui en Castille. Arrivés devant Calahorra, cette ville leur ouvrit ses portes et don Henri, à la persuasion des chefs de l'armée anglo-française, s'y fit proclamer roi de Castille.

Vaincu sans combat, don Pédro s'enfuit presque seul en Galice, et s'embarqua à la Corogne pour Bayonne d'où il vint à Bordeaux demander asile et vengeance au prince d'Aquitaine. Edouard, alors âgé de trente-trois ans, était dans toute la force du génie. Le repos pesait à cette âme ardente plus faite pour les émotions des batailles que pour l'administration d'un Etat. Jaloux d'ailleurs de Duguesclin, dont la gloire éclipsait en ce moment la sienne, le prince de Galles saisit avec empressement l'occasion de reprendre les armes, sous prétexte de défendre un roi malheureux et « dépossédé par son frère bâtard. » D'autres motifs secrets déterminèrent encore le prince à cette entreprise. Il pensait que les jeunes chevaliers anglais de sa cour et les routiers qui ravageaient l'Aquitaine trouveraient en Espagne, les uns une occasion glorieuse de « s'avancer », les autres un moyen honnête de vivre.

Toutefois, avant de prendre une dernière résolution, il voulut consulter le roi son père. Ayant obtenu son consentement, il fit ses préparatifs. Quand le prince eut annoncé son dessein, les plus grosses communes et les grands vassaux d'Aquitaine lui promirent leurs concours. Les villes lui firent des dons en argent, les seigneurs lui offrirent des secours en hommes. Edouard, qui voulait sonder les dispositions de ces seigneurs, demanda un jour au sire d'Albret quel nombre de combattants il pouvait fournir. *Sire, répondit d'Albret, si je voulais prier tous mes feaux, j'aurais bien mille lances, et toute ma terre gardée.* Le prince, regardant le grand sénéchal Felleton, lui dit en anglais, ne voulant pas être entendu : *Par ma foi l'on doit bien aimer la terre où l'on a un tel baron qui peut bien servir son seigneur avec mille lances. Sire d'Albret,* poursuivit-il, *je les retiens tous.* Quelque temps après, le prince fit des réflexions, et, soit qu'il eût conçu quelque ombrage de ce seigneur, soit qu'il n'eût pas besoin d'un si grand nombre de troupes, il manda au sire d'Albret de congédier une partie de son monde et de ne retenir que deux cents lances. D'Albret se tint pour fort offensé de ce contr'ordre et s'en plaignit avec hauteur. L'affaire aurait eu des suites sans le comte d'Armagnac son oncle qui l'apaisa. Tous les deux dissimulèrent leur mécontentement, et, quelque aigreur qu'ils eussent dans l'âme, ils allèrent rejoindre le prince avant son entrée en campagne. Thomas de Wetenhale se rendit aussi à l'appel de son souverain et lui amena une compagnie d'archers anglais. Plusieurs membres de la noblesse du Rouergue durent aussi se ranger sous la bannière du prince d'Aquitaine pour prendre part à l'expédition d'Espagne. Nous ne pouvons cependant citer que Guy de Sévérac et Pierre Sénhoret de Millau.

Avant de partir pour l'Espagne, le Prince éprouva pour la seconde fois la joie d'être père. La Princesse de Galles mit au monde Richard qui fut Richard II roi d'Angleterre.

CHAPITRE SIXIÈME

L'enfant fut baptisé dans la cathédrale de St-André par l'archevêque de Bordeaux et eut pour parrains l'évêque d'Agen et le roi de Majorque. La nouvelle de cette naissance fut transmise à toutes les villes de l'Aquitaine. Nous ignorons comment elle y fut accueillie. Disons en passant que le règne malheureux de ce prince et sa fin tragique à l'âge de 33 ans ne répondirent pas à sa joyeuse entrée dans la vie.

Incontinent après le baptême du petit prince Richard, son père quitta Bordeaux et se mit en route pour l'Espagne. Le 21 février 1367, l'armée qu'il commandait avait franchi tout entière le défilé de Roncevaux. Pendant un mois entier elle manœuvra dans l'Alava où le roi Henri lui fit face avec toutes les forces de la Castille. Le prince de Galles, s'étant replié sur la Navarre, alla franchir l'Ebre à Logrôno ; les Espagnols suivirent son mouvement, et les deux armées qui brûlaient d'un égal désir d'en venir aux mains se trouvèrent en présence de Najéra ou fut livrée la bataille de ce nom, le 4 avril 1367.

Les Espagnols taillés en pièces se retirèrent en désordre. Le roi Henri, après des prodiges de valeur, voyant que tout était désespéré, s'enfuit à toute bride et gagna l'Aragon. Le corps de Duguesclin ne démentit pas sa valeur et tint ferme jusqu'à la fin ; mais ayant à soutenir seul le choc de l'armée anglo-gasconne, il dut mettre bas les armes. La plupart des seigneurs français composant ce corps furent tués ou pris. Duguesclin lui-même tomba au pouvoir de Chandos. C'était la seconde fois que le plus grand des capitaines anglais, après le prince Noir, faisait prisonnier le plus illustre des capitaines français.

Les anglo-gascons marchèrent vers Burgos qui ouvrit ses portes et reconnut pour roi le protégé du vainqueur de Najéra. Toutes les autres villes d'Espagne imitèrent l'exemple de Burgos. Don Pédro, rétabli sur le trône, paya par la perfidie et l'ingratitude les services de son protecteur. Il chercha à éluder ses promesses et finit par refuser le paiement des sommes d'argent considérables — un million d'or — qu'il avait promises au prince de Galles pour la solde de ses troupes. Cet affront révolta Edouard et ses compagnons ; mais ils ne purent s'en venger. Nous dirons plus bas comment, après avoir passé quelque temps en Espagne, ils rentrèrent en Aquitaine, couverts de gloire, mais les mains vides.

Cependant le vaincu de Najéra, don Henri, obligé de quitter l'Espagne, s'était réfugié en Languedoc. Le duc d'Anjou, gouverneur de cette province, l'accueillit très-bien et fit avec lui un traité secret par lequel ces deux princes se liguèrent tant contre les Anglais que contre Pierre le Cruel. Don Henri fixa sa demeure dans son comté de Cessenon, au diocèse de Saint-Pons et de Béziers. Il vendit même au roi de France cette seigneurie dont il retira 27.000 francs. Avec cet argent il acheta les services de plusieurs chefs de compagnies, et, pour se venger du prince Noir, il se mit à ravager les confins de l'Aquitaine.

CHAPITRE SIXIÈME

A la fin de juin 1367, avis est donné, plusieurs fois, à Millau de l'approche du roi Henri et de ses bandes. On signale leur présence simultanément sur le plateau du Larzac et sur les montagnes de Brusque. Les nouvelles de cette double invasion étaient vraies. En attaquant le Rouergue sur ces deux points, Transtamare avait pour but de surprendre à la fois Vabres et Millau, ou du moins d'autres places frontières importantes.

A cette époque, notre province avait pour gouverneur un chevalier anglais, nommé David Cradoc, que le prince avait donné pour lieutenant au sénéchal Thomas de Wetenhale, lors de son départ pour la guerre d'Espagne. C'était probablement l'ancêtre du général Cradock que l'on voit figurer dans l'armée anglaise, pendant la guerre d'Espagne, sous le premier empire.

David Cradoc, en prévision des attaques du roi Henri, vint visiter lui-même les places frontières du Rouergue, avoisinant le Languedoc, et y mit de bonnes garnisons. Le 24 juin 1367, le chevalier David Cradoc fit sa première entrée à Millau où par ordre du conseil, on lui fit une pompeuse réception. On alla à son devant, à cheval, et quand il fut entré dans la ville, on le combla de présents lui et sa suite. Arnaud de Roquefeuil, (1)

---

(1) La famille de Roquefeuil tirait son nom du château de Roquefeuil. Ce château, depuis longtemps ruiné était situé sur le mont Saint-Guiral, aux limites de Dourbie, d'Arrigas et d'Alzon. M. Germer-Durand, dit, dans son dictionnaire topographique du département du Gard, que ce château, chef-lieu de la baronnie de Roquefeuil, avait appartenu à St-Fulcran qui le légua à l'abbé de Saint-Pierre de Nant.

seigneur de Versols, ses deux frères et plusieurs autres écuyers l'accompagnaient.

Par ses ordres, les capitaines Mira, Penni Teréta, le bâtard de Caupène et Augia de Verdun s'étaient enfermés dans Nant avec leurs compagnies au nombre d'environ cent chevaux.

Pendant ce temps, (12 juillet 1367) le roi Henri, à la tête de fortes troupes, se prépare à attaquer le Midi du Rouergue confinant au Languedoc. On signale sa présence dans la vallée « d'Erepia am tota sa host, » sur les montagnes de Brusque, menaçant Vabres et Saint-Affrique. Un peu plus tard, Arnaud de Roquefeuil mande aux consuls de Millau que les gens d'armes du roi Henri, au nombre de quatre à cinq cents lances, étaient campés dans les plaines de Saint-André. Sur la fin d'août, le roi Henri, abandonnant ses troupes, alla rejoindre le duc d'Anjou à Aigues-Mortes, d'où il s'embarqua pour le Roussillon; « s'énera enanat per aiga » dit notre consul boursier. En s'en allant, il laissa, derrière lui, plusieurs bandes de routiers à sa solde, entre lesquelles on signale celles de Migon de la Pomarède et des bâtards de Béarn et de l'Isle-en-Jourdain.

Cependant le lieutenant du sénéchal, prévenu des courses du roi Henry dans notre province, avait levé une armée de 2000 hommes où se trouvaient, comme chefs, Jean de Gozon, Alzias de Sévérac, Guilho de Subert, Jean de Roquefeuil, seigneur de Versols, plusieurs autres nobles personnages entre lesquels notre consul distingue « mossegnen Adam, loqual se dizia qu'era grand senhor de l'ostal de nostre senhor lo Princip. » Cet officier supérieur du prince d'Aquitaine était Adam Chel, dit d'Agorines, originaire du pays de Galles, qui se maria en France avec la dame de Mortemart. (*voir S. Luce, chronique de Froissart, page 54.*)

A la tête de cette armée, David Cradoc se dirigeait sur Millau pour en faire le centre de ses opérations, lorsqu'il apprit la retraite des bandes aragonnaises. Il continua sa marche, arriva à Millau et y passa quatre jours avec ses troupes. Il en distribua ensuite une partie dans les places frontières et ramena le reste à Villefranche. Le mois d'août touchait à sa fin.

Au quatre septembre, les consuls de Compeyre avisèrent ceux de Millau que le Limouzin se trouvait à Estaing avec sa compagnie ; le lendemain l'évêque de Rodez ecrivait à Millau, qu'une forte troupe de gens d'armes avaient passé le Lot et se proposaient d'aller prendre Saint-Affrique.

Le six septembre Madame de Sévérac, envoyait aussi aux consuls de Millau que les routiers étaient campés au Tensonnieu et au Massegros c'est à dire aux portes de Sévérac. Cette lettre fut remise aux consuls à minuit. Le 8 septembre, ces bandes commandées par Pierre Merle, Ussonat et le bâtard de Saint-Marsal s'étaient emparées de Peyrelade, place très forte, située à peu de distance de Compeyre.

Informé de cette nouvelle par les consuls

de Millau, David Cradoc accourt à Compeyre; il y rallie les compagnies du parti anglais qui se trouvaient en garnison à Nant et dans les places voisines.

La nuit suivante, ces troupes, en se rendant à Compeyre, passèrent devant Millau. Bien que l'heure fut très avancée, il était minuit, Guilhomet de Boléna, Penni Terréta, Jean de Roquefeuil, les bâtards de Caupène et de Fézenzaguet, capitaines de ces compagnies, firent lever les consuls afin de leur communiquer le but de leur expédition. Quand ils furent tous réunis à Compeyre, le lieutenant du sénéchal alla examiner les abords du château de Peyrelade, et voir s'il le pourrait prendre d'assaut. (1) Les routiers qui s'y étaient cantonnés ne lui en donnèrent pas la peine ; ils sortirent du fort à l'aube du jour suivant. Le lieutenant du sénéchal mit garnison à Peyrelade et vint à Millau triompher de son exploit. Il y fut reçu avec de grandes démonstrations de joie, et pour le régaler on

---

(1) Peyrelade était un château fort dont la situation pittoresque mérite d'être remarquée. Placé, comme son nom (Petrafata) l'indique, sur un rocher très étendu et dont l'une des extrémités domine le Tarn, cette forteresse était entourée d'une triple enceinte de murs occupant toute la largeur du rocher, lequel, dans le sens de sa plus grande dimension, présente des chemins couverts taillés au marteau : à son extrémité, du coté de la rivière, avait été élevée une chapelle servant d'avant-poste; indépendamment de l'immensité de ce fort, qui exigeait pour sa défense une nombreuse garnison, ce qui lui donne un aspect formidable et tout à fait extraordinaire, c'est que vers le centre et au dessus du rocher qu'il occupe, s'en élève un autre, haut d'environ cinquante mètres, au sommet duquel il serait impossible d'arriver sans une tour qui y est adossée et où l'on n'entre que par une seule porte placée à moitié de la hauteur, laquelle était fermée par un pont-levis. Le plateau entouré d'un mur qui couronne le rocher intérieur était pour les assiégés un asile assuré.

lui donna cinq perdreaux, vingt-quatre têtes de volailles, sans parler du pain, du vin et de l'avoine qui étaient les présents obligés. (11 septembre)

Pendant le passage des bandes aragonaises sous les murs de Millau, les habitants de cette ville leur firent un prisonnier appelé Guilhem ; il était originaire d'Orthez et avait assisté à la prise de Bannières. Sur son aveu fait librement, le juge de Millau le fit pendre. Ce fait donnerait à supposer que les Aragonais, conduits par le roi Henri, avaient été en Bigorre pour ravager le pays qui faisait alors partie des possessions anglaises comme le dit dom Vaysete d'après Froissart et dont semble douter l'annotateur de l'histoire du Languedoc. t. IX, p. 788.

Il y avait à peine sept jours que Merle et ses compagnons avaient évacué Peyrelade, lorsque d'autres routiers, venant du Languedoc, débouchèrent sur le Larzac et s'avancèrent jusqu'à la Couvertoirade, bourg fortifié appartenant aux chevaliers de Saint-Jean de Jérusalem. N'ayant pu s'en emparer, ils fondirent sur Cazejourdes, village ouvert, où ils firent plusieurs prisonniers.

Les courses des compagnies du parti français sur le Larzac n'étaient pas un grand mal, à côté des ravages que d'autres bandes de routiers exerçaient ailleurs. On peut dire que dans ce moment, profitant de l'absence du Prince, elles attaquaient ou se préparaient à attaquer l'Aquitaine sur un grand nombre de points. Au mois d'octobre, les compagnies couvraient les bords de la Dordogne ; une troupe de quatre-vingts hommes d'armes avaient couru jusqu'à Peyrusse. Quelques mois après mille lances venant de l'Albigeois s'étaient avancées jusqu'à Montfranc. La guerre entre la France et l'Angleterre, sans être officiellement déclarée, était commencée.

Cependant le Prince était encore en Espagne où il pressait, mais inutilement, don Pédro, d'accomplir ses promesses. Ses troupes atteintes de la dyssenterie, dépérissaient à vue d'œil ; ne recevant pas de solde, elles ne vivaient que de pillages. Lui même était tombé gravement malade. Au milieu de ses embarras, il apprit, par la princesse sa femme, la situation critique de ses états, envahis par les compagnies tenant le parti de la France. Il se décida alors à quitter l'Espagne et à ramener son armée en Guienne.

Arrivé à Bordeaux dans les premiers jours de septembre 1367, il y reçut les députés des villes, chargés de le complimenter sur ses triomphes. Ces démonstrations, imposées aux communes par les sénéchaux, purent bien flatter l'amour propre du vainqueur de Najéra ; elles ne le tirèrent pas de la fâcheuse position où il se trouvait.

Les quatre cinquièmes de ses troupes avaient péri en Espagne par les maladies ; il avait dépensé l'argent qu'il avait pris ; don Pédro qui avait promis de payer tous les frais de la guerre ne lui avait donné que cinquante deux mille francs, en bijoux. (Delpit ouv. cité p. 175,) la Biscaye et le château d'Ordiales, seigneuries dont il prit désormais le titre, comme on le voit dans les lettres patentes qu'il donna depuis son retour d'Espagne; quels revenus tira-t-il de ses nouvelles possessions ? nous l'ignorons.

Retiré à Bordeaux, le Prince était toujours souffrant : le germe du mal apporté d'Espagne se développait de jour en jour. Le chagrin secret que lui causait l'ingratitude de don Pédro, en augmentant son mal, aigrissait son caractère. Il avait sur les bras les compagnies, hôtes incommodes ; ne pouvant pas les payer, n'osant pas les congédier, il fut obligé de les laisser vivre de rapines sur les terres de sa domination, et sur les provinces françaises, ce qui lui attira des plaintes continuelles de la part de ses sujets, plus encore que de la part des Français. D'un autre côté, les seigneurs aquitains, qui avaient fait l'expédition d'Espagne, n'ayant pas été entièrement remboursés de leurs frais, s'étaient retirés fort mécontents. De ce nombre était le comte d'Armagnac, à qui le prince devait une somme d'argent très-considérable.

C'est dans ce moment critique que David Cradoc, après avoir extorqué des communes du Rouergue plusieurs fouages, reprit, avec une nouvelle sévérité, ses poursuites contre les vassaux du comte de Rodez. Il les fit assigner et exécuter à plusieurs reprises : puis, il envoya au Bourg, en qualité de garnisaires, les châtelains de Millau et de la Roquevalsergue, avec une suite nombreuse de sergents et d'archers. Enfin, il cita à Villefranche *tous les hommes et toutes les femmes du Bourg*. Pour faire cesser ces vexations, il en coûta à la ville une centaine de florins. Le grand besoin d'argent était la principale cause de ces exactions.

M. Jules Delpit, d'après ce que nous lisons aux pages 143 et 144 de son introduction à la *Collection générale des Documents Français qui se trouvent en Angleterre*, est d'avis que les historiens anglais et français ont exagéré les embarras financiers de la cour d'Aquitaine. Que ce savant écrivain nous permette de ne pas partager sa manière de voir. Notre opinion touchant le mauvais état des finances du prince, est basée sur les demandes incessantes de subsides, faites à ses vassaux, avant, pendant et après la guerre d'Espagne. Si le Prince avait pu couvrir ses dépenses avec ses revenus ordinaires, il n'aurait pas demandé annuellement des fouages à ses peuples ; il aurait, de plus, payé ses dettes, et nous ne verrions pas le comte d'Armagnac lui réclamer, publiquement, une somme de deux cent mille florins d'or, provenant de ses gages, dans la guerre d'Espagne.

Le souverain de l'Aquitaine, voulant donc se procurer de l'argent, eut recours aux moyens que les princes prennent ordinairement pour en avoir. Il fit un appel à ses peuples. Les impôts demandés furent votés librement par les Etats généraux du pays, et les communes s'empressaient de les acquitter, lorsque la guerre entre la France et l'Angleterre éclata de nouveau.

CHAPITRE SIXIÈME

Les historiens parlant de cette guerre, font un récit très inexact des principaux évènements qui y donnèrent lieu. Tous, puisant leurs renseignements dans Froissart, racontent que le prince, ayant convoqué les Etats généraux à Niort, leur demanda un fouage *d'un franc par feu, pendant cinq ans.* Ils ajoutent que cette proposition, acceptée par les députés de quelques provinces, fut repoussée par les communes et les seigneurs de la Gascogne ; qu'à la suite de ce refus, Edouard assembla quatre autres parlements, où il trouva la même résistance de la part des Gascons ; qu'enfin, le Prince, passant outre, voulut contraindre les opposants à payer le fouage, et que ceux-ci, poussés à bout, prirent les armes contre leur souverain. Mais donnons la parole à Froissart, et rapportons intégralement tout ce qu'il a écrit sur le fameux fouage et le prétendu parlement de Niort.

« Le prince de Galles, dit notre chroniqueur, fut conseillé, d'aucuns de son conseil, de lever un fouage en Aquitaine : et par spécial y meit grand'peine l'Evesque de Rodais en Rouergue. Car l'estat du prince et de Madame la princesse estoit adonques si grand que nul prince chrestien ne l'avoit si grand. Au conseil de ce fouage furent appelés les barons de Gascongne, de Poictou, de Xaintonge, et de Rouergue (auxquels il appartenoit à parler) et plusieurs des cités et bonnes-villes d'Aquitaine. Là leur fut remonstré à Niort (où ce parlement estoit asssemblé) espécialement et généralement, par ledit Evesque de Rodais, chancelier d'Aquitaine, et présent le prince, en quelle manière on voulait lever ce fouage : et que ledit prince n'avoit mie intention de lever, ne faire courir en son païs, fors seulement cinq ans : tant qu'il fut apaisé du grand argent qu'il devoit, et avait accreu par le voyage d'Espaigne. A celle ordonnance tenir estoyent assez d'accord les Poictevins, et ceux de Xaintonge, de Limosin, de Rouergue et de la Rochelle : parmi ce que le prince devoit tenir ses monnayes estables sept ans. Mais ce propos refusoient ceux des Hautes-Marches de la Gascongne : comme le comte d'Armignac, le sire d'Albreth son neveu, le comte de Comminges, le vicomte de Carman, le sire de la Barde, le sire de Cande, le sire de Pincornet, et plusieurs grands barons des marches, cités, et bonnes villes de leur ressort : et disoyent que du temps passé, qu'ils avoyent obéi au roy de France, n'avoyent esté grevés ne pressés d'aucun fouage, subside, imposition, ne gabelles : ne jà ne le seroyent, tant que deffendre le pourroyent : et que leurs terres et seigneuries estoyent franches, et exemptes de toutes dettes : et que les tenir en tel estat leur avoit juré le prince. Nonobstant ce, pour eux, départir amiablement de ce parlement dudit prince, ils répondirent qu'ils en auroyent advis, et en parleroyent encor ensemble (eux retournés en leur païs) à plusieurs Prelats, Evesques, Abbés, Barons et chevaliers auxquels il appartenoit bien d'en parler, en plus grande délibération de conseil, qu'ils n'avoyent eu par avant : et le prince de Galles et son conseil n'en purent lors avoir autre chose. Ainsi se départit ce parlement de la ville de Niort : et retournèrent chacun en son lieu : mais il leur fut commandé et ordonné de par le prince, qu'ils fussent tous revenus dedans un jour qui assigné leur fut à cette heure. Or retournèrent ces barons et ces seigneurs de Gascongne en leur païs : qui bien affermèrent que sur l'estat, dont parties estoyent de deuers le prince, plus ne retourneroyent : ne que jà pour faire guerre au prince, ce fouage ne courroit en leurs terres. » (Histoire de Froissart, éditée par Denis Sauvage, 1 volume, chapitre 244, Lyon, J. de Tournes 1559).

Un peu plus loin, chapitre 246, Froissart revenant sur le fouage ajoute : « Nous avons cydessus recordé comment le Prince estait conseillé et informé de lever un fouage en sa terre : dont toutes gens se tenoyent à trop chargés, et par spécial ceux de Gascongne. Car ceux des basses marches de Poictou, de Xaintonge, et de la Rochelle, s'y accordèrent assez bien : Pourtant qu'ils estoyent plus près du séjour du prince : et aussi ont-ils toujours été plus obéissans et descendans aux ordonnances de leurs seigneurs, et plus fermes et estables, que ceux des lointaines marches. Pour cette chose mettre à l'intenttion du prince et de son conseil, furent plusieurs parlemens assemblés à Niorth, à Angoulême, à Poictiers, à Bordeaux et à Bergerat. Et toujours maintenoyent ceux de Gascongne que jà n'en payeroyent ne jà en leur terre souffrir ne le pourroyent : et mettoyent en avant qu'ils avoyent ressort en la chambre du roy de France. »

Si nous écrivions un mémoire particulier sur le fouage demandé par le prince au prétendu parlement de Niort, nous examinerions une à une les assertions de Froissart, et il nous serait facile de démontrer que toutes sont ou fausses ou inexactes. Notre travail ne comportant pas ce genre de discussion, nous nous contenterons d'opposer notre récit au récit du grand chroniqueur, laissant au lecteur le soin d'apprécier le mérite de nos conclusions, que nous allons tirer dans le chapitre suivant. Elles sont basées sur les livres de comptes de nos consuls boursiers où nous trouvons les dates précises de la convocation et de la tenue des trois parlements qui eurent lieu en Aquitaine par l'ordre du Prince en 1368. Jusqu'à présent aucun historien n'avait parlé d'une manière exacte de ces Etats Généraux. M. Siméon Luce, dans son édition de Froissart, M. A. Molinier, dans les notes qu'il a ajoutées à la nouvelle édition de l'Histoire du Languedoc, ayant eu connaissance de notre travail, imprimé pour la première fois en 1869, l'ont approuvé complètement puisque nos conclusions sont reproduites dans leurs ouvrages.

CHAPITRE SEPTIÈME

Derniers États Généraux d'Aquitaine.
1368.

Des questions de finances agitées dans les États généraux du pays, la politique et la diplomatie remplissent l'année 1368. D'un côté, le prince d'Aquitaine négocie doucement avec ses sujets, pour en tirer de l'argent ; d'un autre côté, d'Armagnac complote, à Paris, avec le roi de France, le renversement de la domination anglaise. Si nous avions toutes les pièces, mentionnées dans les livres de nos consuls boursiers, nous pourrions écrire un chapitre, très complet et très intéressant, sur cette époque qui fut un temps de transition entre la paix et la guerre. Malheureusement ces documents ayant presque tous disparu, notre récit souffrira de cette perte. Il en reste cependant assez pour établir d'une manière irréfragable les faits saillants de ce temps, étrangement défiguré par nos annalistes. Commençons.

Après la brillante mais ruineuse expédition d'Espagne, le prince d'Aquitaine avait un extrême besoin d'argent. Il lui en faillait pour entretenir son État, pour payer les frais de la guerre, pour défendre ses possessions, envahies par les compagnies amies de la France.

Il en demanda à ceux qui pouvaient et qui étaient dans l'habitude de lui en donner. Ce n'était pas, du reste, la première fois, qu'il faisait un appel à leur genérosité. Depuis l'entrée du prince en Guienne, il ne s'était passé d'année, sans que ses sujets lui votassent, plus ou moins gracieusement, des subsides extraordinaires. Les Etats généraux de Périgueux, en 1364, ceux de Bordeaux en 1365, d'autres états en 1366, lui avaient accordé, les premiers un guyanez, les seconds vingt esterlis, les derniers neuf esterlis par feu. Aussi, dans la circonstance présente, la demande d'un fouage parut raisonnable et fut accueillie sans difficulté. On sait que dans le moyen-âge, le fouage n'était qu'un aide, payé par les peuples au souverain, en remplacement du service militaire; il était d'usage que les souverains réclamassent cet aide de leurs sujets, tous les ans, et quelquefois plus souvent, selon les besoins du moment. Vers le milieu de septembre 1367, le Prince convoqua donc, pour le 16 octobre suivant, les trois ordres de l'Aquitaine à Saint-Emilion, avec l'intention d'en obtenir un fouage. C'est ce que nous apprend le consul boursier de Millau sous la date du 25 septembre de la susdite année.

« Disabde, nos trames unaletra nostre senhor lo Prencip enlaqal mandava que II ho III dels cossols fosson lo segen iorn de octobre à san Melio en lacal iornada eran sitats los III Estats. »

Les députés des communes du Rouergue se mirent en route pour assister à cette assemblée. Arrivés à « Mayrona » ils rebroussèrent chemin, par crainte des gens d'armes qui couvraient les plaines arrosées par la Dordogne ; ils firent constater le fait par un notaire de Villefranche et rentrèrent dans leurs villes. « Disabde à II iorns de octobre anet senhen B. Vellas... à san-Melio... e can fon à Fijac encontret ganre dels comus de Rozergue, e totz essems mogro et anero entro al luoc de Mayrona sobre la Dorduenha ; ezaqui non pogro plus anar havan per causa de la grand multitud de gens d'armas lascals ero en aquelas partidas : e fon de cossellh de totas las dichas comunas que regardat lo peril en que si mezero, tornero à reyre del digh luoc de Mayrona e del digh perilh per que s'en tornavo feyro levar carta à Maistre J. Vaysa notari da Vilafranca. »

Les états de Saint-Emilion n'ayant pas eu lieu à cause de l'absence des députés des villes du Rouergue et probablement d'ailleurs, le Prince convoqua une seconde fois le clergé, la noblesse et les communes pour le mois de Janvier 1368. Millau envoya à ces états deux députés, Etienne Laurens et Guillem Pellegry. Ce parlement, réuni à Angoulême le 18 janvier de l'année susdite, octroya pour cinq ans un subside de dix sous par feu au fils aîné du prince de Galles, enfant qui n'avait pas encore accompli sa troisième année. Nous trouvons la preuve de ces faits dans le livre des comptes du consul boursier de Millau où nous lisons : « Dimercres XII de genvier anero los senhors maistre Stève Laurens et Senhen Guilhem Pellegri en Engolesma per anar tener una iornada lacal avia mandada nostre senhor lo prencip als III estats, etc. »

L'édit prescrivant la levée de ce fouage fut promulgué à Angoulême le 26 Janvier 1368. En considération de l'octroi de cet impôt par les états, le Prince fixa, par le même édit, la taille de la monnaie pour cinq ans, à raison de soixante-une livres, pour le marc d'or, et de cinq livres cinq sous, pour le marc d'argent. (Arch. de Bordeaux, I, pages 173 à 177).

Les Etats obtinrent encore du Prince une foule de concessions dont on peut voir l'énumération dans un acte du 26 Janvier 1368 qui se trouve sous le n° 51 page 173, du *Livre des Bouillons*, publié à Bordeaux, sous la direction de M. Jules Delpit.

Outre ces faveurs générales accordées aux provinces, le Prince concéda des privilèges aux villes qui en firent la demande. Il donna à Millau, pour trois ans, l'impôt connu sous le nom de *Souquet*, lequel consistait à prélever sur le vin du crû, vendu en ville, la seizième partie de son prix. Il autorisa aussi les consuls à percevoir, au profit de la communauté, une taxe de cinq petits sous guianez, sur chaque muid de vin importé en ville.

Le voyage des députés de Millau aux Etats d'Angoulême dura trente-six jours et coûta à la ville 84 florins d'or. Pour le droit de sceau et l'expédition des lettres, contenant les privilèges accordés par le Prince, on paya 62 florins, somme considérable et qui prouve que, de tout temps, les chancelleries ont eu la main pesante.

Au mois de mars de la même année, le Prince donna une nouvelle marque de sa bienveillance à la Haute-Marche du Rouergue. Sur la demande de deux députés que Saint-Affrique et Millau lui envoyèrent à Angoulême, il accorda la remise d'une forte somme d'argent imposée pour le *transgressement* des monnaies et un délai pour le paiement du fouage voté aux derniers états. Millau, en effet, n'acquitta ce fouage qu'à la fin de l'année 1368, ainsi que nous le prouvent les notes suivantes relevées dans le livre du consul boursier : « Digous a XVI novembre, compren un papier de dos mas per escrieure lo fogatge de X soūs per fuog. »

« A XVI novembre baillem à Durand Mendas à leva lo fogatge de X soūs per fuog, local deu esser de nostre senhor lo premier nat. »

« Dimercres a XX decembre, anet J. Bòrzes, cossol, e maistre Stève Laurens à Vilafranca per... exporteron diniers per paga quantitat del fogatge que fon autriat à Moss. lo premier nat de X soūs per fuog. » La somme portée au trésorier du Prince était de 220 francs. Le registre contenant le rôle de cet impôt, levé à Millau, se trouve dans les archives municipales de cette ville : le total s'élève à 264 florins 7 gros, 2 deniers pogèze. Coté dans l'inventaire série CC. 74.

Le fouage voté au Prince, par les états d'Angoulême, excita le mécontentement d'une partie de la noblesse. Plusieurs grands seigneurs d'Aquitaine, entre lesquels était le comte d'Armagnac, agirent sous main pour s'opposer à la levée de ce subside, sur les hommes de leurs terres. Informé de ces dispositions hostiles, le Prince en fut courroucé et se mit en mesure de forcer les opposants au paiement du fouage. Dans une lettre qu'il écrivit au sire de Sévérac, le 31 mai 1368, et qui est rapportée dans l'Histoire du Languedoc, t. X, p. 1387, il le somme, par la foi qu'il lui doit, de se mettre en état, lui et ses gens, afin qu'à la première réquisition, il puisse marcher, pour réduire par la force, ceux qui refuseraient d'acquitter le fouage. Cette lettre et plusieurs autres, également pleines de menaces, n'aboutirent à rien.

L'opposition de la grande noblesse au prince de Galles date de cette époque : sourde d'abord, elle se montrera ouvertement, l'année suivante, et aura les plus graves résultats, pour la domination anglaise en Aquitaine, ainsi qu'on le verra dans la suite de cette histoire.

Trois mois après ce que nous venons de raconter, c'est-à dire dans le courant d'août 1368, le Prince qui n'avait pas quitté Angoulême, réunit pour la troisième fois, dans la même année, d'autres états généraux à Saintes. Raymond de Voncs, de Millau, y assista en qualité de délégué de toutes les communes du Rouergue. L'assemblée s'occupa d'abord de l'état du pays, de la manière de le défendre contre les attaques incessantes des compagnies : dans ses dernières délibérations, elle discuta et adopta une imposition sur ce qu'on appelait alors « les dîmes inféodées ». Le subside voté par les Etats fut aussitôt réparti, et nous savons, par les comptes du boursier de Millau, que le Rouergue paya six cents francs pour sa taxe. La répartition de cet impôt, pour la Haute-Marche du Rouergue, fut faite à Millau, dans une assemblée des délégués des communes.

Le fouage de dix sous par feu, voté, par les Etats d'Angoulême, au fils aîné du prince d'Aquitaine, a donné lieu à plusieurs erreurs historiques que nous allons relever.

Denis Sauvage, dans son édition de Froissart, avait fait dire à cet historien que le chancelier d'Aquitaine, auteur du conseil donné au Prince, touchant l'imposition du fouage d'Angoulême, était évêque de Rodez. Cette version, adoptée et commentée par tous nos annalistes, était un fait acquis à l'histoire. Antoine Bonal, dans ses *Mémoires manuscrits sur les Comtes du Rouergue* reconnaissant l'identité du chancelier d'Aquitaine et de l'évêque de Rodez, l'avait baptisé du nom de Bertrand de Cardaillac, qu'il faisait sortir d'une noble famille du Quercy. M. Léon Lacabane est le premier qui ait rectifié cette grossière erreur. Dans un mémoire, inséré au tome II, p. 554 et suivantes de la Bibliothèque de l'Ecole des Chartes, cet auteur, examinant l'assertion de l'éditeur de Froissart, prouve par d'excellentes raisons que le prétendu Bertrand de Cardaillac, évêque de Rodez et chancelier du prince Edouard, est un personnage imaginaire, et que le véritable chancelier du prince d'Aquitaine à cette époque, était Jean Harewel, évêque de Bath et de Wels, villes situées en Angleterre.

Sur ce point nous sommes en parfait accord avec M. Lacabane. Nos recherches nous ont mis en mesure d'apprécier l'exactitude des siennes, et comme lui nous pouvons affirmer que, pendant tout le temps de la domination anglaise en Rouergue, le siège de Rodez fut tenu par un évêque nommé Fandit ou Faydit d'Aigrefeuille. Mais voici où M. Lacabane se trompe ; c'est lorsqu'il avance que Faydit d'Aigrefeuille *séjourna constamment à Avignon et qu'il ne parut qu'une seule fois à Rodez, au mois de Juillet 1365, pour prendre solennellement possession de son siège.*

D'après un acte authentique que nous rapportons aux pièces justificatives, Faydit d'Aigrefeuille était en possession de son siège au mois d'août 1363 puisque son vicaire général, frère Guillaume, évêque de Sardes *in partibus*, consacra, à l'époque susdite, un autel dédié à Saint-Jean l'évangéliste, dans l'église Notre-Dame de Millau. De plus, les livres de comptes de nos boursiers nous font voir l'évêque Faydit en 1365, 1368, 1369, résidant tantôt à Aubin, tantôt à Palmas, où il avait des châteaux et des terres. Quant à l'antipathie pour les Anglais que lui attribue Bonal et à laquelle refuse de croire M. Lacabane, la suite de notre récit prouvera qu'elle était profonde dans le cœur de ce prélat, qui ne parut jamais à la cour d'Aquitaine et qui affecta même, pendant son séjour en Rouergue, de n'avoir aucun rapport avec les officiers du prince Edouard.

Quant à Bertrand de Cardaillac, ce n'est pas comme le dit M. Lacabane, un personnage imaginaire. S'il n'a pas été chancelier du Prince, ni évêque de Rodez, il fut, vers cette époque, évêque de Cahors et mourut dans son diocèse. Plus tard nous aurons à détruire un autre légende formée sur son compte, et qui est plus singulière encore que la première.

Quoiqu'il en soit de cette discussion, la perception de tous les impôts, librement votés par les Etats, se fit, presque partout, régulièrement, d'après un rôle de feux qui fut débattu entre les communes et le trésorier du Prince. Nous voyons même la *Cité* de Rodez payer comme les autres communautés sa part du fouage. Il n'en fut pas de même du Bourg. Toujours sous l'influence du conseil du comte, les consuls refusent, non seulement la communication du rôle des feux, mais encore le paiement de toute espèce de subside. C'est alors que les vexations reprennent leur train : on les ajourne, on les exécute, on les met en prison, on prononce contre eux des amendes énormes, des peines afflictives. Afin de calmer les officiers du prince, auteurs de ces poursuites, les consuls font usage de toute leur industrie. A l'impitoyable David Cradoc, ils députent des personnes de distinction, pour en obtenir quelque adoucissement à ses rigueurs ; ils lui font de magnifiques présents. Au trésorier du prince ils prêtent une somme d'argent considérable (600 fr.) laquelle, du reste, fut rendue exactement ; un beau jour enfin, ils lui envoient, en cadeau, un pot de gingembre vert qui coûta six florins.

Par ces petits moyens les consuls du Bourg ne finissaient rien. Les impôts, timidement refusés par eux, était brutalement réclamés par les officiers du prince. D'Armagnac souffrait beaucoup de cet état de choses, contre lequel il n'avait cependant pas osé se plaindre hautement. Quand il crut avoir trouvé le moyen d'y remédier, il se décida à prendre officiellement la défense de ses vassaux. Voici qu'elle fut sa conduite. Il nous la fait connaitre lui-même, dans la lettre qu'il écrivit plus tard aux communes du Rouergue, et que nous rapportons en son lieu. Ce document, que nous avons découvert dans les archives communales de Millau, a été pour nous un précieux fil d'Ariane. Nous en extrayons les faits suivants.

L'expédition d'Espagne finie, le comte de Rodez se retira dans ses terres de Gascogne, où il passa cinq ou six mois. Il y reçut du Prince une lettre qui lui donnait connaissance du vote des Etats d'Angoulême et le priait d'y adhérer. En réponse à cette communication, d'Armagnac députa à Edouard deux chevaliers de sa maison, le sire de Barbazan et Géraud de Jaulin, avec mission de lui dire : que le comte obligé de payer les dettes contractées à l'occasion de sa rançon, et les frais de la guerre d'Espagne, se trouvait dans une grande détresse ; que ses vassaux, malgré leurs charges et les pillages des compagnies, avaient promis de lui octroyer encore des subsides, afin de l'aider à soutenir son état et à marier sa fille ; qu'en accordant le fouage, il se priverait de ses secours et serait réduit à la misère ; qu'enfin, sous les rois de France, comme sous les rois d'Angleterre, il avait été, par ses franchises, exempt de toute contribution et qu'il « ne se mettrait jamais en telle servitude. »

Un refus si formel, et plus encore les raisons qui le motivaient, mirent le prince en fureur. Répondant aux députés, il leur dit : Le comte d'Armagnac paiera le fouage « malgré son visage, » sinon, je ravagerai ses domaines au point que nul homme de sa race ne tiendra plus un pied de terre en la principauté de Guienne. Ce dur propos, rapporté à d'Armagnac, le souleva d'indignation. N'attendant plus rien du Prince, il eut recours au roi, son père. Le message, chargé d'aller trouver Edouard III, resta sept semaines en Angleterre, après lesquelles il en fut renvoyé sans avoir obtenu aucune réponse. Le comte de Rodez écrivit encore à plusieurs reprises au prince de Galles, pour l'engager à respecter ses franchises et à ne pas exiger le fouage. Le Prince ne répondit à aucune de ses lettres. A ce silence dédaigneux il ajouta de nouvelles menaces. Montrant un jour le comté d'Armagnac au sire de Clisson qui suivait alors le parti de l'Angleterre : voyez-vous, lui dit-il, ces beaux domaines ? Eh bien ! je vous les donnerai et vous aiderai à les conquérir. Ces paroles imprudentes étant parvenues aux oreilles du comte de Rodez, amenèrent une rupture ouverte entre celui-ci et le prince de Galles. D'Armagnac quitta la Gascogne et alla à Paris, décidé à demander justice au roi de France, puisque les cours d'Aquitaine et d'Angleterre avaient rejeté tous ses appels.

Tels sont les principaux événements qui se passèrent en Aquitaine, depuis le mois de septembre 1367, jusqu'au mois d'août 1368. De notre récit, fondé sur les titres les plus authentiques et les moins suspects d'erreur, il résulte que, depuis son retour d'Espagne, le prince convoqua trois fois les Etats généraux de ses provinces, à Saint-Emilion, en octobre 1367, à Angoulême, en janvier 1368, et à Saintes, au mois d'août de cette dernière année. Trois parlements tenus dans l'espace de dix mois, c'est beaucoup, si l'on songe aux obstacles matériels qu'il fallait surmonter pour pouvoir réunir, trois fois, les députés des trois ordres. L'assemblée de Saint-Emilion fut sans résultat. Quant aux Etats d'Angoulême et de Saintes, nous savons positivement qu'ils accordèrent, sans résistance, les subsides demandés par le Prince. Le parlement d'Angoulême, notamment, *vota*, comme nous l'avons dit plus haut, *pour cinq ans, un fouage de dix sous par feu au fils aîné du prince de Galles*. Les communes du Rouergue, convoquées à ces assemblées, se firent toujours représenter et nous connaissons le nom de leurs députés. Nous savons même combien de temps les délégués de Millau restèrent en voyage et ce qu'ils dépensèrent. Le Prince, ayant obtenu des assemblées de Saintes et d'Angoulême ce qu'il demandait, on ne voit pas quel besoin il avait de convoquer les parlements de Niort, de Bordeaux, de Poitiers et de Bergerac. De plus, si ces quatre assemblées générales avaient eu lieu dans les villes indiquées, comme le prétend Froissart, nous en trouverions des traces quelque part : jusqu'à présent, on n'a produit aucune pièce qui fasse la plus petite allusion à ces Etats. Dans les comptes de nos consuls boursiers, véritables procès-verbaux des délibérations communales de Rodez et de Millau, il est question de tous les parlements convoqués par le prince en Aquitaine, pendant les sept années de sa domination : nulle part, dans ces livres, très complets et très bien conservés, il n'est fait mention des assemblées de Niort, de Bordeaux, de Poitiers et de Bergerac. Cependant il nous semble très naturel de croire que si ces réunions importantes avaient existé, les communes du Rouergue, Millau, notamment, ville dévouée aux Anglais, y auraient été appelées. Le consul boursier aurait parlé de cette convocation, du choix des députés, des frais de leur voyage, ce qu'il ne manque jamais de faire pour toutes les assemblées générales ou particulières qui se tinrent en ce temps-là, dans l'Aquitaine et le Rouergue. Il aurait fait connaître les impôts votés en assemblée générale, et toujours répartis dans la sénéchaussée, par une réunion particulière des trois ordres de la province. S'il se tait sur tous ces points, c'est que ces quatre Etats généraux sont des mythes, et une pure invention de Froissart, dont on connaît du reste l'inexactitude en matière de faits historiques.

Quant au comte d'Armagnac, que Froissart fait siéger dans le parlement de Niort, il est certain que ce personnage ne pouvait s'y trouver, puisqu'il n'assista pas même aux Etats d'Angoulême, après la tenue desquels il partit pour Paris, où il passa le reste de l'année 1368.

Bornons là nos observations sur les passages de Froissart, et concluons que cet auteur s'est trompé en avançant que le prince de Galles, pour obtenir de ses sujets le fouage, cause de sa ruine, fut obligé de réunir cinq fois les Etats généraux ; qu'il a attribué faussement au prétendu parlement de Niort les résolutions prises aux Etats d'Angoulême ; qu'il a inexactement rapporté la quotité du fouage demandé et voté, et mal apprécié la conduite du comte d'Armagnac en ces graves circonstances.

A nos yeux, ces conclusions sont rigoureuses et nous avons la confiance, qu'elles seront acceptées par ceux qui voudront étudier avec réflexion nos pièces justificatives. Si l'on nous objecte que nos conclusions ont contre elles l'autorité de *tous* nos historiens, nous répondrons que cette autorité n'est pas si imposante qu'elle le paraît, attendu qu'elle repose sur *l'unique* témoignage de Froissart, témoignage rendu suspect, annulé même, par les documents que nous produisons.

A l'appui de notre sentiment, faisons une

dernière remarque que nous croyons décisive. Le comte d'Armagnac ne se révolta pas contre le prince de Galles à cause du subside voté à Niort, mais à cause du fouage voté à Angoulême. Ce fouage, d'un demi franc par feu, imposé pour cinq ans et que le prince voulait lever sur les vassaux de la grande noblesse, fit naître la ligue des seigneurs gascons. Froissart a dit la vraie cause de cette ligue, mais il s'est trompé sur les circonstances, et a entraîné dans son erreur tous les écrivains qui ont cru pouvoir s'autoriser de son témoignage.

Ce chapitre était rédigé lorsque, en parcourant la *Bibliothèque de l'Ecole des Chartes*, nous avons trouvé un article de M. Léon Lacabane où il dit : « Le fouage, cause première du soulèvement de la Guienne contre le prince de Galles, avait été réglé par l'assemblée des nobles et des villes, convoquée à Angoulême au mois de janvier 1369. » C'est en 1368, et non en 1369, qu'eut lieu l'assemblée d'Angoulême. Sauf cette erreur de date, M. Lacabane est d'accord avec nous, touchant l'origine du fameux fouage. De tous les écrivains que nous avons lus, c'est le seul qui n'ait pas suivi les errements de Froissart.

Voir le *Mémoire sur les deux prétendues délivrances de Condom en 1369 et 1374*, tome II, 3me série, page 103, de la bibliothèque de l'Ecole des Chartes.

CHAPITRE HUITIÈME

Ligue des seigneurs gascons contre le prince d'Aquitaine ; réfutation de quelques erreurs historiques touchant Rodez et Villefranche.

1368.

Arrivé à Paris, auprès de Charles V, le comte de Rodez lui exposa les motifs de son voyage. Le roi écouta d'Armagnac avec bonté, mais il se garda bien d'approuver d'abord le projet d'appel dont l'entretint le comte. Peu à peu d'autres seigneurs gascons arrivèrent à la cour de France et y grossirent le parti des mécontents. Allant trouver le roi, ils se plaignirent tous des prétentions du prince d'Aquitaine à lever des subsides, sur les hommes de leurs fiefs, qu'ils soutenaient être francs et exempts de tout impôt. Ils lui représentèrent que le prince anglais avait juré de respecter leurs franchises et que cependant, par ses exactions continuelles, il manquait à ses serments. Ils lui dirent enfin, qu'ayant réclamé en vain auprès de la cour d'Aquitaine la conservation de leurs libertés, ils venaient s'adresser à lui, roi de France et leur souverain, pour être maintenus dans leurs privilèges.

Charles comprit très-bien qu'accueillir leur demande, c'était vouloir la guerre. Aussi se contenta-t-il de leur adresser des paroles pleines de courtoisie, mais évasives. Tout en faisant semblant de ne pas écouter les plaintes des seigneurs appelants, le roi les approuvait secrètement, car il espérait trouver, dans cette affaire, un prétexte plausible de rompre le funeste traité de Brétigny. Mais il chercha à temporiser. Les seigneurs gascons, au contraire, pressaient toujours le roi de se déclarer. Cher sire, lui disaient-ils, nous tenons à conserver le ressort dans votre cour, et nous vous supplions de prendre notre défense contre le prince de Galles et ses gens. Si vous vous y refusez, *nous nous pourchasserons ailleurs*, et nous transporterons notre hommage à un seigneur assez puissant pour nous faire rendre justice, et vous perdrez votre seigneurie. Et ne nous dites pas que, par le traité de Brétigny, vous avez renoncé à votre droit de souveraineté sur les provinces cédées à l'Angleterre. Car nous vous répondrions que le roi de France n'a pu perdre les droits de la couronne, ni aliéner le ressort de ses sujets sans leur consentement. Nous n'avons jamais donné ce consentement et par conséquent vous avez sur nous le droit de suzeraineté. Le roi voulut bien paraître frappé de ce raisonnement, et promit sa protection aux seigneurs appelants. Il leur demanda encore du temps avant de se prononcer définitivement, disant que, dans une affaire si grave, il fallait réfléchir mûrement. Ces seigneurs restèrent donc à Paris, où le roi payait leur dépense et les comblait de présents. Cependant Charles cherchait à s'attacher surtout les chefs des seigneurs appelants ; il fit épouser la sœur cadette de la reine, son épouse, par Amanieu d'Albret. Ce mariage, célébré à Paris le 4 mai 1368, mit en fureur le prince de Galles. Edouard aurait fait ressentir les effets de son courroux au sire d'Albret, s'il n'en avait été détourné par les personnes les plus prudentes de son conseil. D'Albret acheva de braver Edouard en se faisant l'homme lige du roi de France, en recevant de lui un somme de dix mille livres, une pension de quatre mille, plus une rente de mille livres sterling que lui faisait l'Angleterre (Histoire de Gascogne, tome III, page 399). On verra plus bas quelle fut la part du comte d'Armagnac dans les faveurs royales.

Charles se décida enfin à recevoir l'appel des seigneurs gascons. Mais avant de rendre publique cette résolution, il signa, avec d'Armagnac et ses adhérents, un traité secret dont voici les clauses principales ; 1º le roi reçoit l'appel des seigneurs gascons ; 2º il ne les renverra point, sans leur consentement, sous la juridiction du prince de Galles, lors même que le prince menacerait de déclarer ou même déclarerait la guerre à la France pour la punir d'avoir reçu cet appel : 3º il confirmera les coutumes et franchises des lieux qu'il conquerra en Guienne ; 4º il ne lèvera, de dix ans, aucun fouage extraordinaire sur leur domaine sans leur consentement. De leur côté, le comte d'Armagnac et ses adhérents s'obligeaient : 1º à ne jamais rentrer dans le vasselage de l'Angleterre sans le consentement du roi ; 2º à soutenir la France si la guerre s'élevait à leur sujet; 3° à ne conclure aucun traité sans l'autorisation du roi, et enfin, s'il n'y avait point guerre en Guienne, à servir dans les Sénéchaussées de Toulouse et de Beaucaire (30 juin 1368).

Quand les parties eurent signé ces conventions, le roi ordonna à ses frères, aux principaux officiers de sa cour et à ses conseillers, de jurer en sa présence qu'ils ne lui conseilleraient jamais d'enfreindre aucune clause du présent traité; ce qui fut fait. Charles promit ensuite par écrit de donner au chef de la ligue, Jean d'Armagnac, dans le cas où la guerre tournerait au profit de la France, les comtés de Bigorre et de Gaure, les villes de Montréal, Mézin, Francescas, Astafort, Lavardac, Fouguerolles, Cauderon, Cordes, Castets, Mas-d'Agenais, Lias, Montagnac, Monguilhem, la moitié de la vicomté de Juilhac, les hommages de Casaubon, de Poudenas, de Fourcès, et de Villeneuve, avec les appellations et le ressort de la ville et cité de Lectoure.

Nous avons la preuve de cet engagement dans la lettre suivante donnée à Paris, au mois de juillet 1368, et rapportée par Bonal dans le chapitre 33° de ses *Mémoires manuscrits.*

« Charles, par la grâce de Dieu, roi de France, à tous ceux qui ces présentes verront, salut. Sçavoir faisons que comme nous avons fait certain accord et traité avec notre très cher et amé cousin le comte d'Armagnac sur certaines choses touchant les renonciations et la souveraineté et ressort du pays et souveraineté de Guienne, nous, audit comte avons promis et promettons en bonne foi et parole de roi lui donner et octroyer pour lui, ses hoirs et successeurs et qui de lui auront cause, faites toutefois et accomplies les conditions mises audit traité, les cités, villes et châteaux et forteresses qui s'en suivent, etc... »

La réception de l'appel des seigneurs gascons devait amener nécessairement la rupture entre la France et l'Angleterre. Charles s'y attendait et le désirait. Tout ce qu'il avait fait de concert avec le comte d'Armagnac tendait à ce but. Cependant le roi cacha sa résolution bien arrêtée sous des apparences d'incertitude et d'hésitation. Il consulta les universités de Bologne, d'Orléans, de Montpellier, de Toulouse, les plus habiles clercs de la cour papale, touchant les droits de la couronne de France, la portée des termes du traité de Brétigny et la validité de ses formes. Il chercha à détruire les mauvaises impressions que la réception de l'appel avait produites tant sur les villes que sur les seigneurs d'Aquitaine non appelants. Pour cela, il envoya aux consulats et aux principaux membres de la noblesse une lettre circulaire, où il expliquait sa conduite et rassurait le pays contre les projets de guerre que lui prêtaient les Anglais. Une de ces lettres, celle qui fut adressée à Guy de Sévérac a été trouvée par Bonal qui l'a insérée dans ses *Mémoires manuscrits* ; elle est du 3 décembre 1368. Nous la reproduisons en entier, parce qu'elle éclaire parfaitement la situation de la France vis à vis de l'Angleterre.

« Sire de Sévérac, nous sommes avertis qu'aucunes personnes s'efforcent et veulent efforcier de semer et publier au pays de Guyenne que nous voulons venir contre le traité de la paix faite entre notre très-honoré seigneur et père, dont Dieu ait l'âme, d'une part; et très amé frère le roi d'Angleterre, d'autre ; et commencer matière de discord pour ce, si comme ils disent que nous avons reçu les appellations faites à nous et à nostre cour de Parlement de plusieurs nobles et bonnes villes du pays de Guyenne, qui ont appelé à nous et à notre dite cour de certaines indictions et fouages que notre très-cher et très-amé neveu le prince de Galles, duc de Guyenne, de nouvel a décerné et commmandé être levées sur tous les sujets dudit pays, et s'efforcent de vous donner à entendre que nous ne le pouvons faire par le traité de ladite paix et que ledit pays est osté de notre souveraineté ni ne doit plus ressortir à nous ; et pour ce que par telles persuasions ne contenant vérité vous ne fussiez déçu et aussi qu'il peut-être qu'aucunes personnes simples dudit pays pourroient avoir ignorance dudit traité de paix, nous faisons sçavoir qu'il est vérité que plusieurs nobles, grands seigneurs et bonnes villes dudit pays de Guyenne sont venus par devers nous et nous disent qu'ils avoient appelé de notre dit neveu à nous et à notre dite cour de Parlement desdites indictions et fouages que notre dit neveu avaient ordonnées et mises sur le dit pays en perpétuelle servitude contre leurs franchises et libertés anciennes, lesquelles leur devoient être tenues et gardées par ledit traité de paix, et de plusieurs griefs dépendant des dites indictions et fouages, et autres griefs qu'ils disoient qu'ils éclairciroient en temps et lieu par devant nous, et nous ont requis, comme nos devanciers Rois de France ayant été toujours leurs seigneurs souverains, et à nous et à notre cour ayent toujours accoutumé de recourre et de ressortir, et non ailleurs, des griefs que faits leur estoient des ducs de Guyenne quand ils y étaient, ou de nos Sénéchaux quand le domaine de la duché étoit en notre main, que nous les reçussions à leurs appellations et leur donassions ressort et ajournement en causes d'appel, protections, sauvegardes et inhibitions accoutumées en tel cas ; et disoient que si nous leur refusions le droit et justice, ils auroient occasion de se plaindre de nous ; et de ce nous sommèrent et requirent à grande instance par plusieurs fois ; et sur ce, eûmes grande et mûre délibération avec notre conseil ; et par ce que clairement est contenu audit traité que les souverainetés et ressorts des pays baillés en domaine par ladite paix à notre dit frère le Roi d'Angleterre demeuroient et demeurent à nous en et au tel état et en icelle même manière et entièreté qu'il étoit au temps dudit traité, et notre dit seigneur et père par ledit traité promit à sursoir d'user desdites souverainetés jusques à la Saint-André, qui fut en l'an mil trois cent soixante-un tant seulement, laquelle est passée longtemps y a et aussi ledit jour passé, en pouvons et devons user aussi entièrement comme onques firent nos devanciers, ni nous ne révoquâmes ni icelles ne transportâmes hors de notre main, ainçois furent par exprès réservées en la translation du domaine comme dit est : considérant aussi que par ladite rétention et réservation desdites souverainetés et ressort, droit étoit et est acquis et intérest aussi auxdits appelés d'appeler et ressortir à nous, et ainsi qu'il est à nous d'avoir le ressort, ce que sans faillir de justice (ce que nos devanciers ne firent à leurs sujets et nous ne ferons si Dieu plait), ne pouvons ni devons refuser leurs dites appellations ; et pour cela les avons reçues et donné ajournements, inhibitions, sauvegardes et protections ainsi qu'ont nos devanciers accoutumé de faire à vous et tous nos autres bons sujets dudit pays qui toujours ont été de la couronne de France, gardée et rendue loyauté et obéissance, afin que vous puissiez mieux sçavoir la vérité des choses dessus et qu'il vous pût clairement apparoir que nous ne faisons ni avons fait en rien contre ledit traité, mais selon icelui, ce que nous pouvons faire, nous vous en advisons afin que vous ne fussiez déçu à vous donner à entendre le contraire, et aussi afin que vous soyez advisé de faire toujours votre devoir tel comme sujet doit faire à son seigneur souverain, et que sous l'ombre d'ignorance ne vous en puissiez excuser, car nous tenons fermement que sciemment vous ne ferez que ce que faire devrez.

Donné à Paris le troisième jour de décembre » (1368).

L'appel des seigneurs gascons une fois reçu restait à le signifier au principal intéressé. Cette mission délicate fut confiée à Bernard Pelot, juge criminel de Toulouse, très dévoué à la couronne de France et au chevalier Lancelot de Chaponval, maître d'hôtel du régent. Les deux commissaires s'étant rendus à Bordeaux, où se trouvait le prince, lui donnèrent connaissance de la lettre par laquelle le roi de France lui apprenait qu'après avoir reçu l'appel des seigneurs gascons et de plusieurs villes de l'aquitaine, il le citait devant le parlement de Paris pour y répondre aux griefs articulés contre lui.

La lettre de citation du roi Charles V qu'on croit avoir été écrite, le 3 décembre 1368, et remise au Prince d'Aquitaine vers la fin de cette année ou dans les premiers jours de la suivante, est ainsi conçue :

« Charles, par la grâce de Dieu, roi de France, à notre neveu, le prince de Galles et d'Aquitaine, salut.

Comme ainsi soit que plusieurs prélats, barons, chevaliers, universités, communautés et collèges des marches et limitations du pays de Gascogne, demeurans et habitans ès bandes de notre royaume, avec plusieurs autres des pays et duché d'Aquitaine, se soient tirés par-devers nous en notre cour, pour avoir droit sur aucuns griefs et molestes indues, que vous par faible conseil et simple information, leur avez proposé à faire, de laquelle chose sommes tout émerveillés ; donc, pour obvier et remédier à ces choses, nous nous sommes ahers (alliés) et aherdons avec eux, tant que, de notre majesté royale et seigneurie, vous commandons que vous veniez en notre cité de Paris, en propre personne, et vous présentiez devant nous en notre chambre des pairs, pour ouir droit sur lesdites complaintes et griefs émus de par vous à faire sur votre peuple qui clame à avoir ressort en notre cour, et à ce n'y ait point de faute, et soit au plus hâtivement que vous pourrez après ces lettres vues. En témoin de laquelle chose, nous avons à ces présentes mis notre scel.

Donné à Paris le 3 décembre 1368. »

Quand le prince de Galles eut ouï lire cette lettre, il branla la tête, regarda de côté sur les deux messagers, et après avoir un peu pensé il dit : Nous irons volontiers à notre ajournement à Paris, puisque mandé nous est du roi de France : mais ce sera le bassinet en la tête, et soixante mille hommes en notre compagnie. (FROISSART) »

Les commissaires royaux reçus d'abord par le Prince avec considération, furent-ils, après leur départ de Bordeaux, arrêtés et mis en prison, par l'ordre du jeune Edouard, comme le racontent certains historiens d'après Froissart ? Nous ne saurions rien nier, ni affirmer sur ce point.

Le 22 décembre suivant, le duc d'Anjou, plus désireux encore que son frère Charles V de faire soulever toute l'Aquitaine contre le prince de Galles, écrivit aux consulats du Rouergue et probablement de toute la Guienne, une lettre contenant les mêmes prétentions que contenait celle de son frère le roi de France. Nous avons rapporté la lettre de Charles V d'après Bonal, qui retouche toujours l'orthographe des pièces qu'il cite ; nous allons rapporter celle du duc d'Anjou telle que nous l'avons trouvée, en original, dans les archives communales de Millau.

« A nos tres amez les consouls et habitants de la ville de Millau.

De par le duc d'Anjou.

Tres chers et bien amez. Il est verite et creons que vous ne devez ignorer que parmi le traitie de la paix faite et refformee entre notre tres cher seigneur et pere, le roy Jehan, dont Dieu ait l'ame, d'une part, et notre tres cher oncle, le roy d'Angleterre, d'autre, la souveraineté et ressort des terres et païs qui a cause de ladite paix furent baillees et livrees par mon dit seigneur, pere, a mon dit oncle, tant en la duchie de Guienne, comme ailleurs, furént expressement retenus et reservez à notre dit Seigneur, notre pere, et à ses successeurs roys de France, et sont demourez entierement tout en la forme et manière que les devant roys de France les avoient, et que ils estoient par avant, au temps du traitie de la paix ; et icelles terres et païs desquelles notre tres cher cousin le prince de Gales, duc de Guienne, a, depuis la dite paix, tenues et tient, une grande partie sont et doivent estre tenues de mon dit seigneur, en domaine, combien que aucuns se sont efforcez et s'efforcent de donner à entendre et publier le contraire : si vous faisons sçavoir que ja soit ce que pour certaines causes contenues au dit traitie, mon dit seigneur et pere se deust subsoir et deporter jusques au jour de la saint Andrieu, de l'an mil CCCLXI, de user de la dite souveraineté et ressort, et que non pas tant seulement jusques au dit jour, mais oultre de sa grace tant come il vesquit ; et après lui, mon dit seigneur le roy de sa benegnite par aucun temps aient subseys et euls voulu deporter de en user. Toutevoies est l'entention de mon dit seigneur, si comme il nous a fait assavoir, tant par ses solemnels messages, come par lettres, de user doresenant des dites souveraineté et ressort, tout ainsi come ses dits devanciers devoient et avoient accoustume de faire avant le dit traitie ; et déjia a receus les appellations de plusieurs comtes, vicomtes, barons, nobles, consuls, universités et communes desdites terres et païs qui a lui, come à leur souverain seigneur, ont appele d'aucunes ordonnances, indictions et exactions de fouages, et autres griefs et nouvelletes à eux faites par notre dit cousin le prince de Gales, duc de Guienne, et autres sénechauls et officiers des païs, pour lui, en oultre leurs franchises, libertes, uzages et coustumes lesquelles nostre dit oncle et cousin par la teneur de la paix leur doivent tenir et garder ; et aux dits appelants et à chascun d'eulx à octroye adjournements, inhibitions, sauvegardes, exemptions et autres rescrips... à certain et vray propos de faire et faire faire sur les choses dessus dites droit, raison et justice à chascune des parties.

Et pour ce que nous savons certainement, que vous avez toujours eue tres grand amour et lyalte aux prédecesseurs de mon dit seigneur roys de France et vous etes gardes de mesprendre... eulx, et tenons fermement que ainsi le voulez et devez faire et continuer à mon dit seigneur, nous vous manifestons les choses dessus dites : et aussi afin que vous en soyez mieux informes et que vous ne puissiez prétendre couleur ou occasion d'ignorance. Et vous prions que vous nous certifiez de la recepcion de nos presentes lettres, et de votre bonne volonté par cest message. Nostre seigneur vous ait en sa garde.

Escript à Thoulouse le XXIIe jour de décembre.

En racontant les faits qui se passèrent en Aquitaine pendant l'année 1368, les historiens, nous l'avons vu, ont tout brouillé, tout confondu. Mais c'est surtout en parlant du Rouergue que nos annalistes ont donné cours à leur imagination. Les pages qu'ils ont écrites sur Rodez, sur Villefranche et sur plusieurs autres villes de notre province, sont empreintes, il est vrai, du plus beau patriotisme; malheureusement elles sont contraires à la vérité historique. On a dit que Rodez, exalté par l'esprit d'indépendance, avait vaillamment chassé, par les armes, les Anglais de son sein, et relevé fièrement la bannière de France sur la pointe de ses tours. On a été jusqu'à nommer les chefs de cette heureuse insurrection. On a dit.... Mais pour ne pas être accusé de dénaturer la narration de ces auteurs, laissons-les parler eux-mêmes et citons le plus accrédité d'entre eux.

« Depuis sept ans, le Rouergue supportait impatiemment le joug des Anglais... lorsque le prince d'Aquitaine imposa en 1367 *le fouage d'un guiennais,* c'est-à-dire une taxe *d'un franc guiennais* par feu.

Cet impôt onéreux exaspéra le comte Jean Ier d'Armagnac, qui, *l'année suivante,* appela à Charles V, roi de France, des exactions du prince anglais, en Guienne et en Rouergue; mais *cet appel n'était pas encore reçu que, dès le 9 septembre,* les habitants de Rodez, rivalisant avec d'Armagnac de zèle et de patriotisme, refusèrent de payer *le fouage,* et, *le 17,* Béranger de Nattes, premier consul du Bourg, se *mettant à leur tête, chassa la garnison anglaise,* et fit rentrer la ville sous l'obéissance de *son véritable roi.* Ce noble exemple fut suivi par toute l'Aquitaine. Les Anglais se présentèrent de nouveau devant Rodez, mais cette démonstration fut inutile ; les habitants, guidés toujours par leur premier consul et quelques autres citoyens, tels que les Laparra, les Rességuier, les Boissière, etc., se défendirent si bien que l'ennemi ne put y pénétrer. » Tome III page 528 *des Documents historiques et généalogiques sur les familles du Rouergue.*

Telle est la légende, voici l'histoire ; elle

est bien simple ; il n'y a ni prise d'armes, ni grands coups d'épée, ni morts, ni blessés.

Dans Rodez, il faut voir deux villes, deux communes, la Cité et le Bourg. Ces deux villes ont chacune une vie propre, indépendante l'une de l'autre. Elles ont une administration séparée, des intérêts opposés ; leurs luttes continuelles en sont la preuve. La Cité a pour seigneur l'Evêque, le Bourg relève du Comte. Pendant tout le temps de la domination anglaise, la Cité, dirigée par l'Evêque, qui n'ose pas trop prêcher l'insubordination, acquitte les impôts, paie les fouages réclamés par le prince. L'Evêque s'efface ; il habite ordinairement son château de Palmas. Le Bourg, au contraire, mené par le comte et son conseil, fait toujours le récalcitrant, il ne refuse pas ouvertement l'impôt, il cherche à l'éluder ; il demande des délais, il temporise, espérant qu'un jour viendra où il pourra se montrer plus franc dans sa résistance. En un mot, la Cité est soumise, le Bourg fait le mutin. Cet état dure jusqu'à la réception de l'appel des seigneurs gascons par le roi de France. A ce moment, la Cité et le Bourg, guidés par l'Evêque et le Comte, s'entendent pour suivre une ligne de conduite uniforme.

Le 5 septembre 1368, les consuls de la Cité vont à Palmas faire la révérence à l'Evêque de Rodez, Faydit d'Aigrefeuille, qui devait bientôt partir pour Avignon. Ils en reçoivent ses dernières instructions. D'un autre côté, deux consuls du Bourg, Huc Maurel et Bernard Viguier, vont à Toulouse, vers le milieu de septembre, trouver Messire Jean d'Armagnac « spécialment per saber am lhui cossi se regeriahom del fogatge per local los officiers del prince executavo totjorn pels locs del comtat et ressort. » Quelques jours après ce voyage, le consul Bernard Cadel et le sénéchal du comté, Pierre de La Salle, retournent à Toulouse voir Jean d'Armagnac « per saber cossi volria quel pays se gouvernes. » Comme l'Evêque, le Comte, ou son fils, dit son dernier mot aux consuls, qui se retirent.

Ce n'est qu'après ce second voyage que les consuls du Bourg et de la Cité rédigent leur appel au Roi et l'envoient à Paris par Pierre Borda. Ils proclament ensuite (nous ne savons pas à quelle époque précise) la souveraineté du roi de France. C'est dans la reconnaissance de cette souveraineté qu'on a vu un mouvement armé de la part de Rodez. Cependant la reconnaissance de la souveraineté ou du ressort, comme on parlait alors, n'entraînait pas la déchéance du souverain légitime. Malgré cette reconnaissance, Rodez resta encore sous la dépendance du prince anglais. Le 30 septembre, Richard d'Angle, grand Maréchal d'Aquitaine, Guillaume de Séris, Jean Ribaut s'en allant en ambassade à Rome pour le Prince Noir, passent devant Rodez et s'arrêtent au Monastère où les consuls de la Cité vont leur offrir leurs respectueux hommages avec les présents accoutumés. « Disapde ha XXX septembre (1368) vengron en esta vila (Rodez) Mossenhen lo Manescalc d'Aquitania e Mossehen

Guilhem Delserieys e Mossehen Johan Ribaut que von legats en Roma per nostre senhor lo Princip. » (Livre des comptes de Huc Bocart, consul trésorier de la cité de Rodez.)

Ce n'est que plus tard que, rompant avec le gouvernement anglais, cette ville se donne officiellement à la France et prête au roi Charles V serment de fidélité. Le 27 février seulement 1369, les armes de France sont placées sur le *Poids* et la maison commune du Bourg. Tous ces évènements se passèrent sans conflit, sans lutte, sans combat. La diplomatie fit tous les frais de cette révolution ; la victoire put coûter des flots d'encre : elle ne coûta pas des flots de sang, comme on l'a dit si souvent. Le consul Brenguier Nattes n'eut donc pas à chasser de sa ville natale les Anglais qui n'y tinrent jamais garnison. S'il fut anobli dans cette circonstance, il dut cette faveur, non au brillant fait d'armes qu'on lui prête gratuitement, mais à son zèle pour faire prononcer Rodez en faveur du roi de France. Il le dut au choix honorable que ses compatriotes firent de lui, pour aller à Paris, faire confirmer les privilèges accordés à Rodez par le duc d'Anjou ; il le dut surtout à d'Armagnac, qui se servit de sa faveur auprès du roi, pour en obtenir une récompense, digne des services que lui avait rendus le bourgeois le plus dévoué et le plus influent de sa ville comtale. On trouvera la confirmation de ce que nous venons de dire dans les lettres mêmes de noblesse accordées à Bérenger Nattes; les motifs de l'anoblissement sont renfermés dans les premières lignes de ce titre :

« Charles, par la grâce de Dieu, roi des Français : la bonté royale élève volontiers et comble d'honneurs et de faveurs distinguées ceux que leurs moyens, leur vie et des services agréables et utiles rendus à la majesté royale en rendent dignes ; afin que tandis qu'ils seraient comblés d'honneurs par leurs actions, ils se réjouissent de les avoir faites, et que les autres soient animés avec plus d'ardeur à imiter leurs traces. Nous attestons donc à tous présens et à venir que, nous rappelant les agréables services que notre amé Béranger Nattes, consul bourgeois de la ville de Rodez, nous a rendus avec fidélité, lorsque, *avec les autres bourgeois fidèles de la même ville, il a soumis ladite ville à notre obéissance et l'a attirée à notre parti fidèlement et louablement;* considérant toutes ces choses, et d'autres justes causes se présentant à notre esprit, et voulant honorer la personne dudit Béranger Nattes de manière que lui, tous ses enfants et sa postérité se resssentent pour toujours de cet honneur, de notre autorité, puissance royale et certaine science, et par grâce spéciale, nous avons anobli et anoblissons et faisons nobles ledit Béranger Nattes, ses enfants avec toute sa postérité, enfants de l'un et de l'autre sexe, engendrés ou à engendrer d'un légitime mariage........ »

Traduction faite sur l'original par Dozier de Sérigny, et rapportée dans le 3ᵉ volume des *Documents historiques et généalogiques sur les familles du Rouergue.*

Béranger Nattes, qui n'avait pas tiré l'épée pour chasser de sa ville l'imaginaire garnison des Anglais, n'eut pas besoin de la reprendre pour repousser les attaques de ces mêmes Anglais contre Rodez. D'après les livres de compte du Bourg et de la cité, il est certain que cette place ne fut *jamais* assaillie ni assiégée par le prince de Galles, ni par aucun de ses lieutenants. En dépouillant Rodez de l'auréole militaire que des mains trop complaisantes ont posé sur son front, nous n'entendons pas lui ravir toute gloire dans la guerre contre l'Angleterre. Celle qui lui appartient légitimement est d'avoir donné aux autres cités de la Guienne l'exemple de la résistance aux exactions des Anglais, de s'être soustraite, la première, à leur domination, et d'avoir, par ses efforts et son influence, entraîné peu à peu les autres villes du Rouergue dans le parti français. Rodez a assez de mérites réels sans qu'on lui en prête de fabuleux.

Etudions maintenant le rôle que joua Villefranche dans la lutte du Rouergue contre la domination anglaise. Celle-ci a aussi sa légende dorée, plus dramatique et plus sentimentale que celle de Rodez. A en croire l'auteur de cette légende, le soulèvement de Villefranche contre les Anglais aurait été spontané, héroïque et couronné d'un plein succès. Ecoutons ce récit épique :

« Le 15 septembre 1368, à sept heures du soir, les principaux habitants de Villefranche s'assemblèrent à l'église Notre-Dame. L'assemblée était présidée par Pons d'Agens, deuxième consul. On remarquait dans cette assemblée, les deux frères de Pons d'Agen, Polier, Benoît-Gauthier, seigneur de Savignac ; Raymond de Lafon, Raymond d'Albin, Hugues de Glaz, Huc Delpeyro, Bernard de Nauville, Jean de Bennac, Bernard Izarn, Hugues Le Mercier. L'assemblée se mit à genoux et pria celui qui donne la liberté aux peuples. Pons d'Agen énuméra les griefs que la cité avait contre Edouard. « Si nous avons prêté serment au roi d'Angleterre, c'est que le roi Jean nous en avait donné l'ordre. Nous avons supporté le joug sans nous plaindre jusqu'à sa mort. Mais avait-il le droit de nous distraire de la couronne de France ? et nous, n'avons-nous pas mis une condition à notre obéissance : la conservation de nos privilèges ?..... L'impôt du fouage que le prince de Galles veut établir en Guienne sera-t-il payé par nous ?

— Non ! non ! s'écria l'assemblée.

— Ai-je besoin de vous rappeler la violation du plus saint de nos droits, celui d'être jugé par nos pairs ! Edouard n'a-t-il pas détruit le privilège que nous avait octroyé Philippe-le-Bel, de porter nos causes civiles et criminelles devant les consuls ? Quel sera notre juge ?

— Le sénéchal, répondit Polier.

— Oui, le sénéchal, Amis, le sénéchal c'est la création du roi d'Angleterre ; c'est le représentant de celui qui a ravagé la France ; de celui qui nous a foulés au pieds, en faisant trainer le juge-mage à la queue d'un cheval.....
Non, nous ne paierons pas l'impôt.

— Non ! non ! s'écria l'assemblée ! nous ne paierons pas l'impôt.

— Non seulement nous ne paierons point l'impôt, reprit Pons d'Agens, mais encore nous nous affranchirons de la domination anglaise !

— Oui, nous nous affranchirons de la domination anglaise ! crièrent Polier, Benoît Gauthier, et Hugues de Giaz. Oui nous serons libres dirent tous les membres de l'assemblée.

— Eh bien ! quand demain à midi, sonnera la cloche de l'hôtel-de-ville, vous fermerez toutes les maisons, vous vous réunirez en armes, et nous prononcerons la déchéance d'Edouard et du sénéchal.

Chacun se retira attendant avec impatience l'heure qui devait sonner l'indépendance de la cité... Cette heure sonne enfin. La cloche de l'Hôtel-de-Ville a donné le signal. Pons d'Agens a déclaré que la cité secouait le joug de l'Angleterre et qu'elle se rangeait sous la dépendance de Charles, son légitime souverain. On accourt au palais de la sénéchaussée ; Wetewal ne veut pas croire à cette tentative d'affranchissement ; les Anglais arrivent, on se heurte, on se croise, tout est confondu.

Une colonne, commandée par Pons d'Agens, s'élance à la Tour Neuve, à la tour *Grabde*, élevée depuis un an ; le drapeau français a remplacé le drapeau d'Angleterre. On se bat avec acharnement..... Les tours de Villeneuve et du Pont sont emportées par les deux fils de Pons d'Agens. Les Anglais, pâles, éperdus s'enfuient.....

La tour de Savignac résiste aux efforts de Polier et de Gauthier; le lieutenant du sénéchal la défend avec courage; plus d'un habitant a succombé sous ses coups.

Cependant les fils de Pons d'Agens arrivent pour ranimer la colonne commandée par Gauthier. La porte est enfoncée; un horrible carnage a lieu dans la tour; l'ainé de Pons d'Agens s'ouvre une voie sanglante au travers des soldats Anglais; le lieutenant oppose une résistance inutile; Pons d'Agen lui enfonce sa dague dans les entrailles, pendant que Gauthier arbore le drapeau français au sommet de la tour.

Les Anglais demandent à capituler; on suspend le carnage. »

Ces pages, auxquelles un grave auteur a donné la consécration historique, en les insérant, avec éloge, dans l. 9° volume de ses *Documents sur le Rouergue,* sont un pur roman. Les monuments contemporains nous montrent Villefranche sous un aspect moins chevaleresque et dans un milieu moins agité. Ils nous la font voir pendant l'année 1368, tranquille, occupée de ses affaires, payant les impôts, donnant l'hospitalité aux délégués des communes du Rouergue, qui, plusieurs fois, cette année, s'assemblent dans son sein, pour y traiter les affaires du pays. Quant au sénéchal et à son lieutenant, nous savons par les livres de nos consuls boursiers, que le premier, absent du Rouergue depuis plus de deux ans, n'y rentra qu'au mois de décembre 1368 ; et que le second, qui, en l'absence de son chef, gouverna seul la province, ne mourut pas du coup de dague de Pons d'Agens, puisque six mois après, nous le voyons plein de vie et de courage, venir au siége de Compeyre.

Pendant l'occupation du Rouergue par les Anglais, Villefranche avait une position trop privilégiée pour se révolter contre un gouvernement qui faisait sa gloire et sa prospérité. Là était le siége de la cour du sénéchal; là résidait le trésorier du prince en Rouergue; là se tenaient le plus souvent les Etats provinciaux et les assemblées des communes, très fréquentes en ce temps-là. Villefranche comprenait son heureuse situation et en jouissait paisiblement. Quand, forcée par les circonstances, elle se décida à proclamer la souveraineté du roi de France, c'est-à-dire à reconnaître que le prince Edouard était vassal de Charles V, cette soumission ne fut de sa part qu'un acte politique qu'on lui paya cher, qu'elle fit d'assez mauvaise grâce et aussi tard qu'elle put. Aussi le duc d'Anjou, dans les lettres patentes qu'il donna, au mois de mai 1369, pour confirmer et étendre les priviléges de Villefranche, ne dit pas un mot de son dévouement à la cause nationale, ce qu'il n'aurait eu garde d'omettre, si les Villefranchois s'étaient signalés par le fait d'armes héroïque que se plaisent à raconter tous nos historiens.

Villefranche n'a donc pas joué le rôle brillant qu'on lui prête : elle n'a pas pris, dans la

Basse-Marche du Rouergue, l'initiative de l'opposition contre le gouvernement des Anglais. D'après les Annales de cette ville, t. 1 p. 271, ce fut seulement le 20 mai 1369, qu'elle reconnut la supériorité du roi de France sur la Guienne. Saint-Antonin, Peyrusse, Villeneuve et Najac avaient adhéré avant elle à l'appel du comte d'Armagnac. Saint-Affrique partago la gloire de ces dernières communes. Elle reconnut la souveraineté de Charles V sur l'Aquitaine, le 9 mars 1369. Quant à Millau, dernier boulevard de la domination anglaise en Rouergue, l'histoire de sa soumission est tellement liée aux évènements de l'année 1369, que nous avons jugé à propos de raconter le tout dans le même chapitre.

On trouvera les preuves de ce que nous venons de dire, touchant Villefranche, dans les extraits suivants du livre des comptes d'Etienne Dolmières, consul boursier de Millau, pour l'année 1368-1369, coté cc 362 dans l'inventaire des archives de Millau. D'après ces textes, il est évident que cette ville ne se révolta pas contre les Anglais, ne les chassa pas de ses murs, ni en septembre, comme on l'a dit d'après Cabrol, ni en octobre, ni en novembre, ni en décembre 1368. Nous pourrions aller plus loin et démontrer, par d'autres passages, que les Anglais restèrent maîtres de Villefranche pendant les premiers mois, et davantage encore, de l'année 1369.

« L'an MCCCLXVIII a XVI de septembre, paguei (18 deniers) à Guilhem Mauri que li fazem translatar (transcrire) lo fogatge dernieyramen endich, local portet à Vilafranca Maistre Estève Laurens. »

« Dilus à xviii septembre, de volontat del cosselh de l'Esquila, anet maistre Estève Laurens à Salvaterra o leit on sera Moss. David per parlar ambel per alcunas besonhas que avian a far ambel : e servim Moss. David de las causas que se segon ; et daqui metens anet maistre Estève Laurens à Vilafranca per afinar le nombre dels fuogs. Tornet disapte à xxiii septembre. »

« Donet maistre Estève Laurens, de volontat del cosselh, à la molher de Moss. David Cradouc lxxxx floris, car no trobet vaissela d'argent à Rodez. »

« Dimercres à xi octobre, anet en Guilhem Delrieu, en Aldebert Johan, nostres companhos, à Vilafranca per tener una jornada, per davan Moss. David, lacal deu esser à dijous venant. »

« Dimercres à xx desembre, anet en Johan Borzès, cossol, e maistre Estève Laurens à Vilafranca per parler am Moss. David, per lo fag del pon del castel etc. »

« A i de genvier, anet Johan Borzès, cossol, e maistre Estève Laurens à Vilafranca per tener una jornada lacal nos avia endicha Moss. Tomas de Ventenalha. »

Quant aux evènements qui eurent lieu à Rodez et que nous avons racontés dans ce chapitre, d'après les livres des consuls trésoriers du Bourg et de la Cité, nous croyons n'avoir rien avancé sans preuves, comme on le verra, en parcourant les extraits de ces mêmes livres, que nous donnons aux pièces justificatives.

Quand la première partie de l'ouvrage que nous publions aujourd'hui en entier parut en 1869, deux membres de la *Société des Lettres, Sciences, et Arts de l'Aveyron,* dont l'un était de Rodez et l'autre de Villefranche, attaquèrent vivement ce que je disais, sur leurs villes natales, dans le chapitre qu'on vient de lire. Ces Messieurs, très peu au courant des rapports du Rouergue avec les Anglais, au XIVe siècle, jaloux d'ailleurs des prétendues gloires de Rodez et de Villefranche, induits aussi en erreur par les récits fautifs des chroniqueurs rouergats, entassèrent écrits sur écrits, afin de contester des faits incontestables. Nous eûmes beau, dans nos réponses, leur citer cent textes contemporains des évènements que nous racontions, leur donner les preuves les plus évidentes des faits qu'ils niaient ; rien n'y fit. Leur siège était fait. Tant il est vrai qu'il n'y a de pires sourds que ceux qui ne veulent pas entendre ! Eh bien, ce que nous disions, il y a dix-huit ans, relativement à Rodez et à Villefranche, dans leurs rapports avec les Anglais, a été accepté et confirmé depuis par des érudits de premier ordre, M. M. Siméon Luce et Auguste Molinier. Ces écrivains, qui ont publié une foule de documents relatifs à la guerre de cent ans, n'ont élevé aucune objection sur notre travail; ils l'ont cité très souvent avec éloge, le premier, dans son commentaire critique de

Froissart, le second, dans la nouvelle édition de l'Histoire du Languedoc, qu'il a enrichie de notes très précieuses et dont il a beaucoup augmenté les pièces justificatives. Voici ce que M. A. Molinier dit de notre ouvrage.

« Le procès-verbal de délivrance à Chandos des pays cédés à l'Angleterre par le traité de Brétigny a été publié d'après une copie du quinzième siècle.... Nous allons analyser cette intéressante publication, en ajoutant certains détails relatifs au Rouergue, d'après un excellent travail de M. l'abbé Rouquette (*Le Rouergue sous les Anglais*). Ce dernier mémoire, trop peu connu, mérite d'être consulté à tous égards, et M. Siméon Luce en a tiré bon parti dans sa belle édition des chroniques de Froissart. » (Hist. du Lang. t. IX, p. 729, note 2).

De son côté, M. Siméon Luce, que tous les savants de France connaissent et estiment, nous a écrit la lettre suivante :

Paris, 15 juin 1878.

Monsieur le Curé,

Je vous renvoie, en vous remerciant vivement, l'excellent petit livre dont vous êtes l'auteur et que vous avez eu l'extrême obligeance d'emprunter pour pouvoir me le prêter. Ce livre ne se recommande pas seulement par sa rareté; il a une valeur instrinsèque qui suffirait pour le faire rechercher. C'est certainement ce que l'on a publié de plus exact jusqu'à présent sur la rupture du traité de Brétigny, dans les pays qui composaient alors la Guienne. J'ai été vraiment heureux de rendre un hommage public aux qualités qui distinguent votre œuvre dans le tome

VII de mon édition de Froissart, qui va paraître et dont je vous offrirai l'un des premiers exemplaires. Peut-être y trouverez-vous quelques lumières nouvelles, sinon sur la rupture du traité de Brétigny en Rouergue, du moins sur la rupture de ce traité en Quercy, en Agenais et en Périgord.

....

Merci encore une fois, Monsieur le Curé, et croyez à mes sentiments de haute estime.

Siméon LUCE.

Amplement dédommagé, par de telles approbations, des critiques qu'on avait faites de notre livre à son apparition, nous nous sommes décidé à en donner une seconde édition, que nous avons beaucoup augmentée et perfectionnée autant qu'il a été en notre pouvoir, grâce aux nombreux documents que MM. Siméon Luce et Auguste Molinier ont publiés en ces dernières années, le premier, dans son examen critique de Froissart, le second, dans la nouvelle édition de l'histoire du Languedoc.

CHAPITRE NEUVIÈME

Attaque du Rouergue par les Français; prise de la Roquevalsergue, de Roquecezière, et de Valady; siége de Compeyre; défaite et mort du sénéchal Thomas de Wetenhale dans le Camarès.

1369.

On a dit, on a écrit, on a répété sur tous les tons, on a cru jusqu'à présent, que le peuple, en masse, s'était soulevé contre l'Angleterre, et que son bras vigoureux avait brisé le joug humiliant que le prince de Galles faisait peser sur lui. C'est une grande erreur.

De quoi s'agissait-il, au début de l'opposition que les Français soulevèrent contre la domination anglaise en Aquitaine ? Il s'agissait de savoir, si c'était au roi de France ou à celui d'Angleterre, qu'on devait reconnaître la suprême puissance sur les provinces cédées par le traité de Brétigny. Eh bien, la lenteur des principales communes à se mettre en opposition avec la cour d'Aquitaine, les difficultés qu'elles élevèrent, la résistance qu'elles firent avant de reconnaitre le ressort du roi de France, prouvent le contraire de ce qu'on a dit, écrit et cru sur l'attitude prise par le peuple contre l'Angleterre. Au fond, peu importait aux communes du Midi de la France, d'avoir pour souverain tel ou tel prince. Le meilleur, pour elles, était celui qui respectait le plus leurs franchises et les exploitait le moins. A cette époque, le mot de patrie était presque vide de sens. Chacun tenait à sa ville ou à son terroir comme à sa seule patrie. On servait le maître le plus fort ; on s'en dégageait, si l'on pouvait, quand on y trouvait quelque avantage. Si les communes se firent tant prier pour se détacher de l'Angleterre, c'est que le prince d'Aquitaine ne les traitait pas aussi mal qu'on s'est plu à le dire. Edouard, en effet, fut toujours bon et juste pour les communes : il augmentait leurs privilèges, il leur faisait souvent des remises de subsides, il leur donnait jusqu'à ses propres revenus ordinaires, il les consultait toujours avant de prendre ses plus graves mesures administratives. En fallait-il davantage pour se les attacher ? S'il perdit à la fin leur affection c'est la noblesse qui en fut cause.

La majeure partie, en effet, de la haute noblesse ne fut jamais dévouée au gouvernement de l'Angleterre. Elle le vit arriver avec peine ; elle le subit par force et chercha à le renverser, en Aquitaine, aussitôt qu'elle crût en avoir trouvé l'occasion. Il faut avouer que la conduite du prince de Galles envers la noblesse fournit à celle-ci les plus graves sujets de mécontentement. Trop confiant en sa puissance, le jeune Edouard ne ménagea pas assez les susceptibilités de ses grands feudataires. Il manqua surtout de prudence dans la délicate question des fouages, au paiement desquels il voulait astreindre tous ses sujets sans distinction. Ses prétentions vinrent échouer contre la résistance de la noblesse, dont il cherchait à anéantir les privilèges.

Le comte d'Armagnac, le plus puissant des seigneurs aquitains et le plus maltraité d'entre eux, fut le premier à défendre ses franchises. Bien des motifs le portaient à prendre le parti du roi de France contre le prince d'Aquitaine.

D'Armagnac était très proche parent de Charles V, par sa femme Béatrix de Clermont; il était, de plus, le beau père du comte de Berry, auquel il avait donné sa fille Jeanne en mariage. L'honneur de sa famille, l'ambition des hautes charges pour lui, comme pour ses enfants, l'espoir des grandes récompenses, la protection assurée du roi de France contre ses ennemis, et il en avait de redoutables en Gascogne, le firent se déclarer contre les Anglais qu'il n'avait, d'ailleurs, jamais aimés.

Après avoir lutté longtemps pour la revendication de ses droits, il s'adjoignit d'autres seigneurs, mécontents comme lui, et, quand tous furent assurés de l'appui de la France, ils levèrent publiquement l'étendard de la résistance contre le prince d'Aquitaine. De Paris, où ils avaient tramé leur complot, ils se répandirent dans les provinces, y semèrent la haine, la révolte contre l'Angleterre, et parvinrent, par l'intimidation plus que par la persuasion, à soulever, contre le prince d'Aquitaine, d'abord leurs vassaux, ensuite les communes libres. Les villes, entraînées par la puissance de la noblesse, en armes, entraînèrent, à leur tour, les campagnes, et le Rouergue fut arraché, pour ainsi dire malgré lui, à la domination étrangère. C'est d'Armagnac inspiré, guidé, soutenu secrètement par le roi de France qui opéra cette révolution. A notre avis, c'est ainsi que se passèrent les choses en l'année 1369. Le lecteur, à l'aide des faits que nous allons mettre sous ses yeux, verra si nous nous trompons.

Nous avons dit plus haut que la guerre contre l'Angleterre avait été arrêtée dans les conseils du roi Charles V, aussitôt après la réception de l'appel des seigneurs gascons. En attendant qu'on la déclarât, selon les formes, et qu'on la commençât régulièrement, les ducs d'Anjou et de Berry, chargés de l'attaque des possessions anglaises, firent leurs préparatifs, le premier en Languedoc, le second en Auvergne. Au duc d'Anjou se rallièrent les comtes d'Armagnac, de Périgord, de Comminges et de Vendôme, les seigneurs de Terride, de la Barde, de Pincornet et un grand nombre d'autres barons gascons, presque tous de la ligue du comte de Rodez. Sous la bannière du duc de Berry vinrent se ranger les seigneurs de Beaujeu, de Villars, de Tournon, de Boulogne, de Villemur, de Montandré, le vicomte d'Uzez, le dauphin d'Auvergne et plusieurs autres chevaliers entre lesquels on remarquait Jean d'Armagnac, fils aîné du comte de Rodez et beau-frère du duc de Berry. Depuis deux ans, Jean d'Armagnac avait rompu avec le prince d'Aquitaine, et était devenu, secrètement, l'homme lige de Charles V, qui lui payait une pension de quatre mille livres.

Les Français ne négligèrent rien de ce qui pouvait assurer le succès de leur audacieuse entreprise. Le duc d'Anjou, en particulier, prit toutes les précautions possibles, soit pour se défendre contre les Anglais, soit pour les attaquer. Il ordonna de fortifier plusieurs places frontières du Languedoc situées au midi de l'Aquitaine ; il mit sur pied un grand nombre de gens d'armes ; il prit à sa solde toutes les compagnies disponibles qu'il trouva dans le pays ; il s'assura le concours de plusieurs grands seigneurs de la province ; il écrivit aux principales communes de la domination anglaise, afin de les engager à se rendre aux appelants ; enfin, pour décourager ses adversaires, il fit répandre le bruit que Du Guesclin, à la tête de 8,000 hommes, allait se mettre de la partie contre les Anglais.

Quant au Rouergue, premier objectif de la guerre, voici le plan qu'on avait concerté, pour l'attaquer par tous les points de ses frontières : à l'est, Jean d'Armagnac devait s'emparer de la Roquevalsergue, place forte où se trouvait une garnison anglaise ; au sud, les Bretons de Duguesclin et le comte de Vendôme et de Castres étaient chargés de prendre les premiers, l'hôpital Guibert ; les seconds, où se trouvaient le Lemouzy et Péri de Savoie devaient s'emparer du château de Roquecezière, place très importante qui commandait tout le Camarès : Arnaud Bérail et Jean de Castelnau Bretennous, reçurent mission de pénétrer en Rouergue par l'ouest de cette province, et de s'emparer des places qui s'y trou-

CHAPITRE NEUVIÈME

vaient, entre autres de la plus forte, qui était Najac. Maîtres du Rouergue, les Français devaient s'avancer dans les provinces limitrophes, l'Agenais et le Quercy.

D'après le plan de campagne, l'attaque du Rouergue devait avoir lieu le jour de Saint-Luc, 19 octobre 1368 : c'est l'avis que les consuls de Millau reçurent, secrètement, de plusieurs personnes, entre autres de Raymond Borit, dont la seigneurie était à « las Rivas » tout près de Lodève.

Ne pouvant pas douter des intentions hostiles des Français, les Anglais prennent leurs précautions ; ils envoient des troupes pour garder les places frontières. Le bâtard de Robert Knoles paraît dans la Haute-Marche du Rouergue, à la tête de cinquante lances ; force trop faible pour résister aux Français qui vont envahir le Rouergue sur plusieurs points à la fois.

On a dit qu'au début de la campagne, plus de neuf cents places, villes ou châteaux, s'étaient déclarés pour la France. C'est une grande exagération. S'il faut juger des autres provinces par la nôtre, où le parti de l'insurrection ne pouvait compter que sur quelques petites places, appartenant toutes à d'Armagnac et à ses parents, les Français n'avaient pas beaucoup d'intelligences dans les provinces anglaises. Leur force était au dehors ; elle consistait principalement dans ces deux armées, composées de nobles et de routiers, réunis par les ducs d'Anjou et de Berry, qu'ils devaient conduire, à l'improviste et simultanément, à l'attaque de l'Aquitaine, vers la fin de l'année 1368. A cette époque, le branle des défections n'était pas encore donné, du moins dans notre pays. Il le fut dans le courant des mois de janvier et février 1369, lorsqu'on connut les premiers succès des Français sur les Anglais. C'est alors qu'eurent lieu les adhésions à l'appel des seigneurs gascons, et nous avouons qu'au 18 mars 1369, date du rôle où sont rapportées ces adhésions, leur nombre put s'élever à 921, comme le dit M. A. Molinier dans la note qu'il a mise à la page 812 du tome IX de l'histoire du Languedoc. Toutefois cela ne veut pas dire que ces villes, châteaux et lieux forts portés dans le susdit rôle appartinsent à la France ; ils étaient toujours sous la domination du prince d'Aquitaine et il fallut les conquérir un à un pour les arracher à l'Angleterre. C'est ce qui eut lieu, du moins pour notre province dans le courant de la fameuse année 1369. En cette année commencèrent les hostilités sérieuses. La lutte s'engagea en Rouergue, province située à l'extrémité des possessions anglaises, à l'est, et qu'il fallait conquérir la première pour pouvoir pénétrer sûrement dans les autres.

Le fils du comte de Rodez, Jean d'Armagnac, à qui le duc de Berry, campé en Auvergne, avait confié un détachement de ses troupes, traverse le Gévaudan, et arrive à la Canourgue. Après quelques jours de repos donné à ses soldats, il lève son camp, pénètre en Rouergue et se présente devant la Roquevalsergue, une des clés de la province à l'est.

La place est sommée de se rendre. Le gouverneur anglais se moque de cette sommation. Aussitôt les Français cernent la forteresse et lui livrent plusieurs assauts, au dernier desquels le commandant anglais est tué et la place prise. Amalric de Narbonne, qui prit part à ce fait d'armes, en transmit aussitôt la nouvelle à Rodez, qui la reçut le 11 janvier (Livre du consul trésorier de la cité 1368-1369). Deux jours après, elle arriva aux consuls de Millau; ceux-ci s'empressèrent de la faire parvenir au sénéchal du Rouergue et à Diégo Massi, qui se trouvaient à Villefranche. Grande est leur surprise! Plus grande est l'alarme des habitants de la Haute-Marche du Rouergue!

« Dimergue a XIV de genvier d'avan l'alba tramezem G. Bauzili, ses neguna letra, à Vilafranca à Moss. lo senescalc, anque li mandavam de boca que la Roca-Valserga era presa, el castela mort; e que avian entendut dire que Mossenhen J. d'Armanhiac volia veni à Compeyre e az Amelhau e d'aqui à Salvatera, e mai d'aultras paraulas. »

Tous nos historiens, petits et grands, racontent, d'après Froissart, que c'est Duguesclin qui prit la Roquevalsergue. Duguesclin, qui était en Espagne, ne pouvait guerroyer, ni en Rouergue, ni en France, au mois de janvier 1369, date certaine de la prise de la Roquevalsergue, d'après notre consul boursier.

Cette forteresse, dont on voit encore les ruines sur un énorme rocher, près de St-Saturnin, passe pour avoir été bâtie par quelque romain appelé *Sergius*, d'où lui est venu le nom de château de la *Vallée de Sergius, Castrum vallis Sergii*. En 1626 Louis XIII le fit démolir.

Maître de la Roquevalsergue, Jean d'Armagnac menace Millau de sa colère, si cette ville ne se retire de l'obéissance de l'Angleterre, et ne se met sous la sauvegarde du roi de France. Mais il s'en faut que Millau soit disposé à faire sa soumission. Après avoir reçu les sommations de Jean d'Armagnac, on répare les murailles, on fortifie les tours, on se munit de nouveaux engins de guerre ; on prie le sénéchal de nommer Pierre Senhoret, capitaine de la ville, avec pouvoir de prendre, sous ses ordres, un nombre déterminé de « lances » aux gages du Prince. Cette faveur est accordée. Senhoret, nouvellement arrivé de la guerre d'Espagne avec sa petite compagnie de gens d'armes, prend le gouvernement militaire de la ville et fait tous ses efforts pour la mettre à l'abri d'un coup de main.

Exaspérés par la prise de la Roquevalsergue et par les menaces des Français, plusieurs notables bourgeois de Millau et de Compeyre, les Mérigot Guitard, les Azam, les Croisier, leurs serviteurs et d'autres partisans de l'Angleterre, vont battre l'estrade, arrêtent les marchands français, s'emparent des troupeaux de bœufs et de moutons qu'ils conduisaient en Languedoc, et mènent leurs prises au château de la Roque-Sainte-Marguerite, propriété des Azams. Les consuls de Millau, pleins de respect pour la légalité, ennemis des représailles parce qu'ils les craignent, avec raison, pour leur ville, désapprouvent cette conduite et veulent faire rendre à leurs maîtres les troupeaux pris par les habitants de Millau, sous prétexte que la guerre n'a pas été officiellement déclarée à la France, par leur seigneur, le prince d'Aquitaine. Remontrances inutiles ; la guerre est ouverte entre la France et l'Angleterre : il faut qu'elle suive son cours.

Cependant Jean d'Armagnac se sentant trop faible pour avoir raison de Millau, met garnison à la Roquevalsergue et s'achemine vers le nord du Rouergue, en passant par Salles-Curan. Il rallie en route quelques nobles vassaux de son père et continue sa marche vers Rodez, où nous le trouvons, pendant les mois de février et mars, entretenant une correspondance avec les consuls de Millau et de Compeyre, pour les engager à reconnaître la souveraineté du roi de France. Son père, le comte d'Armagnac, trop âgé pour aller faire la guerre en personne, se tient auprès du duc d'Anjou, à Toulouse, puis à Albi, où, vers le milieu de janvier, le duc vient s'établir avec sa maison. C'est à cette époque que Raymond de Rabastens, sénéchal de Toulouse, est nommé, par le duc d'Anjou, capitaine général des guerres en Rouergue et en Quercy, et commissaire pour recevoir les appels des peuples de ces deux pays.

Dans le courant de ce mois de janvier où nous sommes, eut lieu un fait d'armes que nous croyons devoir mentionner ici : nous allons le rapporter tel que le manda Jean de Levezou aux consuls de Millau, probablement avec l'intention de les engager à faire leur soumission à la France, et à se détacher d'un parti dont les affaires étaient en si mauvais état. Sa lettre est si curieuse, elle renferme des détails si intéressants que nous devons la rapporter en entier : nous l'avons trouvée, en original, dans les archives de Millau, où elle est cotée AA. 18.

« A mos cars senhors, als senhors cossols d'Amelhau.

Senhors, entendut ay cant so vengut e mon hostal que vos autres e la vila avetz grans meravilhas, car yeu ay mes los penos del rey de Fransa, sobre mos locs. Senhors, vos autres sabetz be los greuhs et los dampnatges que soffertas ay per los officiers del princip local, ses causa, me avia desheretat de mon loc, e so me apelat e mes, en salvagarda del rey de Fransa, et daquel quem fara drechura, adherens a l'apellacio facha per Mossenhen d'Armagnac ; per que, senhors, la vila, ni vos autres no duptes ponh de me, car tot lo be e tota la honor que yue poyria far per la vila, ni per vos autres, yeu faria de mon poder coma han fach mos senhors passats, e miels se miels podia. Senhors, fau vos assaber que, las vespras de Sanh Antoni (17 janvier), los Angles bezonhero, am los Frances, près del puech de la Garda, davant Mont Alazac, de que foro prezas LX lansas des Angles, de que hia 1 bot del senescalc de Caerci, e Mossenhen Tando de la Popia, pres e esgarat ; e Peyre de Gontaut pres, ont se perdero per los Angles CCCC cavaigaduras que avols que bonas. E cars senhors, fau vos mai assaber que Lorda que es cap de Bigorra ses fachs franceza e es à la obediensa del rey de Fransa. E may novel que totz los gentils homes d'Ajanez so Frances, fora d'un ; e Agen que es en cert patu am lo duc (d'Anjou) de far Frances.

Mossehen d'Armagnac es à d'Albi e lo Duc va tener a qui son hostal. Aquelas causas say yeu, car so estat en loc quen so cert. Se yeu podia far neguna causa per vautres, comandas me coma al vostre. Lo sanht Esperit vos tenha en sa garda.

Escrith à Castelmus lo mati de Sanh-Vincens. (22 Janvier 1369)

Johan senhor de Levezo. »

Les faits rapportés dans cette lettre sont-ils bien vrais ? Ne sont-ils pas exagérés pour le motif rappelé plus haut ? Puy Lagarde et Mont Alazac, dont il est parlé dans la lettre de Jean du Lévézou, sont-ils dans le Lot-et-Garonne ou bien dans l'Aveyron ? Il y a, dans ces deux départements, des localités portant ces deux noms. Le combat de Mont-Alazac est-il le même que celui dont parle Froissart et où il nous dit que fut défait le sénéchal du Rouergue en revenant d'Agenais ? Les documents précis nous manquent pour répondre à ces questions. Tout ce que nous pouvons affirmer sans crainte d'erreur, c'est que Thomas de Wetenhale, sénéchal anglais du Rouergue, resta à Villefranche, depuis le premier janvier jusqu'à la fin de mars 1369, d'où on peut conclure que le récit de Froissart est controuvé.

Nous avons déjà dit que le duc d'Anjou et le comte d'Armagnac s'étaient fixés à Albi. C'est de là que l'un et l'autre envoyèrent à tous les nobles et à toutes les communes du Rouergue des lettres circulaires, pour les presser de faire leur soumission au roi de France. Les consuls de la Cité et du Bourg de Rodez se tiennent tranquilles ; ceux de Millau font transcrire ces lettres, en envoient une copie au sénéchal du Rouergue et le prient de vouloir bien leur marquer la conduite qu'ils ont à tenir. Dans sa réponse, Thomas de Wetenhale engage les consuls à rester fidèles au Prince, et, afin de relever le courage des habitants de Millau, il ajoute que Chandos et Bertucat d'Albret sont en route pour aller protéger le Rouergue et en chasser les Français. Les consuls transmettent cette nouvelle à Saint-Sernin, à Saint-Rome-de-Tarn, à Saint-Geniez, à Brusque, au Pont-de-Camarès, à St-Affrique, à Compeyre et ailleurs, exhortant fortement les habitants de ces localités à tenir bon pour les Anglais.

Cependant les secours promis par le sénéchal n'arrivent pas, ce qui permet aux Français de faire de nouvelles conquêtes en Rouergue. Le 25 janvier, les consuls de Saint-Affrique annoncent, par lettre, que les compagnies de Péri de Savoie et d'Arnaud Solier, dit le Lemouzi, portant la bannière de France déployée, se sont présentées devant le lieu de Roquecezière et l'ont aussitôt attaqué. La nouvelle était vraie. Après un siège de cinq ou six jours, cette place frontière fut prise, sauf la tour, où se réfugièrent les Anglais. Bouchard, comte de Vendôme et de Castres, qui servait dans l'armée du duc d'Anjou, accourt avec un puissant renfort de troupes, au secours des compagnies ; tous ensemble cernent la forteresse et, après un siège assez long, s'en rendent maîtres. Le comte de Vendôme et de Castres, à qui le roi de France donna mille francs d'or, pour le dédommager des frais faits au siège de Roquecezière, mena ensuite ses troupes dans le Camarès, où il en vint bientôt aux prises avec notre sénéchal, Thomas de Wetenhale.

Voici la preuve de ce que nous venons de raconter :

« Digoûs à la nuog a XXV genvier receupen un vailet am una letra dels quosols de S. Africa en que nos mandavo qu'els avian receupuda una letra dels quosols de S. Serni en que lur mandavo que la companha de Péri de Savoia e lo companha del Lemozi eron venguts à Roquacesieira e avian combattut la tore e portavo lo pano desplegat del rei de Fransa.

XXVI de genvier, receupi dels cossols da S. Africa una letra en que nos mandavo que los enemics avian pres Roquacesieira, sal la tor. »

D'après ces textes, il est évident que Duguesclin ne fut pour rien dans la prise de Roquecezière, comme l'affirment nos historiens du Rouergue. Seul, le comte de Vendôme et de Castres, aidé par les routiers, s'empara de cette forteresse, qui remontait à l'occupation romaine, comme l'indique son nom de Roc de César, *rupes cæsarea*.

C'est à cette époque que Pierre Raymond de Rabastens, sénéchal de Toulouse, fut nommé, par le duc d'Anjou, capitaine général du Rouergue et commissaire royal pour recevoir les appels au roi des villes et des seigneurs de ce pays. Dans ce même mois de janvier, la garde du château de Najac fut confiée à Arnaud Bérail, seigneur de Sissac. De son côté, le comte d'Armagnac, conseiller intime du duc d'Anjou, voulant se rapprocher du théâtre de la guerre, quitta Toulouse et vint, comme nous l'avons dit, s'établir à Albi. De là, il lui était plus facile de diriger les opérations militaires qui avaient eu un si heureux début dans notre province.

Cependant le fils du comte de Rodez, Jean d'Armagnac, encouragé par ses récentes victoires sur les Anglais, court à Naucelle, où nous le voyons se préparer à l'attaque de Castelmary, château fort de la Basse-Marche du Rouergue. Il met le siège devant cette place au commencement de février. Rodez lui envoya des vivres, des ouvriers et des machines de guerre. Si Castelmary tomba au pouvoir des Français il dut être repris par les Anglais, car l'année suivante, ceux-ci en étaient maîtres, comme nous le verrons plus bas.

Si, dans ce moment, Millau, se rendant aux sollicitations du duc d'Anjou et du comte d'Armagnac, avait adhéré à l'appel des seigneurs gascons, (l'appel au roi n'était qu'un masque couvrant la défection), toute la Haute-Marche du Rouergue aurait suivi son exemple. Mais Millau prié, pressé par Chandos, par le Prince lui-même, de résister aux Français, temporise et, par ses ménagements, retarde d'un an, au moins, la chute de la domination anglaise en Rouergue. Cette ville, il faut l'avouer, se trouvait dans une position difficile. Le sentiment national qui devait se réveiller, de temps en temps, dans le cœur de ses enfants, l'exemple de Rodez, qui s'était prononcé pour la France, les défaites successives des Anglais, à la Roquevalsergue, à Mont d'Alazac, à Roquecezière, les progrès que faisaient tous les jours les Français en Rouergue, en Quercy et en Agenais, tout pouvait lui inspirer le désir de se rendre aux sommations du duc d'Anjou et de ses lieutenants. Mais le sentiment de l'honneur, mais la crainte de violer la justice, mais le respect des engagements sacrés, pris avec le roi d'Angleterre et son fils, le prince de Galles, peut-être aussi un peu de penchant secret pour la cour d'Aquitaine, qui lui avait donné tant de marques d'intérêt, tenaient cette ville en suspens, et l'empêchaient de se déclarer contre celui qu'elle regardait comme son souverain légitime. Elle fut affermie dans ses sentiments de fidélité à ses serments, par le manifeste suivant, qu'Edouard adressa, vers la fin de janvier, aux prélats, aux barons et aux communes de sa principauté.

« De part le Prince d'Aquitaine et de Gales :

« Chier et féal, nous avons entendu et sommes pleinement informez que le comte d'Armagnac en venant contre sa foy, serment et hommage lige qu'il a fait à nostre trez redoupté seigneur et père, le roy, et à nous, par lequel il a promis et juré, sur les saints évangiles de Dieu, d'estre féaux et loyaux à nous, et expressement, encontre tous qui pourront vivre et morir, sans excepter personne ne autre chose, fors tant seulement la souveraineté et ressorts deus à nostre dit seigneur et père. Et aussi après le dit homage ainsi par lui fait, encontinent nous le receusmes chief de nostre hostel, et lors, à sa propre requeste et nostre, jura le dit comte autre fois, sur les saints évangiles, destre à nous bon et loyal conseiller, tenir nostre conseil secret, bien et loyalement nous conseiller en toutes nos besognes, et en oultre faire tout ce que bon et loyal conseiller devait faire devers son seigneur.

Sous couleur d'aucuns griefs qu'il dit que nous, ou nos officiers, lui faisons et avons fait, s'efforce malvaisement et met son povoir à mettre discort et tribulation ez subges de nostre dit et très redoupté seigneur et père, ez terres de nostre dite principauté d'Aquitaine. Et ce fait-il plus par sa malice voulence et engien de lui que pour autre cause juste ne raisonnable; car, en vérité, nous ne li feismes onques griefs, ains lui avons touzjours esté aidans en ses besognes et en la délivrance de son corps, quand il estoit en la prison de nostre amé et féal cousin le comte de Fouis; et tenons fermement qu'il y fust encores se ne futs pour nostre aide et confort.

Et pour ce qu'il cuide mieux accomplir son

malvais propos et entention a appelé de nous à la court de France, en venant contre la foy et loyaulté qu'il nous avez promis et jurez, comme dit est, et niencmoins s'efforce de a li adjoindre et traire, pour miex acomplir son malvais propos tous ceulx qu'il pourra avoir assemblé à li, afin qu'il puisse miex mettre discencion et discort, et la paix qui a esté faite entre nostre dit seigneur et père et nous et la maison de France, troubler et enfreindre et tourner en guerre, en laquelle chose faisant, il fera plus de mal qu'il n'a fait de bien ne fera en sa vie, se Dieu ne pourvoit de remède.

Et pour ce que nous tenons fermement que vous voulez touz ditz garder la foy, loyaulté et obéissance que vous avez à nostre dit seigneur et père et à nous, ne par aucunes fautes et soubtiles sugestions, ne paroles dudit comte, ne d'autres ses complices, vous ne feriez encontre la foy et loyaulté que vous nous estes tenus, ne ne vous mouriez de vostre bon propos, vous notifions ces choses afin que vous soiez miez prévenuz et advisez de faire garder et fortifier vos forteresses et faire toutes autres choses que en tel cas appartiennent ; car, avec que l'aide de Dieu, nostre entencion et volonté est de nous mettre en tel estat et arroy que nous y metrerons remède tiel comme conviendra contre la male volonté et malice dudit comte et de tous autres qui vourroient dommagier ou grever les subgez de nostre dit seigneur et père et les nostres ; et à ce exposer nostre corps et biens et de tous nos bons amis et aliez. Et tenons avec que l'aide de Dieu que cela devra suffire de li monstrer le tort qu'il a ou deshonneur de tous ceux qui maintenir le voudront.

Pourquoi vous requérons et prions que vous touz ditz bons, loyaulx et subgez vrais de nostre dit très redoupté seigneur et père et nous, si comme nous tenons fermement que vous estes et serez. Et de la récepcion de ces présentes nous certiffiez par vos lettres avec que vostre bonne voulence sans aucun délay. Et semblalement nous escrivons à touz les prélatz, nobles et barons, à toutes villes de nostre principauté pour ce que nous vourrions que touz y fuissiez advisez de nostre droit et ignoscence de la très grande malvaistie fort et subtilité que le dit comte d'Armagnac et ses complices font et congètent de temps en temps devers nous. Car nous cuidons et tenons fermement que les grâces et octroys que nous avons fait à vous et à nos autres subgez de nostre dite principauté fussent et sont pour le bien commun; et Dieu le s'eit que à tielle entente nous le feismes. Nostre seigneur vous ait en sa garde.

Donné à nostre cité d'Angolesme sous nostre privé scel le XXVII jour de janvier.

Et depuis la faisance de cestes nous sont venues certaines nouvelles que ceux de la maison de France, par percurement dudit comte d'Armagnac et de ces complices, et autrement esmeuz, en venant contre la paix, nons font grever par plusieurs parties de nostre principauté prennent prisons, boutent feu et font tout autre fait de guerre ouverte sans consentement de nostre dit seigneur et père on de nous. Si le vous faisons savoir afin que vous en soyez miez advisez. Et nous de nostre part y metterons tel remède qu'il devra souffrire, à l'aide de Dieu, de nos bons amis et subgez. »

Cette lettre, réquisitoire violent, contre le comte d'Armagnac, justifiait trop bien la conduite des Millavois pour ne pas être reçue avec faveur. Les consuls firent une réponse que nous n'avons pas trouvée, mais qui ne pouvait être que conforme aux vœux du Prince. Ils prièrent en même temps le sénéchal, Thomas de Wetenhale, d'envoyer le châtelain Diégo Massi, avec des troupes, au secours de leur ville. De son côté, Raymond de Rabastens qui venait d'être nommé capitaine général en Rouergue et en Quercy, supplia les consuls de se rendre à la volonté du roi. Aux prières il joignit les menaces. Mais prières et menaces restèrent sans effet.

La résistance de Millau exaspérait les troupes françaises qui couraient sur tous les points du Rouergue. Celles qui occupaient la Haute-Marche devinrent furieuses. Elles ne parlaient que de prendre Millau d'assaut, de rompre son pont et de ravager ses vignes. Ces bruits rapportés aux consuls, les firent réfléchir. Ils les transmirent au sénéchal, à Chandos, au Prince lui-même afin d'en avoir un prompt secours et peut-être aussi pour les préparer à une défection prochaine. Il était fort difficile, en effet, que Millau, pût se maintenir plus longtemps dans sa fidélité à l'Angleterre. L'importance, la position stratégique de cette place, devait sans tarder, faire tomber sur elles les efforts des troupes françaises. Aussi la crainte des horreurs d'un siège, ou la honte d'une prise d'assaut, firent sur ses habitants plus d'impression que tous les protocoles. Ce qui acheva de la rendre plus traitable fut la réponse du comte d'Armagnac au manifeste du prince d'Aquitaine. Voici cette pièce que nous avons déjà annoncée a plusieurs reprises. Les faits inconnus qu'elle nous révèle, le jour dont elle éclaire la situation des partis, nous engagent à la reproduire intégralement.

MM. Siméon Luce et Auguste Molinier en ont apprécié l'importance et ont reconnu publiquement que c'était à nous qu'on devait la publication de ce document capital.

« A nos très chiers amis les consuls de Millau.

« Très chiers amis, nous avons veu aucunes lettres envoyées par Monseigneur le prince à certaines gens contenant la fourme qui s'ensuit : (ici est transcrite la lettre du prince Edouard à laquelle va répondre le comte d'Armagnac.)

Et pour ce que les dites lettres nous chargent moult, et se vous ne saviez nostre desblasme vous y pourriez adjouster foy aucune, pour ce vous escrivons-nous la vérité du fait laquelle est tielle.

CHAPITRE NEUVIÈME

Premièrement quand nous feusmes hors de prison nous venismes à Monseigneur le prince en Angolesmes et li feismes foy, loyaulté et homage, selon la teneur de l'accort fait entre les roys et il nous jura estre bon seigneur et loyal et garder nos coustumes, usages, libertés et privilèges et aussi nous garder de torts et de force de lui maisme et d'autrui à son povoir. Après il nous receust de son conseil et nous lui jurasmes à bien et loyallement le conscilier des choses dont il nous demanderait conseil, et tenir secrètes les choses qui seroient à tenir secrètes. Et en vérité nous li avons loyalement tenus ses serments et l'avons servi et mis le corps foible et malade en aventure tant de Gascogne comme en Espagne à très grands freitz, travaux et despens de nous et de nos gens, non obstant la povreté que nous avions pour nostre prison, et non obstant la grande destruction de nostre païs que les compaignes tant anglos, comme gascons qui estoient venuz en son service y avoient faite qui montoit plus de VI cent mille florins d'or. Et combien que dudit voiage d'Espaigne il doie bien à nouz et à nos genz, s'il nous veut faire raison, II cents mil fors d'or, ou plus, des quieux nous l'avons supplié et requis qu'il nous vousit faire compte et païer, il ne li a pleu de nous païer, ne encores de nous faire compte combien qu'il ait fait compte aux dites compaignes et à plusieurs autres.

De rechief comme la ville de Monségur nous doit estre rendue par la paix laquelle est jurée et sur le corps de Jésus-Christ, et souvent li avons supplié et requis qu'il la vousit rendre selonc le contenu de la paix, il ne li a pleu de faire ; voir est que touz jours disoit qu'il nous en donroit recompensaction, mais de faire' noiant (néant.)

Après, ses officiers, tant en Rouergue que en Gascogne nous ont fait tant de griefs qu'il seroit longue chose d'escripre ; et de ces griefs nous appelons à Monseigneur le prince et à sa court où nous n'avons trouvé point de remède ; mais qui pis est faisoient ses officiers exécution de leurs griefs non obstant l'appel par nous à li fait, tout aussi comme se nous n'eussions point appelé, et usurpoient nos juridictions ordinaires, mettans sauves gardes en nostre païs sans cognoissance de cause et tant d'autres griefs contre raison et contre nos privilèges que c'est une droite merveille. Et tout passions et souffrions par le grand désir que nous avions de lui servir.

Vérité est que Monseigneur le prince nous prêta grant foison, de son argent à nous délivrer de prison, de sa grâce. A la merci notre seigneur nous lui avons paié son argent et faits les services dessus dits et encore feissons s'il li eust pleu.

Or est ainsi que quant nous partimes de nostre païs pour aller à Monseigneur de Berry et de là en France, il nous envoya unes lettres comme plusieurs de ses gens lui avoient octroyé un fouage pour V ans et que nous le voussissons octroyer en nostre païs. Nous envoiasmes le sire de Barbazan et Messire Guiraut de Jaulin, nos chevaliers, en

« représentant » que ce fouage ne pourrions païer ; car, pour cause de nostre prison, nous et nos gens estions si povres que nous n'avions que mangier ; et aussi les compaignes qui estoient allez en Espaigne avecques li n'avoient porté si grant dommage qu'ils estoient désertz. Et non obstant ce il nous avoit promis certaine aide pour nostre vivre laquelle nous perdrions s'il paioient fouage, et ne aurions de quoi vivre après que durant les V ans s'ils le paoient ne nous pourroient rien aider, et ainsi perderions nostre estat ; et aussi avions une fille à marier ; et derrènement, que nous et nos gens estions francs, ne onques aus roys de France et d'Angleterre n'avions paié fouage ne aucune subvencion, et, que pour rien, ne nous mettrions en tel servitute.

Et lors Monseigneur le prince se courroussa et ditz à nos genz que nous le paierons malgré nostre visage et qu'il nous destruiroit et déserteroit, si nous ne païons le fouage, en telle manière que nul homme de nostre linage ne tenroit plain pié de terre en la principauté de Guienne, laquelle parole nous fust moult griesve à ouir, car ne cuidions pas avoir desservi, estre deshéritez, pour garder nos franchises et non vouloir estre en servitute. Et envoïasmes nos messagers au roy d'Angleterre pour remonstrer ces choses, et qu'il lui pleust, pour Dieu, de y mettre remède, et demoura nostre messager là bien VII sepmaines ; et après li fut dit qu'il s'en allast sans réponse et sans remède. Et ainsi fut fait.

Et après nous avons souvent escript à Monseigneur le prince et sur ces choses et sur autres, que oncques de lui response n'avons eue, combien que les lettres et nos messagers soient venus devant lui ; mais touz jours demourait en son dur propos. Et rapporta le comte de Tarcanville aus ducs de Berry et de Bourgoigne et au comte d'Estampes, et le sceut bien le roy de France, que le sire de Cliçon lui avoit dit que Monseigneur le prince lui avoit présenté la comté d'Armagnac est qu'il lui aideroit à la conquerre. Et nous voïant toutes ces choses si périlleuses et si estranges, pour nous eschapper de ces périls et garder « notre comté » avons appelé de Monseigneur le prince au roy de France comme à seigneur souverain du duc et de toute la duchie de Guienne.

Et ensuite nous novismes onques dire que le roy d'Angleterre disoit avoir ressort et souveraineté sur les gens de Guienne. Mais appert tout le contraire, car le roy de France a retenu expressément, en la paix, le ressort et souveraineté en la duchie de Guienne. Et supposé encores qu'il ne l'eust fait, nous de la duchie de Guienne ne pouvons ne devons perdre nos appaux qui en notre (le mot suivant est emporté) ont été entroduis anciennement pour la paix des roys en laquelle nous n'avons pas esté ouïs ne appelés.

Et voulons bien, très-chiers amis, que vous sachiez que, avant que nous aïons ceste chose emprise, nous en avons eu non pas une seulement, mais plusieurs délibérations avec que de plus grands clercs du monde, les plusieurs en divinité, en decrets, et en loys, les quiex tiennent tous que nous avons sainte, juste et loyal cause, et que nul serment de féauté, nul hommage, nul serment de conseil ne nous lie en riens ; que quant le seigneur nous griesve nous ne puissions, ne deuions recourre au remède de droit, c'est appeller à nostre seigneur souverain, et ainsi l'avons-nous fait au roi de France, et il a receu nos appaux, et donné rescripts, adjournements, sauves gardes, exempcions et autres choses qui appartiennent à faire à seigneur souverain en tel cas.

Et ne créez nul, chiers amis, que nous pourchassions guerre entre les rois, ançois la destourbons, quanque nous povons. Et pleust à Dieu que, sans aucune guerre, Monseigneur le Prince vousit faire et prenre raison en parlement, sur les choses dessus dites. Ne aussi ne créez que nous voulions esmovoir discencion ne descorde ne maulx, mais nostre droit voulons garder tout entier, et aussi soustenir et garder le ressort et la souveraineté de nous au roy de France notre seigneur souverain, si comme faire devons.

Si vous plaise, très chiers amis, considérer les choses dessus dites, nous avoir pour desblasmés et nous garder nostre bonne renommée ; car nous en avons à vous espécial fiance. Et, trés-chiers amis, bien nous merveillons pourquoi l'on dit que nous cerchons voies soustilles, car ceste voie que nous avons prinse est commune, et par laquelle toute crestieneté est gouvernée ; et est si grosse qu'il n'a ne vilain, ne femme, en aucun païs, qui ne le sache et ne s'en aide, quant mestier lui est. Très chiers amis, nostre seigneur soit garde de vous.

Escript à Roudois, le XXIIᵉ jour de février.
Le comte d'Armagnac.

Cette lettre ne change pas les dispositions des consuls : elle leur inspire toutefois quelques mouvements de syndérèse. A mesure qu'ils la méditent, les scrupules augmentent ; les droits du prince d'Aquitaine leur paraissent moins certains ; ils finissent par douter de la justice de la cause qu'ils ont prise tant à cœur. Voulant mettre leur conscience délicate à l'abri de tout reproche, ils se décident à consulter, sur leurs obligations, l'évêque de Vabres, l'évêque de Lodève et le seigneur d'Arpajon. Mais ces personnages craignent d'engager leur responsabilité en résolvant le grave cas de conscience qui leur est soumis. Les consuls composent alors un mémoire étendu sur les faits en litige et l'envoient à Bernard de Capluc, jurisconsulte de Millau, qui résidait à Avignon avec prière de consulter les clercs les plus capables et les plus intègres de la cour papale.

Voici un résumé de cette consultation : après un exposé succint du fait, on dit, en s'appuyant sur les pièces officielles jointes au dossier, que lorsque le Roi d'Angleterre eut érigé l'Aquitaine en duché et l'eut donné à son fils aîné le prince de Galles, le roi d'Angleterre autorisa les habitants de Millau à prêter le serment de fidélité à leur nouveau souverain ; que la ville prêta deux fois le serment dans lequel la souveraineté et le dernier ressort sur le duché de Guienne, sont réservés au roi d'Angleterre ; qu'après cela le roi de France a plusieurs fois réclamé des consuls la reconnaissance de sa suzeraineté sur leur ville ; que, jusqu'à ce moment, le roi de France a agi vis-à-vis de l'Aquitaine comme s'il avait renoncé à la souveraineté et au dernier ressort ; qu'au contraire le prince de Galles a fait des actes de véritable et unique souverain en Guienne sans réclamation *aucune* de la part de la France ; *unde*, ajoutent les consuls, *insurgunt questions et dubia quæ sequntur* :

1º *An rex Francie superioritatem et ultimun ressortum habere debeat in principatu et senescallia ruthenensi ?*

2º *An recognitio fieri petita casu quo fieri deberet, debeat fieri per ipsum principem, aut per subjectos et populares locorum dictorum principatus et senescallie ?*

3º *An in casu quo recognitio fieri deberet dicto regi Francie per consules Amiliavi, sicut fuerunt requisiti, debeant ipsi consules eam facere sine scientia et licencia dictorum regis Anglie et Principis, seu alterius eorumdem et cujus, necne ?*

4º *An dicti consules teneantur renonciaciones de quibus fit mentio in litteris transporti requirere an sint facte, nec-ne ? Et an se informare debeant antequam jus superioritatis transporti recognoscant, casu quo tenerentur, utrum sint facte, nec-ne ? Et cum quo seu quibus se in-*

formare debeant de eisdem, et cui parti super his sit potius fides adhibenda ?

Pour comprendre ce dernier article, il est nécessaire de rappeler que : les renonciations mutuelles du roi de France à la suzeraineté sur les provinces cédées, et du roi d'Angleterre à la couronne de France et aux provinces du nord de la Loire, avaient été convenues par le traité de Brétigny ; que ces renonciations devaient être consignées dans des actes spéciaux et échangées, sous forme définitive à Bruges ; que cet échange n'ayant pas eu lieu dans le délai fixé, par la faute du roi Édouard (du moins à ce qu'affirmait Charles V), Charles considérait les renonciations comme nulles et non avenues.

D'un autre côté, le roi d'Angleterre prétendait qu'ayant toujours joui du droit de souveraineté sur la Guienne depuis le traité de Brétigny, sans aucune réclamation de la France, il ne pouvait en être privé sans injustice, quoiqu'il n'eût fait ni exigé les renonciations en temps utile.

En présence de ces prétentions contradictoires où était la vérité ? Il nous semble que tout pourrait s'expliquer en distinguant le *fait* du *droit*. En droit, les renonciations n'avaient pas eu lieu : en *fait*, la conduite postérieure des deux souverains donnait à croire qu'elles avaient eu lieu, ou, du moins, qu'elles étaient une lettre morte dans le traité de Brétigny. Le point difficile était de se décider au milieu de ces inextricables difficultés de *fait* et de *droit*. Il n'en fallait pas tant pour troubler la conscience du conseil de ville de Millau.

Frères Jean de la Vila et Jean Fournier, religieux du couvent de Notre-Dame du Mont Carmel de Millau, porteurs de ces pièces sont arrêtés en chemin, par les Français, conduits à Montpellier et traduits devant la cour, comme espions des Anglais. Après les avoir interrogés et pris connaissance des papiers qu'ils portaient, la cour reconnut leur innocence, confisqua les dépêches qu'elle envoya au duc d'Anjou, à Toulouse, et relâcha les deux religieux. Armand de Lar, secrétaire du roi de France et gouverneur en son nom « pro co rector » de Montpellier, leur délivra un certificat (1) constatant leur identité et le but louable de leur mission ; ce qui leur permit de continuer leur voyage et d'aller trouver Bernard de Capluc, à qui ils rendirent compte de leur mission verbalement. Celui-ci, qui connaissait peut-être trop les juristes d'Avignon, porta la consultation à Bologne dont l'université jouissait d'une immense réputation de science.

Cependant les consuls entretiennent toujours des rapports de la plus intime confiance avec le Prince, avec Chandos, avec le Sénéchal. Ils leur font part de tout ce qui se passe

---

(1) Cette pièce fort longue et écrite en latin commence ainsi : Universis et singulis presentes litteras inspecturis, Armandus de Lar Domini nostri Francio regis secretarius et pro co rector Montis Pessulani salutem cunctis felicitatibus opulentam. Archives de Millau F. F. 70. Choisy, dans l'histoire de Charles V l'appelle Arnaud de Laur. — C'est contraire à la pièce officielle dont nous avons rapporté les premières lignes.

Choisy, histoire de Charles V, liv. V, pag. 398.

en Rouergue ; ils les instruisent des dangers que court leur ville, et réitèrent leur demandes de secours en hommes d'armes. De leur côté, les seigneurs Français éprouvent un redoublement de haine contre les partisans de l'Angleterre. Ne pouvant se venger sur les villes, ils courent les champs, pillent les villages, font des prisonniers. Ils en veulent surtout aux gens de Compeyre et de Millau, seules places fortes de la contrée, qui offrent une résistance sérieuse.

Le 16 juin, trois de ces capitaines, Alzias de Sévérac, Pierre Merle et Jean Trossit, à la tête de leurs compagnies, se présentent devant Millau et demandent à parler aux consuls. Dans l'entretien, ils les pressent de leur rendre la ville, ou au moins de reconnaître la souveraineté du roi de France. Les consuls repoussent ces propositions. Alzias et ses compagnons, comprenant qu'ils ne peuvent entrer dans Millau, de gré ou de force, se retirent et vont se loger au château de Verrières, seigneurie de Guy de Sévérac. Ils y sont bientôt rejoints par Pierre de Subert, Jean de St-Félix et autres deux seigneurs emmenant avec eux vingt lances. La présence des compagnies françaises inquiéta beaucoup Millau. Nuit et jour, pendant une semaine, les consuls firent surveiller ces troupes, et la ville ne fut rassurée, qu'après avoir appris leur marche sur Compeyre.

Compeyre était une petite place forte admirablement située. Bâtie sur le penchant d'une montagne, elle dominait majestueusement la belle et riche vallée du Tarn, en amont de Millau. Véritable couronne murale, sa forteresse, élevée sur un plateau, au sommet de la ville, en faisait l'ornement et la principale défense. Compeyre était le chef-lieu d'un baillage comptant à peine cinq cents feux. Le roi de France, à qui cette ville appartenait, avant de céder le Rouergue à l'Angleterre, y avait érigé un consulat et un siège de judicature. Ces avantages avaient fait de Compeyre un lieu important et d'un agréable séjour. Tous les nobles des environs y possédaient une maison. Le juge royal de cette ville avait la prétention d'être l'égal du juge de Millau ; ce que celui-ci contestait. (1)

Depuis longtemps le comte d'Armagnac cherchait à attirer Compeyre dans son parti. Son ami, Guy de Sévérac, rallié depuis quelques mois seulement à la cause française, avait joint ses efforts à ceux du comte. Mais les démarches réitérées de ces deux grands personnages n'avaient pu détacher du parti de l'Angleterre les habitants de Compeyre, af-

(1) A l'occasion de la supériorité du juge de Millau sur celui de Compeyre nous rapporterons un fait curieux qui peint les mœurs judiciaires du moyen-âge : nous le trouvons dans un vieil inventaire des archives de Millau écrit en langue romane. « Item es en la dicha cayssa un instrumen fasem mencion cossi en lo castel de Compeyre foron meses et encarcerats dos layros, losquals lo jutge de Melhau ou lo bailo gitet del dig castel et terras, et los fes menar en esta villa ; et apres los fes pendre et stranglar en las forcas del digh Melhau. Et so fach, lo bailo de Compeyre se ven rancurar disen, que los dichs layros avian presa la dicha justicia en lo digh castel et juridiction de Compeyre. Et après pros de ceptacios que y ac, foron tornats al dich baillo de Compeyre dos ples sacs de fe, en loc dels dos layros ; et autramen fon procedit coma se conte en lo dig instrumen, presper maistre Peyre de Layssac notari ordinari de la cost de Melhau lan MII c LXXXVI et lo venres ayan la festa de sanct Marti. »

fermis d'ailleurs dans leurs résolutions par l'exemple et les conseils des Millavois, leurs voisins. D'Armagnac ne se découragea point. Au commencement du mois de mars 1369, il fit venir à Rodez les consuls de Compeyre, eut avec eux une entrevue secrète, et, soit par menaces, soit par prières, les décida à entrer dans la ligue. Diégo Massi, châtelain de Millau, ayant eu vent de ces menées, se transporta à Compeyre, avec sa compagnie d'archers, afin de maintenir la place dans le devoir. De son côté, Guy de Sévérac, voulant appuyer les bonnes intentions des habitants de Compeyre, se rendit à Verrières, un de ses châteaux forts, y réunit plusieurs compagnies de gens d'armes, et, le 22 juin, parut à leur tête, sous les murs de Compeyre. A son approche, peuple, nobles, bourgeois, tous agissant de concert, se déclarent ouvertement pour la France et ouvrent à Guy les portes de la ville. Diégo Massi, trahi par les consuls, a beau crier et menacer; il lui faut abandonner la ville et se retirer dans la citadelle, où il est assiégé, pressé et fortement combattu par les Français.

Le sénéchal, Thomas de Wetenhale, qui se trouvait du côté de Villefranche, quand il apprit l'entreprise, se hâte d'aller au secours de la place assiégée : il amène avec lui son lieutenant, David Cradoc, et les compagnies que Chandos venait d'envoyer à la défense du Rouergue. Son armée, forte d'environ quatre mille hommes, a pour principaux chefs Robert Chenay, Hochequin Russel, Jean Chacke, David Cradoc, [tous [chevaliers anglais. En passant devant Valady le sénéchal est informé que Guillaume de Cardaillac, seigneur de Murat, de Valady et d'autres lieux, s'est depuis peu rangé du côté des Français et qu'en signe de sa soumission à son nouveau souverain il a arboré, sur toutes ses forteresses, la bannière de France. Exaspérés par cette défection, les chevaliers anglais prennent la résolution d'emporter Valady d'assaut, car ils ont hâte d'aller au secours de Compeyre. A l'approche des Anglais, les habitants de Valady, les paysans des environs ayant à leur tête Acharie Cancer, notaire du lieu, se réfugient dans la forteresse. Malheureusement ils n'ont ni munitions, ni armes, ni soldats, pour se défendre contre une foule innombrable d'Anglais, qui bientôt entourent la place et lui livrent plusieurs furieux assauts, accompagnant ces attaques des plus terribles menaces de mort, par le fer et par le feu, si les assiégés ne se soumettent. Pour éviter une mort aussi horrible que certaine, ces pauvres gens, conseillés par leur peu belliqueux notaire, se rendent, aux conditions qu'ils auront la vie sauve, qu'ils prêteront serment de fidélité au prince d'Aquitaine, et qu'aux cris de *Guienne, Saint-George*, ils rétabliront la bannière d'Angleterre au sommet de la tour où ils sont retranchés. Le lendemain, quand l'armée anglaise eut disparu, les vaincus de la veille, reprenant courage, remontent sur la tour et, aux cris de *Montjoie, Saint-Denis*, ils arborent de nouveau la bannière de France et, descendant dans la rue la bannière d'Angleterre, ils la foulent aux pieds et la trainent dans la boue. Quelque temps après, le vicomte de Murat, étant venu à Valady, exigea de ses vassaux qu'ils prétassent serment au roi de France : tous lui obéirent, excepté le notaire Acharie, qui, plus tard, craignant pour ce refus les poursuites de la justice, demanda et obtint pour ce fait une lettre de rémission que le roi lui accorda le 7 avril 1370. Pour le même motif, les habitants de Valady en obtinrent une pareille, le mois de juillet 1374. C'est de ces deux lettres, écrites en latin et rapportées dans le t. X. de l'hist. du Lang, que nous avons tiré ce qui précède. D'après ces pièces la prise de Valady eut lieu le 24 juin 1369. Trois jours après, l'armée anglaise arriva devant Compeyre qui se trouva dans une position singulière : le château, occupé par Diégo Massi, était assiégé par les Français ; ceux-ci maitres de la ville, étaient bloqués par les Anglais.

Le sénéchal, dépourvu de tout, demanda à Millau des vivres, de la toile pour faire une bannière, des machines de guerre, des ouvriers maçons et charpentiers, afin de travailler au siège ; il fit aussi publier par les consuls de Millau que ceux qui voudraient apporter à Compeyre des provisions de toute sorte pour les vendre aux troupes anglaises, le pourraient faire en toute sécurité. Ces ordres furent exécutés ponctuellement. Le conseil de ville se montra même généreux envers les Anglais, auxquels il envoya du pain, du vin et de l'avoine. Un emprunt, fait sur le champ, couvrit ces dépenses et beaucoup d'autres qui furent faites plus tard.

Cependant le siège n'avançait pas. Le temps était chaud et la vie dure pour les capitaines anglais qui bloquaient Compeyre, exposé tout le jour aux ardeurs du soleil. Aussi les voyons-nous, du 4 au 12 juillet, quitter tour à tour le siège, venir chez leurs bons amis les consuls de Millau et faire, avec eux, d'excellents repas, aux frais de la communauté. La ville leur envoie au camp des provisions de toute sorte et jusqu'à des paniers de poisson frais, qu'on pêchait exprès dans les eaux limpides du Tarn. Chose plus singulière, les consuls, montés sur des roussins de louage, vont, deux fois, visiter le Sénéchal dans son camp, et lui apportent, entre autres munitions de bouche, six pâtés froids de poulardes désossées.

Le siège de Compeyre durait depuis vingt jours. En Rouergue, tous les yeux étaient tournés vers cette place dont la possession était si vivement disputée. Les Anglais ne doutaient pas du succès ; ils espéraient réduire la ville, par la famine, s'ils ne pouvaient la prendre de vive force. Il était aisé de prévoir, en effet, que telle serait l'issue de la lutte engagée, si les Français n'étaient promptement secourus.

Le comte d'Armagnac, tenu au courant des affaires de notre province, par les officiers supérieurs de son comté de Rodez, obtint du duc d'Anjou, auprès duquel il était à Toulouse, qu'on enverrait un secours de quatre cents lances en Rouergue. Cette nouvelle fut mandée à Amalric de Narbonne, seigneur de Talayran, qui résidait à Rodez, par le comte d'Armagnac, dans une lettre ainsi conçue : « Car cosin, vistas aven vostras letras, et sapias que Mossen d'Anjo tramet de presen en Roergue quatre cens homes d'armes, perqne pensas de esser bonas gens et de ben vos deffendre. Escrichas à Tolosa a ving et cinq de jun. »

Amalric de Narbonne se hâta de faire parvenir le billet du comte d'Armagnac à son cousin, Guy de Sévérac, avec une lettre de sa part datée du 29 juin, dans laquelle il lui disait : qu'il avait envoyé son fils Aimeric au fils du comte de Rodez, Jean d'Armagnac, qui se trouvait à Clermont, dans l'armée du duc de Berry, pour le presser de venir en Rouergue et d'y amener le plus de troupes qu'il pourrait en obtenir de son chef ; qu'avec ce secours et celui qu'enverrait le duc d'Anjou, on pourrait mettre sur pied, pour la défense du Rouergue, une armée de huit cents lances, sans compter les archers, les arbaletiers et les gens des communes. Il ajoutait, enfin, que tout serait bientôt prêt pour se mettre en campagne contre les Anglais, et qu'on ne tarderait pas, selon son expression pittoresque, à leur donner « sur la tufa » c'est-à-dire à les battre. (1)

---

(1) La lettre du comte d'Armagnac et celle d'Amalric de Narbonne, dont il est ici question, sont du mois de juin 1369 et non 1370, comme le dit par erreur M. A. Molinier qui les a reproduites dans le t. X, p. 1426 de l'Hist. du Lang. d'après le manuscrit de la collection Doat, vol. 191, folio 58. Au mois de juin 1370, les An-

Quand les troupes françaises furent parvenues en Rouergue, Jean d'Armagnac, fils du comte de Rodez, en prit un fort détachement et le mena à Compeyre où il arriva le 17 juillet de grand matin. Sans plus de retard, les Français se rangent en bataille et attaquent les Anglais. Ceux-ci, se trouvant pris entre deux corps d'ennemis, les troupes de d'Armagnac et les Français de la place qui font une vigoureuse sortie, ont à soutenir un choc épouvantable. Ils résistent quelque temps et ce n'est qu'avec peine qu'on parvient à les entamer. Alors se fait une affreuse mêlée, où Français et Anglais tombent sous les coups les uns des autres. Le combat se prolongea jusqu'au soir. Les Français perdirent plusieurs chevaliers, entre lesquels le consul boursier mentionne Messires Aymery de Talaria (de Talayran) et Jean Trossit. Du côté des Anglais, les morts de distinction ne furent pas moins nombreux. A la fin du jour, les Anglais, forcés d'abandonner leurs positions, se retirent sur le *Puech* de Compeyre ; les Français vont camper à Aguessac. Pendant la nuit, les Anglais voulant opérer leur retraite, les Français se mettent à leur poursuite, et en font un grand carnage. Ce combat est ainsi raconté par le consul boursier ;

« Dilus, a XVI de julh, vengron davan Com-

glais, plusieurs fois battus en Rouergue l'avaient évacué depuis longtemps : de plus, le seigneur de Taleyran tué au siège de Compeyre et enterré à Rodez le 27 août 1369, comme nous l'apprennent les livres de comptes des consuls de Millau et de la cité de Rodez ne pouvait écrire un an après sa mort la lettre susdite.

peyre Mossenhen Johan d'Armanhiac am mols d'altres grans comtes e baros, am gran cantitat de gens d'armas per la part francesa ezaqui de contenen deron combatemen al, seti dels Engleses que tenïan hasetiat Compeire ; al qual combatemen mori Mossenhen Americ de Talaria et Mossenhen Johan Trossit e moltes d'altres grans homes de la part fransesa, e dels Engleses locas metens e combattuts ques foron ; e moveron sen los Engleses al puech desobre Compeire ; e la part francesa s'aloget Asaguessac. E la nuegh los Engleses se meiron en fubdas e la part fransesa après en laqual seguoha mouron grans Engleses e parderon tot lo coïratge. »

En se retirant, Jean d'Armagnac laissa une garnison à Compeyre. Un peu plus tard, Guy de Sévérac, qui avait beaucoup contribué à prendre cette place, er fut nommé gouverneur. En racontant le siège de Compeyre, M. de Gaujal mêle le faux au vrai. Notre récit, basé sur des documents inattaquables, servira à rectifier les inexactitudes contenues dans la page suivante des *Annales du Rouergue*. « Compeyre, place alors très forte, était un un poste dont la possession était importante: il (Guy de Sévérac) l'assiégea, et, le 23 *de juin*, Diego Massi, châtelain de Millau et de Compeyre pour les Anglais, fut obligé de faire avec lui une capitulation d'après laquelle il devait vider la tour de Compeyre et la lui remettre le 2 *de juillet* ; et Guy, de son côté, devait remettre Massi aux portes de Millau ; *et au cas qu'on ne voulut pas l'y recevoir*, il devait lui procurer un sauf conduit du gouverneur du comté de Rodez, pour aller, lui et ses compagnons, où bon lui semblerait. *La place fut en effet évacuée*, et, le 29 du même mois, le duc d'Anjou en établit gouverneur et capitaine Guy de Sévérac, nomination qui fut ratifiée par le roi, le 3 de novembre suivant. »

M. de Gaujal, appréciant le rôle que joua Guy de Sévérac dans le soulèvement du Rouergue, contre les Anglais, ajoute que ce seigneur, « quoique bien traité par les Anglais » se montra « digne de son nom, et d'être cité comme un modèle de loyauté. *Dés les premiers moments*, il avait pris les armes pour la cause du roi et l'avait fait triompher autour de lui. »

La vérité est, d'après les notes des consuls boursiers de Millau, que Guy de Sévérac ne fit sa paix avec le duc d'Anjou qu'au commencement de mai 1369. A dater de cette époque, nous le voyons servir la France, combattre les Anglais et faire même beaucoup de mal à Millau, pour punir cette ville de sa fidélité à l'Angleterre. Le roi de France, pour l'encourager dans sa résolution et le récompenser de son dévouement à la cause nationale, lui écrivit de Rouen, le 15 septembre, la lettre suivante :

« Sire de Sévérac, nous vous savons très grand gré de la grande cure et bonne diligence que vous avez mise et mettez en nos besognes par delà ainsi que de ce sommes acertenés ; si vous prions que en démontrant toujours la bonne affection que vous avez à nous et à la couronne de France, vous veuillez continuellement persévérer ; car nous tenons par votre proveüe discretion et bonne prudence lesdites besognes avaient bon effet à l'aide de Notre-Seigneur ; et certainement nous vous fairons tant sur ce qu'il vous venra à gré et à pleine suffisance. »

Après sa défaite à Compeyre, l'armée anglaise chercha un refuge dans des places fortes. Hochequin Russel se renferma avec sa compagnie dans la forteresse de Paulhe. Le capitaine Senhoret, qui avait combattu dans les rangs des Anglais, rentra à Millau avec ses soldats. Le sénéchal ramena à Sauveterre les débris de ses troupes. Au bout de quinze jours, il en repartit et revint à Millau avec deux nouvelles compagnies, afin de surveiller les mouvements du parti français qui, d'heure en heure, devenait plus nombreux et plus entreprenant. Ayant appris que le comte de Vendôme courait le Camarès, Thomas de Wetenhale sort de Millau, vers le 15 septembre, marche à la poursuite des ennemis, les rencontre dans les plaines de Montlaur et leur livre bataille. Dans ce combat le sénéchal est grièvement blessé et sa troupe déconfite.

C'était la sixième fois que les Français battaient les Anglais, en Rouergue, depuis le le commencement de la guerre. Le comte de Vendôme, deux fois vainqueur des ennemis de la France, fut dignement récompensé de ses services et de son dévouement à la cause nationale. Charles V lui donna Roquecezière et Saint-Affrique : au mois d'août précédent, il avait érigé en comté la seigneurie de Castres, qui appartenait au même comte de Vendôme. Quant au sénéchal, ramassé à demi mort sur le champ de bataille, il fut transporté dans la maison du seigneur de Montlaur ou il mourut de ses blessures. On l'enterra à Montlaur même. Aussitôt qu'on sût sa mort à Millau, le conseil de ville lui fit faire un service solennel dans l'église Notre Dame de l'Espinasse. Les consuls et leurs conseillers, le clergé séculier et régulier, les religieuses de l'Arpajonie et de Sainte-Claire assistèrent à cette cérémonie, éclatant témoignage de la sympathie des Millavois pour les Anglais.

« Dimercres ha iii d'octobre fon azordenat que fos faghc un cantar sollemne à Nostra-Dona e que hi fosan hapelats tots los capelas e tots los religioses e totas las donas religiosas d'esta villa, so es à saber per l'arma de Mossenhen Thomas de Utenhala, senescal de Rozergue, local era estat escofit et tota sa companhia e las plassas de Montlhaur per lo comps de Vendoimes e per altres senhiors de la part francesa : local y fon plagat grandamen, e fon menat à Montlhaur en l'hostal del senhior, ezaqui malavaget, local mori el digs luoc ezaqui fon sebelit. »

Telle fut la fin malheureuse de Thomas de Wetenhale qui avait gouverné le Rouergue près de cinq ans. Froissart, parlant de notre sénéchal, dans les chapitres 259 et 297 (Edition de Sauvage, Lyon, 1569) lui fait une plus belle histoire. Voici ce qu'il en dit : « En ce temps avoit un séneschal en Rouergue, très vaillant homme et bon chevalier Anglais, qui s'appelait Messire Thomas de Witevalle. C'estuy tenoit la ville et le chastel de Millau, à une journée de Montpellier. Or, combien que le païs d'entour lui fust tourné et conquis, si tint-il la dite garnison de Millau plus d'un an et demi, et une autre forteresse qu'on appelle Wauclère (la Roquevalsergue), et fit en ce temps plusieurs belles chevauchées et issues honorables, jusques à ce que messire Bertrand Du Guesclin le bouta hors, ainsi comme vous orres recorder cy-avant en l'histoire.

Un peu plus loin, Froissart, parlant des conquêtes du connétable dans le midi de la France, ajoute : Tantost après cette visitation et que ces seigneurs eurent parlé au duc d'Anjou, se départirent de la dite cité d'Avignon, et se retirèrent devers le connestable qui chevauchoit en Rouergue, et conqueroit viles et chasteaux sur les Anglois. Si s'en vindrent devant la ville de la Mulae, (Millau) laquelle messire Thomas de Veulquefaire tenoit et avoit tenue tout le temps, et l'assiégèrent, et aussi la roche de Vauclère, (la Roquevalsergue) : mais le dit chevalier Anglois par composition les rendit au dit messire Bertrand, et aucuns autres chasteaux sur les frontières du Limozin. »

Millau ne fut ni assiégé ni pris par les Français ; il se soumit au roi de France, par suite d'un traité, fait par les consuls avec le comte d'Armagnac, agissant au nom du duc d'Anjou, lieutenant de Charles V en Languedoc ; on le verra plus bas. On y verra encore que Du Guesclin n'a jamais guerroyé dans notre province, et que le siège et la prise de Millau par le grand connétable, sont une des nombreuses fables inventées par l'imagination fertile de Froissart. Comment, d'ailleurs, Du Guesclin aurait-il pu s'emparer de Millau et de la Roquevalsergue, puisque, à l'époque de la soumission de Millau et de la prise de la Roquevalsergue par le fils du comte d'Armagnac, le connétable était en Espagne, d'où il ne revint, pour faire la guerre aux Anglais, dans le Périgord, qu'après les six premiers mois de l'année 1370, ainsi que l'a très-bien établi M. Siméon Luce, pages 97 et 98 de son commentaire critique sur quatre années des chroniques de Froissart.

Ajoutons encore que les villes de Millau et de la Roquevalsergue, une fois sous le pouvoir des Français, ne furent plus reprises par les Anglais, comme le dit M. de Gaujal, sous l'année 1371. Cet article de ses *Annales*, basé sur le récit de Froissart, est rempli d'erreurs. « Les Anglais, dit-il, avaient été chassés des villes du Rouergue ; mais ils y occupaient encore bien des châteaux, et notamment celui de la Roquevalsergue ; le connétable Duguesclin, qui, dans l'hiver de 1370 à 1371, avait entrepris une expédition en Auvergne et en Rouergue, met le siège devant cette place, qui se rendit par composition. Ce fut la *dernière* du Rouergue qui reconnut l'autorité du roi. »

CHAPITRE DIXIÈME

Pénible situation de Millau. Jacques Comitis et son épouse, dona Flors. Notables habitants de Millau, partisans de l'Angleterre. Millau reçoit la réponse des docteurs de Bologne. Millau reconnaît la souveraineté du roi de France sur l'Aquitaine. Evacuation du Rouergue par les Anglais. Mort de Jean Chandos. Le prince d'Aquitaine quitte la France. Sa mort en Angleterre.

1369-1370.

Depuis le commencement de l'année 1369, marqué par la prise de la Roquevalsergue, le parti français avait fait de très grands progrès en Rouergue. La plus grande partie de la noblesse, maîtresse d'une foule de petits châteaux, qui étaient presque tous fortifiés, marchant à la suite du comte d'Armagnac, s'était prononcée en faveur de la France. Le clergé était partagé. L'évêque de Rodez avait embrassé le parti français secrètement, sinon officiellement ; l'évêque de Vabres, au contraire, se montrait partisan public et dévoué de l'Angleterre. Une garnison anglaise, établie à Saint-Izaire, residence habituelle du prélat, le protégeait et tenait en respect son petit diocèse, déjà bien entamé par le comte de Vendôme, vainqueur des Anglais à Roquecesière et qui allait bientôt l'être à Montlaur. Quant aux villes, où l'autorité était centralisée dans les consulats, partisans plus ou moins avoués des Anglais, il fut plus difficile de les amener à partager les sentiments de la noblesse ; aussi furent-elles les dernières à se soumettre. Millau tint ferme jusqu'au bout, et ne se soumit que lorsqu'il vit que sa résistance serait inutile et préjudiciable à ses intérêts. La noblesse, indignée de cette fidélité, fit tout ce qu'elle put pour molester les habitants de Millau et de son mandement. Elle empêchait les paysans du voisinage d'y apporter des vivres, elle faisait saisir sur les chemins les marchands qui sortaient de Millau ou qui s'y rendaient pour trafiquer. A leur tour, les Anglais n'épargnaient pas les Français. Secondés par plusieurs nobles et bourgeois de Millau, tels que Mérigot Marquès, les frères Bernard et Etienne Croisier, Huc Azam, ils se mettent en campagne, font prisonniers des marchands, prennent leurs bêtes et les mènent au château de la Roque-Sainte-Marguerite. Le fait que nous allons rapporter avec quelques détails et que nous choisissons entre beaucoup d'autres de même nature, nous donnera une idée de la situation du pays, au milieu de l'année 1369.

Au mois d'août, Jean Chacke, un des capitaines anglais qui avaient figuré au siège de Compeyre, et qui se trouvait, pour le moment, en garnison à Millau, monta sur le Larzac, avec sa compagnie, pour y protéger les moissonneurs contre le parti français. En parcourant ce vaste plateau, les hommes d'armes de Jean Chacke, ayant rencontré maître Jacques Comitis, notaire royal de Sainte-Eulalie et homme de confiance du vicomte de Creyssels, qui s'en allait veiller à la garde du château de Cornus, dépendant du dit vicomte, alors en révolte ouverte contre le prince d'Aquitaine, le firent prisonnier et le menèrent à Millau, où ils offrirent de le céder à qui en donnerait cinquante ou, au moins, trente florins d'or.

Jacques Comitis avait à Millau un ennemi mortel. C'était un gros bourgeois, appelé Huc Azam, *alias* Tiffi, parce qu'il était l'héritier des Tiffi, riche famille marchande de Millau. Grand partisan des Anglais, Azam éprouvait la plus vive peine en se voyant à la veille de passer, avec sa ville natale, sous la domination de la France. Trouvant l'occasion de se venger d'un ennemi politique et personnel, il acheta, sous main, le prisonnier des Anglais, pour la somme de trente florins d'or. Maître de Comitis, Azam le conduisit au château fort de la Roque-Sainte-Marguerite et l'enferma dans un obscur et étroit cachot *(in forti et stricto ac crudeli carcere)*, menaçant chaque jour, s'il ne finançait à sa volonté, de le jeter dans la Dourbie, qui roulait ses flots au pied de la forteresse.

Dona Flors, surnommée Bonabela — bonne et belle — épouse de Comitis, ayant appris le triste sort de son mari et craignant pour lui une fin tragique, se hâta de traiter pour sa rançon avec le cruel Azam. Mais, comme elle n'avait pas la somme exigée, et que, d'un autre côté, Azam voulait dissimuler les véritables motifs du contrat, elle consentit, de concert avec son mari, une obligation notariée de deux cents florins d'or, que les deux époux reconnaissaient avoir reçus, la moitié en espèces, et l'autre moitié en deux ceintures d'argent, dont une dorée, du poids de vingt marcs d'argent. L'acte portait de plus que, jusqu'à l'entier paiement de la somme susdite, les epoux Comitis livreraient en ôtage, à Azam, leur fils Béton. Béton fut en effet livré, et quand Azam l'eut enfermé dans le château de la Roque-Sainte-Marguerite, le père fut mis en liberté.

Maître Comitis était trop bien appuyé pour ne pas prendre sa revanche. Aussitôt que les Anglais eurent évacué le Rouergue, ce qui arriva quelques mois après sa malheureuse aventure, il cita devant la Cour royale de Millau son impitoyable créancier, et fit annuler, comme frauduleuse, injuste et arrachée par la crainte, la convention que lui et dona Flors, son épouse, avaient faite avec Azam. (1) Ce procès très curieux, rédigé en latin et d'où nous avons tiré ce qui précède, existe en entier dans les archives communales de Millau, série FF. 39.

Millau, cependant, bien que protégé par ses murs plus encore que par les garnisons anglaises, qui étaient dans son sein et dans les petites places voisines, voyant la tournure que prenaient les évènements, surtout depuis l'expédition du Camarès, qui fut si fatale à la domi-

(1) Ce n'était pas seulement à Millau que l'Angleterre avait de chauds partisans. A cette même époque, la justice seigneuriale de Conques fit décapiter Etienne d'Aza, chef d'une conspiration qui avait pour but de livrer cette ville aux Anglais. (*Hist. du Lang.* t. X. p. 1429.)

nation anglaise en Rouergue, ne crut pas prudent de résister plus longtemps aux avances que lui faisait le parti français et reprit, avec le comte d'Armagnac, les négociations touchant la reconnaissance de la souveraineté du roi de France sur l'Aquitaine.

Vers ce même temps, Charles V écrivit aux consuls pour les engager à faire cette reconnaissance et confia sa lettre à Arnaud de Roquefeuil, qu'il chargea aussi de poursuivre cette affaire. Le négociateur était bien choisi. Roquefeuil, personnage très-important dans notre province, à cause de sa haute position et de ses relations avec plusieurs Cours de l'Europe, avait la confiance des habitants de Millau avec lesquels il entretenait, depuis longtemps, de bons rapports de voisinage.

Muni des pouvoirs nécessaires, il vint dans cette ville et eut, avec les consuls et les principaux membres du conseil, une entrevue secrète dans l'église Saint-Martin. Dans cette conférence, il exposa sa mission, communiqua ses lettres de créance, et pressa vivement ses interlocuteurs de se rendre à la volonté du roi de France. Mais ceux-ci, toujours retenus par leur conscience timorée, refusèrent de se prononcer avant d'avoir reçu la réponse des docteurs de Bologne. Cette réponse, très favorable aux prétentions de Charles V, arriva enfin à Millau le 28 du mois d'août, après cinq mois d'attente. Quand les consuls et leurs conseillers en eurent pris connaissance, ils ne furent plus si timides; leurs scrupules disparurent, et ils se hâtèrent de conclure une trêve, avec Jean d'Armagnac, agissant au nom de son père, le comte de Rodez.

En vertu de ce traité, fait et juré par les parties à St-Rome-de Tarn, le 30 septembre 1369, et que le duc d'Anjou devait confirmer au plus tôt, les Français devaient respecter Millau, ses habitants, laisser tous les gens du baillage circuler librement pour les besoins de leur commerce. Le délai de la trêve expiré, les consuls promettaient de s'expliquer catégoriquement sur la grande question de la souveraineté du roi de France, qui consistait à savoir, qui du roi de France ou de celui d'Angleterre avait en Aquitaine la souveraineté ou le ressort ? ; en d'autres termes, de qui était vassal le prince de Galles ?

Le même jour, par ordre du conseil de l'Esquille, les consuls écrivirent au Prince pour lui demander si les renonciations, réservées dans le traité de Brétigny, avaient été faites, et pour lui exposer la situation du Rouergue, presque entièrement au pouvoir des Français, et en particulier le triste état de Millau, qui, menacé et cerné de tout côté par les ennemis, était sur le point de tomber dans la plus affreuse détresse. Par ces communications, le conseil voulait faire comprendre au Prince que, si le pays n'était promptement secouru, Millau serait forcé de se soumettre aux exigences des partisans de la France.

Raymond Aigua, porteur de cette lettre, partit le 30 septembre au soir, sous la protection de Diégo Massi et de plusieurs autres capitaines anglais, allant trouver le prince à Angoulème. Arrivés à Durenque, nos voyageurs furent assaillis par le châtelain de cette place, qui appartenait à d'Arpajon. Diégo Massi et ses compagnons se sauvèrent, grâce à la bonté de leurs chevaux : Raymond Aigua, qui n'avait qu'une mauvaise monture de louage, fut pris et détroussé. Un second messager eut le même sort. On en expédia deux autres, à la fois, et par des routes différentes. Un de ces derniers portait les dépêches dans un bâton creusé (10 octobre).

Plus d'un mois s'écoula avant de recevoir la réponse du Prince, et comme le délai de la trêve, faite avec d'Armagnac, allait expirer, Millau avait à craindre la colère des Français, qui pouvaient se croire joués. Les consuls se tirèrent de cet embarras avec habileté. Ils prièrent Hochequin Russel, commandant de Paulhe, de venir garder leur ville avec sa compagnie ; ils firent des présents à la femme de Diégo Massi, chargée, en l'absence de son mari, de garder le château ; ils écrivirent lettre sur lettre à d'Armagnac pour calmer son impatience ; ils s'attachèrent, surtout, à se concilier les bonnes grâces de Roquefeuil auquel ils députèrent, à plusieurs reprises, le consul Manoasca et le capitaine Sénhoret.

Cependant, le temps de la trêve étant passé depuis plusieurs jours, la réponse du Prince n'était pas encore arrivée. Les consuls, à bout de ressources diplomatiques, sont forcés de s'exécuter. Ils achètent des robes neuves, prient Roquefeuil de se rendre à Millau ; le traitent splendidement lui et sa compagnie et s'entendent, pour aller ensemble à Rodez, trouver le comte d'Armagnac, afin de reconnaître la souveraineté du roi de France sur l'Aquitaine. Mais avant d'en venir à cette démarche décisive, ils veulent consulter le peuple, dont l'avis était toujours demandé sur les grandes affaires intéressant la communauté.

Le peuple est donc convoqué en assemblée générale, à la maison commune, pour le dimanche onze novembre. A cette réunion assistent les six consuls, neuf membres du conseil secret et presque tout le conseil de l'Esquille. L'orateur, chargé de faire connaître l'objet de la délibération, s'exprima en langue vulgaire. Le roi de France, dit-il, a demandé, à plusieurs reprises, soit par lui-même, soit par ses délégués, qu'on reconnût sa souveraineté sur le duché d'Aquitaine. De leur côté, les consuls, afin de savoir quelle devait être leur conduite en cette circonstancee, ont consulté l'Université de Bologne. Quatorze docteurs de cette illustre école ont affirmé la souveraineté du roi de France sur l'Aquitaine, et l'obligation, pour la ville, de la reconnaitre Le conseil de l'Esquille, après avoir pris connaissance de cette consultation en a approuvé le contenu et ordonné l'exécution. L'orateur, prenant alors l'original de la consultation, muni des sceaux des docteurs, la montre et la lit à l'assemblée qui répond d'une voix unanime : nous approuvons ce que le conseil à ordonné, d'après l'avis des docteurs bolonais, et nous voulons qu'à chacun soit donné son droit.

Trois notaires prirent acte de cette délibération populaire, dont une expédition authentique est conservée dans les archives communales de Millau. Dans cette pièce figurent les noms des consuls, des membres des conseils et de trois cents chefs de famille, appartenant presque tous à la classe ouvrière.

Le 13 du mois de novembre, le conseil arrêta le voyage de Rodez et choisit, pour faire partie de la députation, qui, d'après le sauf conduit délivré par Jean d'Armagnac (1), pouvait être composé de vingt-cinq cavaliers et cinq domestiques, Raymond de Voncs, Guilhem Manosca, consuls, le capitaine Pierre Sénhoret et le notaire Etienne Laurens, Jean de Gozon, Pierre Guitard, chevalier, et son parent Mérigo Guitard, tous très-dévoués à Millau. Les délégués partirent, sous la conduite d'Arnaud de Roquefeuil, qui devait les protéger, en route, avec sa compagnie et les présenter au comte d'Armagnac. Arrivée à Rodez, la députation de Millau entra incontinent en négociation, non avec le comte qui était absent, mais avec son fils Jean d'Armagnac. Ce ne fut pas sans peine qu'on parvint à s'entendre sur les termes et les conditions

---

(1) Le sauf conduit, écrit en langue vulgaire et scellé du sceau de Jean d'Armagnac, fut donné à Villefranche, le 10 novembre 1369, en présence de Méno de Castelpers ; il est dans les archives de Millau.

de l'acte, qui devait contenir, de la part de Millau, la reconnaissance de la souveraineté du roi de France sur l'Aquitaine.

D'Armagnac voulait que les mandataires de Millau, reconnaissant et avouant la légitimité des plaintes des seigneurs gascons, entrassent résolument dans la ligue et adhérassent formellement à leur appel, ainsi que l'avaient fait plusieurs villes du Rouergue, notamment Saint-Affrique. Les députés de Millau refusaient de souscrire à ces conventions parce que, d'un côté, elles étaient contraires à leurs instructions, et que, d'un autre côté, elles aboutissaient à une rupture ouverte avec le prince d'Aquitaine, ce qu'à Millau on désirait éviter à toute force. Les débats avaient duré quinze jours, sans qu'il eut été possible aux partis de s'entendre. Le 28 novembre, deux délégués de Millau revinrent trouver leurs commettants, leur communiquèrent le projet de traité que d'Armagnac prétendait leur imposer et repartirent, sans qu'on eût modifié leurs instructions.

Le fils du comte de Rodez, comprenant qu'il ne pourrait vaincre l'obstination des habitants de Millau, abandonna la plupart de ses prétentions et conclut une convention où la souveraineté du roi de France était bien reconnue par la ville de Millau, mais de laquelle furent bannis non seulement toute promesse d'adhésion à l'appel des Gascons, mais tout blâme contre le prince Edouard et contre ses officiers. Nous rapportons ce traité aux pièces justificatives.

La ville de Saint-Affrique qui, le 9 mars précédent, (1369) avait fait un traité pareil avec le comte d'Armagnac, s'était montrée plus sympathique que Millau à la France. Elle avait entièrement adopté les vues du chef de la ligue et s'était jeté dans son parti sans aucune réserve. Ce dévouement fut acheté ou récompensé par la remise de tout impôt pour dix ans, par la concession de nouvelles franchises et de toute sorte de faveurs, spécifiées dans vingt articles qui suivent la reconnaissance de la souveraineté du roi de France sur la Guienne, par les mandataires de Saint-Affrique. On trouvera ce traité aux pièces justificatives ; en le comparant avec celui de Millau, on pourra connaître l'esprit qui animait alors ces deux villes.

La reconnaissance de la souveraineté du roi de France était-elle la seule obligation contractée par les députés de Millau, ou bien, ceux-ci s'étaient-ils secrètement engagés à chasser les Anglais de la contrée, quand le moment leur paraîtrait opportun ? Le traité dont nous avons parlé ne mentionne que la première obligation ; nous n'avons pas de preuves de l'existence de la seconde. Il faut dire cependant qu'après leur retour de Rodez, les consuls et leurs conseillers se mirent à l'œuvre afin d'engager les capitaines anglais à évacuer le pays. Le plus influent de ces capitaines, commandant de la garnison de Paulhe, était Hochequin Russel, que les livres de notre consul boursier appellent Uziqui Rossel, par une corruption de noms, familière à la langue vulgaire. Le 11 décembre, les consuls, par ordre du conseil, le firent prier de se rendre à Millau « per tractar la guiza et la manieira que desamparesson las compagnias de Paulhe ». Hochequin Russel envoya à sa place deux de ses compagnons, Nicolas et Indos, qui entrèrent en pourparlers avec les consuls.

A cette époque, les Anglais occupaient au moins six places fortes en Rouergue, savoir : Sauveterre, Castelmari, Millau, Paulhe, Saint-Georges et Saint-Izaire. Les garnisons de ces deux derniers postes étaient entretenues aux dépens d'Etienne de Vassignac, évêque de Vabres. Ce prélat, partisan avoué de l'Angleterre, se donnait beaucoup de mouvement, depuis le commencement de la guerre. Il avait envoyé secrètement un religieux de son diocèse au prince d'Aquitaine ; lui-même était allé lui faire sa cour à Angoulême et s'entretenir avec lui des graves affaires du Rouergue ; c'est ce que nous apprend le consul boursier de Millau. Après son retour, il demeurait à Saint-Georges, où il avait des rapports très-suivis avec les consuls de Millau. Pour de très bonnes raisons, sans doute, Etienne de Vassignac en agissait ainsi. Toujours est-il que sa conduite, en ces graves circonstances, était entièrement opposée à celle de Faydit d'Aigrefeuille, évêque de Rodez, qui, au début des hostilités, avait quitté son diocèse et s'était retiré à Avignon, après avoir mis sa ville épiscopale en état de révolte contre le prince de Galles.

Le 15 décembre, les consuls allèrent à Saint-

Georges communiquer à l'évêque de Vabres le traité conclu avec d'Armagnac et les ouvertures faites aux Anglais, touchant l'évacuation de Paulhe. Ils le prièrent d'entrer dans leurs vues et d'appuyer leur projet. L'évêque, comprenant que la domination étrangère ne pouvait plus se maintenir en Rouergue, promit son concours aux consuls, et il fut décidé qu'on agirait de concert, non seulement pour faire évacuer Paulhe, mais encore toutes les autres places que les Anglais possédaient dans la Haute Marche.

Les négociations commencèrent sans retard ; pendant qu'elles avaient lieu, la femme de Diégo Massi, gouverneur militaire de Millau et, en ce moment, en ambassade auprès du Prince, se trouvait seule, dans le château royal, avec une compagnie d'archers. Ne sachant pas quelle tournure prendraient les évènements, craignant peut-être d'être faite prisonnière de guerre, elle se rendit, en tête de sa compagnie, à la maison commune, et dit aux consuls que, suivant l'avis d'Hochequin Russel, elle était dans l'intention de se retirer à Paulhe, mais qu'elle ne prendrait ce parti qu'avec leur approbation. Le conseil est convoqué ; le prieur de Millau y assiste. Délibération prise, les consuls rassurent la châtelaine et la prient de rester à son poste.

Huit jours après, c'est-à-dire le 30 décembre, Diégo Massi, suivi d'une escorte nombreuse de soldats, se présenta devant Millau. Les consuls qui, en prévision de son arrivée, avaient fait fermer toutes les portes, assemblent le conseil et demandent ce qu'il faut faire. Le conseil décide que Diégo Massi n'entrera dans la ville qu'avec son « bort » et son page ; qu'avant son entrée, on se fera remettre, de gré ou de force, les clés de la tour du château, et qu'on y placera garnison. Les consuls vont donc trouver la châtelaine, et lui demandent les clefs de la forteresse. Celle-ci refuse de les rendre ; les consuls insistent et montrent l'ordre du conseil. La châtelaine, prenant alors les clefs, les dépose sur une table. Les consuls s'en emparent et mettent garnison dans la tour.

Diégo Massi, introduit dans la ville, va d'abord visiter sa femme ; il se rend ensuite à la maison commune où, selon l'usage, une collation lui est offerte. Pendant que les consuls trinquent avec leur gouverneur, la conversation roule sur les évènements qui viennent de se passer en Rouergue ; on parle de la fâcheuse position des Anglais dans notre province ; on parle surtout des négociations entamées avec les capitaines de Paulhe et de Saint-Georges. Les consuls font tous leurs efforts pour faire comprendre au châtelain la nécessité où sont les deux partis de mener ces négociations à bonne fin. Diégo Massi, convaincu que la cause de l'Angleterre est désespérée en Rouergue, promet ses bons offices aux consuls et les assure de son concours, pour la conclusion du traité projeté.

Diégo Massi tint parole. Le lendemain, premier janvier 1370, il s'aboucha avec l'anglais Jean Charanto, capitaine de Saint-Georges, et l'amena à son avis. Hochequin Russel fut plus difficile à gagner. Il exigeait, avant d'accepter les conventions proposées, que d'Armagnac remit des ôtages. Informé de ces prétentions, le comte de Rodez envoya aussitôt à Millau le Français Salomon de Monestier, seigneur de Lunac, en Albigeois, et l'anglais, Jean Chacke, avec des pouvoirs suffisants afin de conclure le traité. Le choix de Jean Chacke était de bon augure: ce capitaine venait de s'entendre avec d'Armagnac, pour l'évacuation de Sauveterre et de Castelmari.

Après trois jours de négociations les partis finirent par se mettre d'accord. Les plénipotentiaires de d'Armagnac, d'un côté, Hochequin Russel, Jean Charanto, et Folquin l'Allemant, capitaine de la garnison de saint Izaire, d'un autre côté, convinrent que les compagnies anglaises évacueraient Paulhe Saint-Georges et Saint-Izaire et sortiraient du Rouergue; que la ville de Millau donnerait aux Anglais cent cinquante florins d'or pour les provisions laissées dans le fort de Paulhe, et une pareille somme à deux écuyers qui ne voulurent pas être nommés dans le traité; enfin que le fort de Paulhe serait remis aux consuls de Millau, et démoli après son évacuation. (14 janvier 1370) Le conseil de ville de Millau vota des remercîments aux négociateurs de ce traité, et donna six tasses d'argent à Salomon de Monestier, comme récompense de ses bons offices.

CHAPITRE DIXIÈME

Peu s'en fallut que ce traité, ménagé par l'évêque de Vabres et l'administration municipale de Millau, n'eût pas son exécution. Les égards apparents qu'on avait pour les Anglais ne plaisaient pas à la noblesse ralliée à la France : ils ne plaisaient pas non plus à plusieurs notables habitants de Millau qui, ne comprenant pas la conduite aussi sage qu'habite des consuls et de leurs conseillers, auraient voulu mettre moins de cérémonies dans l'expulsion de leurs ennemis. Pour ameuter le peuple, ces esprits exaltés faisaient courir les bruits les plus malveillants sur le compte de leurs anciens maîtres, devenus presque leurs prisonniers. Ils disaient qu'avant de mourir, le sénéchal avait déclaré que si les Anglais rentraient victorieux à Millau, ils puniraient plusieurs bourgeois de cette ville. Pour détruire ces bruits populaires, très préjudiciables à l'entière exécution des traités, on les fit démentir par le seigneur de Mélac qui avait assisté aux derniers moments du sénéchal.

D'un autre côté, les consuls qui, par dessus tout, tenaient à éviter toute collision avec les Anglais, pouvant amener, dans une résistance désespérée, l'effusion du sang, écrivirent à Roquefeuil de ne pas attaquer ouvertement les garnisons anglaises de Saint-Georges et de Saint-Izaire, comme il se proposait de le faire, mais plutôt de « far trévas ha X jorns entro quel taractamen fos finit », ce qui fut accordé. La victoire diplomatique que les consuls remportèrent, en cette circonstance, valait bien un sanglant combat où les Anglais auraient été vaincus. C'était assez des brigandages, qu'en haine de Millau, certains membres de la noblesse exerçaient dans les environs de cette ville, où ils capturaient les hommes, les bêtes, les blés et toutes les autres marchandises qu'ils trouvaient sur les voies publiques.

Le 15 janvier, quand tout fut réglé entre Millau et les Anglais, les consuls chargèrent Jean Borzès, Jean de la Vila et quelques autres bourgeois d'aller prendre possession du fort de Paulhe. Avant d'en sortir, Hochequin Russel exigea qu'un notaire constatât, par acte, que la forteresse était remise au consulat de Millau, dans la personne de Jean Borzès son mandataire, et que celui-ci affirmât, par serment, que la somme d'argent promise avait été payée. Le notaire rédigea l'acte, Borzès fit le serment, et Hochequin Russel, emportant avec lui une copie authentique de cet acte, évacua le fort. Il vint ensuite sous les murs de Millau, où le rejoignirent les compagnies de Saint-Georges et de Saint-Izaire. De là, tous se rendirent à Sauveterre, sous la sauvegarde de Salomon de Monestier. Cette place et le château de Castelmari servirent de refuge aux Anglais jusqu'à leur sortie définitive du Rouergue. Leur présence en ces lieux n'étant plus dangereuse, on les laissa régler leurs affaires, et préparer l'entière évacuation de la province qui, d'après les traités, devait avoir lieu quelques mois plus tard.

Quinze jours après le départ des troupes

anglaises, Millau fit démolir le fort de Paulhe. On employa à ce travail une compagnie de soldats bretons, qui s'était emparée du château de la Liquisse, et qui le gardait pour le compte de la France. La dépense s'éleva à 54 florins 11 sous 5 deniers. Ainsi disparut la forteresse de Paulhe. L'auteur d'un article sur ce village, inséré dans le tome VI des *Mémoires de la Société des Lettres de l'Aveyron*, page 445, s'est donc trompé en écrivant les lignes suivantes : « On lit dans les archives de ce bourg que les Anglais bâtirent à Paulhe un petit fort, mais qui ne resta pas longtemps debout, attendu que bientôt après il fut détruit par les routiers, qui réduisirent le village en cendres et forcèrent ainsi ses habitants à se réfugier à Compeyre. » M. de Gaujal, tome I, page 374 de ses *Etudes historiques sur le Rouergue*, est tombé dans la même erreur.

La retraite des Anglais pouvait être considérée comme un aveu de leur défaite ; on ne la regarda pas cependant comme une renonciation à leurs droits. Le Rouergue appartenait toujours au prince d'Aquitaine. Si sa puissance était amoindrie, au fond, son autorité était la même. En plusieurs lieux, la justice se rendait en son nom ; ses armes restaient debout sur la porte des cités et des forteresses. A Millau, à Saint-Affrique, à Villefranche, malgré la reconnaissance officielle de la souveraineté du roi de France, par ces villes, le prince Edouard n'avait rien perdu de ses droits. Au lieu d'être, comme auparavant, l'homme lige du roi d'Angleterre, il était devenu le vassal du roi de France. Mais le prince était trop fier pour accepter le rôle humiliant qu'on lui imposait par force. Il refusa donc de reconnaître son nouveau souverain, et dès lors, d'après ses adversaires, il perdit tous ses droits sur l'Aquitaine. Le parlement de Paris le déclara coupable de félonie, et confisqua la Guienne au profit de la couronne de France. La publication de cette sentence, faite, en tous lieux, par ordre du roi Charles V, porta le coup de grâce à la domination anglaise dans notre pays. Par acte en date du 14 mai 1370, le roi confisqua et réunit à la couronne le duché d'Aquitaine : le lendemain 15 du même mois, il déclara aussi confisqués tous les biens possédés par les Anglais en Guienne. La plupart des villes du Rouergue accueillirent bien ces mesures. Saint-Affrique se distingua par son empressement à exécuter les ordres du roi. Un commissaire avait été envoyé par le sénéchal de Rodez pour faire lecture, sur la place publique, des lettres patentes de Charles V défendant d'obéir au roi d'Angleterre, et prescrivant de remplacer les armoiries d'Edouard par celles du roi de France. Après cette lecture, les armes d'Angleterre sont jetées en bas des portes de la ville et les armes de France solennellement élevées à leur place. Les consuls, les habitants se rendent ensuite à l'hôtellerie où logeait le commissaire, lui présentent les clés de la ville et jurent fidélité au roi de France. Le commissaire rend les clés aux consuls et promet à son tour, le maintien des privilèges de la ville. (Archives communales de Saint-Affrique).

La conduite des habitants de Millau fut beaucoup moins patriotique. En cette circonstance l'intérêt privé l'emporta sur le bien public. Avant de rentrer sous l'autorité de la France, ils voulurent, à la suite de plusieurs autres villes, de Montauban, par exemple, prendre les plus minutieuses précautions, afin d'assurer le maintien de leurs libertés et l'impunité de leur résistance beaucoup trop prolongée à la volonté royale. Tels furent les motifs de leur opposition à la publication de la confiscation du duché, qu'à deux reprises, différents commissaires vinrent faire à Millau.

Le premier de ces délégués royaux fut Bec de Pénavayre ; il se présenta à Millau le 25 janvier 1370, avec l'ordre de publier la confiscation de la Guienne, de changer les officiers du prince Édouard, et de remplacer les armes d'Angleterre par celles de France.

Sur les obséquieuses et instantes représentations des consuls et grâce surtout à quelques florins qu'on lui donna, Bec de Pénavayre repartit sans avoir exécuté son mandat. Le 21 février suivant, arriva à Millau Nicolas de Lettes, seigneur de Capendu, et maître d'hôtel du duc d'Anjou, avec une suite de dix cavaliers : deux jours après, malgré les protestations officielles des consuls, le délégué royal accomplit de point en point la commission qu'avait omis de remplir le faible Bec de Pénavayre. Nicolas de Lettes fit donc sur les places et par les rues de Millau les publications dont il était chargé, mais il ne put obtenir que la ville prêtât serment au roi de France, ni qu'elle remplaçât les armes du roi d'Angleterre. Le conseil, appuyé par la volonté d'une assemblée populaire, convoquée à cet effet, comme on le faisait toujours dans les affaires importantes, décida que le serment d'obéissance au roi de France ne serait fait qu'au duc d'Anjou, en personne, et qu'à lui seul seraient remises les clés de la ville.

Pour remplir cette mission, on députa deux consuls Raymond de Voncs et Jean Tiffi, lesquels ayant rejoint le duc à Roquemaure lui remirent les clés de Millau, et, au nom de ses habitants, lui firent les serments requis. (1) Le 31 mars, seulement, les armes d'Angleterre furent remplacées par les armes de France. Le 25 mai suivant, la ville envoya à Paris Raymond de Voncs, afin de faire confirmer par le roi tout ce qui avait été convenu avec le duc d'Anjou, soit à Toulouse, soit à Roquemaure. Le délégué de Millau resta en voyage 120 jours, près de quatre mois, dépensa 222 livres et rapporta huit lettres patentes dont le consul boursier résume ainsi le contenu.

« 1º La letra de la nozansa que avian facha ha Toloza, per davan Mossenhier lo duc d'Ango, en lacal es la grasia que avia facha à la villa, ezals singulars, ezals habitans de la villa.

---

(1) La lettre officielle du duc d'Anjou constatant que les consuls, par l'organe de R. de Voncs et J. Tiffi, avaient prêté serment de fidélité au roi de France, fut donnée à Montpellier, au mois de mai 1370. Elle est dans les archives de Millau et côtée. AA, 18

2º La letra de la confermasio dels previlégis de la villa.

3º La letra della grasia de totas enquestas que fosson negunas personas della villa en la cort de tot lo tems passat.

4º La letra del do del sesteyral et del comu de la pas. (Le sesteyral et le commun de la paix rapportaient au roi annuellement 220 livres tournois.)

5º Las letras del do de las barras, ha XX ans (1) del do del soquet ha XX ans ; (impôt sur la vente du vin au détail) que sian quitis de totas talhas rials, ha XX ans. Soma VII letras. »

Comme on le voit, le roi achetait un peu cher la soumission de Millau à la couronne de France. L'acte constatant cette soumission définitive eut lieu le 31 Mai 1370. Sur ce fait important, voici ce que raconte le consul boursier :

« Dimercres ha XXIX de mai venc en esta villa Mossenhen Arnall de Landora, senescalc de Rozergue; dijous ha XXX de mai nos requis Mossenhen lo senescalc de far hobediensa e sagramen de fizaltat, per nom de nostre senhior lo rei de Fransa, e far far ha tota la comuna. El jorn metens, fezem sonar dos ves lo coselh de l'Esquila ; e de volontat del digh coselh, fezem lo sagramen am las protestasios, salvan e retenguen que per aquel sagra-

---

(1) Le droit des barres ou octroi sur les marchandises rapportait annuellement environ cent livres tournois. Le souquet ou droit sur le vin s'affermait année commune plus de 200 fr.

men non entendem ni volem quens puesca préiudicar als prevalegis e concessios faghs ezautreiats sai en raire per nostre senhior lo rei de Fransa, ni per los altres senhiors de qui es estada la villa, ni nonremens azaquels quens ha autriat Mossenhier lo duc d'Ango ; e nonremens per aquels quens avia autriat Mossenhier lo Princip ; e nonremens Mossenhen los senescalc iuret sus el missal et sus la cros que encontra las causas davant dichas no venria ; aut haquelas causas el tenria e cofermaria. » Trois notaires prirent acte de ce qu'on venait de faire et, dès ce jour, Millau, devint une ville royale et appartint définitivement à la couronne de France.

Tout en traitant leurs propres affaires avec le duc d'Anjou, les consuls de Millau ne négligeaient pas celles de l'Anglais Diégo Massi, qui s'était montré, en plusieurs rencontres, si dévoué à la ville dont il venait de perdre le gouvernement. Par une attention aussi juste que délicate, ils firent demander à Jean d'Armagnac et au seigneur de la Barrière, nouveau sénéchal du Rouergue, un sauf conduit afin que Diégo Massi pût aller rejoindre ses malheureux compagnons d'armes, sans être exposé à être fait prisonnier. Le sauf conduit fut accordé, et le 21 mars, Diego Massi, sous la protection de deux écuyers envoyés par le sénéchal, Arnaud de Landorre, qui avait succédé au seigneur de la Barrière, quitta Millau et se rendit avec sa femme et toute sa famille à Castelmary, rendez-vous de tous les Anglais qui allaient sortir de notre province. Et

« coma non podia partir d'esta villa car non havia de que visques », le conseil lui fit donner 25 florins d'or pour faire son voyage. Le Rouergue fut enfin évacué dans le courant d'avril 1370. A dater de cette époque, il ne resta plus un seul Anglais dans notre province redevenue entièrement française. La domination étrangère avait duré huit ans et deux mois environ.

Et comme à Millau, et probablement ailleurs, les consciences avaient besoin d'être déliées des excommunications, lancées depuis longtemps, par les chefs de l'église, contre tous ceux qui avaient eu des rapports de commerce ou autres, avec les gens des compagnies, l'évêque de Paris, nommé Aimeric, sur la demande de je ne sais qui, donna, le 3 juillet 1370, une lettre autorisant les frères prêcheurs, les frères mineurs et le curé de Millau, a absoudre des dites excommunications tous ceux qui les auraient encourues.

Bien qu'ils n'eussent plus ni un homme, ni une place, qui tint pour eux en Rouergue, les Anglais conservaient toujours l'espoir d'y rentrer bientôt en vainqueurs. Longtemps ils se tinrent en armes sur nos frontières ; ils firent même quelques incursions assez heureuses dans la vallée du Lot. Ils n'osèrent pas cependant attaquer nos places fortes bien gardées et se cantonnèrent dans le Quercy, attendant que le prince Edouard vînt, selon sa promesse, reprendre, avec son armée, les villes qui s'étaient soustraites à sa domination. Mais le prince, malade et d'ailleurs très-occupé à défendre le cœur de ses états envahis par les Français, renonça à son projet d'une campagne en Rouergue, et, dès lors, notre province, plus protégée par son éloignement du théâtre de la guerre que par ses propres forces, se trouva à l'abri d'une conquête où les horreurs commises à la prise de Limoges auraient pu facilement se renouveler à Rodez. Avec la fin de la domination légitime et régulière des étrangers en Rouergue commencent, pour ce malheureux pays, de nouveaux et de plus grands malheurs. Furieux de n'en plus être les maîtres, les Anglais en veulent être les ravageurs. Recrutées et soldées par eux, des bandes de routiers sillonnent le Rouergue en tous les sens durant de longues années. Trop faibles pour s'emparer des villes, ces compagnies font tomber leur rage sur les lieux ouverts ou faiblement fortifiés. Après s'en être rendues maîtresses, elles les pillent, les saccagent et ne les abandonnent qu'en échange de fortes sommes d'argent. Ces longues et cruelles représailles ont rendu les Anglais exécrables dans nos contrées, et c'est dans cette guerre acharnée de partisans, plutôt que dans leur domination légitime, qu'on doit chercher la cause de la haine violente vouée par nos aïeux aux plus terribles rivaux que la France ait eus jusqu'à notre siècle.

Les documents constatant le mal que nous ont fait les Anglais depuis leur expulsion du Rouergue, ne manquent pas. Les livres de nos consuls boursiers en sont pleins. C'est encore à cette source que nous puiserons principalement les faits que nous allons raconter dans les derniers chapitres de cet ouvrage.

On a dit souvent qu'en évacuant les pays conquis, les Anglais en avaient emporté une foule de documents historiques, qui se trouveraient encore aujourd'hui dans les archives de Londres. J'ignore ce qui est arrivé dans les autres provinces : quant au Rouergue, je puis affirmer qu'en le quittant, les Anglais respectèrent tous les dépôts d'actes publics et qu'ils ne prirent rien, ni dans les archives des communes, des notaires, des cours de justice, ni ailleurs. La preuve est que la plupart de ces dépôts possèdent encore de nos jours une foule d'actes officiels qui ont rapport à l'administration des Anglais en Rouergue. On en trouvera plusieurs dans nos pièces justificatives et nous aurions pu en rapporter un plus grand nombre.

On a dit encore et l'on a cru longtemps, que, pendant qu'ils étaient maîtres du Rouergue, les Anglais y avaient fait de grands travaux d'art, tels que ponts, acqueducs, routes, puits, châteaux et forteresses. Si quelques-uns de ces travaux, ruinés ou existant encore, portent leur nom, c'est par le fait d'une tradition erronnée. Le passage des Anglais au milieu de nous fut trop court ; ils étaient trop occupés de l'administration et de la défense du pays, pour qu'ils aient pu rien faire de remarquable chez nous, en fait de constructions. Ils se servirent des bâtiments qu'ils trouvèrent mais n'en élevèrent aucun.

En finissant l'histoire de la domination étrangère en Rouergue, disons qu'en cette année 1370, les Anglais perdirent leurs deux plus illustres chefs, Jean Chandos et le Prince Noir. Dans les premiers jours de janvier, Chandos mourut, en Poitou, des suites d'une blessure qu'il avait reçue, au pont de Lussac, en combattant les Français. « Il avait eu, dit l'abbé de Choisy dans son histoire de Charles V, cinq ans auparavant, un œil crevé à la chasse du cerf, qu'il aimait fort, et ce fut la cause de sa perte, n'ayant pu éviter le coup qu'on lui porta du côté qu'il ne voyait point. C'était un des meilleurs officiers qu'eût le Prince de Galles, homme de tête et d'exécution, attaché au service de son Prince et encore plus à celui de Dieu. »

L'illustre guerrier expira à Mortemer, dép. de la Vienne arr. de Montmorillon com. de Lussac et y fut enterré. Jean Bouchet nous a conservé l'épitaphe suivante, que l'on avait gravée sur son tombeau, mais qui semble très postérieure à la mort de Chandos :

Je Jehan Chandos, des Anglois capitaine,
Fort chevaler, de Poictou seneschal,
Après avoir faict guerre très lointaine
Au roi françois, tant à pied qu'à cheval,
Et pris Bertrand de Guesquin en un val,
Les Poictevins près Lussac me défirent,
A Mortemer mon corps enterrer firent,
En un cercueil eslevé tout de neuf
L'an mil trois cents soixante et neuf

Cette date de 1369 se rapporte à l'ancien

style d'après lequel l'année 1369 ne finit qu'à Pâques (14 avril) de l'année 1370, (nouveau style), d'après les historiens du nord de la France ; d'après nous, l'année, en Rouergue, finissait au 25 mars.

Environ six mois après la mort de Chandos, le prince de Galles, de plus en plus affaibli par l'hydropisie qu'il avait contractée pendant son expédition de Castille, quitta Bordeaux, par le conseil de ses médecins, et retourna en Angleterre avec la princesse sa femme, son fils Richard et les officiers de sa maison. Très peu de jours avant son départ, il avait eu la douleur de voir mourir Edouard, son fils aîné, âgé de cinq ans. Le duc de Lancastre, frère du prince de Galles, lui succéda dans le gouvernement de l'Aquitaine. Après cinq ans de souffrances, supportées avec une patience héroïque, le prince de Galles s'éteignit doucement, dans son pays natal, avec le regret, sans doute, de voir qu'à sa mort, les plus belles possessions anglaises du continent étaient rentrées sous l'obéissance de la France.

Tous les historiens, tant français qu'Anglais, s'accordent pour louer ce prince et le reconnaître comme le plus grand capitaine de son temps ; tous aussi sont unanimes pour le blâmer sur les massacres qu'il prescrivit après la prise de Limoges et pour dire, sans détour, que cette action barbare ternit singulièrement la gloire de toute sa vie.

A la suite des évènements que nous venons de raconter et qui furent si désavantageux à la cause anglaise en Guienne, les deux Edouard reconnurent les fautes qu'ils avaient commises. Le roi d'Angleterre, de l'avis de son conseil, adressa des lettres aux seigneurs et aux villes d'Aquitaine, par lesquelles il les invitait à rentrer sous son obéissance, leur offrant une amnistie générale pour tout ce qui s'était passé, et surtout leur promettant l'abolition entière des impositions qui avaient occasionné le soulèvement ; on distribua des copies de ces lettres dans toutes les villes de Guienne ; mais cette démarche et toutes les autres satisfactions qu'on prétendit donner aux légitimes réclamations des vassaux de la principauté d'Aquitaine, venant trop tard, n'aboutirent à rien. La guerre continua et l'on dut s'abandonner au sort des armes.

Ici finit la première partie du *Rouergue sous les Anglais*, déjà publiée en 1869, et à laquelle nous avons fait de nombreuses additions. Quand parut notre livre, plusieurs érudits voulurent bien en rendre compte dans plusieurs journaux. Entre tous ces articles nous en avons choisi un que nous allons reproduire *in extenso* ; c'est celui que M. Jules Delpit fit paraître dans *l'Indépendance* de Bordeaux, en 1870 :

« Au milieu des terribles évènements qui s'accomplissent sous nos yeux, les études relatives à l'histoire des époques antérieures sont forcément négligées ; cependant, les enseignements historiques sont toujours la meilleure et la plus utile leçon que nous puissions recevoir. Les exploiteurs du mensonge, qui, dans ces derniers temps, ont porté leur industrie au delà des limites du possible, l'ont très-bien senti, et, partout et toujours ils ont essayé d'anéantir l'histoire, soit en l'empêchant d'être connue, soit en la falsifiant.

« Il n'est donc pas inutile de détourner un moment notre pensée des scènes néfastes amenées par le paroxisme du mensonge, pour montrer, une fois de plus, comment, à toutes les époques, on a systématiquement falsifié l'histoire.

« Nos anciens rois avaient des *historiographes*, gens chargés officiellement *de faire leur histoire*; dans ces derniers temps, la chose a changé de nom, aujourd'hui ou a des *faiseurs de mots*, destinés à populariser ceux qui les payent; mais, autrefois comme aujourd'hui, l'espoir d'une récompense, l'envie de briller, le plaisir de tromper, ont exercé une grande influence dans les récits de nos historiens.

« Parmi nos provinces qui ont été le plus dédaignées par les historiens, se trouve celle du Rouergue. Il est permis de dire qu'on a fait le vide autour d'elle. Aussi les rares écrivains qui se sont occupés du Rouergue se sont-ils crus autorisés plus qu'ailleurs à substituer les produits de leur imagination à l'étude des documents.

« Malheureusement pour eux, un de ces ecclésiastiques qui ont compris qu'il vaut mieux consacrer à l'étude les loisirs laissés par le sacerdoce que de les dissiper niaisement, M. l'abbé Joseph Rouquette, a entrepris de dépouiller les documents très précieux et encore vierges que renferment les archives de cette province si dédaignée. Cette étude consciencieuse lui a révélé, comme on devait s'y attendre, beaucoup de faits très-curieux.

« Parmi nos rois dont la captivité nous causa le plus de désastres, il faut citer le roi Jean, dont l'outrecuidance fit perdre la bataille de Poitiers. Sa rançon coûta à la France plusieurs de ces belles provinces. Le Rouergue a été une des dernières à se soumettre aux Anglais et l'une des premières à secouer leur joug. J'emploie ici le mot joug, pour me servir d'une expression consacrée par l'usage, mais alors la nationalité française n'étant pas encore constituée les populations de nos contrées tenaient beaucoup plus de compte de la nature du joug qui leur était imposé que de la patrie du souverain qui le leur imposait, et naturellement elles donnaient la préférence au souverain qui les gênait le moins. Pendant longtemps, les populations de l'Aquitaine s'étaient trouvées beaucoup mieux de l'éloignement des princes anglais que du voisinage des princes français ; mais quand Edouard III eut commis la faute d'ériger en principauté, pour son fils, les provinces françaises que la victoire venait de lui donner, ces provinces, voyant leur maître de trop près aimèrent mieux se rattacher au roi de France qui résidait alors plus loin d'elles.

« Charles V, avec sa déloyauté que les historiens qualifient de *sagesse*, favorisa ce mouvement, et l'existence de nombreux corps d'armées indisciplinés et vivant uniquement de pillage contribua aussi à la formation de notre nationalité. Néammoins, pendant longtemps encore, on criait indifféremment : *Vive l'Anglais!* ou *Vive la France!* et les nobles, chefs de pillards, passaient avec autant d'aisance d'un camp dans l'autre, que plus tard ils passèrent des armées protestantes dans les armées catholiques. On peut dire que, dans ce désordre, la patrie n'était comptée pour rien ; qu'il s'était constitué, dans la noblesse, une *internationale militaire* comme on veut, de nos jours, constituer une internationale ouvrière.

« Il y a cependant certaines différences à signaler entre cette époque et la nôtre. S'il est vrai, comme le dit si bien M. l'abbé Rouquette, qu'alors et aujourd'hui les peuples ont payé les sottises de leurs chefs, il est certain aussi qu'au quatorzième siècle, les peuples n'étant pas libres, les sottises des rois et des grands pouvaient tourner un peu à l'avantage des peuples. Les rois français et anglais, pour attirer les populations dans leurs partis, rivalisaient de *générosité*, et, à leur exemple, les seigneurs féodaux se dépouillaient peu à peu de leurs prérogatives pour acheter la fidélité de leurs vassaux. Le meilleur seigneur, comme le dit fort justement M. l'abbé Rouquette, était celui qui respectait le plus la liberté de ses sujets et les pressurait le moins.

« Il arriva donc que lorsque la lutte de la royauté et de la féodalité fut finie, les rois devinrent des espèces de dieux. L'histoire dut se plier à cette nouvelle situation et elle fut contrainte d'admettre que la nouvelle divinité avait été, toujours et partout, aimée et adorée, comme Louis XI, Louis XIII et Louis XIV savaient la faire aimer et adorer. Ce culte, une fois établi, a résisté même au supplice de Louis XVI, et, sous le premier empire, on racontait les exploits faits en Egypte par *l'empereur*, comme, sous la Restauration, ce même empereur fut transformé en général de Louis XVIII.

« Pour les historiens de cette école, l'ancienne province du Rouergue, comme la Guyenne proprement dite, avait toujours abhorré les Anglais et chéri du plus vif amour les *Francimens.*

« Parmi les annalistes du Rouergue qui se sont signalés le plus dans cette voie, M. de Gaujal occupe un rang éminent. Naturellement, son livre a dû être couronné par l'Institut. Depuis longtemps, l'Institut ne juge pas, il récompense ; il ne peut donc récompenser que ceux qui crient : *Vive l'Empereur !* sous l'empire et *Vive le Roi !* sous la monarchie... voire même peut-être un peu sous la République.

« M. de Gaujal, ayant donc à raconter comment, en 1363, le nouveau prince d'Aquitaine demanda à ses vassaux de lui prêter serment, rapporte, à propos du serment demandé aux habitants de la ville de Villefranche, un drame très-complet.

« Selon lui, le prince, ayant sommé les habitants de Villefranche de venir lui prêter serment à Rignac et lui-même s'étant rendu à Caumont de Plancatge, chez le seigneur d'Arpajon, le premier consul de Villefranche, nommé Pollier, et le juge-mage du Rouergue, nommé Guillaume de Garrigues, se présentèrent devant le prince, non pas pour y prêter le serment demandé, mais, au contraire, pour protester contre ce serment et dire que la ville ne pouvait consentir à un pareil acte, puisque, dans le traité de Brétigny, le roi de France s'était réservé la *souveraineté, etc. etc.* Le prince irrité voulut faire tuer ses députés ; mais, sur les instances de son hôte, il consentit à les laisser revenir à Villefranche pour y faire modifier leur mandat.

« Les députés, nouveaux Régulus, sachant le sort qui les attend, engagent leurs concitoyens à ne rien changer à leur mandat et reviennent se livrer aux mains du prince barbare. Celui-ci fait épargner le consul, mais ordonne d'attacher le juge-mage à la queue d'un cheval qui le traîne ainsi jusqu'à Villefranche.

« Le drame n'est-il pas complet et émouvant ? Aussi M. de Gaujal se hâte-t-il de s'écrier qu'il est fâcheux que la province n'ait pas encore érigé des statues à ces grands citoyens.

« Malheureusement, M. l'abbé Rouquette a constaté par des documents irrécusables :

1· Que le prince d'Aquitaine n'est pas venu en Rouergue ;

2· Que les habitants de Villefranche furent convoqués à Poitiers et non à Rignac ;

3· Que le serment demandé n'était que le serment ordinaire de vassal à seigneur ;

4· Que le juge-mage du Rouergue ne s'appelait

pas Garrigues, et qu'au lieu d'être massacré en 1363, il exerça ses fonctions jusqu'en 1368.

« Voilà comment, sous prétexte de patriotisme, on a trop souvent raconté l'histoire. Elevons d'ailleurs, si on le veut, une statue à G. de Garrigues ; on en a élevé à bien d'autres qui ne le méritaient pas plus que lui.

« Nous pourrions multiplier les citations, mais celle-ci nous paraît suffisante.

« M. l'abbé Rouquette appelle le propagateur de toutes ces fables un *auteur grave* ; cette qualification me paraît hasardée ; je crois, au contraire, qu'après avoir signalé de pareilles légèretés, M. l'abbé Rouquette devrait donner moins d'attention aux assertions de cet écrivain, et moi-même j'ai peut-être eu tort de m'y arrêter si longtemps.

« D'ailleurs, ce n'est pas seulement l'inexactitude de cet auteur que les recherches de M. l'abbé Rouquette permettent de rectifier ; ça et là sont relevées par lui les erreurs de Froissard, de don Vaissette, de M. Henri Martin et de bien d'autres ; c'est le résultat naturel du recours à des documents originaux. Or, les archives du Rouergue contiennent des renseignements si importants et si peu connus qu'elles rectifient et complètent, non seulement l'histoire de cette province et celle des provinces voisines, mais qu'elles peuvent, sous certains rapports, éclairer d'un jour nouveau plusieurs points de l'histoire générale de la France. M. l'abbé Rouquette a donc rendu un véritable service à la science.

« Malheureusement, des circonstances, qu'il est facile de deviner, ne lui ont pas permis de joindre à sa dissertation toutes les pièces importantes qu'il a rencontrées et dont il avait annoncé l'impression. Selon moi, M. l'abbé Rouquette n'a qu'un moyen de sortir de l'impasse où tant d'autres travailleurs sérieux ont été étouffés ; c'est de transcrire son mémoire avec toutes ses pièces justificatives, et de transmettre son manuscrit à la classe de l'Institut qui a couronné le travail de M. de Gaujal ; il n'est pas impossible que ce mémoire, tombant entre les mains d'un rapporteur consciencieux et éclairé quoique membre de l'Institut, ne fasse accorder à la vérité reconnue la même récompense qui a été donnée de bonne foi à l'erreur.

« Le travail de M. l'abbé Rouquette, si mes prévisions se réalisent, pourrait trouver un éditeur sérieux ; mais que l'auteur y prenne garde. Les mêmes causes qui ont fait couronner l'écrivain fantaisiste pourraient se réunir pour entraver la carrière ecclésiastique de l'écrivain trop véridique. Il est peut-être plus prudent pour lui de se contenter de la récompense peu lucrative que donne la conscience d'avoir été utile et d'avoir dit la vérité. Si M. l'abbé Rouquette se résigne à n'obtenir que l'estime stérile des véritables érudits, nous pourrons dire, néanmoins, qu'il aura choisi la meilleure part : *Elegit optimam partem.* »

Le *Rouergue sous les Anglais* et les *pièces justificatives* manuscrites ayant été envoyées à la *société archéologique du Midi de la France*, un membre de cette société savante, M. J. F. Bladé, fut chargé de faire un rapport sur cette double communication. Il va sans dire que M. Bladé s'acquitta parfaitement de sa tâche, quoique difficile et ingrate, car il s'agissait d'analyser, outre le livre imprimé, un volume manuscrit d'une lecture fatigante. Voici comment le rapporteur finissait son travail :

« Je n'ai signalé que le plus petit nombre des pièces justificatives insérées par l'auteur dans la brochure que je viens d'analyser Les autres pièces manuscrites forment un intéressant et copieux supplément;

CHAPITRE DIXIÈME

que j'ai lu par deux fois avec une attention mêlée de reconnaissance pour les patients et consciencieux efforts de M. l'abbé Rouquette.

« On dit que les livres ont leurs destins J'ignore, Messieurs, ce qui doit advenir pour les deux travaux dont vous m'avez confié l'examen.

« Si la critique impartiale fait son office, elle assignera à l'un et à l'autre une place très distinguée ; elle dira que le coup d'essai de M. l'abbé Rouquette le met déjà hors de pair : elle dira que dorénavant, les historiens généraux, comme les annalistes de l'Armagnac et du Rouergue, ne peuvent se dispenser de connaître et d'utiliser les recherches dont je viens de vous rendre compte d'une manière si sommaire. »

Comme la première, la seconde partie de notre travail repose sur des documents puisés aux sources originales. La plus importante de ces sources est dans les livres de comptes de nos consuls boursiers. C'est dans ces registres des délibérations du conseil de ville de Millau, que se trouvent consignés, trop succintement il est vrai, les faits de guerre que nous allons rapporter, les courses des compagnies, les nombreux subsides demandés au peuple pour les combattre, les efforts des communes pour se soustraire à ces charges dont elles supportaient la plus lourde part ; enfin les rapports du tiers-état avec l'église, la noblesse et le pouvoir central.

Si les registres de nos consuls boursiers avaient tous été conservés, nous aurions pu faire l'histoire complète des guerres franco-anglaises dans notre province. Malheureusement la plupart de ces documents ont péri par les ravages du temps et plus encore par l'incurie des hommes.

Si donc notre œuvre est incomplète sur quelques points, c'est au manque de documents qu'il faut l'attribuer. Telle qu'elle est nous l'offrons au public, avec l'espoir qu'il nous saura gré des longues et laborieuses recherches que nous avons faites dans nos archives locales, pour éclairer une période de notre histoire jusqu'ici bien obscure et trop délaissée.

CHAPITRE ONZIÈME

Conduite de Charles V après l'évacuation du Rouergue par les Anglais. Les compagnies. Courses des routiers en Rouergue. Les bâtards d'Armagnac et de Landorre, les capitaines Blazy, Pansart, Hiennequet chargés de la garde du pays. Prise de Figeac par les Anglais. Rachat de cette place par les Français. Passage du duc de Lancastre sur la frontière septentrionale du Rouergue. Le duc d'Anjou réunit des troupes pour le combattre. Convocation des milices et des communes du Languedoc à Montauban. Projet de bataille à Moissac. Assemblée des délégués des communes à Toulouse. Mort de Jean I, comte d'Armagnac et de Rodez.

1370 - 1375.

Après l'évacuation du Rouergue par les Anglais, le roi de France, voulant s'attacher le pays qu'il venait de reconquérir, lui prodigua les grâces, les faveurs et l'argent. Il donna cent mille francs de pension au comte d'Armagnac, soixante mille au sire d'Albret, quarante mille au comte de Périgord, deux mille à Pierre Raymond de Rabastens, de sorte que, presque tous les subsides du Languedoc, passant ainsi dans les mains de ces grands seigneurs, laissaient vide la caisse des guerres. Gui de Sévérac, Arnaud de Landorre, le comte de Vendôme et de Castres et tous les autres petits seigneurs, amis du comte d'Armagnac, qui avaient embrassé le parti français, furent aussi largement récompensés. Le fils du comte de Rodez, reçut en don pur et simple les quatre chatellenies du Rouergue, Laguiole, la Roquevalsergue, Saint-Geniez et Cassagnes-Royaux ou Bégonhez et cinq cents francs d'or pour avoir engagé Sauveterre à se rendre au roi de France.

Le roi n'oublia pas non plus les grandes communes : il renouvela, augmenta même leurs privilèges ; il leur fit de grands dons sur ses revenus propres : et comme presque toutes avaient, plus ou moins, à se reprocher quelques griefs à l'égard de la France, il accorda des lettres de rémission à Villefranche, à Saint-Affrique, à Saint-Antonin, à Valady, à Verfeil et à Millau. La nouvelle édition de l'Histoire du Languedoc contient quelques unes de ces lettres tome X, sous les années 1370-1371 et suivantes. Nous donnons, aux pièces justificatives, celle qui concerne les consuls et les habitants de Millau. D'après ce que disent nos historiens, ce serait vers cette époque que Villefranche reçut le privilège de battre monnaie, pour le compte du roi de France.

Plusieurs particuliers eurent aussi leur part de ces grâces royales. De ce nombre furent : Alzias de Sévérac qui, à l'occasion d'une guerre privée faite à des seigneurs du parti anglais, avait ravagé les terres de ses adversaires et de leurs voisins ; Benoit Galtier, seigneur de Savinhac, près de Villefranche, lequel, de concert avec son frère, le seigneur de Lescure, avait commis toute sorte de méfaits sur les domaines de l'évêque d'Albi et contre ses vassaux ; le seigneur de Savignac, ayant reconnu un des premiers la souveraineté du roi de France sur la Guienne, obtint facilement le pardon de ses crimes ; l'écuyer Bernard Brussin, coupable d'un double meurtre, commis près de Coussergues, par vengeance personnelle et avec guet-apens, sur l'anglais Guillaume Pincet, châtelain de la Roquevalsergue et l'écuyer qui l'accompagnait : Raymond de Jouaux, originaire de Villefranche, qui, à l'aide de quelques autres habitants de cette ville, avait tué Gui dit *Estieu*, partisan des Anglais, lequel faisait aux Français tout le mal qu'il pouvait. Le plus criminel de tous ces amnistiés fut Etienne Laurens à qui le duc d'Anjou accorda sa grâce. Cet homme que, dans le cours de cette histoire, nous avons vu, investi de la confiance de ses concitoyens, remplir les charges municipales de consul, de conseiller, de notaire du consulat, de délégué aux Etats Généraux, d'ambassadeur auprès des Princes, était un grand voleur. Reconnu coupable d'une foule de faux, tant dans l'exercice des fonctions civiles, que dans la pratique de sa profession de notaire public, il fut poursuivi et condamné à des peines très graves, par la cour royale de Millau. Grâce à la protection du comte d'Armagnac, dont Etienne Laurens se fit le séide, le duc d'Anjou lui remit tous ses crimes moyennant une amende de trois cents francs. Disons toutefois que les consuls de Millau ayant appelé de cette composition au parlement de Paris, le roi ordonna que le parlement resterait saisi de l'affaire et l'examinerait avec soin.

Le roi fut également très bon pour les communautés religieuses auxquelles les ennemis avaient fait éprouver de très grandes pertes. Nous rapporterons deux faits qui prouvent l'intérêt qu'il portait à ces établissements monastiques où les grands et les petits se réfugiaient pour passer la vie dans la prière et le travail.

Au temps des dernières luttes entre Français et Anglais, les moines de Bonnecombe s'étant déclarés pour la France et ayant montré un grand empressement à reconnaître l'autorité de son roi, les partisans de l'Angleterre fondirent sur l'Abbaye et sur ses autres possessions en Rouergue, tuèrent trois cents personnes et enfin mirent le feu aux bâtiments ; toutes les provisions de blé, de vin, les meubles, les bestiaux périrent dans l'incendie. Réduits à la misère, l'abbé et ses religieux s'adressèrent à Charles V et lui demandèrent des lettres d'amortissement pour cent livres tournois de revenu sur des terres déjà acquises ou à acquérir. Le roi s'empressa d'accorder ce qu'on lui demandait. (*Hist. du Lang. T. X. p. 1446.*)

Le monastère de Nonenque, au diocèse de Vabres, avait avant les guerres cent religieuses ; il n'en comptait plus maintenant que soixante. Les Anglais ayant pillé leurs provisions et dévasté leurs terres, elles seraient mortes de faim, si les nobles et leurs amis du voisinage n'étaient allés à leur secours. Sur la demande de l'abbesse et de ses religieuses, et en récompense de leur soumission prompte et spontanée à l'autorité du roi de France, Charles V leur accorda la même faveur qu'aux moines de Bonnecombe. En retour de ce bienfait il n'exigea qu'une part à leurs prières. (*Ouvrage cité, T. X. p 1427.*)

Ces lettres d'amortissement sont en latin et sous la date de 1371. C'est à M. A Molinier qu'est due leur publication.

Après avoir usé largement de son droit de grâce, le roi promit aux communes importantes l'abolition ou du moins la diminution des impôts ; il fit, en un mot, tout ce qu'il pût pour s'attacher ses nouveaux sujets et chasser de leurs cœurs les regrets qu'aurait pu y entretenir le souvenir du gouvernement de l'Angleterre. A cette époque, il faut le reconnaître, tous les habitants de la Guienne n'éprouvaient pas pour la royauté française l'ardente sympathie qu'ils eurent plus tard, lorsque, fatigués et épuisés par la guerre contre les Anglais, ils reconnurent que pour eux le salut était dans l'unité des provinces de la vieille Gaule, sous l'autorité des monarques français.

Une preuve évidente que plusieurs villes importantes, que des provinces entières préféraient l'Angleterre à la France c'est la lutte acharnée qu'elles soutinrent pour ne pas devenir françaises. Cette guerre dura plus de quatre-vingts ans, et l'on sait que Bordeaux, capitale de la Guienne, ne se soumit à la France que par la force des armes. Cette aversion des Méridionaux pour la monarchie française ne leur était pas particulière. On n'a pas oublié que Paris reconnut le roi d'Angleterre, comme son souverain; que, pendant seize ans, la capitale ferma ses portes au roi de France, et que l'Université et une partie du clergé avaient accepté la domination anglaise. Tel était l'esprit du temps ; heureusement il changea plus tard : nous le constaterons en son lieu.

Quoi qu'il en soit de ces appréciations qui jadis, n'étaient guère de mise, mais que l'on peut, aujourd'hui, formuler en toute liberté, sans craindre d'être accusé de manquer de patriotisme, il est certain que le Rouergue eut plus à souffrir des Anglais après qu'avant leur expulsion de notre province. Après leur expulsion, plusieurs sortes d'ennemis fondirent sur notre pays et l'exploitèrent à outrance. D'abord les compagnies franches, dont les courses incessantes sur tous les points du Rouergue, furent pour notre province, comme du reste pour toute la France, une source de calamités et plus encore d'effroi. Vinrent ensuite les commissaires royaux et leurs agents subalternes qui, sous prétexte de combattre les compagnies, exigeaient de forts subsides annuels, dans la perception des quels ils mettaient une dureté et une violence révoltantes.

Avant de commencer le récit de ces temps désastreux, nous croyons utile de faire connaitre, avec quelques détails, ceux qui en furent les principaux, on pourrait dire les uniques auteurs, nous voulons parler des compagnies des gens de guerre, ennemis étranges, connus, dans l'histoire, sous le nom de *rou-*

tiers, et que les livres de nos consuls boursiers appellent *lous ennemics*, *lous Engles* ou *Engleses*. Nous les avons déjà vus, après la bataille de Poitiers et sous la domination anglaise, faire des courses en Rouergue et s'y emparer de plusieurs lieux ; nous allons les voir, plus nombreux et plus acharnés, venir, de nouveau, le ravager pendant de longues années.

Ces bandes de gens d'armes, ordinairement à cheval, étaient organisées comme les troupes royales ou seigneuriales dont presque toutes avaient fait partie, et au sein desquelles elles rentraient, au premier appel, quand on voulait acheter leur service. Plus ou moins assujettis à la discipline des troupes régulières, elles obéissaient à un chef appelé capitaine, presque toujours homme de race féodale, hardi, courageux, entreprenant, mais pauvre, sachant le métier des armes, qu'il avait appris dans les guerres entre Français et Anglais. Elles avaient un connétable, des porte-enseignes, et un petit corps de musique. Au service des chefs, des écuyers, et de tous les hommes d'armes, étaient attachés des valets, ou pillards, à pied ou a cheval, obéissant à un maître nommé capitaine des pillards.

Dans ces petits corps de troupes, composés de trente, quarante, quatre-vingts hommes d'armes, et appelés *route*, en langue d'oïl, *rota*, en langue d'oc, c'est-à-dire chambre, (voir Ducange, au mot *rota*), d'où est venue notre *chambrée* de soldats, s'enrôlaient des gens de tout âge et de toute condition : des chevaliers, des écuyers, cadets ou bâtards de famille noble, aimant les aventures ou, comme dit Froissart, cherchant à s'avancer ; des marchands dont le commerce avait mal tourné ; des malfaiteurs, fuyant les recherches de la justice; des adolescents qui, détestant la vie pacifique des cloîtres ou de la famille, allaient apprendre le métier des armes, en portant l'épée et le bassinet à la suite de leurs maîtres. Racontant la prise de la forteresse de Ventadour par les Français, Froissart nous apprend qu'on y trouva « un jeune écuyer de Bretaigne, moult bel enfant, qu'on nommoit le Monadich; et estoit là nouvellement venu pour apprendre les armes ; et estoit issu d'une abbaïe de Bretaigne, car point ne vouloit estre moine. »

Toutes les nations de l'Europe étaient représentées dans ces réunions d'aventuriers n'ayant de foyers nulle part et dont la guerre était la seule industrie. On y trouvait des Anglais, des Français, des Espagnols des Allemands, des Italiens, des Bretons, des Gascons ; ces troupes de gens d'armes se disant appartenir au roi d'Angleterre, faisant la guerre en son nom, toujours prêtes à se vendre au plus offrant, n'avaient en réalité qu'un but, piller pour vivre et s'enrichir.

Les vers suivants, tirés de la chronique rimée de Du Guesclin et rapportés par Ducange au mot compagnies nous peignent très bien la composition et la rapacité de ces brigands, armés pour ravager la France.

Mais ou noble royaume avait confusion.
D'une grant Compaignie, et estoient foison,

CHAPITRE ONZIÈME

Gens de maint pays et de mainte nation ;
L'un Englois, l'autre Escot, si avoit maint Breton,
Hanuyers, et Normands y avoit à foison :
Par le pays aloient prendre leur mansion,
Et prenoient par tout les gens à raençon ;
Vinq-cinq capitaines trouver y pouvait-on,
Chevaliers, Escuyers y avoit, ce dit-on,
Qui de France exillier avoient dévotion ;
Et il n'y demeuroit buef, vache, ne mouton,
Ne pain, ne char, ne vin, ne oye, ne chapon ;
Tout pillart, meurtrier, traiteur et felon
Estoient en la route dont je fais mention.

L'unique métier des compagnies des gens d'armes était la guerre : quand elles y étaient appelées, elles la faisaient bravement : souvent elles donnèrent la victoire au parti qui les soudoyait. Uue fois congédiées, le besoin de vivre, la soif des jouissances en faisaient des bandits de la pire espèce. Sans foi ni loi, sans frein d'aucune sorte, bravant les foudres de l'église, se moquant de la religion, prenant plaisir, au contraire, à rançonner les prêtres, les moines, les évêques et même le pape, tous ces hommes d'armes joignaient à l'impiété, la plus profonde immoralité, et la plus féroce barbarie.

Toutefois quelques chefs de ces bandes de partisans, soit Anglais, soit Français, se piquaient de loyauté, de courtoisie, même de religion. L'hidalgo Rodrigue de Villandrando avait un confesseur qui le suivait partout dans ses courses en France : pour se le rendre favorable auprès de son maître, les habitants de Rodez lui firent présent de quelques pans de beau drap pour se vêtir. Le Breton Tête-

Noire qui s'était emparé de la forteresse de Ventadour et qui la garda longtemps en son pouvoir, légua en mourant, une forte somme d'argent à la chapelle qu'il y avait dans cette place.

L'existance de ces bandes armées fut pendant plus de cinquante ans le fléau de la France qu'elles rançonnèrent sur tous les points du nord au sud, de l'est à l'ouest. A leur approche qu'on avait soin de signaler par le tocsin ou au son des trompettes, on s'empressait de mettre en lieu sûr les troupeaux les bêtes de charge, les animaux de labour, les provisions de bouche, les meubles les plus précieux : ce qui gênait singulièrement les habitants des champs. Les hommes eux mêmes, les femmes, les enfants étaient obligés de se tenir sur leur garde, et de s'enfermer dans des lieux fortifiés, s'ils voulaient éviter d'être faits prisonniers.

Quand ces brigands s'étaient emparés d'une place forte, ville ou chateau, ils s'y mettaient en garnison et alors malheur aux pays environants. Ces pays vingt, trente, quarante lieues à la ronde, devenaient leurs tributaires.

Au moyen des traités, *patis*, qu'ils leur imposaient, pour être préservés du pillage, ils en tiraient de l'argent, du blé, du vin, du bétail, des étoffes, des armes, en un mot tout ce dont ils avaient besoin pour leur existence Vrais seigneurs féodaux, ils levaient la dîme sur les campagnes et même sur les villes qui s'exécutaient d'assez mauvaise grâce, sans doute, mais avec assez d'exactitude de peur d'un pire mal tel que le meurtre ou l'incendie.

Le métier de routier était bon. Tel dit Froissart, t. 4. p. 107, édit. de Sauvage, se nommait homme d'armes en ces compagnies, et allait à cinq chevaux, qui serait allé à pied dans son pays ou il aurait été un pauvre homme.

Montés sur leurs forts chevaux, armés jusqu'aux dents, portant des vêtements aux couleurs brillantes, ils sortaient, à toute heure du jour et de la nuit, de leurs repaires, et s'en allaient sur les grandes routes arrêter les voyageurs et les marchands. D'autres fois, quittant la voie publique, ils allaient par bandes de trois ou quatre hommes d'armes, suivis de leurs valets, dans les villages écartés, pénétraient dans les maisons isolées, s'y installaient et, pleins d'insolence, ils disaient aux gens du logis ; « sus, vilains, faites-moi belle chière et allez quérir du vin et appareillez bien à souper, ou je bouteray, demain matin, le feu à vostre hostel. » (*Hist. du Lang, t. X. p. 1793.*)

Dans notre province où le bétail faisait alors comme aujourd'hui, la principale richesse des paysans, ils s'emparaient des chevaux, des bœufs, des moutons, les amenaient dans leurs places fortes où ils les vendaient, à moins que les légitimes propriétaires n'allassent les racheter. D'autres fois après avoir saisi, comme des officiers de Justice, les troupeaux dans les étables ou sur les champs, ils les abandonnaient moyennant une rançon proportionnée à la valeur de leurs captures ; et, chose étonnante, les mêmes bêtes étaient souvent prises et rachetées plusieurs fois dans la même année. Tels étaient les ennemis qui s'abattirent sur notre province, après l'expulsion des Anglais, et qui lui firent infiniment plus de mal que ne lui en avaient fait les véritables Anglais mêmes.

En étudiant cette époque de longues et sanglantes luttes entre la France et l'Angleterre, nous nous sommes souvent demandé à quel point de vue se plaçaient les deux nations pour juger de la légitimité de l'attaque et de la défense ? Voici le résultat de nos réflexions. Aux yeux des Anglais la guerre était légitime. Expulsés violemment des possessions françaises, qui leur avaient été cédées par le traité de Brétigny, ils se croyaient en droit de les reconquérir par la force des armes. Les Français, de leur côté, s'estimant dégagés des clauses que leur avait imposées ce même traité de Brétigny, et cela par la faute du roi d'Angleterre et du prince de Galles, ne se croyaient pas moins autorisés à défendre leurs conquêtes contre les aggressions des Anglais. D'après cela, les deux peuples estimaient juste la guerre qu'ils se faisaient. De là ces trèves, ces suspensions d'armes, ces *patis*, ces *sueffra* entre Anglais et Français, que les uns et les autres n'observaient pas toujours scrupuleusement, mais dont la violation était vivement reprochée à celui des deux partis qui les avait enfreintes. Enfin la lutte entre la France et l'Angleterre, c'était la guerre à outrance, la guerre franchement déclarée, et par suite, la guerre avec toutes ses conséquences.

Il n'en était pas de même de la plupart de ces compagnies de routiers qui, sous le prétexte de combattre pour l'Angleterre contre la France et réciproquement, ne faisaient la guerre que pour leur compte et ne pillaient le pays que pour s'enrichir. Aux yeux de tous, c'étaient de vrais brigands dont la force faisait le droit. Le visage couvert d'un masque, ils faisaient une guerre de surprises et d'embuscades, à laquelle malheureusement les populations désarmées des campagnes ne pouvaient résister. Le mal qu'ils firent est incalculable. C'est à raconter les courses dévastatrices de ces voleurs et de leurs alliés les Anglais, que nous allons consacrer la seconde partie de notre travail, faisant bien observer que, de tous les malheurs qu'eurent à supporter nos pères, dans ces temps calamiteux, nous ne connaissons que la plus petite partie.

De notre temps, on s'est beaucoup occupé des compagnies. Des érudits de grande valeur ont écrit les faits et gestes de plusieurs de leurs capitaines, tels que Arnaud de Cervolle, Rodrigue de Villandrando, etc. Je ne mets pas en doute qu'elles n'aient un jour leur histoire complète où figureront Seguin de Badefol, Bertucat d'Albret, Garciot du Chastel et autres chefs de brigands, dont nous allons raconter les méfaits. Je fais seulement des vœux pour que ce futur historien des routiers, au lieu de voir dans les compagnies une revanche de la petite noblesse militaire contre le soulèvement des classes rurales et les excès de la Jacquerie, ou bien encore le germe des armées permanentes, formées plus tard par la royauté, ne voie en elles qu'un ramassis de bandits et d'ennemis de la patrie.

Nous avons déjà dit que les Anglais évacuèrent le Rouergue dans le courant d'avril 1370. Depuis cette époque, le théâtre de la guerre se trouvant transporté en Quercy, en Limousin, en Périgord et dans les autres provinces de l'ouest, notre pays aurait pu jouir d'une tranquillité relative pendant dix-huit mois, si des bandes de pillards n'étaient venues s'abattre sur notre province, où elles firent beaucoup de mal. Désirant les en chasser et faire cesser leurs pilleries (pelhamens e raubamens), le Sénéchal du Rouergue convoqua, à plusieurs reprises, les trois états de la province, à Rodez, (23 juin, 27 juillet 1370) et leur demanda des subsides pour payer les gens d'armes destinés à purger le pays de ces brigands. A la première de ces réunions on ne fit rien, à la seconde les états accordèrent au Sénéchal ce qu'il demandait. Le pays, en effet, avait grand besoin d'être défendu. Outre les voleurs de profession, qui couraient partout, les partisans du comte de Foix, en guerre ouverte avec le comte d'Armagnac, avaient envahi l'évêché de Vabres. Pour combattre tous ces ennemis, on confia la garde de la Haute Marche du Rouergue au capitaine Blazy, à Benezet Lombard, et aux bâtards de Fezenzaguet et de Landorre. Les compagnies commandées par ces chefs, quoique sodoyées par les Etats du Rouergue, étaient aussi pillardes que les voleurs. Le capitaine Blazy, logé à Aguessac, y commettait toute sorte d'excès. Sur les plaintes réitérées des habitants, les cousuls de Millau écrivent au comte d'Armagnac et le supplient de faire déloger Blazy et ses gens d'armes; car, disaient-ils dans leur lettre : « tant grans éron los mals quels fazian à nostres vezis, que hom del mon no se podia pessa. »

D'un autre coté, les partisans du comte de Foix, répandus dans le Camarès porsuivaient à outrance les gens tenant le parti du comte d'Armagnac. Deux bandes de ces troupes rivales s'étant rencontrées près de Montagnol se livrent un rude combat. Le seigneur de Mélac, annonçant cette nouvelle aux consuls de Millau, leur disait dans sa lettre : « que los Foyssens avian ségut las gens del bastard d'Armagnac entro al Montagnol; e aqui los Foyssens descofiro Bénézet Lombart. » (Janvier 1372.)

Ce bâtard d'Armagnac était un vrai bandit. Comme ses pareils, les routiers, qu'il était chargé de combattre, il vivait au dépens du pays où il séjournait. Il courait un peu partout en Rouergue et en Gévaudan, Toutefois ses courses ne l'avaient pas enrichi. A deux reprises, nous le voyons envoyer deux de ses hommes d'armes porter une lettre aux consuls de Millau, dans laquelle il les prie de lui donner quelque chose ; « car, disait-il, era fort paures. » Sa première demande fut rejetée : à la seconde, faite le 28 octobre, jour de foire, à

Millau, on lui accorda, à titre d'étrenne, deux sétiers d'avoine, douze pains, huit perdrix et « dous cartals emiech de vi; » le tout coûta vingt-neuf sous, six deniers. A peu de temps de là, le bâtard d'Armagnac, accompagné de « Mossenhen Lorcat e del segnen de Jumat » étant passé à Millau, y reçut un accueil des plus généreux; quelques jours après, ses gens d'armes qui couraient sur le Larzac, arrêtèrent et détroussèrent un courrier que les consuls du Millau envoyaient à Montpellier, et au duc d'Anjou.

Le bâtard de Landorre, capitaine d'une autre compagnie, en garnison à Mostuéjouls, ne se conduisait pas mieux. Lui et ses gens ne vivaient que de rapines. Obligé de quitter ce poste pour aller rejoindre le vicomte de Fézenzaguet, il devait passer à la Cavalerie et à l'Hospitalet. Ayant eu connaissance de sa marche, les consuls de Millau, s'empressent d'en donner avis à ces deux localités « per paor de la jaguda; » en effet, la couchée d'une compagnie de gens d'armes en un lieu quelconque était à redouter pour ses habitants.

Les capitaines Hiennequet et Pansard ne valaient pas mieux que leurs compagnons d'armes; chargés eux aussi de la défense du pays, ils le rançonnaient tout comme les Anglais. La compagnie de Pansard, composée de Bretons et campée à Aguessac, s'y livrait aux pilleries d'usage. Un jour elle vola l'âne d'un pauvre homme de Millau, appelé Pierre Longuet. Celui-ci, désespéré de cette perte va trouver les consuls et les supplie de lui faire rendre sa bête qu'il ne peut racheter. Les consuls, vrais pères du peuple, interviennent auprès de Pansart et, grâce à un beau présent de truites qu'ils lui envoient, l'âne est rendu à son maître sans rançon. Dans ce temps, le capitaine Pansart et les consuls vivaient dans d'excellents rapports : on peut en juger par les faits suivants. Le chef des Bretons d'Aguessac s'étant réfugié à Millau, pour se faire guérir d'une blessure qu'il avait reçue dans une rencontre avec les Anglais, y fut très bien soigné. Voulant témoigner à la ville sa reconnaissance, il fit venir la musique de sa compagnie pour jouer « toquer » à la procession des rogations, célébrée toujours à Millau, avec beaucoup de solennité. Après dîner, les consuls, le capitaine et ses gens étant allés à la maison commune pour se rafraîchir, les ménétriers bretons « toquèrent là » de nouveau, ce qui veut dire qu'ils jouèrent quelque autre morceau de leur repertoire, pour remercier les consuls de leur politesse.

Du reste, toutes les compagnies, soit qu'elles s'abrittassent sous la bannière de France ou d'Angleterre, soit qu'elles fussent aux gages d'un seigneur quelconque, en guerre avec ses voisins, avaient en ce temps là, les plus mauvaises habitudes. Faiblement payées, souvent pas du tout, et cela par la faute de leurs chefs cupides, elles se procuraient par le vol et le pillage les choses nécessaires à leur existence. Les villes et les campagnes, pour se soustraire à leurs déprédations, pactisaient avec ces bandes de brigands armés, et, bien que ce fût défendu par les lois, elles leur donnaient des vivres pour les hommes, de l'avoine pour les chevaux. A ce prix, elles se préservaient de l'incendie, du meurtre, du pillage des maisons, de l'enlèvement des bestiaux, de la destructiondes récoltes. Que pouvaient, d'ailleurs nos populations désarmées contre ces flots d'hommes de guerre, qui se précipitaient sur elles, avec la rapidité des vautours fondant sur leur proie! Triste temps, auquel le nôtre est préférable, bien qu'il n'offre pas toute la sécurité dont une société a besoin pour vivre et se perfectionner !

Revenant un peu en arrière du temps présent, nous allons raconter un évènement très malheureux pour notre pays.

Les Anglais qui, depuis leur expulsion du Rouergue, rodaient sur nos frontières, s'emparèrent de Figeac, place importante du Quercy. Cette ville fut prise le 14 octobre 1371, « sur l'alba, » par Bernard de la Salle et Bertucat d'Albret. Par suite de ce retour offensif des Anglais sur ses frontières de l'ouest, notre province fut de nouveau et pour longtemps en proie aux alarmes, aux meurtres, aux incendies et aux pillages. Il est impossible de dire tout ce que nos ennemis, furieux de leurs défaites passées, ne respirant que haine et vengeance, lui firent souffrir dans ces temps calamiteux. Sortant de Figeac, dont ils avaient fait leur place d'armes, les Anglais, commandés par les capitaines Robert Cheney, Bernard de la Salle et Bertucat d'Albret, viennent courir en Rouergue par bandes de deux cents, de trois cents et de cinq cents lances. Le 2 mars 1372, ils surprennent Buzarengues à la pointe du jour : cette nouvelle est transmise à Millau par le seigneur de Sévérac. Peu de jours après, les Anglais abandonnent Buzarengues et vont se cantonner à Palmas, où était un château, demeure ordinaire de l'évêque de Rodez. A cette même époque, ils s'emparent d'Espalion qui fut racheté plus tard, par les trois états du Rouergue, comme nous l'apprend l'article suivant que le consul boursier de Millau consigna dans son livre de comptes: « A XVIII de février l'an MCCCLXXIII, tramezem à la Rocavalserga per anar parla am Moss. R. de Bonansa, per saber cosi era estat talliat la finansa que so facha per la ranso d'Espalieu, on contribuen los senhors de la glieia els senhors nobles.

Maitres de ces places, ils se repandent sur les montagnes d'Aubrac, dans le Sévéraguais, sur le Levezou ; ils s'embusquent dans les environs de Rodez, passent et repassent sous les murs de Millau, espérant pouvoir surprendre cette ville, où ils ont des intelligences et qu'ils convoitent par dessus toutes les autres villes. Informé de leurs desseins, le sénéchal du comte d'Armagnac en instruit les consuls de Millau et leur recommanda d'être bien vigilants, car, leur dit-il, dans sa lettre, les Anglais comptent pouvoir prendre facilement votre ville, à cause de la mauvaise garde qu'on y fait et qu'ils connaissent. Un frère mineur, venant de voyage, rapporte aussi au consulat que les Anglais de Figeac marchent sur Millau pour s'en emparer, du consentement « d'alcunas gens del luog. » Ce religieux appelé Pierre Magnac, était originaire de Millau et devint plus tard évêque de Vintimille, fait ignoré de tous nos historiens. Arnal Boscat de Villefranche, étant venu à Millau, raconta également aux consuls avoir ouï dire par le trésorier du comte de Rodez « que de las gens d'armes de Figeac n'éron issidas tres compagnas; e la una era sen anada per lo Gavalda, e l'autra per esta vila; e cant seran ajustats, devon penre qualque luog e penre gens e bestials, aquo que trobaran; e dizia que nostre luog era fort evegut — envié. »

Profitant de ces avis, s'inspirant de ses propres craintes, ayant aussi à se méfier de quelque trahison de la part de plusieurs de ses habitants, secrets partisans des Anglais, Millau se met, autant qu'il le peut, à l'abri de toute surprise. On répare les murs d'enceinte; on place des sentinelles sur le clocher de Notre-Dame, sur les points culminants de la vallée, où, pendant deux ans, on fait la garde jour et nuit; on lâche les écluses des moulins situés en amont de la ville pour inonder les faubourgs. Dans ces circonstances, il fut très heureux pour Millau d'avoir une bonne enceinte de murailles et des fossés bien remplis d'eau; les mauvaises intentions des Anglais vinrent échouer devant ces défenses.

La possession de Figeac par les Anglais était trop préjudiciable au Rouergue et aux pays limitrophes, pour qu'on les laissât maitres de ce poste. Avant la fin de ce même mois d'octobre 1371, où Figeac était tombé au pouvoir des ennemis, les états du Rouergue, auxquels assistèrent des délégués du Quercy et des montagnes d'Auvergne, se réunirent à Rodez pour traiter de la délivrance de la ville Quercynoise. Les trois ordres, par suite des vifs débats qui s'élevèrent entre eux, n'ayant pu rien décider, résolurent de soumettre l'affaire au roi de France, vers lequel ils députèrent deux de leurs membres, Pierre Ros et Raymond Garnier, consul de Millau. A leur retour, les délégués firent connaître à une nouvelle assemblée des états réunis à Rodez, le 3 janvier 1372, que Charles V les avait renvoyés devant le duc d'Anjou, son lieutenant en Languedoc.

Saisi de l'affaire, le duc d'Anjou mit tout en œuvre pour la mener à bonne fin. Ce fut en vain. Les gens d'église et la noblesse ne pouvant pas s'accorder, la plupart des communes, de leur côté, refusant tout concours au rachat de Figeac, la conclusion du traité avec les Anglais, devenait impossible. Millau, Saint Affrique et Compeyre, moins intéressées que les autres villes à l'évacuation de Figeac, à cause de l'éloignement de cette place, étaient à la tête de l'opposition communale. On eut beau assembler plusieurs fois les états, soit à Rodez, soit à Villefranche, pour décider les opposants à se rendre, la résistance fut la même. Blâmés par les états, menacés par les compagnies, impatientes de toucher le prix de leurs captures, molestés par le sénéchal qui leur suscitait mille querelles, les opposants en appelèrent succesivement au roi et au duc d'Anjou, lesquels, pour ne pas s'aliéner de puissantes communes, ralliées depuis peu à la France, accordèrent tout ce qu'on leur demandait, notamment qu'aucune personne de Millau ni de son mandement ne fût tenue de rien payer pour la finance de Figeac. « Receupen una letra de Moss. le duc d'Angous, en que mandava que neguna persona non pagues neguna causa per la finansa de Figeac. » (21 octobre 1372.)

Battu sur ce point, le sénéchal du Rouergue, suivant les conseils du comte d'Armagnac, ennemi de Millau, se mit à poursuivre cette ville; alléguant plusieurs griefs qu'il prétendait avoir contre elle, voulant, au fond, la punir de son opposition, il envoya deux garnisaires et des sergents pour l'exécuter. Il en fit autant à Saint Affrique. Millau, désirant en finir avec ces persécutions, aussi onéreuses qu'odieuses, fit sa soumission, et, sur les instances d'Astorg d'Albignac, juge-mage du Rouergue, émissaire du sénéchal et du comte d'Armagnac, promit une certaine somme d'argent pour la rançon de Figeac. Sur ces entrefaites, le docteur Jean de Saint-Sernin, délégué du duc d'Anjou en Rouergue, pour terminer cette malheureuse affaire de Figeac, arriva, avec le sénéchal, à Millau, où il convoqua, au commencement de février, toutes les communes de la sénéchaussée.

A cette assemblée assistèrent les délégués de Rodez, de Villefranche, de Sainte-Foi de

Conques, de Najac, de Peyrusse, de Villeneuve, de Saint-Antonin et de Saint-Affrique. Grâce à son esprit conciliant, Jean de Saint-Sernin apaisa toutes les querelles et obtint des communes quelles contribueraient au rachat de Figeac.

D'un autre coté, le duc d'Anjou, après avoir travaillé les gens d'église et les nobles, en Rouergue, par ses délégués, Arnaud de Landorre et Jean de Saint-Sernin, les convoqua tous à Carcassonne où, dans une assemblée générale, tenue le 22 février 1373, il parvint à terminer leur différends. Une fois d'accord sur tous les points, les trois états du Rouergue se réunirent à Peyrusse, le 14 juillet 1373, et y conclurent le traité définitif, en vertu duquel les Anglais devaient abandonner Figeac. Le seigneur de Tournemire, sénéchal du comté de Rodez, l'expédia à Millau le 23 juillet. Mais comme tout l'argent promis aux Anglais n'avait pu être payé, ceux-ci gardèrent leur place encore quelque temps.

D'après dom Veysete, (Hist. de Lang. T. IX, P. 833) les Anglais reçurent cent vingt mille francs d'or, ce qui nous semble très exagéré; selon M. de Gaujal, la part du Rouergue fut de trente-sept mille francs. Nous n'avons rien trouvé qui puisse confirmer ni contredire ces chiffres. Nous savons seulement par les livres du consul boursier de Millau, que cette ville, taxée à 800 francs, paya cette somme dont elle reçut quittance de Géraud Gausselin de Villeneuve, trésorier des états du Rouergue. Nous savons encore que, le 21 avril 1374, le le duc d'Anjou demandait à ces mêmes états, convoqués à Rodez, treize mille francs d'or « losquals disia que devian los tres estats ha Mossenhier Bertucat de Lebret de la finansa de Figeac, loscals XIII milia francs avia dats Moss. Bertucat de Lebret à Moss. d'Ango per razo de sa presa. »

Pour comprendre ces dernière lignes, il nous faut dire que Bertucat d'Albret, fait prisonnier par Philippe de Jean, seigneur de la Joannie, avait été remis par celui-ci au duc d'Anjou qui exigea pour sa rançon la somme mentionnée plus haut ; et que, sur cette somme le duc d'Anjou avait donné dix mille francs à Philippe de Jean. (Hist. du Lang. T. IX P. 833.)

Millau, en reconnaissance des services qu'il avait reçus, en cette circonstance, de Jean de Saint-Sernin. lui fit présent de six tasses d'argent, pesant six marcs et valant 44 florins ou 34 livres tournois. Jean de Saint-Sernin, docteur en droit civil et lieutenant du duc d'Anjou en Rouergue, était originaire de la petite ville de Saint-Sernin-sur-Rance ; c'est probablement dans sa maison que logea plus tard le duc de Berry, lorsque, nommé lieutenant du roi en Languedoc, il allait de Millau à Albi, pour prendre possession de son gouvernement.

Faisons remarquer, ici, que notre récit du rachat de Figeac, fondé sur les textes du consul boursier de Millau, qui raconte fort au long cette affaire, diffère sensiblement de celui qu'on trouve sur le même sujet, dans l'histoire du Languedoc. Quelque respect que nous ayons pour le texte et les notes de cet admirable ouvrage, nous ne faisons pas difficulté de ne pas le suivre, lorsque nous nous appuyons sur des documents de la plus haute certitude.

Les Anglais n'avaient pas abandonné Figeac, lorsque le duc de Lancastre, à la tête d'une armée de quatre mille hommes, descendant du nord de la France, pour aller au secours de la Guienne, attaquée sur tous les points par les Français, fit son apparition sur la frontière septentrionale du Rouergue. Le 14 décembre 1373, les consuls d'Entraygues et Jean de Ténières d'Espalion mandent aux consuls de Millau que les troupes anglaises sont à Montsalvy et au Mur-de-Barrez, et qu'elles se proposent de venir ravager le Rouergue. Cette fois, on en fut quitte pour la peur. Le duc de Lancastre, laissant le Rouergue sur sa gauche, continua sa marche et se précipita sur le Quercy et sur le Limousin. A son approche, « Tuela, Martels, Belloc, Demanac » et d'autres villes se révoltèrent contre les Français et se déclarèrent pour l'Angleterre. Ces renseignements, transmis à Millau par le sénéchal du Rouergue, furent confirmés par Jean de Ténières ; cet ami particulier de nos consuls les engageait fortement, dans sa lettre, à bien garder leur ville.

Le conseil était sage. Les bandes anglaises qui couraient alors en Rouergue et en Gévaudan, se sentant appuyées par les troupes du duc de Lancastre, redevenu maître d'une partie du Quercy, pouvaient très-bien, en réunissant leurs forces, s'emparer de Millau.

Dans le mois de mai de l'année 1373, mourut Jean I, comte d'Armagnac, de Fézenzac et de Rodez, vicomte de Lomagne et d'Auvilar. Ce puissant personnage, fils de Bernard VI d'Armagnac et de Cécile de Rodez, avait porté les armes pendant cinquante-quatre ans, sous sept rois de France et rendu de grands services au pays. Pris deux fois à la guerre en Lombardie, par les seigneurs d'Este et de Ferrare, à Launac par le comte de Foix, sa double rançon lui coûta trois cents vingt mille francs que ses vassaux fournirent en très grande partie. Nommé, à plusieurs reprises, lieutenant du roi en Languedoc, il gouverna, avec sagesse cette belle et riche province, y fit la guerre aux Anglais avec succès et fut le véritable auteur de la révolution qui les chassa d'abord du Rouergue, et plus tard des provinces limitrophes. Le mariage de sa fille ainée avec le frère du roi Jean, comte de Poitiers, puis duc de Berry, mit le comble à sa fortune. Cette alliance avec la famille royale fit de la sienne une des plus influentes du midi de la France : ce qui augmenta et entretint la rivalité de la maison de Foix et de celle d'Armagnac, rivalité qui fut funeste à toutes les deux et plus encore à leurs vassaux. Le comte d'Armagnac aima le roi et lui fut constamment fidèle. Aussi, en mourant, emporta-t-il l'estime de son prince et la reconnaissance des peuples.

Les auteurs ne sont pas d'accord sur le lieu de sa mort ni sur celui de sa sépulture. Les uns le font mourir à Beaumont de Lomagne ; les autres, à Gages, château situé dans le diocèse de Rodez, à trois lieues de cette ville, et non dans le diocèse de Vabres, comme le porte, par erreur, l'Histoire du Languedoc. Le premier sentiment est le plus probable, attendu que, quelques jours avant sa mort, le comte se trouvait à Beaumont, et que, d'un autre côté, s'il était mort à Gages, on aurait, selon l'usage, invité les consuls de Millau à ses funérailles. Or, dans le livre des comptes du consul boursier pour l'année 1373, qui est très complet, il n'est fait aucune mention de la mort ni des obsèques du comte Jean I d'Armagnac.

Son fils Jean II, héritier de ses titres, de ses domaines et de sa pension de cent mille francs, réduite depuis peu à trente mille, va figurer, dans cette histoire, assez tristement, pendant l'espace de dix ans. Ce comte, surnommé *le Gras* et *le Bossu*, eut une conduite aussi difforme que son corps. Après avoir vaillamment combattu les Anglais, dans sa jeunesse, et contribué efficacement à les chasser du Rouergue et des provinces limitrophes, il aurait fini par se faire Anglais, si une fin prématurée n'était venu le délivrer des engagements honteux qu'il avait pris avec le roi d'Angleterre.

Après la mort de son père, le nouveau comte de Rodez fut nommé gouverneur du Languedoc et capitaine général des guerres par le duc d'Anjou qui alla faire un voyage en France. Jean II convoqua alors deux fois les trois Etats du Rouergue, à Rodez, et leur demanda des subsides pour l'entretien de deux cents lances, pendant trois mois, promettant que le quart de la dépense serait supporté par le roi. Les états rejetèrent ces propositions et se contentèrent de voter un secours de cinq mille francs qui fut payé exactement. La part de Millau fut de 83 francs 3 gros et 8 deniers (novembre 1373). Reconnaissons que le subside voté par les états au comte d'Armagnac était insuffisant pour pouvoir bien faire garder le Rouergue. Aussi les routiers étaient-ils les maîtres sur les voies publiques et dans le plat pays : ils y pratiquaient impunément leur singulière industrie. Le 22 mars, Guilhem Manoasca, consul de Millau, se rendant aux états de Rodez avec son valet, fut complètement détroussé, entre Ceignac et Rodez, par une bande de ces malfaiteurs. On lui prit son épée, un couteau, deux manteaux dont un tout neuf, sa ceinture, son roussin de louage, sa malle, où étaient renfermés ses habits consulaires, et quatre livres tournois qu'on lui avait données pour ses frais de voyage. Ces diverses pertes, estimées très consciencieusement, s'élevèrent à la somme de vingt livres, que la ville remboursa. En ce temps, pour voyager sûrement, il fallait avoir un sauf conduit, ou se faire escorter par les gens d'armes. C'est ce dernier parti que prit Jean de Cardaillac, patriarche d'Alexandrie et administrateur de l'évêché de Rodez, lorsqu'il revenait d'Avignon. Arrivé à Lodève, il pria le capitaine Benezet Lombard de l'accompagner avec quelques uns de ses hommes d'armes jusqu'à Rodez. Passant à Millau, le prélat et son escorte y furent très bien reçus et on leur fit à tous les présents d'usage.

Peu de temps après, le duc d'Anjou, étant revenu de son voyage, reprit le gouvernement de la Province et se mit en mesure de résister au duc de Lancastre, dont les progrès en Guienne étaient forts alarmants. Il leva des troupes, fit appel à la noblesse, forma une armée aux environs de Toulouse et, probablement, pour fortifier son autorité autant que pour sauvegarder sa responsabilité dans le grand projet qu'il méditait, il manda venir à Montauban des délégués de toutes les grosses communes de son gouvernement. Dans la lettre de convocation, il ordonnait « que los dighs comus que mandava fosson en son cosselh, per razo de la jornada que avia empreza am lo duc de Lancastre, en las plassas de Montalba et de Moissac, entre Garona e Tarn ; ezaqui cascun devia esser, am tot lur poder, lendema de Paschas, per far camp de batalha. » Le duc ajoutait que Millau lui députât deux consuls qu'il désignait et deux autres conseillers.

Le vendredi 10 mars 1374, Raymond de Voncs, Raymond Garnier et Jean Tiffi, délégués de Millau, se mirent en route pour Montauban, et, comme la caisse municipale était vide, on emprunta la somme nécessaire pour les frais du voyage, qui dura vingt-sept jours et coûta cinquante-sept livres tournois. Rodez, Saint-Affrique, Peyrusse et toutes les autres communes importantes de notre province envoyèrent aussi des délégués. Le comte d'Armagnac, le sénéchal du Rouergue s'y rendirent également, emmenant les troupes que chacun avait à sa disposition. Marquis de Beaufort, seigneur de Canillac, en Gévaudan, et frère du pape Grégoire XI alors régnant, et beaucoup d'autres feudataires allèrent aussi à Montauban. Le seigneur de Canillac menait avec lui cent hommes à cheval.

La bataille avait été fixée au lendemain de *Quosimodo*, c'est-à-dire au dix avril, jour où finissaient les fêtes de Pâques. Le duc d'Anjou, auteur de ce grand projet, l'abandonna au moment où tout était prêt pour le mettre à exécution. Il convoqua alors les députés des communes à Toulouse, les réunit en assemblée et leur proposa, entre autres choses, de mettre une imposition de douze deniers par livre sur la vente des marchandises. Les députés du Rouergue ne voulurent rien promettre avant d'avoir consulté leurs commettants, qui leur firent savoir de ne voter aucun subside. Le duc d'Anjou voulant passer outre et exiger du Rouergue l'aide de douze deniers par livre sur la vente des marchandises, les communes, après s'être entendues, dans diverses réunions particulières, décidèrent d'en appeler au roi contre cette imposition, et envoyèrent à Paris trois consuls, un de la cité de Rodez, un autre de St-Affrique et le troisième de Millau. Ces députés étaient chargés de remettre au conseil du roi « una supplication en lacal se contenia totz los captivatges del païs » les lourdes charges imposées aux villes et en particulier à Millau. Ce voyage qui dura quarante-deux jours et coûta à la ville cinquante-sept livres tournois, ne fut pas inutile. Le roi déchargea, pour cette fois, le Rouergue de la gabelle des douze deniers par livre imposée à cette sénéchaussée ; en reconnaissance de ce bienfait, les communes votèrent au duc d'Anjou un don gracieux de dix mille francs qui fut réparti à Rodez dans le mois d'octobre 1374.

Dans ce que nous venons de raconter relativement aux courses des routiers en Rouergue, rien n'est exagéré ; nous sommes plutôt resté au-dessous de la vérité, faute de documents plus précis sur le sujet. Ce qui nous étonne dans l'histoire de ce temps, c'est la conduite de ceux qui gouvernaient la société. Au lieu de traiter avec les compagnies, d'avoir pour elles tant de ménagements, de faire avec elles des trêves continuelles, enfin de leur racheter à prix d'argent les places prises, n'aurait-on pas mieux agi d'armer toutes les classes de la société et de les lancer à la poursuite de ces brigands? Les compagnies n'auraient pas longtemps tenu devant une attaque générale de la nation française. Il fallait faire partout ce qu'on fit en plusieurs endroits, notamment à Béziers, à l'époque où nous sommes arrivés.

Dans le courant du mois d'août 1374, Jean Théron, capitaine de la garde bourgeoise,

Durand Sellier, son lieutenant, et plusieurs autres habitants de Béziers s'étant mis en campagne contre les routiers, qui ravageaient les environs de leur ville, les attaquèrent hardiment, en prirent quinze qu'ils enfermèrent dans la tour Venteuse. Puis, dans l'obscurité de la nuit, ils les jetèrent, baillonnés, pieds et mains liés, dans les flots de l'Orb qui coulait le long des murs de Béziers.

Quelques années avant ce que nous venons de raconter, on avait vu dans les environs de Compiègne, ce que peuvent des hommes de cœur quand il s'agit de défendre le sol natal. Guillaume l'Aloue et son valet, le grand Ferré, aidés par leurs camarades, les paysans du voisinage, se mettent à la poursuite des routiers, bien déterminés à ne faire quartier à personne. Dans ces combats que ces braves paysans livrent à leurs ennemis, ils en tuent plus de cent, parmi lesquels on comptait vingt-quatre chevaliers. Quelques années de cette guerre à outrance et sans merci, aurait purgé la France de ces armées de brigands, trop enhardis par l'impunité. Ce qui manqua à nos populations, ce fut l'impulsion et la direction que les chefs auraient dû leur donner. Cette vérité ressortira d'une manière encore plus évidente dans le chapitre suivant où nous allons raconter la prise de Carlat par les Anglais et ses funestes conséquences.

Le sommaire incomplet de ce dernier chapitre sera rectifié à la table.

CHAPITRE DOUZIÈME

Les Anglais s'emparent de Carlat. Le capitaine Pierre de Galard. Prise de Peyrelade, de la Liquisse et de Saint-Jean-du-Bruel par les routiers. Voyage du duc d'Anjou en Rouergue. Etats de Rodez. Jean de Cardaillac, patriarche d'Alexandrie et administrateur de l'évêché de Rodez. Bertrand de Cardaillac, prétendu évêque de Rodez. Le commandeur de Bellechassaigne. Etats du Rouergue tenus à Rodez. Traités du comte d'Armagnac avec les routiers de Carlat, etc. Olivier de Malechat est battu par les Anglais à la Couvertoirade. Nouvelles courses de Pierre de Galard en Rouergue. Les Etats du Rouergue votent deux cents lances pour la défense du pays. Les Anglais de la forteresse d'Ansols. Millau fait raser ses faubourgs. Massacre à Montpellier du sénéchal du Rouergue.

1375-1380

Le château de Carlat, qui remonte, dit-on, à l'époque carlovingienne, était une des plus fortes places de la Haute-Auvergne. De tous côtés environné de rochers escarpés, il ne communiquait avec la campagne que par un étroit chemin. Il est probable qu'il n'était ni en bon état, ni bien défendu, lorsque les routiers s'en emparèrent au mois de janvier 1375. La prise de cette forteresse, destinée à un renom maudit, fut une calamité pour l'Auvergne et les provinces limitrophes, pendant les dix-huit ans qu'elle servit de refuge aux gens des compagnies.

Maîtres de Carlat, les Anglais ne tardèrent

pas à s'emparer de plusieurs autres places des environs, telles que Ansols, Comiac, Fortunier, Sailhans, etc. Quand ils se furent bien établis dans cette partie montueuse de l'Auvergne, ils en sortaient par bandes nombreuses et allaient faire des incursions en Gévaudan, en Rouergue, en Quercy, jusqu'aux portes de Toulouse et de Nîmes. Un de leurs premiers exploits fut la défaite d'un fort parti de gens d'armes, commandés par le sire d'Apchier, qui fut fait prisonnier avec plusieurs hommes de sa troupe et amené à Carlat. *(Hist. du Lang. T. X, p. 1594.)*

Sous l'impulsion du gouverneur du Languedoc, les Etats du Rouergue se réunirent, très souvent, à Rodez et à Sauveterre, pour délibérer sur la manière de reprendre Carlat et Comiac. Les uns voulaient qu'on eût recours aux armes, les autres, à l'argent dont on savait les compagnies fort avides. A la fin, on s'arrêta à ce dernier moyen. Aux Etats tenus à Rodez le 4 avril 1375, on vota donc un subside de vingt-huit mille francs pour racheter les places prises par les Anglais. Mais comme la levée de cette imposition fut lente et difficile, les routiers continuèrent à rester maîtres de leurs forteresses et à exercer leurs déprédations accoutumées.

Ne tenant aucun compte de la trêve, signée à Bruges entre la France et l'Angleterre, laquelle devait durer du 27 juin 1375, au 27 juin 1376, les Anglais de Carlat se répandirent dans le Rouergue et le sillonnèrent en tout sens pour le piller. Au mois de mars des coureurs sont signalés à Saint-Sever, à Rebourguil, sur le Larzac où ils capturent une grande quantité de bestiaux. Au mois d'août, Pierre de Galard, un des chefs de la garnison de Carlat, homme sans foi ni loi, tour-à-tour français et anglais, sort de son repaire et ravage Aubrac, Alpuech, la Guiole, Montpeyroux, Lunel, Prades, Bonnefont, Bozouls et une foule d'autres lieux situés au nord du Rouergue. C'est en cette circonstance que le dom d'Aubrac acheta, pour quelques mois, la paix aux routiers en leur donnant trois cents francs d'argent et dix-neuf pièces de drap qui avaient coûté trois cents cinquante-un francs.

Après avoir rançonné le Rouergue, Pierre de Galard alla dans le Haut Languedoc, où il prit Barjac sur la Céze. Il ravagea ensuite les contrées environnantes et fut sur le point de s'emparer d'Alais, par la trahison de Bernard Pelet, coseigneur de cette ville. Dans l'enquête que la justice fit alors contre ce traître, on trouve des détails peu édifiants sur la vie de cet insigne bandit qui, comme nous le verrons plus bas, vint mourir à Rodez, sous la protection du comte d'Armagnac. (Voir cette enquête rapportée par M. Molinier dans *l'Hist. du Lang.*, t. X, p. *1555*.)

Toujours dans l'année 1375, d'autres bandes de routiers, venant de Rodez et ayant pour chefs le bâtard de Landorre, Benezet Lombard, Jacques de Vuray, Jacomart et un Maure d'Espagne, appelé « lo negre de Valencia » envahirent la Haute-Marche du Rouergue. Dans le mois de septembre quelques unes de ces compagnies étaient sous les murs de Millau. Les consuls laissèrent entrer dans la ville Jacomart et Benezet Lombard, auxquels ils firent même des présents. Le Nègre de Valence qui en fut repoussé « ce tenc per mal content de nos » fait remarquer le consul boursier. Je le crois sans peine. L'affront était de nature à irriter ce maure, qui devait être un franc bandit.

Durant plusieurs mois, ces compagnies, qui reconnaissaient pour capitaine général Bertucat d'Albret, grand ami du comte d'Armagnac, séjournèrent dans les environs de Millau. On les voit tantôt à Saint-Georges-de-Luzençon, tantôt à la Liquisse, tantôt à Saint-Rome-de-Tarn. Un jour, le routier Amaluset vient à Millau dire aux consuls « que d'alcus companhos de la *cambra* del bastard de Landorra eron alotjats à Comprimiahc, e que hom lur trameses presen, seque no quels farian damnatge à la vila. »

Après avoir erré quelque temps dans le pays, allant d'un village à un autre, ces compagnies finirent par s'emparer du fort de la Liquisse, de Saint-Jean-du-Bruel et de Peyrelade.

Les habitants de Millau et de Compeyre, qui avaient beaucoup à souffrir du voisinage de ces voleurs, font ce qu'ils peuvent pour modérer leurs rapines. Ils leur envoient des vivres; ils accueillent bien leurs chefs quand ils viennent en ville. Peu touchés de ces politesses, les routiers continuent leurs déprédations. Un jour, un petit détachement de ces brigands s'étant emparé des troupeaux de l'hôpital du Larzac, les conduisaient à Peyrelade. Avertis de ce vol, les habitants de Millau se mettent à la poursuite des routiers, les atteignent au passage de la Dourbie et leur font lâcher prise, après les avoir rudement maltraités. Exaspérés de ces violences bien méritées cependant, les brigands de Peyrelade entrent en fureur, et menacent hautement tous les habitants du taillable de Millau, des plus cruelles représailles. Les gens de Compeyre qui dans une circonstance semblable avaient fait éprouver un échec pareil, sont aussi fortement menacés. Les routiers n'épargnent ni les uns ni les autres et exercent les plus cruelles représailles. Millau et Compeyre, fatigués de ces brigandages en donnent connaissance au comte d'Armagnac et le prient, à plusieurs reprises, de les faire cesser.

Bertucat d'Albret, au nom du comte d'Armagnac, est député aux compagnies de Peyrelade, pour traiter avec elles de l'évacuation des places qu'elles occupent dans le pays. Ce chef reconnu des routiers vient à Millau où il est bien traité. Les consuls le supplient de vouloir bien intervenir, en leur faveur, auprès de ses compagnons d'armes et de calmer leur fureur, et, comme preuve de leurs bonnes dispositions, ils lui remettent une lettre dans laquelle ils s'excusent « de la scaramoucha que avian facha los gens d'Amelhau à los lurs. » Bertucat d'Albret ayant échoué dans sa mission, le comte d'Armagnac envoya son sénéchal, le seigneur de Tournemire, pour traiter l'affaire à Peyrelade même. Sur ses représentations jointes aux plus pressantes prières, les routiers consentent à évacuer les postes qu'ils occupent, à la condition que le comte d'Armagnac les prendra à ses gages ou leur donnera « cavensa » dans quelques autres places. Ces conditions n'ayant pas été acceptées, d'Armagnac obtint du duc d'Anjou un ordre qui obligeait les routiers à sortir du Rouergue; ce qui fut exécuté dans les premiers jours de mai 1376.

Après avoir quitté Peyrelade, la Liquisse et Saint-Jean-du-Bruel, ces routiers allèrent dans les Cévennes, aux environs de la montagne de l'Espérou d'où ils rançonnèrent le Vigan, Sommières, Saint-Georges, la Vérune, Gigean, Loupian et une foule d'autres localités. Plus tard, nous retrouverons ces mêmes compagnies avec leurs chefs, aux environs de Saint-Antonin, enfin dans les plaines de l'Albigeois, où le comte de Foix leur fera expier chèrement tous leurs brigandages.

Dans le même temps que les routiers de Peyrelade ravageaient le Larzac, les vallées de la Dourbie et du Tarn, plusieurs compagnies, sorties de Carlat, traversaient le Gévaudan et pénétraient en Rouergue par la Canourgue. Le 28 mars 1376, les consuls de Compeyre apprennent par lettre à ceux de Millau que ces terribles ennemis avaient mis le feu aux faubourgs de la Panouse de Sévérac. Après cet exploit ils se répandent sur la montagne du

Lévézou ; le premier mai, ils campent à Mauriac. D'autres compagnies, parties du même repaire, et dont le chef principal était le bâtard d'Armagnac, traversent le Rouergue du nord à l'ouest et vont exercer leurs brigandages jusqu'aux portes de Toulouse où résidait la duchesse d'Anjou. Révoltée et plus encore effrayée d'une pareille audace, cette princesse, en l'absence de son mari, ordonne au Viguier de Toulouse, de porter ses plaintes au comte d'Armagnac et de le prier de faire cesser les courses de ces routiers qu'elle dit être des gens du comte, ce qui, dans les circonstances présentes, aggravait le scandale. Cette lettre de la princesse d'Anjou, écrite au Viguier de Toulouse, est rapportée dans l'histoire du Languedoc, tome X, page 1546, sous la date du 5 octobre 1376.

Ici, les livres de nos consuls boursiers nous faisant défaut, pour l'espace de dix-huit mois nous remplirons cette lacune, causée par la perte des registres consulaires, à l'aide de l'Histoire du Languedoc et des notes que M. A. Molinier y a ajoutées. C'est donc aux auteurs de cet ouvrage que nous enpruntons la page suivante.

» Au mois d'avril 1377, le duc d'Anjou fit un voyage en Rouergue. Le 19 de ce mois, il présida les états de cette province qui lui accordèrent un franc et demi d'or par feu pour chasser les ennemis qui tenaient diverses places dans le pays. Il passa en Rouergue le reste du mois d'avril et une partie du mois de mai, à la tête d'un corps d'armée qu'il employa à faire la guerre aux gens des compagnies et aux Anglais dans le dessein de les chasser du pays. » (Texte de dom Vaissete.)

« Les places fortes occupées par l'ennemi étaient presque toutes situées soit dans la haute Auvergne, soit sur les limites de ce pays et du Rouergue. La plus importante était Carlat qui resta si longtemps entre les mains des Anglais. Aux états de Rodez, on décida d'assiéger cette place ; le duc de Berry se chargea de la conduite de cette affaire et promit de s'associer le duc de Bourbon ; il fut convenu que le duc d'Anjou donnerait à son frère la somme de trois mille francs d'or, pour payer deux cents hommes d'armes pendant un mois.

L'affaire traîna en longueur et, des reconnaissances ayant été faites autour de la place, il devint évident que le siège serait une grosse et difficile entreprise, qu'il faudrait y employer des machines de guerre ; on estima à quatre mois le temps nécessaire pour mener l'expédition à bonne fin, et on se promit de commencer le premier juillet. Le duc d'Anjou consentit, par lettres données à Bicêtre près Paris le 28 juin, à accorder le secours par lui promis pour chacun des quatre mois, c'est-à-dire pour juillet, août, septembre et octobre. » (Note de M. A Molinier.) D'après cette lettre du duc d'Anjou, ces subsides devaient être pris par moitié sur les aides du Rouergue et sur celles du Velay, du Vivarais et du Valentinois, pays qui dépendait du baillage du Vivarais.

Pendant le long séjour que le duc d'Anjou

fit dans notre province, il dut passer une notable partie de son temps auprès de son ami Jean de Cardaillac, patriarche d'Alexandrie et administrateur du diocèse de Rodez. Depuis peu le gouverneur du Languedoc en avait fait son conseiller aux gages de huit francs d'or par jour, et bientôt il allait en faire un archevêque de Toulouse. Et comme le duc d'Anjou était sur le point de devenir père pour la première fois, ce prince dut alors s'entendre avec l'évêque de Rodez, afin que celui-ci conférât le baptême à l'enfant que la duchesse allait mettre au monde sous peu de mois. Effectivement l'enfant naquit le 7 octobre suivant et le patriarche d'Alexandrie baptisa, à Toulouse, le petit prince Louis, fils aîné du duc d'Anjou et futur roi de Sicile. Comme ami et conseiller du lieutenant du roi en Languedoc, comme évêque de Rodez et un des plus illustres prélats qui aient gouverné ce diocèse, le patriarche d'Alexandrie mérite que nous fixions notre attention sur sa vie, étrangement défigurée par nos historiens.

Jean de Cardaillac vint au monde au château de Cardaillac, dans le Quercy. Sa famille l'envoya à Toulouse pour faire ses études ; quand elles furent finies il professa le droit dans l'université de cette ville. En 1350, ayant été délégué par ses collègues, auprès de Clément VI, limousin d'origine, ce pape lettré l'entendit parler en public, devina son mérite et le nomma évêque d'Orense, en Espagne. Huit ou neuf ans après, il fut promu à l'archevêché de Braga, en Portugal. Don Pédro, roi de ce pays, voulant réhabiliter la mémoire d'Inès de Castro, son épouse, dont tout le monde connaît la fin tragique, et lui faire des funérailles royales, chargea l'archevêque de Braga de prononcer son oraison funèbre, en présence de tous les États du royaume. Ce choix le désigna à la vengeance des ennemis de don Pédro, qui, après sa défaite, eut le regret de voir ses plus fidèles serviteurs emprisonnés ou bannis par ses adversaires politiques. L'archevêque de Braga fut de ce nombre. Retenu en prison pendant longtemps, il ne dût son salut, d'après ce qu'il affirmait, qu'à la protection surnaturelle de saint Thomas d'Aquin à qui il voua un culte filial, dont il se fit l'ardent propagateur à Toulouse, quand il fut nommé archevêque de cette ville.

Rentré en France, il fut employé par Urbain V, à diverses missions politiques en Italie. Le successeur d'Urbain, Grégoire XI, voulant reconnaître les services de Jean de Cardaillac, et, en même temps, le dédommager de l'abandon qu'il venait de faire entre ses mains, de l'archevêque de Braga, lui conféra le titre de patriarche d'Alexandrie et le chargea de l'administration du diocèse de Rodez, devenu vacant par la translation de Faydit d'Aigrefeuille à l'archevêché d'Avignon.

D'après l'inventaire des archives de Rodez, et tous les historiens bien renseignés, le nouvel évêque de Rodez prit possesion de son siège le 24 juin 1371. Les livres de nos consuls boursiers marquent qu'à deux reprises, le 9 juin 1373, et le 31 août 1375, Jean de Cardaillac passa à Millau où il fut reçu avec les honneurs dus à son rang et à son mérite qui, en effet, étaient très grands. A une science étendue du droit, à une habileté diplomatique bien reconnue, il joignait une élégance et une facilité de parole qui en firent un des orateurs sacrés les plus goûtés de son temps. Partout où il prêcha — et il prêcha en beaucoup de pays — en Espagne, en Portugal, en Italie, à Paris, à Avignon, à Toulouse, à Rodez, les foules entouraient sa chaire. Ses sermons, qui ne sont plus du goût de notre temps, faisaient les délices de nos pères : Toulouse les possède en manuscrit.

La carrière politique de notre patriarche ne fut pas moins brillante que sa carrière ecclésiastique. Un an après sa nomination à l'évêché de Rodez, le pape Grégoire XI lui confia une importante mission auprès de Charles IV, empereur d'Allemagne, prince très lettré, qu'il s'agissait de réconcilier avec le roi de Bohême, afin que tous les deux, d'ennemis devenant alliés, tournassent leurs armes contre Bernabos, qui bouleversait l'Italie et empêchait le pape de rentrer à Rome. Le légat, dont les négociations avaient eu un plein succès, rentra à Avignon et rendit compte de sa mission au pape, dans un discours qu'il prononça devant la cour pontificale ; ce discours fait partie de ses œuvres.

Jean de Cardaillac jouit aussi d'un grand crédit auprès d'Henri de Transtamare. Ce prince, que nous avons vu guerroyer en Languedoc contre les Anglais, ayant eu l'occasion de voir, en Castille, Jean de Cardillac, alors archevêque de Braga, distingua son mérite, lui donna sa confiance et l'envoya comme son ambassadeur auprès du pape, avec mission de l'instruire sur les graves évènements qui venaient de se passer en Espagne.

Le patriarche d'Alexandrie resta sept ans au moins évêque de Rodez ; en 1378, il administrait encore ce diocèse. Nous en avons la preuve dans l'*Histoire de la cathédrale de Rodez* que nous a laissée notre regretté ami, M. Bion de Marlavagne. A la page 189 de cet excellent ouvrage nous trouvons ce qui suit : « Jean de Cardaillac patriarche d'Alexandrie et administrateur de l'évêché de Rodez fit décorer la chapelle de Saint-Joseph et la dédia aux saints Archanges Michel et Gabriel. Par acte du 7 mars 1378, il fonde deux chapellenies, un anniversaire et une *pitance*, pour le jour de la fête des patrons de la chapelle. Il avait obtenu du pape Grégoire XI l'autorisation de doter toutes ces fondations, avec des biens pris dans la mense épiscopale. » C'est donc dans le courant de l'année 1378 que Jean de Cardaillac quitta le siège de Rodez pour aller occuper celui de Toulouse. Il dut cette élévation au duc d'Anjou qui voulut l'avoir pour premier pasteur de la ville capitale de son gouvernement où d'habitude il résidait avec sa famille. (1)

---

(1) Jean de Cardaillac mourut à Toulouse et fut enterré dans le chœur de l'Eglise Saint Etienne où on lisait autrefois sur son tombeau l'épitaphe suivante rapportée par Lafaille, t. I, p. 146 :

« Hic est sepultus reverendissimus in christo P. D. de Cardail-

Jean de Cardaillac avait un frère appelé Bertrand, qui mourut à Montauban dont il était évêque, quelque temps avant l'année 1370.

Après avoir raconté les évènements de l'année 1377, il nous reste à examiner un fait de ce temps, que les historiens du Rouergue rapportent chacun à sa manière et auquel ils mêlent les Anglais, le duc d'Anjou, les deux évêques Bertrand et Jean de Cardaillac, les consuls et le peuple de Rodez. Voici le récit de ce fait étrange, tel que nous le trouvons dans M. de Gaujal, pages 226 et 227 des *Annales du Rouergue*.

« Jean de Cardaillac, patriarche d'Alexandrie, était administrateur du diocèse de Rodez depuis 1371. Son neveu, seigneur de Bioule, en Quercy, lui rendit visite, cette année (1377), avec une suite nombreuse de chevaliers et de gentilshommes. Ce cortège considérable excita les alarmes parmi les habitants de Rodez qui crurent, quoique sans fondement, que les Cardaillac étaient partisans des Anglais. En conséquence ils prennent les armes, attaquent le palais épiscopal, blessent plusieurs domestiques de l'évêque et forcent enfin le seigneur de Bioule à se retirer. Jean de Cardaillac se plaignit au duc d'Anjou qui connaissait son dévouement à la France. Les plaintes de ce prélat n'étaient pas le seul grief de ce prince

---

laco, Dei gracià patriarcha Alexandrinus administrator perpetuus Ecclesiæ et archiepiscopatus Tolosani, qui obiit die septima mensis octobris anno Domini MCCCLXXXX, cujus anima requiescat in pace. »

contre les habitants de Rodez. Il leur reprochait de s'être opposés, malgré le consentement des Etats, à une levée de deniers qu'il avait ordonnée pour faire évacuer Figeac, et leur attribuait, en conséquence, les maux et les dommages qui avaient été la suite de cette tardive évacuation. Aussi les condamna-t-il à des amendes et les priva-t-il du consulat et de la faculté de s'assembler.

« Le duc d'Anjou s'étant postérieurement rendu à Rodez, les consuls lui présentèrent requête pour le supplier de rétracter sa sentence et l'évêque se joignit à eux : le duc, accédant à leurs prières, rétablit la ville dans son ancien état. »

Bertrand de Cardaillac, évêque de Montauban, mort sur son siège avant 1370, ne fut jamais évêque de Rodez, ni chancelier du Prince d'Aquitaine ; c'est certain. Il n'a donc pas pu être accusé de pactiser avec les Anglais, par les habitants de Rodez, ni être chassé par eux de leur ville, où il ne mit jamais les pieds ; enfin, il n'a pas eu son frère Jean pour successeur sur un siège qu'il n'occupait pas à sa mort. Quant au patriarche d'Alexandrie, devenu évêque administrateur du diocèse de Rodez par suite de la translation de Faydit d'Aigrefeuille à l'archevêché d'Avignon, il prit possession de son siège dans le courant de l'année 1371. A cette époque, Rodez était une ville tout à fait française, bien gardée par les autorités locales, très-dévouées au roi. Son nouvel évêque très-estimé du pape, fort connu du comte d'Armagnac et du duc d'Anjou, dont il allait sous peu devenir le conseiller, l'ami et l'hôte, était lui-même un chaud partisan de la France, reconnu pour tel et, à ce titre, nommé à Rodez. Après cela, comment supposer que ce prélat ait pu être soupçonné de trahison envers la France et traité aussi brutalement qu'on le dit par les habitants de sa ville épiscopale ! En ces circonstances, Rodez ne fut pas puni pour une faute qu'il n'avait pas commise ; et le duc d'Anjou n'eut pas à rétablir la ville dans les privilèges qu'elle n'avait pas perdus. Faisons remarquer, en finissant, que les auteurs des récits que nous réfutons n'ont donné la date ni du jour, ni du mois où ils placent les évènements qu'ils racontent : qu'ils parlent très confusément des consulats de Rodez qui étaient au nombre de deux ; celui du Bourg et celui de la Cité ; qu'enfin aucun d'eux ne rapporte les faits de la même manière ; d'où nous concluons qu'il faut les rejeter, et effacer des annales de Rodez ces fables qui les déshonorent.

Veut-on savoir maintenant ce qui a donné lieu à l'étrange histoire que nous venons d'examiner ? Le voici. Il est assez curieux de connaître la manière dont se forment les légendes.

En 1347, l'évêque de Saint-Papoul, Guillaume de Cardaillac, de la même famille que les frères Bertrand et Jean de Cardaillac, fut accusé d'être d'intelligence avec les Anglais et de les avoir reçus dans son diocèse. Sur cette accusation, on le fit arrêter et conduire en prison, à Toulouse, avec quelques ecclésiastiques de sa maison et tous ses domestiques.

Plus tard, reconnu innocent, il fut mis en liberté et reprit le gouvernement de son diocèse. (Hist. du Lang. T. IX, p. 600).

Sur cette donnée vraie et sur quelques autres faits, rapportés par Froissart et reconnus aujourd'hui comme faux, les auteurs de nos annales, Sicard, Bonal, Bosc et de Gaujal, se copiant les uns les autres, ont tous attribué aux évêques de Rodez la malheureuse aventure de l'évêque de Saint Papoul et nous l'ont transmise avec une confiance qui a fait illusion aux lecteurs jusqu'à nos jours. Appropriant son récit aux temps, aux lieux, aux personnes qu'il mettait en scène, chacun de ces écrivains y a ajouté quelques traits nouveaux, pittoresques, afin de rendre la narration plus intéressante ou plus tragique. On pourra juger des transformations et des embellissements qu'a subis cette histoire par le récit primitif qu'en a fait Sicard, dans son *Ruthena Christiana* et que nous mettons en note dans toute sa pureté native. (1)

Après cette discussion historique qu'on trouvera peut-être un peu longue, mais que nous avons cru nécessaire pour rétablir la vérité de certains faits horriblement défigurés

---

(1) In publicis Ruthenæ monumentis legitur, quod pulsis a dictâ civitate Anglis, Bertrandus (Bertrand de Cardaillac) Ruthenem advolavit, causamque muniis pontificalibus fungi insimulans, ingentem Anglorum copiam in Episcopium, muris publicis conterminum introduxerit, ut, vi civitatem invaderet, Anglorum dominio restituendam. Quâ re notâ, incoli, irâ maximoque furore concitati, arripiunt arma, Episcopium obsident, Bertrando Anglisque quos evocaverat fugatis et abire coactis.

par nos devanciers, revenons au duc d'Anjou que nous avons laissé à Rodez. Son voyage en Rouergue, ses projets de guerre aux Anglais, le vote des subsides par les Etats de la Province n'eurent pas un grand résultat. On racheta Belcastel et Balaguier, deux petits châteaux forts, situés, le premier en Rouergue, le second dans le Quercy. Les habitants de Sauveterre obtinrent du gouverneur du Languedoc un secours de soixante francs, applicables aux réparations des murailles de la ville et de la forteresse dont une partie s'était écroulée. (7 mai 1377). Il accorda aussi aux consuls et aux habitants de la cité de Rodez une lettre de grâce pour les fautes qu'ils avaient commises dans leurs rapports avec les ennemis de l'Etat. A cette époque, Rodez, comme toutes les villes de la Province, ouvrait très facilement ses portes aux Anglais qui, au grand contentement des hôteliers et des marchands, venaient y boire et manger, vendre et acheter. Ces visites fréquentes des routiers aux Ruthénois, quoique autorisées dans quelques cas particuliers par les supérieurs, et réglementées par les consuls, étaient presque toujours faites en fraude de la loi qui les interdisait formellement. Les consuls de Rodez, voulant se mettre à l'abri de toute poursuite ultérieure de la part de la justice, demandèrent une lettre de rémission au duc d'Anjou qui s'empressa de la leur accorder. Plus tard le roi en donna d'autres pareilles à Rodez et aux autres villes du Rouergue, toujours pour le même objet.

Ces contraventions aux ordonnances royales ne doivent pas nous étonner. Elles découlaient nécessairement de la triste situation sociale où l'on se trouvait alors. Le pays envahi par les Anglais était pauvre, pressuré, mal défendu ; les routiers, au contraire, formant dans l'état un corps armé et puissant, étaient riches et, avec l'argent qu'ils arrachaient par force aux villes et aux campagnes, ils pouvaient satisfaire leurs besoins. Pourquoi alors leur interdire l'entrée des villes et se priver avec eux de rapports pour elles très avantageux à tous les points de vue ? Ainsi raisonnait le peuple des villes et des campagnes. Aussi voit-on Rodez demander avec instance aux autorités locales la permission de fréquenter les Anglais et payer bien cher l'autorisation qu'on lui accorde de les recevoir dans ses murs. (Inv. des Archives de Rodez, CC. 128. Bourg).

Enfin le duc d'Anjou, avant de quitter Rodez, confia la garde du Rouergue à Guillaume le Roy et à Guillaume de Soubers, qui se qualifièrent maréchaux du duc d'Anjou. (Hist. du Lang. t. XI, p. 860). Etant privé de nos guides ordinaires, nous ne saurions dire si les troupes confiées à ces deux chefs furent suffisantes pour protéger le pays pendant la fin de l'année 1377 et le commencement de 1378. Ce qui est hors de doute, d'après le livre du consul boursier, que nous retrouvons pour les six derniers mois de 1378, c'est qu'au mois de juillet des bandes de routiers viennent courir entre Laissac et Sévérac ; qu'elles sont poursuivies par une compagnie de Bretons ; et qu'enfin d'autres Anglais sortis de Carlat pénètrent en Rouergue par Villecomtal, passent à Rodez, le 8 septembre, et se dirigent sur le Gévaudan où ils s'emparent du château de Grèges.

L'année 1379 fut une des plus calamiteuses pour nos contrées. La présence des Anglais est signalée sur presque tous les points du Rouergue. Ils sont sur le Levezou, dans le Sévéraguais, aux environs de Villefranche ; ils vont dans le Gévaudan, reviennent sur leurs pas, cherchant toujours à s'emparer de quelque place forte pour s'y cantonner. Le 27 janvier, les consuls de Rodez envoient à Millau « dos vaylets loscals avian anat tota la nuegh » portant la nouvelle verbale que « divenres al ser passéron desot lo feyral de Rodez entor V cents cavalgaduras dels Engles losquals tiravon ves las parts de sa e non sabian ves hont, perque cestassem advisats et que advisassem totz nostres vesis ». Le 20 mars suivant l'évêque de Vabres écrit aux consuls de Millau pour les avertir de se tenir sur leurs gardes, à cause de la venue en Rouergue de cinq cents cavaliers que mène à sa suite le commandeur de Bellechassaigne. Ce commandeur de Bellechassaigne, maison de l'ordre de Saint-Jean de Jérusalem dans le Limousin, avait été nommé, par le duc d'Anjou, gouverneur du château Borel, dans la sénéchaussée de Toulouse. Emporté par sa nature aventureuse, ce religieux militaire, peut-être apostat de son ordre, tout châtelain royal qu'il était, se fit, sans ordre et sans autorisation, chef de compagnie et devint un des plus dangereux routiers de son temps. A la tête d'une bande nombreuse de gens d'armes, il parcourut les sénéchaussées de Toulouse, de Quercy, de Rouergue, de Beaucaire, l'Albigeois et d'autres pays encore, « prenant bêtes grosses et menues, chevaux et autres biens soubs umbre de vivres, et aucunes fois les dits bétails et biens rançonnant à vivres et argent, sens aucune license ou congié d'aucun ayant povoir à ce. » (Histoire du Lang., t. X. p. 1836, aux pièces justificatives.)

Ces invasions réitérées terrifient le pays. Les habitants des villes n'osent sortir de peur d'être faits prisonniers. Les paysans, toujours en mouvement, pour mettre en sûreté les bestiaux et leurs denrées, ne peuvent labourer, ni ensemenser leurs terres. Sous le coup de ces imminents périls qui menacent la province d'une ruine complète, les États du Rouergue se réunissent à Sauveterre et à Rodez, dans le courant de mai 1379, et votent les subsides nécessaires à l'entretien de deux cents lances, c'est-à-dire quarante mille francs. Au mois de juin suivant, le comte d'Armagnac convoque les États à Rodez et leur demande des subsides pour racheter Carlat et d'autres places au pouvoir des Anglais. Les États votent les sommes d'argent demandées et la répartition en est faite à une autre *journée* tenue à Rodez, le 25 du même mois. Tout ceci est consigné dans le livre de notre consul boursier pour l'année présente : on y voit aussi que, à plusieurs reprises, Millau donna de forts acomptes pour sa part de la rançon de Carlat, de Balaguier et du « Castel d'Anso », ou d'Ansols, d'Alzo, et d'Auzo.

Le comte d'Armagnac, chargé de la défense du Rouergue, prit alors à sa solde Olivier de Malechat, capitaine d'une compagnie de Bretons. Le 26 septembre, ce chef est à Millau où il reçoit du pain et du vin pour sa troupe. Le lendemain, il monte sur le Larzac et va se poster à la Couvertoirade. Les Anglais de Carlat qui couraient dans le pays, ayant eu vent de l'arrivée des Bretons, se mettent à leur poursuite. Le 29 du même mois, les deux troupes ennemies se rencontrent et en viennent aux mains. Dans ce combat qui dût être meurtrier, les Anglais battent les Bretons, et vainqueurs et vaincus repassent à Millau au nombre d'environ trois cents chevaux. Il était nuit close. Le juge royal, muni d'une autorisation particulière, fait publier par la ville qu'on peut apporter des vivres pour les vendre aux Anglais. On place six sentinelles à la porte de l'Ayrole et la distribution se fait sous la direction du seigneur de Saint-Beauzély, de Ratier de Féneyrols et de Pellegry qui, dans cette circonstance, avaient aidé les consuls de leurs conseils. (29 septembre 1379) (1)

(1) « Le jorn de Sanh-Miquel que era a XXIX del mes de septembre, passeron de nuech, sus lo pon viel, los Engleses de Carlat per ferir sus los Bretos que eron alochats à lo Cobertoirado ; et fon ley trames per saber que avian fach Alary de la Cros ; et atrobet los per el cami, que s'en tornavon, am los Bretos que avian desfardats.
Lo jorn metieis, vengron alochar los Engleses els baris (aux

D'après l'histoire du Languedoc, c'est le mois de juillet précédent que les habitants du Gévaudan, fatigués des courses des routiers dans leur province, envoyèrent Marquis de Canillac, Astorg de Peyre et Guérin d'Apchier au comte d'Armagnac qui était à Gages, pour le prier de trouver un remède à leurs maux. Le comte promet, moyennant le paiement de six mille francs d'or de faire évacuer Carlat, Ansols et Bénaven, trois places au pouvoir des Anglais. Les états de Gévaudan acceptèrent la proposition et députèrent Raymond de Serre pour conclure le traité avec d'Armagnac, ce qui fut fait le 14 juillet suivant, juste le jour où Du Guesclin mourait sous les murs de Châteauneuf de Randon. A la suite de ce premier traité, le comte se transporta à Aurillac, entra en négociation avec les chefs des routiers et fit avec eux plusieurs conventions. Le 29 août, il passa avec le partisan Garcias Arnaud de Caupène un traité pour l'évacuation de Carlat, traité qui ne fut pas exécuté. Il promit douze mille cinq cents francs à Bertucat d'Albret pour la rançon de cinq forteresses que ce chef tenait sous sa main dans le Quercy : deux mille francs pour le rachat

faubourgs) d'esta vila. Cant aguem desfardats los Bretos à la Cobertoirado, enque avia pres de IIIc cavalgaduras am la deferm dels Bretos.
Et fon comandat per lo bayle de la vila, loqual ero R. de Neus, que hom lur dones dels vieures, am lur argen, car el n'avia mandament et pres licensia del senescal, local mandamen avia fach crida en esta vila, et fon azordenat que hom meses VI homes el portal de l'Ayrola armats entro que aguesson abut los vieures ; et defora estava Rato de Feneyrols et Peligri, el senhor de St-Beauzely que avian acoselhat en qual maniera lur fos baillat ; et esteron aqui, entre pros del sen del guag. »

du château de Bénaven, en Rouergue, lequel appartenait au comte de Rodez ; vingt quatre mille francs pour l'évacuation de plusieurs autres forteresses. Enfin, moyennant le paiement de trois mille francs, les routiers s'engagèrent à ne pas ravager le pays jusqu'au premier novembre suivant.

Selon M. de Gaujal, (page 229 des Annales du Rouergue) les chefs des routiers avec lesquels venait de traiter Jean d'Armagnac étaient les suivants : le bâtard de Monseigneur le comte de Rodez, Benezet Lombard, le bord de Montlezun, le bâtard de Landorre, le bâtard de Castelnau, le bort de Savoie, le bort de Bérulh, le bâtard de Caslat, un autre bâtard d'Armagnac, Jean de Gordo, Naudon, Périgort et Louis de Buquis de Comminge. Malheureusement la plupart de ces conventions ne furent pas exécutées. Faute de paiement, les Anglais gardèrent leurs places et continuèrent leurs courses dans le Rouergue et le Gevaudan. C'est dans ce dernier pays qu'ils prirent alors Montferrand et Châteauneuf de Randon, place célèbre par le siège qu'en fit Du Guesclin et par la mort qui le frappa sous ses murs, la veille de son triomphe (14 juillet 1379).

A propos du siège de Châteauneuf, nous nous sommes souvent demandé quels étaient les chefs des routiers qui, après avoir pris cette place, la défendirent si vaillamment ? Sur ces points le silence des chroniqueurs du temps étant complet, on ne peut se livrer qu'à des conjectures. D'après les notes de notre consul boursier sur les courses des routiers en Rouergue pendant l'année 1379, il nous semble qu'on pourrait attribuer au commandeur de Bellechassaigne la plus grosse part dans dans la prise et la défense de Châteauneuf. Au commencement de mars 1379, ce fameux routier, parti du Quercy, à la tête de cinq cents chevaux, traversa le Rouergue et se jeta sur le Gévaudan où il dut s'emparer de Châteauneuf dans le courant d'avril ou de mai. A cette nouvelle, la noblesse de l'Auvergne, du Gévaudan et du Velai se mit sous les armes et alla assiéger les routiers dans Châteauneuf. Nous savons par les archives de Rodez que Gaillard de Bessenx, bailli d'Auvergne, assistait à ce siège qui fut fini le 13 ou le 14 Juillet suivant. C'est ainsi qu'en cette circonstance les choses durent se passer. Voici maintenant les preuves sur lesquelles reposent nos suppositions. Le 10 mars 1379, d'après notre consul boursier, le seigneur de Vezins informe Millau que les Anglais, se sont « amassats » à Maurs, qu'ils se proposent de venir en Rouergue : le 13 mars le capitaine de Verrières mande à Millau que les Anglais courent dans le Sévéraguais ; le vingt mars l'évêque de Vabres écrit à Millau « que lo comandayre de Belacassanha devia per ayssy passar am ben V cent cavalcaduras. » Le deux avril suivant, « nos trames Moss. de Seveyrac una letra en lacal nos mandava que los Engles eron sus lo Seveyragues et avian corregut sur lo cause de sanh Jordi de Loberac » en Gévaudan. —

Les bandes de pillards dont nous avons parlé plus haut avaient à peine disparu que d'autres vinrent les remplacer. Le 20 octobre, Pierre de Galard, à la tête de quatre-vingts bassinets, arriva devant Millau. Sur sa demande, qui équivalait à un ordre, on lui donna des vivres, mais on lui refusa, en tremblant, l'entrée de la ville, car on savait que ce terrible partisan, passant, depuis peu, à Villefranche en avait brûlé les moulins. De Millau Pierre de Galard alla dans le Gévaudan en passant par la Canourgue.

Toujours dans le courant d'octobre, le comte d'Armagnac ayant réuni les trois Etats du Rouergue à Rodez, leur demanda les subsides nécessaires à l'entretien de cent lances, s'engageant à ce que « negunhas companhas de tot un an complit ne farian negun dampnatge en Rozergue; et que lo pays seria segurs de *Frances* e d'*Angles*. » Les Etats votèrent les cent lances qui coûtaient vingt mille francs. Moyennant ce subside, le comte d'Armagnac se chargea de défendre le Rouergue pendant un an, à dater du premier novembre 1379, jusqu'au premier novembre 1380. La répartition de cette imposition fut faite à Rodez par les trois Etats le 14 novembre de l'année susdite. La part de Millau s'éleva à 667 livres, 16 sous.

Cinq jours après la conclusion de ce traité entre les trois Etats et le comte de Rodez, les Anglais, qui rôdaient toujours dans les environs de Millau, capturèrent quatorze habitants de cette ville et une grande quantité de bœufs qu'ils s'empressèrent d'amener « al castel d'Alzo », forteresse de la Haute-Auvergne dont ils s'étaient rendus maîtres depuis quelques années. A l'annonce de cette nouvelle, les consuls envoient aussitôt Guilhem Pellegry et Rato de Féneyrols demander aux Anglais pourquoi ils ont fait cette prise ; les Anglais répondent que c'est « per marca », c'est à dire par représailles ou pour avoir une rançon. Les consuls chargent encore le même Pellegry d'aller rapporter le fait au comte d'Armagnac et de le prier, que pour l'amour de Dieu, il veuille porter remède à leurs misères. Le comte n'ayant voulu rien promettre, les consuls, très mécontents de cette insouciance n'ont d'autre parti à prendre que de racheter, *aux frais de la ville*, les prisonniers et leurs bœufs. Alors Guilhem Pellegri va « al castel d'Alzo », s'abouche avec les capitaines des routiers et en obtient, moyennant finance, la mise en liberté des quatorze prisonniers qu'il ramène à Millau avec le troupeau de bœufs, ayant eu soin de se munir d'un sauf conduit qu'il paya un franc aux routiers. Le 10 décembre, le même négociateur retourne « al castel d'Alzo » pour porter « la finança laqual costava CLI francs, inclusa una dagua et mai una mala que monta per tot a CLV francs », y compris de plus le prix de dix perdrix que Pellegry acheta et donna au capitaine de Carlat qui se trouvait par hasard « al castel d'Alzo ». Détail curieux, la ville dont la caisse était vide, — ce qui arrivait souvent, — pour se procurer cette rançon, fut obligée de mettre en gage six tasses d'argent que prêtèrent certains bourgeois, membres du conseil : et comme la ville voulait être reconnaissante pour ce service, le consulat invita à dîner les prêteurs de la finance. Disons en passant que Millau était, à cette époque, une ville très courtoise et connaissant parfaitement les convenances. Dans les annales de sa vie civile, politique et religieuse, on trouve, à chaque page, des preuves de son savoir vivre. Elle ne laisse aucun service, pas même le plus petit, sans récompense : elle traite avec un tact parfait tous les personnages qui passent dans ses murs ; elle leur fait à tous des politesses proportionnées au mérite et au rang de chacun ; elle est, enfin, si juste et si honnête dans ses rapports avec tout le monde, qu'on désirerait au besoin voir revivre de nos jours ces mœurs du moyen âge.

A Millau, cependant, et dans tous les environs, on se trouvait dans de grandes perplexités, par suite de ce que nous venons de raconter. Etait-on sur le pied de guerre, ou sur le pied de paix, avec les compagnies qui stationnaient dans le pays ? on l'ignorait, et partant on ne savait quelle conduite tenir avec les ennemis. Désirant s'éclairer là-dessus, les consuls écrivent au sénéchal du comte de Rodez une lettre dans laquelle ils lui demandent : « en qual manieira nos devian guoverna ves los Englezes, et quel plagues que nos volgues mandar los coviens que Moss. d'Armagnac a als Englezes, per tal que nos non lur fetzem causa per que Moss. d'Armagnac si deveses corrossa contre nos ». (26 déc. 1379).

La réponse du sénéchal fut : « quel no avia estat als coviens que lo comte lur avia ; mas el ho sabria e mandarian ho. »

Quelles que fussent les conditions des nombreux accords faits dans le courant de cette année 1379, par le comte d'Armagnac avec les routiers, elles n'étaient guère exécutées. Le 20 janvier 1380, le baron de Sévérac avise les consuls de Millau que les Anglais n'attendent que l'arrivée du capitaine de Montferrand, pour marcher sur leur ville : Montferrand était, comme nous l'avons déjà dit, une place du Gévaudan dont s'étaient rendus maîtres Pierre de Galard et Bertucat d'Albret. Le 27 mars suivant, le prieur de Saint-Léons fait dire à Millau que sa terre est envahie par une compagnie de quarante chevaux. Deux mois plus tard, nous voyons les ennemis, campés à la Cavalerie, ravager le Larzac et s'emparer des troupeaux très nombreux sur ce vaste plateau qui sépare l'Aveyron de l'Hérault. Pour obtenir la restitution de ceux qui appartenaient à l'hôpital de Millau, les consuls envoient deux outres pleines de vin « doas botas de vi » au bâtard de Savoie et au « bort de Périlh » le bort de Pérulle.

C'est alors que Millau, se voyant sans cesse exposé à être surpris par les Anglais qui, allant et venant, se logeaient dans les faubourgs, se résolut à les faire raser : ce qui fut fait dans le courant de mai 1380, avec l'approbation du juge royal et des principaux habitants de la ville. On démolit aussi le couvent des Carmes, leur église et celles des frères mineurs et des chevaliers de Saint Jean de Jérusalem : tous ces édifices, situés dans les faubourgs, furent rebâtis plus tard, avec l'agrément des consuls.

Par ces grands sacrifices, Millau se mit à l'abri des coups de main des Anglais ; il donna, de plus, au pays et au parti français, une preuve non équivoque de son patriotisme et fit taire les mauvaises langues qui, à Toulouse, en pleine cour du duc d'Anjou, l'accusaient de pencher toujours vers l'Angleterre. C'est ce qu'à plusieurs reprises, on avait rapporté aux consuls ; ces soupçons étaient, du reste, aggravés par la conduite passée de la ville et son opposition presque constante, à l'acceptation des subsides, que la rapacité du duc d'Anjou et de son parent, le comte d'Armagnac, imposait au Rouergue.

Cette opposition n'était pas sans fondement. Les demandes de subsides faites par le duc d'Anjou et par son lieutenant, le comte d'Armagnac, étaient continuelles et excessives. On le savait et voilà pourquoi, presque toujours, on les rejetait, ou, du moins, on les réduisait. Entre tous les faits que nous pourrions citer et qui prouvent l'insatiable cupidité du comte d'Armagnac, en particulier, nous choisissons le suivant. Dans les derniers mois de l'année où nous sommes, il fit offrir aux communes du Languedoc de se charger de leur défense à la condition que les sénéchaussées de Beaucaire, de Carcassonne et de Toulouse lui donneraient un franc par feu, sans parler des subsides qu'il tirait des autres pays ; ce qui aurait fait un beau denier. Cette grande charge de capitaine général des guerres en Languedoc que d'Armagnac avait eue plusieurs fois, qu'il convoitait de nouveau, était pour lui une source intarissable d'or et d'argent qu'il dépensait avec profusion, comme son supérieur le duc d'Anjou. Ces grands personnages, largement payés, pour protéger le pays, s'acquittaient très mal de leur charge. Par indolence, par avarice, on serait tenté de dire par complicité, ils laissaient le Languedoc en proie aux routiers. Si l'amour de la patrie, les avait animés, si les misères du peuple les avaient touchés, il n'aurait pas été difficile, ce semble, de barrer nos routes, de fermer nos frontières à ces bandes armées et organisées pour le pillage. Si, avec une noblesse nombreuse et des chefs capables, comme il y en avait alors; si, avec l'or des bourgeois et les bras du peuple, on ne sut pas se débarrasser plus tôt des ennemis de la France, la faute doit retomber sur les lieutenants du roi dans les provinces. Ils manquèrent tous de courage et de dévouement à la chose publique et cherchèrent trop leurs intérêts et ceux de leurs amis. Voilà pourquoi les populations du Midi de la France n'aimaient pas les princes du sang royal et redoutaient de les avoir pour gouverneurs. Cette aversion des Méridionaux pour des chefs cupides, égoïstes et sans ardeur pour les défendre explique, en partie, les révoltes sanglantes qui eurent lieu, dans les principales villes du Languedoc, pendant les années où nous allons entrer. Elle explique aussi l'antipathie secrète des communes du Rouergue pour les comtes de Rodez, toujours complices des déprédations que les princes français exercèrent trop longtemps dans la province du Languedoc.

En finissant ce chapitre, mentionnons un grave évènement qui eut lieu à Montpellier, dans le courant d'octobre 1379. Le peuple de cette ville, exaspéré d'une imposition de douze francs par feu, qui leur avait été faite par le duc d'Anjou, prit les armes, et, à la suite de ses consuls, se porta sur l'hôtel-de-ville, où délibéraient les commissaires royaux, et les massacra presque tous. Gui de Lastérie, sénéchal du Rouergue, qui faisait partie de cette commission, chargée de décider le peuple à payer le subside demandé, fut du nombre des victimes. On peut voir dans l'histoire du Languedoc les détails de cette révolte, dont le récit n'entre pas dans le cadre de notre travail. Gui de Lastérie eut pour successeur Arnaud de Landorre.

Une heureuse conséquence de la sanglante émeute de Montpellier et de celles qui, pour la même cause, avaient éclaté dans plusieurs autres villes du Languedoc, fut le rappel du duc d'Anjou à Paris par Charles V. Il était temps de mettre un terme aux extorsions de ce royal proconsul dont la rapacité avait fait plus de mal au Languedoc que les ravages des compagnies et qui, d'après dom Vaissete lui-même n'avait qu'un but: s'enrichir aux dépens des peuples. (Hist. du Lang. t. IX, p. 872.)

CHAPITRE TREIZIÈME

Troubles dans le Languedoc à l'occasion de la nomination du duc de Berry au gouvernement de cette province. Lutte entre le duc de Berry et le comte de Foix. Combat de Rabastens. Etats de Rignac. Campagne du Comte de Charolais dans le Vabrais. Jean de Baylenox prisonnier à Millau. Mort de Jean II, comte d'Armagnac. Le sire d'Albret. Mobilité des seigneurs gascons dans leur conduite politique. Courses des Anglais de Curvale en Rouergue. Mort et sépulture de Pierre de Galard à Rodez. Nouvelles courses des Anglais en Rouergue. Assemblées des Etats du Rouergue. Bernard Colomb. Jean Taffanel. Le comte de Charolais chargé de la garde du Rouergue. Le routier Jean de Vica. Frère Jean Ermite de Figeac. Fêtes de la noblesse du Rouergue. Jean III d'Armagnac nommé capitaine général des guerres. Jean de Vica défait à Recoules le Chopi de Badefol. Départ du comte d'Armagnac pour la France. Etat de la Province.

1380-1387

Pendant les années 1380 et 1381, il survint de grands changements dans le gouvernement du Languedoc. Cédant aux plaintes réitérées des peuples contre le duc d'Anjou, le roi le rappela en France et le remplaça par un certain nombre de conseillers chargés de régir la province, en attendant la nomination d'un gouverneur définitif. Charles V, surpris par la mort qui le frappa le 16 septembre 1380, n'eut pas le temps de faire ce choix. Le duc d'Anjou, devenu régent du royaume, désigna son frère Jean, duc de Berry, pour son successeur dans le gouvernement du Languedoc. Le comte d'Armagnac, qui avait suivi le duc d'Anjou dans sa disgrâce, rentra en faveur et eut de nouveau une grande part dans le maniement des affaires de la province.

En général, le Languedoc accueillit mal le nouveau gouverneur. Les sénéchaussées de Carcassonne et de Toulouse, très satisfaites du comte de Foix qui, sur leurs désirs publiquement manifestés, s'était emparé du pouvoir, ne voulurent pas se séparer de lui, et, le regardant comme le vrai lieutenant du roi, refusèrent de se soumettre à l'obéissance du duc de Berry. Cette lutte entre les deux prétendants, qui dura environ dix-huit mois, fut surtout préjudiciable à l'Albigeois. Le Rouergue, contenu par le comte d'Armagnac, demeura neutre ou plutôt resta soumis à l'autorité royale.

Connaissant les bonnes dispositions de notre province à son égard, assuré, par conséquent, d'y trouver un accueil favorable, le duc de Berry, pressé par d'Armagnac de venir prendre possession de son gouvernement, partit de Paris, traversa l'Auvergne, le Gévaudan et vint en Rouergue. Le 22 juin. il était à Millau d'où il se rendit à Saint-Affrique et à Saint-Sernin. Pendant son séjour dans cette dernière ville, il donna, en faveur des habitants de Millau, une lettre datée du 25 juin 1381, que nous rapportons aux pièces justificatives. Le lendemain il se rendit à Albi.

Comme nous venons de le dire, le Rouergue fidèle à l'autorité du roi, était tranquille. Seule entre toutes les villes de cette province, Saint-

Antonin, rompant avec le représentant du pouvoir central, se ligua avec les grandes communes du Midi, Toulouse, Carcassonne, Beaucaire, et embrassa la cause du comte de Foix. Voici dans quelles circonstances eut lieu cette rébellion dont les suites furent très graves.

Plusieurs compagnies de routiers, commandées par les capitaines Blazy, Benezet Chimparel, le Nègre de Valence, les bâtards de Pérulh et de Landorre que nous avons vues ravager la vallée du Tarn au dessus de Millau en 1376, s'étaient emparées de Cassagnes, Puy-Rodil, Brose la Guépie, places situées aux environs de Saint-Antonin. Retranchés dans ces lieux fortifiés, ils n'en sortaient que pour ravager le pays. Prises d'hommes et de troupeaux, meurtres, incendies, tous les maux d'une guerre entre ennemis déclarés, tels étaient les malheurs dont avaient à souffrir Saint-Antonin et son mandement. Incapables de se défendre par eux-mêmes, fatigués de se plaindre inutilement au sénéchal du Rouergue et au comte d'Armagnac, les habitants de Saint-Antonin appelèrent à leur secours les capitouls de Toulouse, reconnaissant alors, pour gouverneur du Languedoc, le comte de Foix. Toulouse, très heureuse d'aller assister une ville voisine qui se déclarait son alliée, envoya des hommes d'armes à Saint-Antonin. Ces auxiliaires joints aux habitants de la ville, et tous en haine du duc de Berry, se mirent à courir sus aux routiers et aux gens du roi auxquels ils firent éprouver de grandes pertes. Quand le duc de Berry eut été reconnu pour légitime gouverneur par les villes qui tenaient le parti du comte de Foix, les officiers de justice intentèrent des poursuites contre les consuls et les habitants de Saint-Antonin. Le procès fut long, coûteux, et les punitions exemplaires. Les plus coupables furent mis en prison et eurent leurs biens confisqués : les autres prirent la fuite au point que la ville était presque déserte. On ne trouvait plus d'hommes pour la garder le jour et la nuit. Mais, comme sa situation aux frontières l'exposait à être prise par les ennemis, le duc de Berry, cédant aux prières des consuls qui lui présentèrent des excuses pour les faits passés, lui fit grâce, à la condition qu'elle paierait une amende de deux cents quarante francs d'or. La lettre de rémission d'où nous avons tiré les faits que nous venons de rapporter se trouve aux pièces justificatives de l'histoire du Languedoc, t. X., p. 1750.

Après son arrivée à Albi, le duc de Berry se mit en mesure de vaincre la résistance opposée à son autorité par le comte de Foix et ses partisans. Il négocia avec son rival et leva des troupes pour appuyer ses négociations. Le comte d'Armagnac, son conseil et son appui, lui amena les sept ou huit cents lances qu'il avait réunies depuis plus d'un mois et dont faisaient partie les garnisons des forteresses des montagnes d'Auvergne, du Rouergue, de Curvale et les routiers qui, quelque temps auparavant, tenaient Saint-Antonin bloqué.

Dans les diverses escarmouches qui eurent

lieu entre les troupes des deux partis, les historiens mentionnent le combat de Rabastens en Albigeois. Ce fait d'armes important eut lieu, probablement, vers le 20 ou 21 juillet 1381. Ni le comte de Foix, ni le duc de Berry n'y prirent part. Les gens d'armes de Gaston Phœbus étaient commandés par Aimeri de Roquefort; les compagnies à la solde du comte d'Armagnac, obéissaient à leurs capitaines. Dans l'action, qui s'engagea devant Rabastens, périt le bâtard de Landorre : Benezet Chimparel, Blaize, le bâtard de Pérulh et six autres chefs furent faits faits prisonniers et jetés dans des culs de basse-fosse à Foix, à Varilhes, à Pamiers et à Mézéres.. Suivant les chroniqueurs du temps, on noya dans le Tarn les simples hommes d'armes pris dans le combat.

Froissart, en parlant de ce combat de Rabastens, dit que le comte de Foix fit pendre ou noyer plus de quatre cents routiers, ce qui paraît exagéré.

D'après une lettre, écrite le 6 août 1381 par le comte d'Armagnac et envoyée à tous les consulats du Rouergue, les routiers, battus devant Rabastens, se rallièrent après le combat, et, se séparant de leurs chefs, se réfugièrent à la Guépie, d'où ils se portèrent au secours de Jean de Gordon. Ils rentrèrent ensuite en Rouergue pour le saccager. Très mécontent de la désertion de ces compagnies qu'il avait prises à sa solde, et de leur retour dans notre province, le comte d'Armagnac, par la lettre dont nous venons de parler et que nous rapportons aux pièces justificatives, prescrivit à tout le pays de courir sus à ces brigands et de ne leur point faire de quartier. Peu effrayés de cette proscription, les routiers continuèrent de mettre le Rouergue à contribution.

Henry Martin, parlant de ce combat qu'il suppose à tort avoir été livré à Revel, dit ceci : « Les Etats, réunis de nouveau à Toulouse, avaient ordonné une levée en masse de la noblesse et de la bourgeoisie: le comte de Foix envoya défier le duc Jean, qui assiégeait Revel dans le diocèse de Lavaur et lui offrit la bataille le 15 ou le 16 juillet. Le courage et le nombre l'emportèrent sur la discipline; les vieilles compagnies du duc de Berri furent rompus par les milices languedociennes et un rayon de l'ancienne gloire de Toulouse brilla sur la plaine de Revel. »

(*Hist. de France, Livre 32e, sous l'année 1381*)

Ce récit du combat de Revel est faux dans tous les points. Ce que nous venons de dire le prouve.

Chargé par le duc de Berry de veiller à la garde de cette province, le comte d'Armagnac convoqua les trois états à Rignac pour le 31 octobre 1381. Cette assemblée, à laquelle assistèrent des délégués du clergé, de la noblesse et des communes, vota pour la défense du pays et le rachat des places occupées par les Anglais des subsides très considérables, s'il faut en juger par la somme qui échut à Millau: d'après notre consul boursier, elle fut de dix-huit cent treize francs. L'argent rentrant difficilement dans la caisse du trésorier des états, et le comte d'Armagnac ne se pressant pas de tenir ses engagements, Millau lui députa le consul Raymond Bourzez « per saver sel venria de la part de say per complir las causas quel avia promessas. » Le comte fit répondre le 20 mai 1383, « que li transmessen VI cents francs avant quel vengues de part de say ; e nonremens que hom ly bailliez IIII milia francs quant el seria venguts el evescat de Vabre. » Ces conditions durent être acceptées puisque, le 27 juillet suivant, Bernard d'Armagnac, comte de Charolais et frère du comte de Rodez, en se rendant dans le Vabrais, s'arrêta à Creissels où les consuls de Millau lui envoyèrent en présent quarante oies et cinquante paires de poulets.

Pendant que le comte de Charolais manœuvrait dans le Camarès, pour en chasser les routiers, les Anglais de Carlat, revenant du Caylar où ils avaient fait un razzia de bestiaux, passèrent sous les murs de Millau. Les habitants de cette ville, s'étant mis à leur poursuite, reprennent une partie du bétail volé et font prisonnier un des gens d'armes qui l'escortait. C'était un écuyer anglais appelé Jean de Baylenox. Celui-ci, après avoir traité avec les consuls du prix de sa rançon, écrivit à ses compagnons que, s'ils voulaient rendre tout ce qu'ils avaient pris dans leur dernière excursion au Caylar, il serait mis en liberté. Le messager, chargé de la lettre, trouva les Anglais à Entraygues, fit sa commission et, après quatre jours d'absence, il rentra à Millau, portant une réponse affirmative. Jean de Baylenox fut aussitôt mis en liberté et Raymond Damilhau, bourgeois notable de Millau, l'accompagna jusqu'à la Clau. (27 juillet 1383). A cette époque, Entraygues était et resta encore quelque temps au pouvoir des routiers.

Vers la fin d'avril 1384, le comte de Rodez Jean II d'Armagnac mourut à Avignon, dans l'hôtel du cardinal d'Aigrefeuille, ancien évêque de Rodez, son parent et son ami. Le lendemain, il fut décidé qu'à cause de la chaleur, le corps du comte serait provisoirement inhumé à Notre-Dame des Doms, à Avignon même. (Note de M. A. Molinier, Hist. du Lang. tome IX page 920.) (1) Ce puissant personnage qui, par sa grande fortune et sa haute situation, aurait pu rendre de grands services à son pays, s'endormit dans une molle indolence pendant les dernières années de sa vie. De toute part on se plaignait de sa négligence dans la défense du pays. On alla jusqu'à l'accuser d'être de connivence avec les Anglais ; « de vouloir être Anglais et de l'obéissance du roi d'Angleterre ; » d'avoir fait retourner les Anglais qui étaient partis de Carlat ; enfin de s'être allié avec les gens des compagnies « pour faire renoncer les gens du pays du roi. » Ces reproches que le duc de Berry, au nom du roi, fit au comte d'Armagnac, quelques mois, peut-être quelques jours, avant sa

---

(1) La nouvelle de cette mort arriva à Rodez le 1er mai ; (inv. des archives du Bourg B.-B 13.) D'après le même inventaire, on fit le 6 juin, un service pour le défunt comte, et Jean III, fit sa première entrée à Rodez, le 11 juin 1384.

mort, et dont parle l'historien du Languedoc, nous paraissent bien fondés. Jean II d'Armagnac avait l'âme étroite et basse. Il ne s'entourait que de petites gens et suivait trop facilement leurs conseils. C'est ce que nous trouvons dans une lettre d'Amanieu d'Albret qu'il écrivit à Jean III d'Armagnac, après la mort de son père : « Chier nepveu, lui dit-il, j'ay vu vos lettres et sceu par icelles le trépassement de mon cousin vostre père... Certes je tieing fermement que s'il eut vescu longuement, tenant le gouvernement qu'il avoit, il eust mis en aventur tout son hostel et tous ses amis... Et pour ce, chier nepveu, vous prie je tant chièrement comme je puis, que vous vueillés bien gouverner et sagement et comme preudome, et des choses que vous savez que l'on a blasmé vostre père, en son temps, vous vueillés garder ; et ne vueillés tenir en tour de vous chétives gens, ne gens de néant, ne les vueillés croire de choses qui vous dient, car d'eux ne pourrés vous avoir nul bon conseil. » Dans cette même lettre, écrite de Paris le 7 juillet 1384, le sire d'Albret dit au nouveau comte d'Armagnac, à propos des nouvelles de la cour : « Monseigneur de Berri et Monseigneur de Bourgoigne partiront en ceste sepmaine pour aller à Boulongne, au traitié ; et dient une grant partie des gens de pardeça qui sera paixs ; toutesfois vous et moi, et tout nostre pays de par de la devons être baillés au duc de Lanclastre qui doit estre nostre duc. »

Le sire d'Albret, annonçant à son neveu, le comte d'Armagnac, sans aucune marque d'indignation, sans aucun signe de regret, que, par suite de la paix que la France est sur le point de conclure avec l'Angleterre, à Boulogne, ils vont de nouveau passer sous la domination étrangère, et qu'ils auront pour prince le duc de Lancastre, comme il y a quatorze ans, ils avaient pour duc le prince de Galles, nous fait voir combien ces seigneurs gascons étaient, au fond, indifférents sur leur nationalité. Fatigués de la guerre, appauvris par les charges qu'elle leur imposait, ces grands feudataires de la couronne de France étaient comme les fonctionnaires de nos jours. L'intérêt était le seul mobile de leur conduite politique, et alors, comme de notre temps, il leur en coûtait peu de changer de cocarde, si, dans ces changements, leur cupidité et leur ambition étaient satisfaites. Le sire d'Albret en est un exemple frappant.

Français d'abord, Anglais ensuite, redevenu Français par son mariage avec Isabelle de Bourbon, sœur de la femme de Charles V, il serait retourné à l'Angleterre, sur ses vieux ans, s'il l'avait osé. C'est du moins ce que nous dit crûment Froissart, dans le chapitre 22 du livre III de ses chroniques, où nous lisons ce qui suit : « Vray est que j'ouy une fois dire au seigneur d'Albret, à Paris où j'esteye, à un chevalier de Bretaigne une parole que je notay bien. Car le chevalier lui avait demandé des besongnes de son pays, et comme il se savoit contenir à estre François, et il répondit ainsi : Dieu merci, je me porte assez bien ; mais j'avois plus d'argent, et aussi avoient mes gens, quand je faisais guerre pour le roy d'Angleterre, que je n'ay maintenant. Car quand nous chevauchions à l'aventure, nous trouvions aucuns marchands de Toulouse, de Condon, de la Riolle, ou de Bergerath : tous les jours nous ne faillions point que nous n'eussions quelque bonne prise dont nous étions fresques et jolis. Et maintenant tout nous est mort. Et le chevalier commença à rire et dit : voirement est-ce là des Gascons : Ils veulent volontiers dommage sur autruy. Pourquoi je dis moi qui entendis cette parole que le seigneur d'Albreth se repentoit assez de ce qu'il estoit devenu François. Telle est la nation des Gascons. Ils ne sont point estables ; mais encore aymoient-ils plus les Anglois que les François ; car leur guerre est plus belle sur les François qu'elle n'est sur les Anglois. C'est l'un des plus principaux incidents qui plus les y incline. »

Dans ce même chapitre, Froissart ajoute : « que les Gascons, trente ans d'un tenant, ne furent fermement à un seigneur » et il cite les divers gouvernements auxquels les Gascons, de son temps, ont successivement prêté serment de fidélité, dans l'espace de trente ans.

En cette année, les Anglais, qui depuis quelque temps s'étaient emparés de Curvale, place forte situé en face de Plaisance, sur la rive gauche du Rance, à l'extrême limite des départements du Tarn et de l'Aveyron, formèrent le projet de faire des courses en Rouergue et d'y prendre Millau, ou Compeyre, ou

Nant, ou Montpaon. C'est ce que, dans le courant de juillet 1384, écrivent les consuls de Saint-Sernin à ceux de Millau. En effet, dans ce même mois de juillet, les Anglais de Curvale viennent chevaucher en Rouergue: on les voit rôder autour de Millau où ils s'embusquent dans les bois, courir sur le Larzac, descendre dans la vallée du Tarn, et enfin s'en aller dans le Gévaudan. Au retour de cette expédition d'où ils amenaient une grande quantité de bestiaux et quelques hommes prisonniers, les Anglais de Curvale, conduits par le bâtard de Galard, vinrent se loger dans les faubourgs de Saint-Geniez, et, soit par hasard, soit méchamment, y mirent le feu pendant la nuit; quatre-vingts maisons situées sur la place du marché et le long de la rivière du Lot furent consumées par les flammes.

D'autres bandes de voleurs sillonnent le nord du Rouergue et ravagent Prades et Aubrac. Pressé par les plaintes des populations, le duc de Berry envoie Gaucher de Passac, son lieutenant, assiéger Curvale. Parvint-il à s'emparer de cette place? Nous l'ignorons. Toujours est-il certain, d'après notre consul boursier, qu'il en avait abandonné le siège le 4 octobre 1384.

Toujours dans la même année, pendant que le bâtard de Galard, à la tête des routiers de Curvale, ravageait le Rouergue et le Gévaudan, son parent, peut-être son père, s'éteignait à Rodez où il s'était réfugié. A ses funérailles assistèrent un grand nombre de ses compagnons d'armes, autorisés, pour cette fois, à entrer dans la ville.

Messire Pierre de Galard fut un des plus grands partisans de l'Angleterre au XIV° siècle. Traînant à sa suite des bandes nombreuses de routiers qu'il recrutait dans les garnisons anglaises de l'Auvergne, il fit des courses dans tout le Languedoc. Villefranche de Rouergue eut avec lui un grand démêlé. Dans un temps de trêve, faite par le Rouergue avec les Anglais, maîtres de quelques places dans le pays, les Villefranchois attaquèrent les hommes d'armes que Pierre de Galard avait sous ses ordres; ils en blessèrent quelques uns et en tuèrent quelques autres. Exaspéré de cette perte, le capitaine des routiers en voulait beaucoup à Villefranche et la menaçait des plus graves représailles, si on ne lui donnait satisfaction. Cette affaire, qui aurait pu avoir les plus fâcheuses conséquences pour Villefranche, fut ainsi arrangée par la médiation du comte d'Armagnac : les consuls furent condamnés à payer trois cents livres tournois à Pierre de Galard et à faire une fondation de messes pour le repos des âmes des routiers tués par les habitants de Villefranche. L'acte de cette fondation fut reçu par Pierre Jouins, notaire de Cahors, le 23 février 1380. (Annales de Villefranche, t. I, p. 306.)

De la famille de Galard, alliée aux de Foix, aux d'Albret et aux d'Armagnac, descendait Hector de Galard, qui, avec la Hire, représente dans notre jeu de cartes la chevalerie du XV° siècle.

Outre les Anglais de Carlat et ceux de Curvale que nous avons vus faire des courses dans le pays, une autre bande de routiers, campée à Sainte-Eulalie-du-Larzac, saccageait les contrées environnantes; dans le même temps, une compagnie forte de cinq cents chevaux, traversant l'est du Rouergue, se jetait sur le Gévaudan. La présence de tous ces ennemis affole les populations de la Haute-Marche du Rouergue. A Millau, on place les portes du pont vieux qu'on enlevait en temps de paix et qu'on replaçait aux moindres menaces de guerre. Nuit et jour, pendant près d'un mois, dix hommes armés sont chargés de les garder; on poste des sentinelles sur les tours, sur les remparts de la ville et sur les points les plus élevés de la vallée. Dans une nuit de septembre, un de ces anglais « que'avian pres Curvala, » maraudeur ou espion, s'étant un peu trop aventuré, fut pris par les gardiens du pont et mis en prison dans le château royal. Sa captivité dura quarante-trois jours. Ce routier n'était pas riche. Il n'avait en sa possession qu'un noble à la rose. Quand il l'eût dépensé, la ville le nourrit à ses frais; petits frais qui s'élevèrent à huit sous. Il est vrai qu'on ne lui donnait que du pain et de l'eau.

Dans l'année 1385, nous trouvons dans le livre du consul boursier de Millau, trois assemblées des états du Rouergue. La première eut lieu à Cassagnes, le 29 mai; la seconde, à Rodez, le 14 juillet; la troisième se tint aussi à Rodez, le 5 novembre. Sur ce point, le texte et les notes de l'histoire du Languedoc sont incomplets et même en défaut.

Dans la première de ces réunions, on vota,

pour cinq mois, à dater du premier juin suivant, les fonds nécessaires à l'entretien de deux cents lances. La somme dût être considérable, puisque Millau fut taxé à mille trente-six francs. Un incident singulier faillit porter le trouble au sein de ces états et empêcher l'effet de leurs délibérations.

L'administration de la gabelle du sel, dont le siège était à Montpellier, ayant envoyé deux de ses membres à Millau pour mettre fin à certaines contestations touchant la vente du sel, ces délégués y exerçaient toute sorte de vexations; les consuls, les marchands de sel, le peuple surtout que ce mot de gabelle a toujours mis en émoi, étaient très irrités contre ces commissaires. Ceux-ci ayant voulu assister à une procession qu'on faisait à Millau, le clergé les fit sortir des rangs, sous prétexte qu'ils étaient excommuniés. Irrités de cet affront encore plus que de la résistance qu'ils trouvaient dans les consuls et les marchands de sel, les commissaires firent les plus grandes menaces et redoublèrent de sévérité dans l'exercice de leurs fonctions. Les consuls, qui voulaient à tout prix faire cesser ces exactions, mandèrent à l'assemblée de Cassagnes de faire partir les délégués de la gabelle, si non, ils prescriraient à leurs représentants aux états de refuser tout subside. Le sénéchal qui présidait les états, ne voulant pas troubler l'entente de ses membres, donna satisfaction aux consuls et fit partir les commissaires. Dès ce moment le vote des deux cents lances fut acquis ; on leva l'argent du subside, et Jean III, comte d'Armagnac, qui venait d'être nommé capitaine général des guerres en Guienne, chargea Bernard, son frère puîné, de la garde du Rouergue. C'est dans la petite guerre faite alors aux Anglais que Bernard se forma au métier des armes ; nous le verrons plus tard, lorsqu'il sera devenu comte d'Armagnac et de Rodez, remplir la France du bruit de ses exploits et faire le malheur de sa patrie et le sien.

Aux seconds états tenus à Rodez, le 14 juillet suivant, on traita plusieurs affaires, entre autres celle de la « merca » c'est-à-dire de la rançon qu'il conviendrait de donner aux compagnies pour se mettre à l'abri de leurs ravages.

En ce temps-là ces traités ou *patis*, ces trèves ou *sueffra* que les campagnes et les villes faisaient avec les routiers, étaient fort communs dans tout le Languedoc. Cela tenait à ce que le pays, abandonné à lui-même et hors d'état de se défendre, trouvait plus avantageux de payer un tribut aux compagnies que d'être exposé continuellement à leurs pillages. Ordinairement ces patis étaient de courte durée ; on les faisait pour un, deux, et trois mois ; rarement pour un an. Durant ces trèves, les habitants des villes étaient dispensés de faire le guet ; ils pouvaient voyager, négocier sans crainte d'être faits prisonniers ; les paysans pouvaient sans inquiétude semer, labourer, lever les récoltes, et porter leurs denrées aux marchés voisins. De leur côté, les Anglais entraient librement dans les villes, visitaient les Français, étaient reçus dans les châteaux, faisaient provision d'armes, de vivres, de vêtements ; en un mot, ils ravitaillaient leurs forteresses.

Les rois, s'élevant, dans leurs ordonnances, contre cette conduite des populations, avaient, à plusieurs reprises, défendu ces traités honteux, condamné ce commerce interlope, prohibé même tout rapport entre Français et Anglais; mais, dans ces temps calamiteux, que pouvaient les lois ? Le salut du peuple passait avant tout. La noblesse de l'Agenais et du Quercy, réduite à la misère, s'était *apatisée* avec les Anglais ; le Rouergue en fit autant. Le comte d'Armagnac, loin de blâmer cette conduite, la trouva raisonnable parce qu'elle était profitable. Et comme, tôt ou tard, l'autorité pouvait réclamer les droits de la justice contre ces infractions à la volonté du roi, le duc de Berry donna des lettres de rémission aux principales villes du Rouergue.

De son côté, le roi en accorda aussi à plusieurs particuliers de la province, une entre autres à Bernard Colomb de Villefranche, qui va nous fournir la matière du récit suivant. Bernard Colomb était un de ces hommes déliés qui, en temps de guerre, tout en faisant leurs affaires, savent rendre des services au parti qui les emploie. Pendant dix ans, le duc d'Anjou, gouverneur du Languedoc, Gui de Lastérie, Arnaud de Landorre, successivement sénéchaux du Rouergue, et le comte d'Armagnac, connaissant Bernard Colomb pour un esprit fertile en expédients, en firent leur agent, et pour cela l'autorisèrent à jouer tous les rôles auprès des Anglais. Il en joua en effet beaucoup. Tour à tour marchand, guide et négociateur, il allait chez les Anglais, maîtres de Figeac, de Torn, de Rosières, de Curvale, des Planques et de beaucoup d'autres places en Albigeois et en Rouergue. Toujours muni d'un sauf conduit, il leur vendait des chevaux, des armes, des vêtements et des vivres ; il leur conduisait les gens qui avaient affaire avec eux; il allait lui-même racheter des prisonniers, et négocier des traités, au nom des localités voisines ; entre temps il observait l'état des forteresses au pouvoir des ennemis, se rendait compte de leurs forces, cherchait à pénétrer leurs projets et rapportait fidèlement à ses commettants ce qu'il avait vu et appris. Le commerce que faisait l'espion Villefranchois était lucratif ; aussi devint-il riche. Avec la fortune vinrent les envieux. craignant d'être dénoncé par eux à la justice, Bernard Colomb demanda et obtint facilement la lettre de rémission dont nous avons parlé plus haut et que rapporte l'Histoire du Languedoc, aux pièces justificatives, tome X, page 1687.

A cette époque, dans toutes les provinces envahies par les Anglais, on trouvait des hommes plus ou moins ressemblants à celui dont nous venons de raconter l'histoire. Il y en avait dans la petite noblesse, dans la bourgeoisie et parmi le peuple. Négociateurs, espions, hommes d'armes, aubergistes, trafiquants, ils faisaient tous les métiers pour s'enrichir. Un type assez bien réussi de ces partisans de la France, moitié marchands, moitié soldats, fut Jean Taffanel, originaire de Saint-Flour. Pendant les trèves que les habitants de cette ville étaient forcés de faire avec les routiers, maîtres, pour ainsi dire, de l'Auvergne, Jean Taffanel entretenait des rapports continuels avec eux. Il allait à Carlat, à Turlande, à Sailhans, à « Aloise » et autres lieux acheter leurs captures, telles que bêtes « et autres biens » ; leur servait de guide pour parcourir le pays ; il les recevait « en son hostel », leur servait à manger et à boire, leur vendait des vivres, des « robes », des chevaux et « autres choses ». Plus tard, changeant de rôle et se faisant homme d'armes, il se mit sous les ordres et dans la compagnie de l'écuyer Poinchon de Langeac qui gardait Brioude pour les Français. A la suite de ce chef, Jean Taffanel et ses compagnons, sortant en armes de leur garnison, allaient en tout temps, malgré les trèves, courir par les chemins pour surprendre les ennemis et les faire prisonniers. Dans une de ces expéditions, ayant rencontré, « à Mentières dans les montagnes d'Auvergne », un parti de routiers qui revenait du Velai, avec un butin considérable, ils les chargèrent vivement, en tuèrent huit ou dix et leur enlevèrent tout ce qu'ils avaient volé. Durant plusieurs années, Taffanel et ses compagnons firent de semblables expéditions contre les Anglais, toujours en temps de trêve, s'appropriant le butin qu'ils faisaient sur eux. Ce n'étaient que des représailles, car les Anglais eux-mêmes étaient peu scrupuleux dans l'observation des traités. Un jour, Jean Taffanel et ses compagnons, ayant appris que Jean le Breton, de la garnison de Carlat, « portant avec soy certaine finance », venait de partir pour faire un pèlerinage à Avignon, se mirent à sa poursuite. Quand ils l'eurent atteint, ils l'entraînèrent dans un bois où, sans respect pour les trèves, ni pour son habit de pèlerin, ils lui enlevèrent la finance qu'il portait et qui consistait en « soixante six escuz et six nobles d'or que ils appliquèrent à leurs propres usages ».

Après l'évacuation des forteresse occupées par les routiers, Taffanel, voulant se mettre à couvert de la justice pour les griefs rapportés plus haut et d'autres de même nature que nous omettons, demanda au roi une lettre de rémission. Il va sans dire que sa majesté Charles VI la lui accorda sans difficulté : cette lettre, datée de Paris, le mois de janvier 1390, se trouve dans les pièces justificatives de l'Histoire du Languedoc t. X, page 1814.

Dans les rangs de la petite noblesse, on pourrait relever plusieurs faits très peu différents de ceux que nous venons de raconter. L'écuyer Pierre, dit Drogon, officier du vicomte de Polignac, et chargé de garder plusieurs forteresses lui appartenant, sans s'abaisser au métier de brocanteur et de marchand, faisait celui de maquignon, comme plus conforme à ses goûts de gentilhomme. Muni d'un sauf conduit, il allait fréquemment à Sailhans, à Carlat et dans les autres lieux occupés par les Anglais; il y menait des chevaux qu'il leur vendait ou qu'il troquait contre ceux qu'ils avaient volés. D'autres fois il rachetait, non sans quelque petit profit personnel, les hommes et les animaux tombés aux mains des routiers. Il faisait avec eux des patis dans l'intérêt du pays dont il avait la garde « ut ipsi homines et subjecti in suis laribus securius manere valerent. » Tout cela, quoique fait dans un bon but, était contraire aux lois ; aussi, l'écuyer Pierre Drogon s'empressa-t-il de demander une lettre de grâce, qu..., il craignit d'être poursuivi par la justice. Elle lui fut accordée par Charles VI, en décembre 1382.

La troisième réunion des états eut lieu à Rodez. Millau y députa les consuls Jean Borzés et Guillem Manoasca avec le mandat formel de ne voter aucun subside, à moins que le clergé et la noblesse n'en prissent leur part. Ces vieilles querelles entre les trois ordres se réveillaient presque à chaque tenue des Etats. Après s'être longtemps querellés ils finissaient toujours par s'entendre. Tous, du reste, n'étaient-ils pas également interessés à la défense du pays ? Les routiers n'épargnaient personne. Ils tombaient même de préférence sur les plus faibles, tels que les églises, les hôpitaux, les couvents dont les biens par conséquent devaient être taillés, s'ils voulaient être protégés. A ces Etats de Rodez présidés par l'évêque de Conserans, commissaire royal, on vota des fonds pour l'entretien de 80 lances pendant trois mois. L'ordre en avait été donné par le duc de Berry.

Le pays fut donc défendu avec les subsides votés à Cassagnes et à Rodez. Bernard d'Armagnac, qui avait le commandement général des troupes de la sénéchaussée du Rouergue, prit à sa solde plusieurs compagnies de routiers et les mit en garnison sur divers points de la province. Le capitaine François de Saint-André, qui avait sous ses ordres quarante-trois bassinets, alla se loger à la Roque-Valsergue pour garder la Haute-Marche du Rouergue. Ces petites garnisons ne faisaient pas peur aux Anglais. On les voit, comme par le passé, faire des courses sur le Larzac, sur le Lévezou et ailleurs.

Un de ces brigands, Jean de Vica, à son retour des guerres d'Aragon, vint alors en Rouergue et commença par exploiter le diocèse de Vabres. S'étant emparé de la Bastide de Pradines, dépendance de la commanderie de Saint-Félix-de Sorgues de l'ordre de Saint-Jean de Jérusalem, il s'y mit en garnison. De là il faisait ses incursions dans toute la Haute-Marche du Rouergue. Se trouvant au Rozier, il captura un Anglais de Curvale et deux habitants de Millau, nommés « Trépasso et le « Tevsseyre ». Fier de sa capture et espérant en tirer une bonne rançon, Jean de Vica écrivit aux consuls de Millau pour leur demander de l'argent « ho autramen s'en levaria merca. » La ville lui députa deux consuls pour traiter cette affaire. Sur ces entrefaites, des gens de Millau, accourus au secours de leurs concitoyens faits prisonniers, parvinrent à les tirer adroitement des mains des routiers. Aux yeux de Vica et de son compagnon d'armes, Bernard de l'Angelier, c'était un tort qu'on leur avait fait. De là, nouvelles menaces faites à la ville, si elle ne répare au plus tôt ce prétendu tort. Pour en finir, il fut décidé qu'on donnerait à ces voleurs trente deux livres tournois, en dédommagement du « raubamen » qu'on leur avait fait. Vica perçut l'argent, en donna quittance et retourna à ses pilleries qu'il continua en Rouergue pendant plusieurs années.

Pendant qu'il se tenait en garnison à la Bastide de Pradines, les gens de sa compagnie avaient des rapports fréquents d'affaires avec les habitants de Millau. Ceux-ci vendaient des marchandises aux routiers et achetaient leur butin. Le commandeur de Saint-Félix-de-Sorgue très mécontent de la prise de son château de Pradines, porta plainte au juge royal de Millau contre les habitants de cette ville « en disen que els avian vendut e comprat am las gens d'armas que tenian lo loc de la Bastida ». La dénonciation était grave et pouvait avoir pour résultat de fortes peines contre les délinquants. En effet, d'après les ordonnances royales, la justice pouvait atteindre non seulement les malfaiteurs armés contre la société, mais encore leurs complices et fauteurs de tout rang et à tous les degrés, et frapper de lourdes amendes ceux qui étaient trouvés détenteurs d'objets dérobés par les gens des compagnies, ceux qui les avaient achetés d'eux, ceux enfin qui leur vendaient des armes, des vivres ou autre chose. Pour se tirer de ce mauvais pas, la ville eut recours au duc de Berry qui arrangea l'affaire.

Après avoir vu passer devant nous tous ces hommes méchants dont nous venons de raconter les tristes prouesses, nos yeux se reposeront avec bonheur sur une figure plus douce, plus bienveillante, plus amie du peuple et de l'église, nous voulons parler de frère Jean, autrement appelé l'Ermite de Figeac. Frère Jean était une de ces âmes bonnes, sensibles et dévouées, que les calamités publiques affligent profondément, et qui se tourmentent pour y trouver un remède. Soupirant après le bien de l'église et de la patrie qu'il voyait si malheureuses, l'une par le schime, l'autre par les maux d'une guerre incessante, il crut pouvoir les secourir en vouant sa vie à la prière et à la pénitence. Dans ce but, revêtu de sa pauvre costume d'ermite et demandant l'aumône, il se mit à visiter les lieux de dévotion les plus célèbres du temps. Aux premiers jours de l'année 1386, il arriva à Millau. Sur sa prière, les consuls lui procurèrent un âne et un valet pour faire un pèlerinage « ont a ia empres d'ana per lo be, profiech et honor de la vila. » Quel était ce lieu de dévotion où voulait se rendre l'ermite pèlerin ? le consul boursier ne le dit pas.

Après quatre mois d'absence, frère Jean reparut à Millau et dit aux consuls qu'il désirait aller à Rodez « et aysso per alcunas causas que volia far à profiech de tota crestiendat. » Toujours bonne pour le pieux ermite, la ville lui fit une aumône et de nouveau lui loua un âne et un guide qui l'accompagna jusqu'à Rodez.

Quelle était la mission que prétendait remplir frère Jean ? D'après le récit très bref de notre consul boursier, il semblerait qu'elle avait pour but principal la pacification de la chrétienté alors troublée par le grand schisme d'occident. N'en avait-il pas une autre plus particulière à la France aussi malheureuse que l'Église ? Rien n'empêche de penser que frère Jean, témoin des cruelles épreuves par lesquelles passait notre patrie, se proposât d'y trouver un remède en priant, en faisant pénitence, et peut-être en allant, au nom du ciel, rappeler à leurs devoirs ceux qui, de près ou de loin, étaient chargés du gouvernement de la France. C'est ce que fit trois ans plus tard un autre personnage de Provence dont parle le *Petit Thalamus*, dans le passage suivant (p. 105.) « La veille de l'Ascension, 7 mai, 1388, entra à Montpellier, à pied, un nommé P. Huc, natif de Saverdun, habitant de Montréal près Carcassonne, pauvre bouvier de soixante à quatre-vingts ans, lequel disait qu'il allait vers notre seigneur le roi de France par commandement de Dieu.... et pour lui dire d'ôter les charges insupportables qui étaient sur le peuple; qu'autrement Notre-Seigneur l'avertissait qu'il le punirait grièvement. Et le lendemain, de grand matin, il se dirigea vers Notre-Dame du Puy et de là vers la France, et il ne voulait recevoir ni don ni aumône, sinon ce qui lui était nécessaire pour subsister. »

D'après M. A. Molinier, (note mise à la p. 936

du t. IX de l'hist. du Lang.), P. Huc, dont nous venons de parler, serait *probablement* cet ermite de Provence dont parle le religieux de Saint Denis dans ses chroniques (t. I. p. 518-520, éd. Bellaguet) lequel « vint à Paris et demanda à voir le roi, se disant inspiré de Dieu et assurant qu'il avait eu une vision, dans laquelle un ange lui avait ordonné de révéler un secret au roi et à ses oncles. Cet ermite engagea les princes à diminuer les tailles et les subsides, déclarant que, tant que les peuples ne seraient pas soulagés, les enfants du roi mourraient au berceau. Le roi fut frappé de ces avertissements ; ses oncles purent pendant quelque temps encore conserver leur ascendant sur lui, mais leur influence avait reçu un coup dont elle ne se releva plus. » Ainsi parle M. A. Molinier : qu'il nous permette de lui répondre ceci : P. Huc, de Saverdun, était *bouvier* et non ermite : Frère Jean était un vrai ermite et provençal comme P. Huc, c'est-à-dire qu'ils appartenaient tous les deux à la province du Languedoc ; il est donc plus probable que le personnage qui alla trouver le roi à Paris est frère Jean et non pas P. Huc. Quoi qu'il en soit, il est à désirer qu'on sache un jour quel était cet homme courageux et charitable qui alla porter au roi les doléances de la France : il mérite d'être connu et loué à cause de son patriotisme.

L'auteur anonyme des chroniques de Saint-Denis parle d'un autre personnage qui, dans le même temps, accomplit la même mission. C'était Jean de Granselve, religieux de Saint-

Bernard, docteur en théologie et originaire du diocèse de Toulouse. Poussé par l'amour du bien public, il alla à Paris trouver le roi et lui parla avec force des maux que souffrait sa province du Langundoc. Le roi l'écouta avec patience et promit de faire un voyage sur les lieux pour le soulagement des peuples.

Les malheurs publics dont le Rouergue était accablé, les lourds impôts qu'on exigeait de ses habitants, pour la sûreté du pays qu'on n'obtenait jamais, la honte de se sentir à la merci de ces bandes de brigands dont il fallait acheter la bienveillance, n'empêchaient pas les gens de s'amuser. A Gages, le comte d'Armagnac donnait des fêtes magnifiques. A Millau, à l'occasion de l'entrée en religion d'une demoiselle d'Arpajon, le sire d'Arpajon, sa femme, le seigneur de Clermont et toute leur suite, après la cérémonie religieuse et le dîner qui eurent lieu dans le couvent de l'Arpajonie, voulurent danser à l'hôtel de ville. Il va sans dire que les consuls se prêtèrent de bonne grâce à la fantaisie de ces grands seigneurs. Le soir, quand Madame d'Arpajon fut partie, son mari et ses amis restés à Millau manifestèrent le désir d'assister à un second bal, où seraient invitées les femmes des conseillers municipaux; ce qui eut lieu. Ajoutons qu'à chacune de ses réunions on servit comme rafraîchissements des épices, du vin et des pommes de l'année précédente « pomas vieilhas. »

Dans les derniers mois de l'année 1385, le comte d'Armagnac, nommé par le duc de Berry, capitaine général des guerres en Languedoc, trouva dans cette charge le moyen de satisfaire sa cupidité. Sous prétexte d'entretenir des troupes pour la défense du pays et de racheter les places occupées par les Anglais, il convoqua huit fois les états dans l'espace d'un an. Aux états de Cassagnes tenus le 20 janvier 1386, on vota l'entretien de 80 lances pour trois mois; à ceux de Sauveterre, réunis le 20 octobre suivant, d'Armagnac demanda la levée de 200 lances et un impôt de six francs par feu. Cette demande exhorbitante ayant été rejetée, le sénéchal assembla d'autres états à Rodez, le 25 novembre. Après de longs débats, cette assemblée accorda l'entretien de cent lances pour trois mois. Tous ces impôts appauvrissaient singulièrement le pays. Pour les payer, les villes faisaient des emprunts onéreux. A Millau on eut recours aux banquiers de Montpellier, à des amis, et quand son crédit fut épuisé, la ville, pour acquitter une dette pressante, vendit six tasses d'argent et plusieurs autres objets précieux qui lui appartenaient, et qui probablement étaient un souvenir de quelque personne reconnaissante.

Le 7 mars de l'année 1385, le comte, par l'intermédiaire de Jean de Carlat, son sénéchal, fit publier dans les rues du Bourg de Rodez, une ordonnance dont la teneur nous fait connaître la situation du pays vis-à-vis des Anglais. Après avoir dit que le Rouergue et tout le comté de Rodez sont en guerre avec les ennemis, le comto prescrivait à toute personne de se réfugier dans les lieux fortifiés, d'y porter les vivres en sa possession et de mener les bestiaux hors du pays, et cela dans le délai de huit jours et sous peine de perdre les vivres, si l'ordre n'était pas exécuté. Il ordonnait en outre à tout homme valide d'être prêt à paraitre sous les armes au premier appel, de faire, nuit et jour, une guerre acharnée aux Anglais et défendait de leur vendre quoi que ce fût. Le 16 mars suivant, Jean de Carlat, dans une nouvelle criée, déclarait que les peines portées contre les personnes qui viendraient à enfreindre les ordres ci-dessus ne concernaient pas les habitants du Bourg ; que si, par la permission du comte ou de Bernard, son frère, des Anglais entraient dans le Bourg, les dits habitants pourraient leur fournir des victuailles, pour le temps seulement qu'ils seraient dans la ville, les autres prescriptions « sus la venda de l'arnes o l'autre cofort demorans en lor fermetat. » (1)

Malgré tous ces règlements dont le pays ne faisait aucun cas et qui d'ailleurs étaient impraticables, le Rouergue étaient peu gardé parce que le comte d'Armagnac s'acquittait mal de ses fonctions de capitaine général des guerres.

Le comte d'Armagnac, en effet, s'acquitta mal de ses fonctions de capitaine général des guerres. Dans un mémoire, adressé au duc de Berry par ses conseillers, sur l'état du

---

(1) Nous devons à l'extrême obligeance de M. Lempereur, archiviste de l'Aveyron, l'analyse de l'ordonnance de Jean de Carlat qui se trouve dans les archives de la commune de Rodez. Bourg. EE. I.

Languedoc à cette époque, on trouve les griefs les plus graves articulés contre ce personnage. On lui reproche d'être parti de la Province, pour aller en France, sans avoir pourvu suffisamment à son remplacement; d'avoir négligé, pendant six mois, de payer les hommes d'armes établis en garnison pour la défense du pays, et de s'être approprié, pour son usage, les subsides qui leur étaient destinés, sous prétexte que sa pension ne lui avait pas été payée. On ajoute que par suite de cet arriéré dans les gages des hommes d'armes, beaucoup d'entre eux ont abandonné leurs postes et laissé le pays à la merci des ennemis; que ceux qui restent sont si pauvres, que pour un marc d'argent, ils se font anglais; qu'en beaucoup de lieux on a fait des patis avec les Anglais; que ceux-ci sont reçus partout dans les villes et dans les châteaux; qu'en Agenais, surtout, les populations sont très bien disposées en leur faveur; que certains nobles les poussent à se faire anglaises; qu'enfin le mécontentement est général et qu'il faut songer sérieusement à le faire cesser; que le Rouergue, en particulier, où jusqu'à présent, les états avaient toujours voté la levée de 120 lances, paraît vouloir les refuser; et qu'il semblerait bon « que le roy et Monseigneur le duc de Berry escrivissent très asprement aux dites gens qu'ils teissent ladite aide. » (Hist. du Lang. t. X, p. 1715).

Ce n'était pas aux trois états du Rouergue que le roi devait écrire vertement pour les obliger à voter les subsides demandés, mais bien au comte d'Armagnac pour lui recommander plus de modération dans les demandes d'argent et plus de fidélité dans l'emploi de celui qui lui était alloué pour la défense du pays. Sa négligence dans l'accomplissement de sa charge était aussi funeste que notoire. Les lettres des conseillers du duc de Berry que nous venons d'analyser, celles que le duc lui-même écrivit, à cette époque, à son cher neveu, le comte d'Armagnac, en sont la preuve évidente.

Par suite de cette négligence, le Rouergue n'étant pas suffisamment défendu, les Anglais venaient y faire des courses en toute liberté. Jean de Vica, qui avait abandonné le Camarès, l'année précédente, y reparut en 1386. Le 12 février, il passe à Millau « am una rota de gens d'armas per anar penre lo chopi de Badafol » qui gardait le Sévéraguais pour le compte de Bernard d'Armagnac, et demande qu'on lui donne du vin et de l'avoine. Ce qu'on lui donna coûta vingt-trois sous. Deux jours après, Vica revenant de Recoules « ont avia escofit lo chopi de Badafol » vint se loger sous les murs de Millau. Après en avoir délibéré, le conseil fut d'avis qu'on lui fît un présent de vin, de pain, de foin et d'avoine. Cette fois, la ration fut plus forte, et coûta trois livres et cinq sous. De Millau, Vica alla dans le Camarès. Dans le même mois de février, l'Anglais Ramonet de Sort et son compagnon l'Espagnolet, font mine de vouloir s'emparer de Sauveterre. Madame d'Arpajon donne avis de leur présence en ces lieux aux consuls de Millau.

D'autres compagnies, sorties des garnisons d'Auvergne, et allant guerroyer en Aragon, traversent le Rouergue, et Dieu sait si elles se font scrupule de prendre tout ce qu'elles trouvent sur leur passage.

Bernard d'Armagnac, qui avait sur le cœur la défaite du Chopi de Badefol et tenait à prendre sa revanche sur Jean de Vica, accourut alors dans la Haute-Marche du Rouergue. Il menait avec lui plusieurs compagnies à la tête desquelles il avait mis le seigneur d'Apchier, le seigneur d'Arpajon, Rato de Landorre et François de Saint-André. Arrivé à Millau le 15 avril, il fit fermer tous les ponts sur le Tarn par où Vica aurait pu s'échapper et se mit à sa poursuite. Le rusé routier, prévenu du danger qu'il courait, s'empressa de sortir du Rouergue et alla piller ailleurs.

Le 17 du même mois, le comte d'Armagnac, venant de Lodève et suivi du comte de l'Angle, du seigneur d'Orbessan et de Jean de Bétizac, secrétaire du duc de Berry, arriva à Millau, où il fut reçu avec ses compagnons de voyage ; les troupes qui le suivaient campèrent dans la campagne ; et comme l'on redoutait de leur part des dégâts dans les jardins, le comte fit crier, par deux fois, que les pillards auraient l'oreille coupée, s'ils étaient pris. Au mois de septembre suivant, le sénéchal du Rouergue, Arnaud de Landorre, fut remplacé par Guérin d'Apchier. C'est à cette époque qu'avant de partir pour la France où il comptait prendre part à l'expédition d'Angleterre, projetée par Charles VI, le comte d'Armagnac nomma, pour ses lieutenants en Rouergue, Arnaud de Landorre, le seigneur de Castelnau Bretenous, et Gaillard de Bassens, sénéchal du comté de Rodez. Sous les ordres de ces personnages, Bernard d'Armagnac continue de veiller à la garde du Rouergue. M. de Gaujal, l'Histoire de Gascogne et quelques autres recueils de Mémoires, imprimés de nos jours, rapportent un grand nombre de montres ou revues de gens d'armes faites vers ce temps et où figure une grande partie de la noblesse rouergate. Guillaume de Solages était le grand recruteur de ces compagnies d'hommes d'armes qu'on soudoyait pour trois ou quatre mois, rarement pour un an. Pendant l'année 1387, le Rouergue n'eut pas trop à souffrir des courses des Anglais; leur présence n'est guère signalée qu'à Connac et à Montclar. Cette tranquilité passagère tenait, sans doute, à ce que notre province était mieux gardée; elle tenait surtout au départ de plusieurs compagnies pour la guerre d'Aragon, et de Provence et aux patis conclus avec les Anglais, en attendant que les négociations pour le rachat des places qu'ils occupaient fussent menées à bonne fin.

CHAPITRE QUATORZIÈME

Etats généraux du Languedoc tenus à Rodez pour racheter les places occupées par les Anglais. Résultat du traité fait avec les routiers. Réparation des feux du Rouergue. Impôts. Combat singulier entre un Français et un Anglais. Les routiers Monfalco, Guiot de Creuzi. Le bort d'Arnac et un de ses valets prisonnier à Millau. Le seigneur d'Arpajon est fait prisonnier par les Anglais de Carlat. Voyage de Charles VI en Languedoc. Reprise des négociations pour le rachat des places occupées par les routiers. Etats de Villefranche. Les capitaines Graulet et Guigo de Marcillac. Expédition d'Italie; mort du comte d'Armagnac, Jean III. Bernard VII lui succède. Prise de Peyrusse. Démêlés des communes du Rouergue avec les commissaires royaux, Jean de Blaizy et Pierre de Saulx. Prise de Marcillac et rachat du Roc-Dunzac par le maréchal Boucicault. Les Tuchins du Rouergue. Les Anglais de Pousthomi. Siège de Creyssels. Bernard comte de Rodez et le vicomte de Creyssels. Cruautés du comte Bernard. Conflit entre le comte de Rodez, vicomte de Creyssels, et la commune de Millau.

1387-1400

Depuis la rupture du traité de Brétigny et le retour à la France du Rouergue et du Quercy, les Anglais et leurs adhérents, revenant en ennemis dans ces deux provinces, et aussi dans l'Auvergne et le Gévaudan, s'y étaient rendus maîtres, à l'époque où nous sommes, de plus de soixante places, tant villes que châteaux et forteresses, toutes situées en Rouergue ou sur ses frontières. D'après un document fort important pour notre histoire, dont nous devons la communication à la bienveillance de M. Lempereur, archiviste de l'Aveyron, et que nous rapportons en partie aux pièces justificatives, jusqu'à l'année 1383, les provinces envahies avaient racheté de leurs deniers Figeac, Comyac, Calvinhac, Gerle, l'Estang, Beaufort, Prévinquières, la Bastide, Balaguier d'Asprières, pris trois fois, Domeyrenc, le château « d'Ansol », Torn, Bénaven, « le Puech Minho », et probablement plusieurs autres lieux que nous ne connaissons pas. D'après le même document, et en l'année 1383, les Anglais occupaient Carlat, Murat, l'Agasse, le Clusel, près de Murat, Melet, Palaret ou Paratet, Montvalen, Torn, la Garnie, Saint-Projet, « la Borie dels Prats, la Bossia, » Saint-Serget, « Péna, » Orguelh, Saint-Amans, Moyssaguel, le château de Turie, « Puech-Peyros », Sain-Jean-de-Janas et Aygo » ; los quals locz so en torn de Roergue ». L'auteur du document ajoute : « per la gracia de Dieu et per lo socors de Moss. d'Armagnac, en lo dich pays de Roergue, non era de présen mas lo loc de Possols occupat per los dichs enemicz » ; Poussols est dans la commune de Camjac, canton de Naucelle, arrondissement de Rodez.

Depuis longtemps on avait formé le projet de racheter la plupart de ces forteresses, encore occupées par les Anglais et situées presque toutes sur les frontières septentrionales du Languedoc. Les ducs d'Anjou et de Berry, le comte d'Armagnac avaient demandé, plusieurs fois, des subsides pour ce qu'on appelait le videment (buéja) de ces places.

Ces subsides avaient été votés et payés en très grande partie ; et cependant presque tous les postes étaient encore au pouvoir des routiers. Le comte d'Armagnac, qui méditait une descente en Italie et qui, pour l'effectuer, avait besoin de troupes nombreuses et aguerries, reprit le projet du rachat des places. Il prévoyait que les compagnies, se trouvant sans emploi après la vente de leurs forteresses, se mettraient à sa solde et feraient campagne avec lui. Dans le courant de juin 1387, d'Armagnac entra donc en pourparlers avec quelques délégués du Velai, du Gévaudan et de l'Auvergne, réunis à Marvejols, et leur fit part de ses projets. Le duc de Berry, en ayant eu aussi connaissance, les approuva et promit d'employer toute son autorité et celle du roi pour les faire réussir. La lettre qu'il écrivit à ce sujet, au comte, son neveu, est datée de Paris, le 6 juillet, et rapportée aux pièces justificatives de l'histoire du Languedoc.

Fort de ces encouragements, le comte d'Armagnac se mit incontinent à l'œuvre et convoqua simultanément à Rodez, pour le 6 juillet, les Etats Généraux du Languedoc et les chefs des routiers dont on voulait racheter les places. A cette assemblée se rendirent les délégués des trois Etats de l'Auvergne, du Velai, du Gévaudan, du Quercy, du Rouergue et des trois sénéchaussées de Toulouse, de Beaucaire et de Carcassonne. Le comte s'aboucha d'abord avec les capitaines des Anglais et, après être tombé d'accord avec eux sur les conditions du rachat, il communiqua le traité aux membres des Etats, qui l'acceptèrent.

D'après cet accord, les Etats s'obligeaient à payer au comte d'Armagnac deux cent cinquante mille francs, ainsi repartis entre les trois ordres de l'Assemblee :

Clergé..................	25.000 fr.	
Noblesse.............	16.666 »	2/3 de franc.
Auvergne............	50.000 »	
Rouergue............	50.833 » 1/3	»
Velai.................	16.666 » 2/3	»
Gévaudan............	16.666 » 2/3	»
Quercy.............	16.666 » 2/3	»
Les trois sénéchaussées de Toulouse, Carcassonne et Beaucaire............	57.500 »	
Total...	250.000 fr.	

Moyennant cette somme, Jean d'Armagnac se chargeait de faire évacuer toutes les places désignées dans le traité. Il s'engageait, en outre, à mener les routiers hors du royaume de France et des possessions du roi, en Guienne.

De leur côté, les Anglais promettaient, avec serment, qu'aussitôt la rançon payée ils évacueraient les places en leur pouvoir, et les remettraient à leurs maitres légitimes ; qu'à dater de ce jour, ils ne rentreraient ni en Languedoc, ni dans aucun des lieux rachetés, avant un an accompli et qu'en operant leur retraite, ils éviteraient de ravager les pays par où ils passeraient, se contentant de prendre ce qui serait absolument nécessaire pour vivre, et payant le surplus de leur argent.

CHAPITRE QUATORZIÈME

Voici la liste des places rachetées :

Carlat.	La Garnie.
Murat.	Sabadel.
Lagasse.	Montvalent.
Alleuze.	Croyssa. (2)
Roquenaton.	Orgueil.
Turlande.	Pennéta.
Valon.	Cénaret.
Chalus.	Anglart.
Champaignagues.	Aguda.
Chastelneuf-les-St-Intry.	Gerle.
Saint-Supéry (1)	Valcaylez.
Le Roc d'Yvizat.	Melet.
La Rocheverdale.	Paratet.
Vayrac.	Loubersac.
Pinsac.	Grilon.
Coste-Rausto.	Fraysinet.

et plusieurs autres dont ne parle pas le traité et qui sont au nombre de celles désignées un peu plus haut.

Voici les noms des capitaines qui vendirent leurs places :

Ramonet de S..rt.	Nolin Barbe.
Remont G. de Caupène.	Bernard Douat.
Mérigot Marquès.	Amanivat de Monbec.
Chopin de Badefol.	Le bort de Monsat.
Le bort de Garlen.	Le Bon de Vic.

(1) Dans la note de la page 34 de l'histoire du Lang. M. A. Molinier dit que Saint-Supéry, qu'il traduit par Saint-Exupère était dans la commune de Compeyre : c'est une erreur ; il n'y a pas et il n'y a jamais eu dans la commune de Compeyre de localité de ce nom. M. A. Molinier ajoute que Saint-Supery fut racheté le 4 janvier 1377-1378 à Peyrot de Fontès capitaine de Chalusset, pour la somme de six mille francs d'or : si cela est ainsi le traité ne fut pas exécuté ou la place fut reprise par les routiers, puisqu'elle figure dans le traité d'achat de 1387. Il en est de même de Torn, racheté une fois et ensuite repris.

(2) Bosc et de Gaujal disent Creyssel : c'est une faute de lecture. Jamais Creyssel ne fut au pouvoir des routiers.

Berthut de Saint-Paul.	Gourdinot.
Le Basquinet.	Bertrannet de Bersanac.
Monnet de Campaigne.	Pierre de Nisan.

et plusieurs autres qui ne sont pas nommés

Quatre capitaines, Mérigot Marquès, le Bor de Vic, Berthut de Saint-Paul et Bernard Douat, quoique figurant dans le traité, étaient absents lors de sa conclusion. Le comte d'Armagnac promit de s'entendre avec eux, dans huit jours, ou de notifier leur refus à l'accord, afin que l'on se gardât d'eux.

Dans ce traité ne voulurent pas être compris, au grand regret du comte de Rodez, les deux plus fameux chefs des routiers, le breton Geoffroy Tête-Noire, et le gascon Pérot de Béarn. Le premier, maître de Ventadour, se disant, d'après Froissart, duc de Ventadour, comte de Limousin, sire et souverain de tous les capitaines d'Auvergne, de Rouergue et de Limousin, avait en sa possession une forteresse réputée imprenable et pourvue pour sept ou huit ans de vivres et de toute sorte de munitions de guerre : aussi « il se gabait et trufait » du traité que lui proposait le comte d'Armagnac. Le second, chaud partisan, fidèle allié du comte de Foix, tenait trop à complaire à son ami et à son suzerain, pour favoriser les vues intéressées de son rival le comte de Rodez, en lui vendant la forteresse de Salucet, qui lui appartenait par droit de conquête. Voilà pourquoi Ventadour et Salucet ne figurent pas sur la liste des places rachetées. C'était un des mauvais côtés du traité de Rodez. En effet, après l'évacuation des places

Geoffroy Tête Noire et Pérot de Béarn pouvaient recueillir leurs camarades et, avec leur aide en conquérir d'autres, rentrer même, au bout d'un an, dans celles qu'ils auraient abandonnées. Le conseil du roi à qui le traité fut communiqué, manifesta ces mêmes craintes, et, pour cette raison, faillit le rejeter. S'il l'accepta ce fut sur les vives instances des amis de d'Armagnac qui, ayant eu l'initiative des négociations, tenaient à honneur de les faire aboutir. (Froissart, t. 3. chap. 95. p. 258. Ed. de Sauvage.)

Les conditions de ce traité lui étaient très favorables, à tous les points de vue, et il comptait bien en faire son profit. Maître des routiers qu'il prenait à sa solde, il pouvait les mener combattre le comte de Foix, son ennemi, ou bien les conduire en Lombardie, pour satisfaire ses vues ambitieuses de conquête, se donnant ainsi le mérite d'avoir débarrassé le pays des terribles compagnies.

En attendant, le comte d'Armagnac se procura beaucoup d'argent et montra peu d'empressement à racheter les places. Pendant quatre ans, après le traité de Rodez, les routiers, faute d'avoir reçu les rançons stipulées, gardèrent leurs forteresses et continuèrent leurs courses dévastatrices. Si le comte d'Armagnac voulut préserver le pays de leurs ravages, il dut faire avec eux des patis particuliers et recourir à de nouveaux subsides. C'est ce qu'il fit, comme nous l'apprend le consul boursier de Millau. « Dimars à I octobre (1387) lisons nous dans son livre de comptes, de volontat del cosselh, foz'i ieu Cayret elegitz per anar à Rodez, per l mandamen que Moss. d'Armagnac nos avia trames, e per coecar un talh fach per la suefra (1) que Moss. d'Armagnac aguda des Engles, per lo mes de setembre que passats es, é per lo mes presen. » Cette taille imposée au Rouergue était d'un tiers de franc par feu. Le 18 de ce même mois d'octobre, le comte d'Armagnac convoqua encore les Etats du Rouergue à Rodez, toujours pour en tirer de l'argent. Pour cette fois il donna une certaine satisfaction aux délégués des communes. Voulant stimuler leur zèle dans la levée des impôts votés pour le rachat des places, impôts dont il avait la libre manutention, il annonça aux états que le duc de Berry avait fait grâce au pays des 120 lances que lui avait imposées, au mois d'août dernier, l'évêque de Conserans, commissaire royal en Rouergue, et qu'on voulut bien cesser la perception de ces impositions. Enfin, le comte d'Armagnac ayant prolongé la trève avec les Anglais jusqu'au 25 mars 1388, les états se réunirent de nouveau à Rodez, le 27 décembre 1387, à l'effet de répartir ces nouvelles taxes. D'après les comptes de notre boursier, Millau paya, dans le courant de l'année 1387, 3400 francs tant pour la garde du pays que pour le rachat des forteresses occupées par les Anglais.

En voyant le Rouergue ainsi ravagé par les routiers et rançonné par les officiers de la cou-

---

(1) A Rodez on disait *sufferte*.

ronne, est-il étonnant que les villes et les campagnes fussent réduites à la plus extrême misère ? Aussi les tailles étaient-elles acquittées très difficilement et très-lentement. Millau, depuis longtemps, avait sa caisse municipale vide. S'il rentrait quelque argent, provenant des impôts directs ou indirects, il fallait le verser aussitôt dans les mains des trésoriers des guerres, sous peine de voir les garnisaires s'abattre sur la ville comme une nuée d'oiseaux de proie. Pour payer ses dettes, la ville aurait bien voulu recourir aux emprunts : mais où trouver des prêteurs ? Les banquiers d'Avignon, de Montpellier, le trésorier des guerres, Pierre Valette de Rodez, à qui on s'adressa, refusèrent tout crédit ; les seigneurs de Landorre et de La Roque, amis particuliers de Millau, n'eurent pas d'argent disponible. Seul le seigneur de Caussanuéjouls voulut bien prêter à la ville une forte somme, sous bonne caution et sans intérêts. Au bout de deux ans, la somme fut rendue et, en reconnaissance de ce prêt gratuit, la ville fit présent à la dame de Caussanuéjouls d'une ceinture et de six tasses d'argent. En ces temps-là, toute stipulation d'intérêts étant défendue par les lois ecclésiastiques aux particuliers, c'était l'usage de reconnaître la gratuité des prêts d'argent par pes présents, comme le prouvent le fait que nous venons de rapporter et plusieurs autres de même nature que nous passons sous silence.

L'année 1387 finit par une fête que le baron de Sévérac donna à la noblesse du pays en l'honneur de sa fille et à laquelle furent invités les consuls de Millau.

Comme nous l'avons déjà dit, la dernière trêve faite avec les Anglais expirait le 25 mars 1388. Le 12 de ce mois, quelques jours avant le délai fatal, le comte d'Armagnac réunit les trois états à Rodez pour y traiter « de la suefra del pays e per vezer cossi lo pays se deu governar sul fag de las lansas. » [Cette assemblée n'ayant pris aucune détermination, le pays resta exposé aux courses des Anglais.

Le 5 avril, les communes de la Basse-Marche étant réunies à Rodez, on demanda à d'Armagnac s'il avait renouvelé les trêves. Sur sa réponse négative, il fut décidé qu'on convoquerait de nouveaux états ; ils se réunirent à Cassagnes et votèrent un subside de vingt-deux mille francs, applicable à l'entretien des hommes d'armes et à une « suefra » avec les Anglais qui irait jusqu'à la Toussaint.

Cinq jours après l'expiration de cette dernière trêve, d'Armagnac convoqua les Etats à Rodez, toujous pour s'entendre avec eux sur les mesures à prendre pour protéger le pays. Cette assemblée qui n'avait rien décidée fut ajournée au 12 décembre. Le vendredi, onze, le consui de Millau, B. Crozier « tornet à Rodez am voler del conselh que non consentis en re ; masque monstrez las necesssitats de la vila e del pays al comte ezal senescal. » Cette *journée*, comme la précédente, n'ayant produit aucun résultat, il fallut réunir encore les états.

Le 27 décembre, le même consul de Millau

Bernard Crozier « tornet à Rodez per tener una jornada que avian davan Moss. d'Armagnac que demandava al pays XXII milia francs ; e fon li enebit per lo cosselh que non consentis en un denier. » Le refus que fit Millau de voter les subsides demandés, empêcha les états de prendre une résolution. Cette affaire ne fut finie qu'en janvier 1389 où les états, ayant été de nouveau convoqués à Rodez, accordèrent à d'Armagnac la moitié de sa demande, comme nous l'apprend le consul boursier dans la note suivante que nous trouvons sous la rubrique du 7 janvier 1389 : ce jour là « tornet à Rodez B. Crozier per donar fi, se pot, a tot so que dessus es dig; e fon li dig que sels altres consentian que aytal fazes el zam que totz los profiets que ne poyra trayre a la vila que ne trages; e restet el viatge tro al XXII de janvier; e fez relacio quant fon tornat que los tres estats de Rozergue avian autriatz à Moss. d'Armagnac XII milia francs. (La part de Millau fut de 113 fr.). Fes may relasio que de commu consentimen dels tres estats avian tornats tots los fuocs de Rozergue per los perils que s'en podian essegre a III millia so es a saber l'Auta Marcha II milia la Bassa a milia : ezenaysi fon contat per totz los susdits que ne escazian a nostra vila II^c e II fuocs e I ters. Fon may contat que al pays de l'Alta Marcha venia per fuoc III francs et XV d. (1).

(1) En 1407, la Haute Marche est taxée à 500 feux.
      Millau   —   à 47 —
      Le Carlades   —   à 87 — (reg. de 1407).

Ceci prouve combien le pays avait été dépeuplé par la misère et la peste qui, depuis le milieu du XIVe siècle jusqu'à la fin du XVe, régna en permanence dans le Rouergue.

Dans le cas présent, on entendait par *feu* non pas une famille, vivant ensemble, sous l'autorité d'un chef, *capd'oustal*, mais bien une unité fictive, servant de base à l'assiette de l'impôt. Ici donc, le nombre des feux assigné au Rouergue n'indique pas la population de cette province; il fixe seulement le nombre de familles qui doivent payer les impositions à raison de trois francs quinze sous par famille ou feu. D'après cela un feu pouvait se composer et se composait très souvent, en effet, de plusieurs familles, de plusieurs fonds de terres ou héritages qu'on réunissait pour supporter l'imposition assignée à un feu et à laquelle on donnait le nom de fouage. La taxe du fouage variait selon les besoins de celui qui le demandait et l'importance de la cause pour laquelle il était demandé. Le fouage du prince d'Aquitaine qui n'était que de dix sous par feu par année, c'est-à-dire de cinquante sous pour cinq ans, fut trouvé excessif et causa sa perte, tandis que, sous Charles V et ses successeurs, on imposa plusieurs fois au Languedoc des fouages de cinq, six, huit et douze francs par feu. Le roi, par lui-même ou par ses lieutenants, demandait le fouage. Les Etats Généraux de la Province rejetaient, modifiaient ou acceptaient la demande sous certaines conditions; ils répartissaient ensuite la somme allouée par sénéchaussées selon le nombre de leurs feux ; à leur tour les sénéchaussées le répartissaient par baillages, ou jugeries, et par communes : c'était le rôle principal des Etats de chaque province. A très peu d'exceptions près, les impôts furent directement demandés à la sénéchaussée du Rouergue depuis son retour à la couronne de France; voilà pourquoi les députés du Rouergue figûrent si rarement aux Etats généraux du Languedoc. Quand les trois Etats de notre province avaient voté un impôt, on le répartissait en petites circonscriptions, appelées baillages, mandements, communes, selon le tableau des feux assignés à chaque circonscription. Cette façon d'asseoir l'impôt était facile et expéditive. Il n'était pas aussi facile de le faire payer. Quand un contribuable refusait d'acquitter sa quote-part des tailles, on faisait saisir ses meubles, et, s'il persistait dans son refus, on enlevait les portes de sa maison, voulant lui montrer par là qu'il n'était plus sous la sauvegarde de la communauté. Si, au contraire, c'était la communauté qui se montrait récalcitrante, ou seulement en retard pour l'acquittement des taxes dont elle avait la responsabilité, les officiers royaux, accompagnés de sergents d'armes, se mettaient en garnison sur le lieu jusqu'à complet paiement des sommes dues.

A Millau, à Rodez et probablement dans les autres communes du Rouergue, l'assiette et la perception des impositions de toute nature se faisaient de la manière suivante : une commission composée des consuls, d'un certain nombre de conseillers et des plus fort imposés estimait, tous les ans, les biens meubles et immeubles des habitants de la ville. Quand on connaissait la valeur de ces biens, on établissait ce qu'on appelait le denier cadastral pour chaque cent francs de la somme totale, et c'était d'après ce denier qu'on faisait payer les tailles. Par exemple, l'impôt étant d'un franc par feu et la valeur des biens de Millau étant de 70.000 francs, il fallait payer 700 francs, c'est-à-dire autant de francs qu'il y a cent francs dans la somme de 70.000 francs. Voici maintenant une petite nomenclature des impôts au XIVe siècle.

Outre les charges municipales auxquelles il fallait pourvoir avec les revenus des villes, le produit des octrois et les impositions prélevées sur chaque habitant, on avait à payer la gabelle du sel, l'aide de douze deniers pour livre sur la vente de toutes les marchandises, le treizième du vin, des fouages ordinaires et extraordinaires, des subsides pour la défense du pays et le rachat des places prises par les Anglais, des droits de lots et de vente, des amendes, des compositions pour la transgression des lois sur les monnaies et pour leur refonte, des secours au roi et aux princes à l'occasion de leur sacre, de leurs voyages et du mariage de leurs filles. En sus de ces tailles, le Rouergue, seul dans le royaume de France, payait un autre impôt appelé le Commun de paix et qui valait au roi de six à dix mille francs chaque année. Ce subside, établi en 1170, pour la défense du Rouergue, était d'abord une société d'assurance pour les personnes et leurs biens meubles et immeubles. Cette taxe fut dans la suite des temps détournée de sa destination primitive, mais ne cessa pas d'être exigée par les princes qui furent successivement maîtres de notre province, depuis saint Louis jusqu'à Louis XVI. Sous le Prince de Galles et d'Aquitaine elle lui rapportait de sept à huit mille livres.

Accablés sous le poids de ces charges, les gens quittaient le Languedoc et s'en allaient dans les pays voisins, où il y avait plus de sécurité et moins d'impôts à payer. Après cela est-il étonnant qu'on perdit patience et qu'on en appelât si souvent au roi qui, disons-le à sa louange, ne se montrait pas toujours sourd aux plaintes de ses sujets opprimés ?

Cette courte disgression sur les impositions au XIVe siècle, nous a un peu écarté de notre sujet ; en y rentrant faisons remarquer que le traité de Rodez ne remédia à rien. Après comme avant ce traité, le Rouergue fut toujours en proie aux compagnies. Les trêves particulières, faites par d'Armagnac avec les Anglais, atténuèrent bien un peu leurs déprédations, mais ne les empêchèrent pas toutes. Résumant, dans une note de l'Histoire du Languedoc, les évènements de l'année 1388, M. Molinier a écrit la page suivante qui confirme et complète ce que nous avons dit nous-même : « Soit négligence de la part du comte d'Armagnac, lisons-nous à la page 933, t. IX de l'ouvrage cité, soit retard dans la rentrée de l'argent, les négociations subirent un ralentissement sensible en 1388, et les hostilités recommencèrent bientôt avec les Anglais. Le Rouergue, plus exposé que les autres pays à leurs incursions, dût pourvoir aux nécessités de la situation.....

« Il semble, en effet, que les routiers n'avaient pas tenu leurs promesses; leur faire abandonner les forteresses qu'ils occupaient n'était rien, le difficile était de leur faire quitter le pays. Dès novembre 1388, le roi de France écrit au comte d'Armagnac d'empêcher les capitaines ennemis de Quercy, de Rouergue, d'Auvergne et de Languedoc, de passer en Provence pour faire la guerre à la reine de Naples, tante du roi, et à son fils, le roi Louis II ; le sire d'Apchier avait pris à ce moment le commandement d'une partie de ces bandes. Au mois de décembre 1388, le seigneur de Soulages écrit à un des chefs des routiers, pour l'engager à ne point passer par le Rouergue ; le passage par Espalion et Entraygues est impossible, le comte d'Armagnac ayant fait couper les ponts. Le frère du comte, Bernard, a reçu des gens du pays cinq mille francs, sous promesse de les garantir de l'invasion ; les capitaines ennemis feront mieux d'aller passer le Lot à Cahors, par le pont de Valentri, et de se retirer en Guienne. Cette lettre nous apprend que le sire de Sévérac s'était chargé de diriger la retraite de ces bandes peu disciplinées, tâche difficile et qu'il ne put accomplir entièrement. Ne pouvant passer par le Gévaudan, ne se souciant pas de retourner en Guienne, où leurs compatriotes les auraient fort mal reçus, les Anglais forcèrent le passage du Lot, se répandirent dans tout le Rouergue, et le comte d'Armagnac dut reprendre contre eux la guerre de partisans qu'il faisait depuis longues années... En un mot, la tentative du comte d'Armrgnac pour délivrer le pays, à prix d'argent, n'avait fait que rendre la situation pire. »

A la fin de l'année 1388, eut lieu à Rodez un duel en champ clos entre un Français et un Anglais. Ce spectacle, quoique moins brillant que ces passes-d'armes que nous racontent nos vieux chroniqueurs, Froissart et Monstrelet, ne manquait pas d'intérêt, à cause des circonstances particulières où se trouvait le pays. Aussi l'affluence des étrangers fut-elle grande, lorsque arriva le jour où les deux champions devaient entrer en lice. C'étaient Jacques le Breton, de la garnison de Carlat, routier, se disant de l'obéissance du roi d'Angleterre, et Louis de Céra, homme d'armes, servant dans le parti français.

Dans une rencontre qui avait eu lieu près de Cromères entre Français et Anglais, Jacques le Breton fit prisonnier Louis de Céra, et requit sa foi « comme de Français à Anglais ». Louis de Céra tendit, en effet, la main, tout en disant que, s'il était prisonnier, il voulait bien être le sien. Quand le routier de Carlat demanda la rançon à l'homme d'armes français, celui-ci prétendit qu'il ne devait rien, qu'il n'avait pas été fait légitimement prisonnier, attendu qu'il avait été pris en temps de trêves; qu'enfin la réserve mise à sa parole l'exemptait de toute rançon. Jacques le Breton répondait n'avoir pas entendu cette réserve, mais avoir reçu la foi pure et simple de son prisonnier. En présence de ces affirmations contradictoires, l'honneur militaire exigeait qu'on vidât la querelle par les armes.

L'affaire fut portée devant le comte d'Armagnac et Rodez fut choisi pour le lieu du combat. Au jour marqué, les deux champions, armés de toutes pièces, montés sur leurs chevaux, suivis de leurs témoins, entrent dans la lice entourée de barrières. La foule des spectateurs, palpitante d'émotion est immense, mais muette ; car il est défendu, sous peine d'être pendu par la gorge, de donner aucun signe d'approbation ou d'improbation, pas même de se baisser, de cracher ou de se moucher, afin que les combattants soient à l'abri de toute influence. Puis, les deux adversaires, se tenant en présence des juges du duel, dont le comte d'Armagnac est le président, font les serments d'usage et remplissent les autres formalités accoutumées. Cela fait, un officier, appelé maréchal du camp, crie à haute voix et par trois fois : laissez-les aller. Après une courte pause, jetant une paire de gants au milieu du champ clos, il ajoute : faites votre devoir ! A ce moment les deux champions, prompts comme l'éclair, se précipitent l'un sur l'autre. Au premier choc l'Anglais est désarçonné et couché sur le sol. Alors, d'après les lois de la chevalerie, le vaincu est désarmé et traîné ignominieusement hors de la lice. Le récit de ce duel fait en langue vulgaire, et rapporté par M. de Gaujal dans ses Annales du Rouergue est tiré de la collection Doat.

L'année 1389 ne fut pas plus heureuse que les années précédentes. Plusieurs compagnies, sorties de l'Auvergne et commandées par Ramonet de Sort, le bâtard de Béarn, Moujat, le Mastis et Danti, frère de Mérigot Marquès, envahirent le nord du Rouergue et s'y livrèrent à leurs déprédations accoutumées. Danti, cantonné à Bonnecombe, faisait main basse sur le vin et les autres objets de consommation qu'on portait à Rodez. Pérot de Termes, Montfalco et Guyot de Querency vinrent exploiter le Levezou, le Lurzac et les pays environnants. Montfalco, passant devant Millau « am una gran rota de gens d'armas », envoie un trompette aux consuls pour leur demander des vivres. Le conseil refuse de rien donner ; il autorise seulement les consuls à remplir de vin deux grandes outres que portait le trompette et à le faire souper lui et son roussin. Ces deux repas coûtèrent quatre sous et huit deniers.

Pendant les six premiers mois de l'année où nous sommes, ces diverses compagnies de routiers postées à Nant, à Meyrueis, à Saint-Léons, à Saint-Geniez-de-Vertenam, à Saint-Paul-de-Nonenque, à Sainte-Eulalie, à la Panouse-de-Cernon, à Verrières et ailleurs, furent maîtresses de la Haute-Marche du Rouergue et y vécurent à ses dépens. Elles capturaient les troupeaux, prenaient les bêtes de charge qu'elles trouvaient sur les chemins et en tiraient de bonnes rançons. Millau fut obligé de payer vingt-cinq francs à Montfalco pour racheter les prises faites par lui sur le mandement de cette ville, malgré les lettres de « ségurança » données par le comte d'Armagnac contre les routiers qui couraient alors dans le pays Les habitants de Millau, grandement incommodés par la présence de tous ces gens d'armes, ne vivant que de pillage, portèrent plainte au comte d'Armagnac et le supplièrent de les faire sortir de la Haute-Marche du Rouergue. Le comte, qui était chargé de la garde du pays, envoya Arnaud Le Bet, un de ses écuyers, avec une lettre prescrivant aux compagnies d'abandonner leurs postes et d'aller hors de la province. L'écuyer Arnaud Le Bet, accompagné d'un consul de Millau, alla trouver les chefs des compagnies, leur communiqua la lettre dont il était porteur, parla secrètement avec eux et en obtint la promesse que l'ordre du comte serait exécuté. Au retour de ce voyage, le conseil de Millau, plein d'égards pour le messager de d'Armagnac, le remercia beaucoup, le fit bien souper et lui donna quatre francs pour ses peines. Quelques jours après, Montfalco et Querency repassant à Millau avec leur « rota », la ville les reçut très bien, et leur fit de grands présents, parce que au reçu de la lettre des consuls, ils avaient rendu les bêtes que leurs gens avaient prises.

Le voisinage et le passage de tous ces gens d'armes obligeaient Millau de se garder avec soin. Une nuit, les sentinelles des portes s'étant emparées de deux valets des routiers qui venaient espionner le guet, les amenèrent en ville. Le lendemain, le bort d'Arnac, « capitani des vaylets » vint réclamer les prisonniers. Les consuls lui firent bon accueil ; on l'hébergea pendant deux jours, aux frais de la communauté, dans la maison de Guilhem Pellegry, et à son départ on lui rendit les deux valets ; mais comme l'un d'eux avait été grièvement blessé dans la lutte, on le mit à l'hôpital où il fut soigné par un chirurgien-barbier. Quand il fut guéri, on lui acheta une paire de souliers, on lui donna l'argent nécessaire pour rejoindre sa compagnie, exigeant en retour qu'il promît de ne plus faire aucun mal à la ville.

Dans le même temps que les routiers dont nous venons de parler quittaient la Haute-Marche du Rouergue, une autre bande d'Anglais, sortie de Turlande, passait le Lot à Entraygues et se répandait comme un torrent dans notre province. Cette nouvelle, apportée à Millau par un serviteur du prieur de Saint-Léons, y jeta le plus grand effroi. Il y avait, en effet, de quoi avoir peur. Les Anglais, au nombre de trois cents cavaliers, passèrent à Rodez et vinrent saccager les environs de Millau. A Saint-Germain, ils prirent tous les bestiaux qu'ils trouvèrent, et, dans une rencontre avec les gens de la campagne qui s'étaient armés pour se défendre, ils firent prisonnier le sire d'Arpajon qu'ils relâchèrent sur parole. Les Anglais, emmenant leurs captures, passaient à Séverac-l'Église, lorsque les vassaux du baron de Sévérac s'étant mis à leur poursuite, furent assez heureux pour leur arracher une partie de leur butin qu'on enferma dans le lieu même de Sévérac. Prié à plusieurs reprises de vouloir bien remettre les bestiaux à leurs maîtres, le baron de Sévérac s'y refusa par crainte des représailles. Le 29 septembre, d'Arpajon, étant allé à Carlat pour traiter de sa rançon, traita aussi l'affaire des bestiaux séquestrés à Sévérac; pour les ravoir il fallut donner aux routiers deux cent cinquante francs.

Au nom de tout le pays, Millau fait savoir au comte d'Armagnac le triste état où il se trouve. Le comte répond que pour le moment il ne peut rien faire, attendu qu'il n'a avec les Anglais ni « patu » ni « suefra », et que, si l'on veut être défendu, il faut voter des subsides pour l'entretien des hommes d'armes. Profitant de cette liberté, les routiers de Turlande vont courir sur le Larzac, sur le Lévézou et y font des prises considérables. Ces mauvaises nouvelles sont souvent transmises à Millau dans le courant de septembre et d'octobre.

Vers ce temps, Charles VI étant venu visiter le Languedoc, Millau députa trois consuls, Raymond Garnier, Guillem Pellegry et Jean Cayret, pour aller saluer le roi et le conjurer de remédier aux maux du pays : « per far la reverensia al rey nostre senhor e supplicar à luy que plase de remédiar als mals del pays ». Cette première visite qui eut lieu à Montpellier, le 15 novembre 1389, fut suivie d'une seconde, à Toulouse, le 7 décembre suivant, où allèrent aussi, pour le même objet, les consuls de Rodez.(1)

Le voyage de Charles VI, eut les plus heureux résultats pour la province du Languedoc Témoin de la misère du pays, instruit de sa triste situation par les plaintes des personnages officiels admis en sa présence, le roi et ses conseillers sentirent plus que jamais le besoin d'y porter un remède efficace. La cause principale des calamités publiques étant la mauvaise administration du duc de Berry, le roi le le révoqua et nomma à sa place plusieurs commissaires chargés de l'entier gouvernement de la Province. Sans être parfaitement heureux sous le régime de ces officiers, le Languedoc fut moins agité que du temps du duc de Berry; les impôts furent moins lourds et moins fréquents ; les agents administratifs moins rapaces et moins violents.

Une autre cause de l'état de souffrance où se trouvait la province venait de la présence des Anglais sur tous les points du Languedoc.

Maîtres d'une foule de places fortes, ils y vivaient en tyrans dont la force fait le droit. Leurs rapines appauvrissaient le pays ; leurs violences arrêtaient les transactions et gênaient la culture des terres; la présence permanente de ces ennemis exigeait des impôts

---

(1) Sur la demande que lui en firent les consuls, le roi confirma pour quatre ans les libertés et les privilèges des villes du Rouergue par une lettre datée de Toulouse le 23 décembre 1389. Le 24 décembre suivant, il en donna une autre qui remettait au Rouergue tous les arrérages des impositions pour les années précédentes. Voir aux pièces justificatives.

énormes pour l'entretien des hommes d'armes chargés de les combattre. Chose plus déplorable, le sens moral des populations se relâchait ; on perdait la notion exacte d'ennemis et d'amis. Des liaisons se formaient entre les habitants du pays et leurs adversaires. En effet, dit M. A. Molinier dans ses notes sur l'histoire du Languedoc, tome IX, p. 955, « ce serait une erreur de comparer cette occupation permanente à l'invasion d'une armée ennemie. De nos jours, sauf de rares exceptions, l'envahisseur vit isolé au milieu du pays qu'il occupe ; les relations entre lui et l'habitant se bornent au strict nécessaire. Au quatorzième siècle, au contraire, abandonnés des pouvoirs publics, impuissants à les protéger, nobles et roturiers entraient en négociations avec les routiers et concluaient avec eux, à prix d'argent, des trèves, des *patis*, pour employer le terme consacré. Mais ces relations inévitables devenaient bientôt plus intimes et entraînaient les contractants à commettre d'autres délits. Il fallait payer ces patis... Les routiers, aimant le luxe et la bonne chère, passant leurs loisirs en débauches, voulaient des vêtements de soie, du vin précieux, des épices. Les habitants leur fournissaient tout cela, en dépit des ordonnances royales, et ces premières relations d'affaires en entraînaient d'autres. On commençait par stipuler une trêve pour tout le pays, puis il fallait racheter les prisonniers détenus par les Anglais ; leurs parents, leurs amis, s'entremettaient pour leur épargner les souffrances de la captivité. Bientôt on en arrivait à trouver qu'en somme le diable n'était pas si noir qu'on le disait et des relations d'amitié se formaient entre l'habitant et l'ennemi. On se rendait mutuellement de petits services ; un couturier de Saint-Flour s'en va à Turlande habiller toute la garnison anglaise ; un seigneur du Gévaudan envoie un médecin, soigner un capitaine ennemi dangereusement malade, reçoit dans son écurie un cheval fourbu appartenant à l'un des partisans et ne le renvoie que frais et reposé. »

Rentré à Paris, le roi, qui comprenait la nécessité d'arrêter les progrès de cette dangereuse démoralisation et qui d'ailleurs voulait sincèrement le bien des peuples, par des lettres données à Senlis le 21 mai 1390, nomma Jean de Blaisy seigneur de Mauvilly, son chambellan, commissaire général en Languedoc, avec mission spéciale de reprendre et de mener à bonne fin la grosse affaire du rachat des places occupées par les Anglais ou leurs soi-disant partisans. Jean de Blaisy, à qui la lettre royale de sa commission conférait des pouvoirs illimités, dans la présente affaire, et qui, d'ailleurs, ne pouvait pas tout faire par lui-même, se donna plusieurs subdélégués. Le plus important de tous fut Pierre de Saulx, secrétaire du duc de Berry, qui fut chargé de remplacer son supérieur en Rouergue et en Quercy.

Jean de Blaizy mit la plus grande activité dans l'accomplissement de sa charge. Après s'être entendu avec le comte d'Armagnac et les principaux membres de la noblesse, il fit, à Mende, avec les routiers, un traité en vertu duquel ceux-ci devaient livrer, moyennant finances, les forteresses suivantes : Sailhans, Melet et Messillac, dans la Haute-Auvergne, Montbrun et Loubersac, dans le Quercy, Vallon en Velai, la Roquebouillac, Fraissinet et Valcaylez en Rouergue, et plusieurs autres qui ne sont pas nommées.

Ces places qui depuis longtemps auraient dû être évacuées, d'après le premier traité de Rodez, étaient restées au pouvoir des Anglais, sans doute, faute d'argent pour les racheter. La rançon pour les neuf places que nous venons de nommer et le rachat des prisonniers qui étaient à Saint-Flour, sous la garde de l'écuyer Poinchon de Langeac, les frais nécessaires à la poursuite de leur évacuation étaient fixés à trente mille francs. Les trois sénéchaussées de Toulouse, Carcassonne et Beaucaire devaient en payer six mille ; l'Auvergne, le Gévaudan, le Rouergue, le Velai et le Quercy vingt-quatre mille. Jean de Blaisy avait prescrit en outre que les cinq dernières sénéchaussées fourniraient trois cents dix hommes d'armes, pendant un mois, pour garder les forteresses évacuées, en attendant qu'on en disposât en faveur de leurs anciens maîtres, ou qu'on les démolît, si on le trouvait opportun. Le comte d'Armagnac restant chargé de l'exécution du traité, c'était entre ses mains qu'on devait verser l'argent nécessaire à l'évacuation des places et à l'entretien des hommes d'armes. Le traité portait encore qu'avant le mois de Juillet suivant, on compterait huit mille francs, sur la somme des trente mille, pour le rachat de Sailhans et que le Rouergue, pour sa part, fournirait cent vingt hommes d'armes.

On était à la fin de mai. Jean de Blaizy, qui avait hâte de se procurer les ressources pour mettre le traité de Mende à exécution, chargea Pierre de Fontenay, sénéchal du Rouergue, de convoquer les trois Etats de sa province et d'en obtenir leur quote-part des subsides demandés. Pierre de Fontenay, seigneur de Mauvilly, avait remplacé, depuis quelques mois seulement, Guérin d'Apcher. Le nouveau sénéchal qui, pour le dire en passant, était un homme puissant, *vir potens,* chevalier et chambellan du roi, réunit les Etats à Villefranche, le 27 juin 1390. Les députés des trois ordres, qui assistèrent à cette assemblée, furent : 1º pour le clergé : Radulphe Jalli, vicaire général de Henri, évêque de Rodez, qui représentait son évêque et tous les prêtres de la curie épiscopale; l'abbé de Conques, Déodat Picamilli, délégué du chap. de Rodez, Stella de Saint Christophe, prieur de Toulonzac, représentant l'abbé de Bonnecombe; Hugues Mercier, représentant l'abbé de Beaulieu; Bernard Croisier représentant l'abbé de Nant. 2º Pour la noblesse : noble Hugues de Gardies, procureur du vicomte de Murat, Stella de Saint Christophe, fondé de pouvoirs pour Arnaud, seigneur de Landorre, noble Jean Gui, procureur du seigneur de Sévérac et du seigneur d'Arpajon, Bertrand de Morlhon au nom de la noblesse de Villeneuve, Ratier de Féneyrols, pour lui, pour le seigneur de la Valette et pour les nobles du baillage de Najac. 3º Pour les communes: Jean Fournier, pour St-Antonin, Bertrand Prohéti, consul de Verfeil, Déodat Bandaser, consul de Najac, Jean Rossal et Jean Dethiers, consuls de Villefranche, Gailhard Saumate, consul de Villeneuve, Pierre Vernhes, consul de Conques, Berthold la Guilhalmie, juré de Clairvaux, Pierre de Sales, notaire et consul de la cité de Rodez, Bertrand de Teniers, consul de Rieupeyroux, Bertrand Rozier, consul de Millau.

A ces Etats ne parurent pas, bien qu'ils eussent été convoqués, l'évêque de Vabres, le prévôt de Belmont, l'abbé de Sylvanès, le seigneur de Roquefeuil, le seigneur de Caylus, les consuls de Sauveterre, de Roquecezière, de Saint-Sernin, de Murasson, les délégués de Belmont, les consuls de Brusque, de Saint-Affrique, les syndics du Pont-de-Camarès.

Après de longs débats entre le sénéchal et les députés des trois ordres, les Etats, d'un consentement unanime, rejetèrent en partie les demandes de subsides faites au nom du roi par Jean de Blaizy; et comme celui-ci les menaçait de peines très-graves, telles que la prison et l'amende, s'ils persistaient dans leur refus, ils appelèrent au roi. L'acte d'appel fait à Villefranche est du mois de juillet 1390. La réponse du roi, datée de Paris le mois de septembre suivant, prescrivait à ses officiers de cesser toute poursuite contre les appelants et de surseoir à toute décision, jusqu'à ce que le conseil du roi eût statué sur le fait des appellations.

Jean de Blaizy, le sénéchal du Rouergue et Pierre de Saulx, ses subdélégués, réunirent plusieurs fois encore les Etats à Mende, à Clermont en Auvergne, à Rodez, à Sauveterre et à Villefranche, sans jamais pouvoir en obtenir tout ce qu'ils demandaient (1). Par suite de ces multiples refus, les commissaires royaux, usant et abusant de leurs pleins pouvoirs, malmenaient les communes et leurs députés aux Etats. On les frappait d'amendes, on les mettait aux arrêts dans les villes. Sur les plaintes réitérées des communes, Charles VI, prenant enfin la défense du peuple, intima aux délégués du Rouergue d'avoir à cesser toute poursuite contre les communes et de leur remettre toutes les dettes relatives à la rançon des places. Sur cet ordre, Pierre de Saulx rendit une ordonnance qui annulait « totas penas lasquals el agues commandadas als comus de Rozergue per lo fac de la buéja, e quitava tot lo pays per lo fag de la buéja ». (*Livre des consuls de Millau ; appel des Etats au roi ; réponse du roi : voir aux pièces justificatives.*)

Pendant que les trois Etats débattaient avec les commissaires royaux et les Anglais les conditions du rachat des places, plusieurs compagnies de routiers couraient en Rouergue.

---

(1) Les Etats de Clermont d'Auvergne convoqués par Jean de Blaizy et présidés par le sire de Coucy, capitaine général des hommes d'armes en Languedoc, sont mentionnés par le consul boursier de Millau. La sénéchaussée du Rouergue y envoya des délégués nommés par les trois Etats réunis à Rodez.

Une de ces bandes, commandée par les capitaines Graulet et Guigo de Marsillac, vint se loger à Aguessac et menaçait de ravager les campagnes environnantes, si elle ne recevait des vivres. Millau, désirant se préserver de ses dévastations, envoie Guilhem Pellegry, prier les routiers d'épargner la ville et son mandement ; il leur apporte du pain, du vin, une livre d'amandes et une once de sucre. Il y revient le lendemain, renouvelle sa prière et fait d'autres présents. A son retour, il amène à Millau Bertrand de Mir, *connétable* de sa compagnie. Ce chef et sa petite escorte sont très-bien reçus par la ville, qui les loge chez Guillem Pellegry. Là, pendant deux jours, ils sont parfaitement traités, si l'on en juge par la note que leur hôte présenta au consul boursier. D'après cette note, que nous avons vue en original, on leur avait servi, pour leurs divers repas, dix perdrix, quatre lapins, cinq volailles, six pièces de mouton, un plat de « tripas », des épices, des fruits, du fromage, de la moutarde, etc. La dépense s'éleva à quatre livres, neuf sous, trois deniers. Deux jours après, les capitaines Graulet et Guigo de Marsillac viennent aussi à Millau avec une suite assez nombreuse de gens d'armes. Par ordre du conseil, les consuls admettent les chefs dans la ville, leur font de beaux présents et distribuent des vivres à leurs gens campés hors des murs, dans le champ de Cruéjouls. Touchés de ces bons procédés, les routiers quittent Aguessac et montent sur le Larzac, où, le 13 juin, les consuls leur envoient deux charges de vivres, afin qu'ils épargnent les troupeaux de l'hôpital de Millau. Au retour de leur expédition sur le vaste plateau du Larzac, les routiers reviennent dans la vallée du Tarn, se logent à Peyrelade et recommencent leurs razzias de troupeaux sur les domaines du Puech d'Agast. On rachète ces prises, et, comme preuve de l'abandon où on laisse le pays, les consuls de Millau transmettent ces tristes nouvelles à Jean de Blaizy et au comte d'Armagnac qui se trouvaient aux Etats de Mende. (27 juillet 1390)

Vers ce même temps, d'autres compagnies d'Anglais, venant du Quercy, s'emparent de Peyrusse. A cette nouvelle, le comte d'Armagnac donne commission à son frère Bernard, comte de Charolais, de prendre les mesures les plus promptes et les plus énergiques pour reconquérir cette forteresse. Celui-ci envoie aussitôt son écuyer, le seigneur de Morgras, à Rebourguil, où Bernard, le terrible bâtard de Comminges, homme de guerre fort habile, (1) se tenait en garnison, avec l'ordre de l'emmener lui et tous les gens d'armes qui voudraient le suivre. D'après le consul boursier de Millau, la lettre de créance du seigneur de Morgras portait « que los Engles avian presa Peyrussa

---

(1) En 1384, ce bâtard de Comminges, l'un des plus cruels parmi les chefs de compagnies, s'étant emparé de Puisaguel, place du Toulousain (Haute-Garonne, canton de Muret), se saisit de deux hommes, père et fils, soupçonnés d'avoir renversé les fourches patibulaires du lieu ; ayant fait redresser le gibet, il ordonna que le père pendit son fils avant d'être pendu lui-même. (Lettre de rémission pour un écuyer du bâtard de Comminges, rapportée dans l'Histoire du Lang. t. X., p. 1884).

et que el anava querre totas las gens que poyria trobar, car Moss. de Charolas lur volia dar sus els ». De son côté, le comte d'Armagnac demande à Rodez cinq charpentiers, cinq maçons et tous les arbalétriers disponibles pour mettre le siège devant Peyrusse. (26 août 1390).

Le siège eut lieu; mais comme la place était très forte, et qu'il en aurait coûté beaucoup de temps et d'argent pour la réduire, nous croyons qu'elle fut évacuée par suite d'une composition amiable.

Nous trouvons, en effet, dans le livre de notre consul boursier que, le 2 septembre suivant, les Etats étant réunis à Rodez, Millau envoya à son délégué, B. de Voncs, un messager avec une lettre contenant « que per res non consentis en res à la finansa que volian dar per lo loc de Peyrussa ». Un autre délégué de Villefranche, ayant également refusé tout subside pour le rachat de Peyrusse, fut arrêté au sein des Etats et conduit dans la prison de Millau.

Malgré l'opposition de quelques communes, les Etats de Rodez accordèrent au comte une certaine somme d'argent, tant pour garder le Rouergue que pour le dédommager des dépenses qu'il avait faites au siège de Peyrusse et de la Roquebouillac. En retour, le comte promit de prendre à sa solde les compagnies françaises et de les faire sortir du pays. En évacuant la province, les gens d'armes devaient éviter tout pillage, ne prendre en dehors des forteresses que la paille, le foin et le bois dont ils auraient besoin et payer le reste. Le comte donna enfin une lettre de pardon à tous les habitants du Rouergue qui avaient commercé avec les Anglais en leur vendant du blé, du vin, des vêtements, des armes, des chevaux, du bétail et autres choses. Le document d'où nous avons tiré ces derniers faits nous a été communiqué par M. Lempereur, archiviste de l'Aveyron.

L'année 1391 fut relativement heureuse pour le Rouergue et les provinces limitrophes. La plupart des compagnies dont on avait racheté les forteresses sortirent enfin du Languedoc, et, à la suite de Jean III, comte d'Armagnac, qui les prit à sa solde, elles allèrent en Lombardie faire la guerre à Galéas Visconti, duc de Milan. Le récit de cette campagne appartient à l'histoire générale de France. Il nous suffira de dire que le chef de l'expédition italienne mourut au siège d'Alexandrie ; que la plus grande partie de ses troupes fut tuée ou prise, et que celles qui échappèrent au désastre rentrèrent en France, sous la conduite de Gui de Sévérac. Jean III d'Armagnac ne laissant que des filles, ses titres et ses domaines passèrent à son frère Bernard, que nous avons déjà vu figurer dans cette histoire, avec le titre de comte de Charolais, et qui y paraîtra désormais sous le nom de Bernard VII, comte d'Armagnac et de Rodez. Dans le chapitre suivant, nous reviendrons à ce grand et terrible personnage, dont le nom et les crimes son inoubliables ; en attendant, achevons de raconter les événements qui eurent lieu dans notre pays, pendant les dix dernières années du XIVe siècle.

En vertu du traité de Mende, les Anglais, dans le courant de l'année 1391, avaient abandonné Saillans, Montbrun, la Roquebouillac, Frayssinet, Valcaylez et Loubersac. Faute d'avoir reçu la rançon stipulée, ils détenaient toujours Vallon, la Rocheverdalle, le Bois, Melet et Massillac. Ces cinq dernières places ne furent évacuées que l'année suivante 1392, grâce à 4.133 francs que les trois états du Rouergue empruntèrent à Pierre Valette, trésorier du comte d'Armagnac, et à Guillaume Cocural, marchand de Rodez. Pour se rembourser des sommes prêtées, Valette et Cocural avaient acheté le droit de lever les subsides votés par les Etats. Ils les levèrent, en effet, mais avec tant de rigueur qu'ils furent dénoncés et poursuivis comme usuriers et concussionnaires. Leur cas était grave. Ils se tirèrent des mains de la justice au moyen de lettres de rémission que le roi leur accorda.

Bien qu'affaiblis par le départ des routiers pour l'Italie, les Anglais ne désarmèrent pas. Maîtres en Languedoc de plusieurs forteresses telles que Domme, Roc-Dunsac, Castel-Culhier, Marsillac et la Jehanne, ils continuèrent leurs courses avec l'espoir de faire de nouvelles conquêtes. Par deux fois, dans le courant de l'année 1391, Rodez et Millau reçurent l'avis qu'une « grand quantitat de gens d'armas engleses seron ajustadas per penre qualque gran fortalissia en Rozergue e per core ezaprionar el digh pays ». Si cette expédition n'eut pas lieu, on le dut probablement à la résolution que le maréchal Boucicault prit d'aller donner la chasse aux Anglais du Quercy où il s'empara de Marcillac. Les subsides accordés au maréchal, dans cette circonstance, furent votés et répartis à Millau, dans une assemblée qu'y tint la Haute-Marche et où se trouvaient le délégué de l'évêque de Vabres, le Prévôt de Belmont et les représentants de plusieurs autres communes. (20 janvier 1392)

Vers le même temps, le maréchal Boucicault, ayant racheté Roc-Dunsac, demanda, pour la rançon de cette place et ses frais et dépens propres, dix-huit mille francs aux sénéchaussées du Languedoc qui avaient adhéré au traité fait à Mende avec les Anglais par Jean de Blaizy. La part du Rouergue contributive à cette finance était fixée à 2.700 francs. Le 10 octobre 1392, « Robert de Melhi, Guiscart de Presle et Berticli de Nosses » délégués du maréchal Boucicault, ayant convoqué les Etats du Rouergue à Rodez, leur demandèrent la somme ci-dessus. Les Etats se séparèrent sans rien décider. Le 17 du même mois, Pierre de Sauix convoqua encore les Etats à Rodez et renouvela la même demande au nom des « susdits cavaliers » présents dans l'assemblée. Il demanda de plus 1° la « porcio » de neuf mille francs que le roi avait prêtés pour le rachat des places ; 2° la « porcio » de cinq mille francs, pour la prise du fameux routier Mérigo Marquès. A ces deux assemblées Millau, était représenté par le consul Jean Borzès. Enfin, vint le tour du comte d'Armagnac qui réclama aux Etats, tenus à Rodez le 13 novembre suivant, une forte somme d'argent pour recouvrer le comté de Charolais que son frère avait vendu depuis peu à pacte de rachat.

A trois reprises, les Etats se réunirent à Rodez sans pouvoir s'entendre. Le clergé et la noblesse voulant faire bande à part, les communes opposèrent un refus formel à tout vote d'impôt qui ne serait pas réparti sur le pied d'une égalité parfaite. Les deux premiers ordres manifestèrent un grand mécontentement contre les communes et surtout contre Millau, qui, comme toujours, était à la tête de l'opposition. Voulant punir cette ville et avec elle tout le baillage, les conseillers du roi, délégués en Rouergue, y envoyèrent en garnison deux agents subalternes, Thomas Villet et Guillem Tompinho, avec pouvoir d'exécuter la ville et son mandement. Les garnisaires, s'étant présentés à la maison commune pour signifier leur commission et n'y trouvant personne, « en sagellent » les portes. L'administration municipale, ne pouvant plus y pénétrer, va tenir ses séances dans l'église St-Martin et dans le couvent des Frères Prêcheurs. Les consuls protestent contre tout ce que font les commissaires et expédient à Paris un appel au roi. De leur côté, les commissaires redoublent de sévérité dans l'accomplissement de leur ministère. Un jour ils brisent les sceaux apposés sur une chambre du consulat et y font prendre des pièces de drap qui y étaient déposées en gage. Un autre jour, ils enfoncent les portes des magasins de Manoasca, de B. Vellas, des Chaffari, s'emparent des marchandises et les mettent sous séquestre chez Jean Miquel.

Ces vexations, pas plus que les menaces, n'intimidèrent Millau. Le conseil de ville et les autres communautés du pays s'étant concertés secrètement, il fut arrêté qu'à la première occasion favorable, tous manifesteraient publiquement leur mécontentement. Le 3 janvier 1393, Jean de Blaizy, ayant convoqué à Rodez les trois Etats et n'en ayant pu rien obtenir, les ajourna au 16, puis au 26 du même mois. C'est alors que les communes appelèrent au parlement de France et firent apporter leur appel à Paris par deux consuls, B. Colombier de Saint-Affrique, élu par la Haute-Marche, et Pons d'Agens, de Villefranche, élu par la Basse-Marche.

Jean de Blaizy, qui voulait en finir avec cette opposition des communes, convoqua les trois Etats à Sauveterre pour le 23 janvier. B. Benezet, délégué de Millau, y était à peine arrivé que, par ordre de Jean de Blaizy, il fut arrêté et mis en prison dans la forteresse. Puis, par menaces et mauvais traitements, on parvint à lui faire voter les subsides demandés aux Etats.

Le 28 du même mois, sans doute pour corroborer le vote de B. Benezet et lui enlever tout caractère de violence, Jean de Blaizy fit citer personnellement trois consuls de Millau, Jean d'Olmières, B. Garnier et B. Delrieu, boursier, lesquels, sous peine d'une amende de cinquante marcs d'argent, devaient se trouver, le 30 du mois courant, à Sauveterre, où les Etats étaient encore réunis. Les consuls de Millau obéirent et, par une faiblesse inexplicable, adhérèrent à tout ce qu'avaient fait les Etats.

Jean de Blaizy et ses collègues ne recueillirent pas le fruit de leurs violences. Le 12 février, raconte le consul boursier de Millau, « el jorn falhen, venc un home d'Espalieu que nos portet letras de Stève Thomas, local venia de Paris, que nos mandet que de soque demandava Moss. Johan de Blaizy, ni Moss. Peyre de Saulx non paguessem un denier, car lo rey avia totz quitatz et remetz al pays; e que el s'en tirava tant quant ves Vilafranca per executar las letras del rey ».

Le jour suivant 13 février, l'administration municipale se réunit à l'hôtel-de-ville et « lo cossolat el cosselh desavoet tot so que avian fag à Salvaterra aquels que ley eron anatz ». Alors, Bertrand Delrieu, consul boursier, qui avait assisté aux Etats de Sauveterre et qui consigna dans son livre le récit de cette affaire, se leva et dit : « que aytant quan porria préjudicar à ma persona ni à mos bes, ieu non consentia ».

En tenant ce langage, le consul Delrieu condamnait ses collègues et montrait que le magistrat honnête doit être esclave de sa parole, sa vie et ses biens devraient-ils en dépendre. Le seigneur de Roquefeuil avait, sans doute, ses raisons pour agir différemment; le 26 mars suivant, il désavoua, par acte notarié, tout ce qu'il avait fait aux Etats de Sauveterre.

Dans cette longue lutte des communes contre les commissaires royaux, Millau se distingua par la sagesse et la fermeté de sa conduite. Il est impossible de se figurer les procédures, les actes notariés, les démarches, les présents que la ville fit ou fit faire en ces circonstances. Les consuls furent constamment en voyage pendant plus d'un an et dépensèrent beaucoup d'argent. Les frais de la « plaljaria » contre Jean de Blaizy, taxés par les Etats, se portèrent à 800 francs. Toutes les communes du Rouergue y participèrent. Outre ces frais, Millau eut à payer cette année pour autres dépenses 795 francs. Si les communes payèrent cher la victoire, au moins elles prouvèrent au pays qu'elles savaient défendre leurs intérêts. Cette conduite déplut au clergé et à la noblesse ; elle nous plaît à nous qui voyons, dans le tiers-état de ce temps, les véritables défenseurs de la justice et du droit, dans la distribution des charges sociales. Les communes n'étaient ni tracassières, ni déraisonnables ; elles s'avaient toujours satisfaire aux demandes de subsides, lorsque ces demandes étaient nécessaires et accompagnées de procédés honnêtes. Le 6 mai 1393, elles votèrent, sans réclamation, aux Etats de Villefranche, 4.200 francs que demandait le maréchal de Sancerre « per los despens e per los gatges de las gens d'armas que avian esta al seti de Doma », lequel eut lieu en l'année susdite et non en 1394, comme le porte une note de l'histoire du Languedoc T. IX, p. 968.

Le maréchal Boucicault et ses commissaires aux Etats du Rouergue ne se tinrent pas pour battus. Ils adressèrent leurs plaintes au roi et en obtinrent facilement deux lettres patentes pour obliger les communes du Rouergue à payer les deux mille sept cents francs réclamés pour le rachat du Roc-Dunsac. La première de ces lettres fut donnée à Abbeville le 18 avril 1393 ; la seconde, à Paris, le 10 juillet de la même année. Nous rapportons aux pièces justificatives la première lettre en entier et une analyse de la seconde.

Revenant un peu sur nos pas, prenons occasion d'un fait que nous allons raconter pour dire quelques mots des *Tuchins*, qui, à la fin du XIVe siècle, furent les auteurs d'une seconde Jacquerie.

Vers la fin d'octobre 1393, le juge de Millau s'étant transporté à Pousthomy, village de l'évêché de Vabres, pour y exercer ses fonctions, les habitants du lieu se mirent en révolte contre lui et par là manquèrent au respect dû au roi. Le juge, voulant réprimer cette mutinerie et sans doute arrêter les coupables, demanda aux consuls de Millau une troupe de gens armés. Cette révolte des habitants de Pousthomy n'était pas un fait isolé. Depuis plus de douze ans, l'esprit d'insurrection s'était emparé des populations du Midi, foulées, ruinées par les tailles de toute sorte et par les compagnies. Dans plusieurs grandes villes, ces révolutions furent sanglantes ; les campagnes eurent aussi leurs émeutes. Partout le pouvoir était très peu respecté. Les auteurs de ces révolutions populaires furent appelés *Tuchini* ou *Touchini* en latin, *Tuchins* et *Teuchins* en français, *Touquesein* en langue vulgaire du Midi. Ces expressions, qui sont identiquement les mêmes que tocsin en français, s'appliquaient à ces mécontents qui s'attroupaient et couraient au meurtre ou au pillage au son des cloches. Il est à noter que ces révoltes furent particulières au Languedoc où *senh* est synonime de cloche : d'où vient *tocasenh* et tocsin, parce que primitivement on frappait la cloche, *signum*, avec un marteau, remplacé plus tard par le battant. Cette étymologie nous paraît plus naturelle que celle de dom Vaissete qui prétend que *Tuchin* vient de *coquin*. Dans une note de la page 910, t. IX de l'Hist. du Lang., M. Auguste Molinier, s'appuyant sur Ducange, fait venir le mot tuchin de tuscha, tusca, toasca, qui veut dire bois, taillis ; d'après cela, le sens primitif de tuchins serait *brigands*, habitant dans les bois, outlaws, gens hors la loi.

Il y eut des Tuchins un peu partout en Languedoc. Il y en eut dans la sénéchaussée de Beaucaire, à Privas, dans le Toulousain, à Carcassonne, à Cessenon, à Puisserguier, où les révoltés eurent pour chef le seigneur de Corneillan, à Saint-Affrique dont les consuls, pactisant avec les insurgés, furent punis. En Rouergue, l'un des principaux chef des Tuchins fut Pierre Cesseron, qui exerça ses ravages dans l'ouest de notre province sur les confins de l'Albigeois. Livré plus tard au châtelain royal de Najac, par son complice, le frère Benet Levi, précepteur de la commanderie de Vaours, qui l'avait reçu dans son château et avec lequel il se brouilla dans la suite, il fut rudement châtié de ses méfaits par la justice royale, comme on le voit dans une pièce justificative de l'histoire du Languedoc, tome X, page 1839.

Les Tuchins en voulaient, sans doute, aux riches et aux nobles, mais ils en voulaient encore plus aux princes, frères du roi, qui avaient gouverné le Languedoc ; ils en voulaient au roi lui-même qu'ils traitaient, dans leur grossier langage, *de rey de m....*, *de rey de figues*.

Les habitants de Pousthomy furent-ils poursuivis, et mis à l'amende, comme ceux qui avaient proféré contre le roi les injures rapportées plus haut ? Est-ce pour cet acte de tuchinerie ou bien pour quelque autre fait analogue et antérieur que ces bons villageois ont été et sont encore désignés dans le pays sous le nom *d'Anglais* ? Nous l'ignorons.

M. Paul Foulquier-Lavergne, originaire de Pousthomy et auteur d'une intéressante *Etude historique et statistique sur le canton de Saint-Sernin*, nous dit ceci :

« Les habitants de Pousthomy sont désignés sous le nom d'Anglais, suivant une tradition constante fort singulière, que les malins s'efforcent de rendre injurieuse. Que ne diraient-ils pas encore, s'ils apprenaient que l'écusson britannique avec les armes de cette nation figure fièrement depuis des siècles sur la porte de l'une des principales maisons du village ? Ce sont deux chevaux marins affrontés et appuyés sur l'écu britannique. Cette circonstance singulière mérite de fixer l'attention de l'observateur. »

Si les armes placées sur la porte du notable bourgeois de Pousthomy sont celles de l'Angleterre et que leur pose remonte à l'occupation du Rouergue par les Anglais, le fait est réellement singulier et mérite de fixer l'attention de l'historien. Une maison décorée de telles armes indiquerait la demeure de quelque riche Anglais établi dans le pays, ou du moins celle d'un chaud partisan de l'Angleterre. Dans l'un et l'autre cas, on pourrait trouver l'explication de la qualification donnée aux habitants de Pousthomy ; de particulière, cette qualification serait devenue générale par suite de la malignité publique, qui est toujours portée à l'exagération. Quoi qu'il en soit du sobriquet donné aux gens de Pousthomy, que M. Foulquier-Lavergne trouve « glorieux plutôt qu'injurieux » à cause, dit-il, de la supériorité des Anglais sur les Français, les armes de l'Angleterre, sur une maison de Pousthomy, sont le seul monument existant de la domination étrangère dans notre province. Tout le reste, villes, villages, châteaux, ponts, aqueducs, puits, exploitations de mines, fabriques de toute sorte, est faussement attribué aux Anglais. Les Anglais, nous l'avons déjà dit, sont demeurés trop peu de temps en Rouergue, ils y étaient trop peu nombreux, et trop occupés de la garde et de l'administration du pays, pour y faire quelque chose de durable. Après cette digression sur les Tuchins, reprenons le fil de notre histoire.

Le 25 juillet 1395, les trois Etats du Rouergue votèrent encore au comte d'Armagnac un don de trois mille francs, « per socar à sa requesta lo rey nos a fac gracia de totz crimes entro lo jorn d'uei. » Au mois de septembre suivant, le sénéchal du Rouergue, ayant demandé aux Etats, réunis à Villefranche, des subsides pour le sénéchal de Toulouse qui voulait racheter Castelculier, forteresse de l'Agenais, au pouvoir des Anglais, les Etats refusèrent de contribuer à cette rançon, firent appel au roi et finirent, le 25 mars 1396, par accorder trois mille francs. La part de Millau fut de soixante-neuf francs quinze sous, à raison de trente-cinq sous, six deniers par feu.

Le 30 mars 1397, le conseil de Millau, suivant l'exemple des villes notables du Languedoc, fit célébrer un service solennel pour le repos des âmes « des senhors crestias que eron morts en la desconfitura d'Ongria », c'est-à-dire à la bataille de Nicopolis, où l'armée des croisés fut détruite par les Ottomans et où périt l'élite de la chevalerie française. L'usage de faire des services funèbres à la mort des rois, des princes, des personnages dévoués au bien public, des seigneurs, amis des villes, et même de leurs femmes, était général en Rouergue et dans le Languedoc.

A part ces révoltes isolées, notre province était tranquille. Les routiers, occupés ailleurs, la laissaient respirer et se remettre de leurs précédents ravages. Un seul de ces brigands reparut dans notre province : c'était « Montfalco », un Montfaucon, grand ami des deux derniers comtes d'Armagnac, qui l'avaient pris à leur solde dans les guerres de Bigorre et d'Italie. Au retour de ces expéditions, Montfalco, traînant à sa suite « gran copia de gens d'armas », saccagea d'abord le Gévaudan, se jeta ensuite sur le Rouergue, où nous l'avons vu courir, les années précédentes. A son approche, Rodez se met sur ses gardes ; on place des sentinelles aux portes de la ville devant laquelle il passa, au commencement de 1396. Au mois d'avril, il était campé à Saint-Léons. Deux consuls de Millau, Jean Cayret et Daude Crozier vont le trouver et le prient « que li plagues que al loc de Melhau ni al destreg d'aquel el no volguez donar degun dapnatge ». De là, les consuls se rendent auprès du comte d'Armagnac et le supplient d'obtenir du routier redouté qu'il épargne Millau et son mandement. Ils vont ensuite faire leurs plaintes au sénéchal et le somment de prendre des mesures promptes et efficaces, afin que le mal « no s'alandez per lo pays, e que ho notifiquesso à Moss. lo menescal o à sas gens ». Au retour de ce voyage, qui dura six jours, les consuls rapportèrent au conseil que Montfalco leur avait accordé ce qu'ils demandaient, et que le comte d'Armagnac avait promis d'écrire au capitaine pour le prier « que al loc d'Amelhau non fezes deguna descortezia ». Quelques jours après, Montfalco quitta le Rouergue. Passant à Millau, pour s'en aller dans le Midi, les consuls, sur sa demande et avec l'autorisation du conseil, lui donnèrent du vin blanc et des gâteaux « fogassets » ; et, par égard pour lui, ils firent enlever une bête morte « caronhada », qui se trouvait au bout du pont vieux, où « Montfalco devia passar aquel jorn. » (24 avril, 1396).

Le 2 mai de l'année suivante (1397), le comte d'Armagnac, qui était en guerre avec son cousin, le comte de Pardiac, envoya Guillaume de Solages assiéger Creyssels, chef-lieu de la vicomté de ce nom et patrimoine du comte de Pardiac. Le lieutenant de d'Armagnac menant avec lui «una cantitat de gens d'armas», des machines de guerre traînées par des bœufs et un grand troupeau de bétail pour nourrir son armée, mit le siège devant la place qui ne tarda pas à être prise ou à se rendre. Millau n'eut rien à souffrir du passage de ces troupes. Le chef de l'expédition porta la délicatesse jusqu'à louer un pré pour y faire paître toutes ses bêtes. Alors commença, en Rouergue, cette guerre fratricide dont l'issue devait être si fatale à la branche cadette de la famille d'Armagnac. Si l'on peut s'en rapporter à une lettre de Charles VI, accordée au comte d'Armagnac dans le courant d'octobre 1401, Géraud, comte de Pardiac et vicomte de Creyssels, se serait révolté contre son chef, son suzerain et son parent, le comte Bernard, aurait envahi et ravagé ses terres de Gascogne, tué et emprisonné ses gens, « lui absent et hors de son pays ». Le comte Bernard, après avoir obtenu du roi la permission de se défendre contre son agresseur, se serait mis à sa poursuite et, après une longue et sanglante lutte, l'aurait complètement battu et fait prisonnier avec ses deux enfants, Jean et Arnaud Guillaume ; il se serait ensuite saisi de tous ses domaines, comme rançon de guer-

CHAPITRE QUATORZIÈME

re, et, pour s'en assurer la possession, se serait fait donner la lettre du roi dont nous avons déjà parlé. Si l'exposé des faits contenus dans cette lettre est vrai, la conduite du comte d'Armagnac se justifie et la concession royale est équitable. Il est juste, en effet, que l'inférieur qui se révolte, sans motif, contre son suzerain, soit châtié.

L'année suivante, c'est-à-dire en 1402, le comte Bernard, voulant prendre en personne possession de l'importante vicomté de Creyssels, annonça son voyage et donna des ordres pour être reçu au château avec sa suite. Jean de Castres, officier de la vicomté, vint aussitôt à Millau, pour emprunter des meubles, car le château de Creyssels était dépourvu de tout. Grâce à l'intervention des consuls, on trouva tout le mobilier dont on avait besoin. On prêta avec garantie à Jean de Castres des lits, des draps de lit « lensols », du linge de table « toalhas », de la vaisselle d'étain, des ustensiles de cuisine « payrols, olas de coyre ». Quelques jours après eut lieu l'arrivée du comte, qui passa devant Millau sans s'y arrêter. Les consuls et plusieurs notables bourgeois allèrent le saluer et lui firent escorte jusqu'à l'entrée des terres de la vicomté. C'était le 14 mars, trois jours avant Pâques. Après dîner on lui envoya les présents d'usage, qui consistaient en huit belles torches, douze livres de chandelles de cire, treize livres de fruits confits, cinq gros barbeaux, dix grandes truites et vingt-trois « assiéjas ».

Six hommes portèrent à Creyssels ces trente-cinq poissons vivants dans trois comportes pleines d'eau. Le lendemain, les consuls allèrent visiter leur puissant et redoutable voisin. L'intérêt de la ville, le bien public, les convenances sociales d'alors exigeaient ces démonstrations officielles de déférence et de respect qui, au fond, n'étaient guère sincères. Comment auraient-elles pu l'être?

La fierté, la dureté, les vexations des vicomtes de Creyssels envers la commune de Millau leur avaient depuis longtemps aliéné l'affection de leurs voisins, les Millavois. Géraud, le dernier seigneur de Creyssels, que son vainqueur allait immoler à sa haine, leur avait toujours inspiré une aversion secrète; il en était de même de son successeur; il était d'ailleurs trop puissant pour ne pas en attendre un surcroît d'oppression. C'est ce qui arriva, en effet, et que nous dirons après avoir raconté ce que fit le comte d'Armagnac pendant l'année 1403.

Maître de la personne de Géraud, comte de Pardiac, il l'enferma d'abord dans le château de Lavardens. Après l'y avoir laissé languir quelque temps dans un noir cachot, il voulut le soustraire à la pitié publique et le fit conduire à Rodelle, en Rouergue, où il fut précipité dans un souterrain de la forteresse, avec ordre de ne lui donner que du pain et de l'eau. L'infortuné captif ne put résister à de si barbares traitements; il périt après dix ou douze jours de souffrances. Une fin non moins tragique attendait ses deux fils Jean, et Guillaume Arnaud. Tous les historiens nous apprennent que Jean, destiné au même supplice que son père, expira de frayeur au moment où on allait le descendre dans le cachot souterrain du château de Rodelle. Quant à son frère, un traitement cent fois plus barbare lui était réservé, s'il faut ajouter foi au récit de l'historien de Gascogne, qui cite, à l'appui, *l'Art de vérifier les dates*, t. 2, p. 279. D'après ce dernier ouvrage, la comtesse d'Armagnac, complice de la cruauté de son mari, aurait privé son neveu de la vue, en tenant devant ses yeux un bassin rougi au feu, et hâté ainsi la fin de sa jeune existence.

Le comte Bernard, qui était allé en Gascogne ordonner ces barbares exécutions, revint en Rouergue en l'année 1404. C'est à cette époque, qu'entre lui et Millau eurent lieu les débats que nous allons rapporter tels que nous les trouvons consignés dans le livre de notre consul boursier.

Les officiers du comte, ayant voulu, contrairement à l'usage, fondé sur des conventions antérieures, exiger certains droits seigneuriaux des habitants de Millau, qui possédaient des vignes sur le mandement de Creyssels, et ceux-ci ayant refusé de les reconnaître et de les acquitter, il s'en suivit une rixe, où les habitants de Millau furent rudement maltraités par les officiers de la vicomté. De là, procès et appel au roi de la part des habitants de Millau. Dans cette circonstance, le comte se montra tel qu'il était, fier, dur, tyrannique. Guillaume de Solages, chargé par le comte de venir porter ses plaintes aux consuls, disait à qui voulait l'entendre que Monseigneur d'Armagnac « avia en grand odi la vila d'Amelhau ezayço per socar li fesian tort de V milia escuts que lo pays de Rozergue li volia donar en lo talh fag à Vilafranca en decembre l'an MCCC et tres ; e plus que li fasian tort per lo crozamen de las vinhas quel avia fac far per sa provesio el mandamen de Creyssels à sels que lay ias an desta vila, e que en efleg el sen pagaria non pas dels menres mais dels mages, que n'auria tant que una crota de Rudella ne seria plena, et plus may por aulas mot grossas ».

Le conseil, s'étant réuni pour examiner les plaintes du comte d'Armagnac, fit répondre à son procureur, Guillaume de Solages : « que per fauta de la vila, Moss. d'Armanhac non avia jamai perdut un denier, ni sabian ; que si era, an nesian aytant icnoscens coma un efant que tantôt es natz ; et que per res del mon no creziam que Moss. d'Armanhac à la vila fezes negun desplazer ; car en luy nos coflzavam plus que en senhor que fos el mon, foras lo rey e sa linhada, car en res nos semblaba que lacsem ofendut ni la vila fos colpabla... », que, quant aux mauvais traitements infligés aux hommes de Millau par les gens de Creyssels, ils ne les laisseraient point impunis ; qu'ils porteraient leurs plaintes devant la justice et qu'ils espéraient qu'elle rendrait à chacun son droit. Guillaume de Solages, à qui cette réponse du conseil de ville fut transmise par Raymond Pellegry et Arnaud de Lunas, s'en montra très courroucé et dit, en parlant des bourgeois de Millau, c'est le consul boursier qui parle : « Que el si pagaria al doble e que nos siam *avols, vilas, pelfics* et mot daltras paraulas dezonestas, e que ni avia que encaras sen plorarian e que emendessem nostra resposta. » Le conseil est convoqué ; l'affaire lui est de nouveau soumise, et il arrête qu'il s'en tient à sa première réponse « mas que la fezessen al plus onorablamen que nos poyrian, e que fezessem pregar Dieus que d'aysso et de tota causa nos dones bon cosselh. »

Dans ce conflit, tout en ménageant la susceptibilité du formidable adversaire, la ville défendit les droits du roi et les siens, garda sa dignité et dut se promettre intérieurement de prendre sa revanche. Elle la prit, en effet, un peu plus tard, mais pas aussi complète qu'elle l'aurait voulu. C'est ce que nous allons voir dans le chapitre suivant, un des plus intéressants de cette histoire à cause des personnages qui vont être mis en scène.

CHAPITRE QUINZIÈME

Bernard VII, comte d'Armagnac et de Rodez. Le château de Gages. Luttes des communes du Rouergue contre le comte Bernard. Mort du comte de Rodez, devenu connétable de France. Discussion sur le lieu de sa sépulture. Funérailles de Bonne de Berry, comtesse de Rodez. Prédications de saint Vincent Ferrier en Rouergue. Thomas Connecte. Frère Raphaël.

1400-1418

Bernard VII, comte d'Armagnac et de Rodez, adonné au métier des armes dès sa jeunesse, passa sa vie dans les combats. Ce furent ses qualités guerrières, peut-être autant que le testament de son frère, qui le firent reconnaître par ses vassaux pour successeur et héritier de Jean III. Après avoir reçu l'hommage des Gascons, ses sujets, il se rendit, avec une suite nombreuse, dans le Rouergue et fit son entrée solennelle à Rodez, dans le courant de l'année 1392. Le lendemain, il fut couronné, avec les cérémonies ordinaires, dans l'église cathédrale, par l'évêque Henry de Sévéri. Peu de temps après, il partit, avec plusieurs membres de la noblesse du Rouergue et de l'Armagnac, pour aller prêter serment de fidélité au roi, qui était alors au château de Gizors en Normandie.

Bernard n'était pas encore marié ; quelque temps après, il demanda et obtint la main de sa cousine germaine, Bonne, fille du duc de Berry et de Jeanne d'Armagnac, sa tante. Bonne était alors veuve d'Amédée VI de Savoie, dont elle avait eu un fils, le célèbre Amédée, qui fut d'abord le premier duc de Savoie, porta ensuite quelque temps la tiare sous le nom de Félix V, et termina enfin ses jours dans la retraite de Ripaille. Ce mariage fut célébré à Chambéry, séjour ordinaire de Bonne. A cette occasion les trois états du Rouergue firent au comte un don gracieux de cinq mille six cents francs. De Chambéry les nouveaux époux se rendirent à Rodez, où ils furent reçus solennellement le 19 octobre 1395. Le duc de Berry et une suite nombreuse de seigneurs et de dames les accompagnaient. Bernard et Bonne descendirent au couvent des Frères Mineurs, demeure ordinaire des comtes de Rodez quand ils venaient dans cette ville. Les autres personnages furent logés dans « la maison de l'évêque » qu'on avait eu soin de meubler convenablement au moyen des lits, des linges et des autres objets empruntés à des particuliers. Trois jours après, le comte et la comtesse quittèrent Rodez, et, comme leur cortège était fort nombreux, les consuls louèrent cinq chevaux qu'ils prêtèrent au comte pour porter « las domaysellas », jusqu'à Gages où devait se célébrer la fête du mariage. La fête eut lieu, en effet, et elle dut être belle et les invités nombreux. Le comte qui, malgré son opulence n'avait pas assez de vaisselle pour la présente occasion, en emprunta un peu partout. Sur sa demande, Millau lui envoya cent cinquante-une écuelles et soixante-douze plats d'étain ; à ce prêt il joignit un présent de deux charges de poissons, pêchés dans le Tarn et la Dourbie.

Gages, où le comte célébra ses noces, était une belle résidence pour un puissant seigneur féodal. Ce château, vraie forteresse, bâti au XIIIe siècle par le comte Henri I, était la demeure ordinaire des comtes de Rodez, quand ils résidaient en Rouergue. Situé sur une petite élévation, dominant une belle plaine, il avait devant lui de vastes prairies, arrosées par l'Aveyron, et d'immenses forêts, remplies de toute sorte de gibier. Le comte Bernard se plaisait beaucoup à Gages où il était né, où il avait été nourri et soigné dans son enfance par noble Erzène, femme d'un gentilhomme de Bertholène. C'est là aussi que, devenu le chef de la maison d'Armagnac, il déploya le luxe d'une famille princière, autant pour suivre ses goûts que pour plaire à la princesse sa femme.

Le comte avait à son service un aumônier, un confesseur, appartenant ordinairement à l'ordre des Frères Mineurs, un médecin, des chambellans, des conseillers, des secrétaires, un sénéchal, un châtelain, commandant à plusieurs hommes d'armes chargés de la garde du château, des nourrices d'extraction noble, des gouvernantes pour ses enfants, un grand veneur, des garde-chasse, soignant une meute de trente-cinq chiens, un maître-d'hôtel, un maître queux, des valets de chambre, un bouffon — *singier* — et plusieurs autres bas officiers, chargés des écuries, des caves et des greniers, où étaient entassées les provisions nécessaires à l'entretien de ce nombreux personnel.

D'après les comptes du domaine du comté de Rodez, les maîtres et les serviteurs consommaient annuellement à Gages plus de deux cent cinquante sétiers de froment; les chiens, trois cents sétiers de seigle; les pigeons, trente sétiers combles de mixture. Ces comptes ne parlent pas de l'avoine pour les chevaux ; on y voit seulement que, pendant le mois de juillet, vers l'an 1412 ou 1414, les chevaux de Madame la comtesse et ceux de sa suite consommèrent, à Rodez, cent trente sétiers d'avoine. (*Inventaire des archives de l'Aveyron, passim.*)

Outre le château de Gages, le comte Bernard possédait, en Rouergue, plusieurs autres châteaux. Entre tous ceux qui lui appartenaient en propre, ou qui dépendaient seulement de lui, les comptes du domaine du comté de Rodez mentionnent les suivants : Bénaven, Rodelle, Ayssène, Ségur, Montjaux, le Minier, Camboulas, Marcillac, Cassagnes-Comtaux, Aubin, Rignac, Panat, Loupiac, Castelmari, etc. Le domaine des comtes d'Armagnac, en Gascogne, n'était pas inférieur à celui du comté de Rodez.

La possession de tant de terres, ses talents militaires incontestables, mais, surtout, son alliance avec la famille royale devaient faire arriver le comte Bernard aux plus hautes dignités de l'État. Il y arriva en effet. Trop heureux, s'il n'avait pas terni l'éclat de ses brillants emplois par le despotisme et la cruauté la plus sauvage.

Tel était *le puissant prince* que nous allons voir entrer en lutte, avec les communes du Rouergue, sur une simple question de subsides, demandés par le comte Bernard, et refusés par les communes. Cette grosse querelle, qui dura plus d'un an, qui agita tout le pays, finit, comme toujours, par le triomphe du fort sur le faible. Voici comment s'engagea cette lutte curieuse.

Le comte Bernard, entré dans la ligue des princes, signée à Gien le 15 avril 1410, avait besoin d'argent pour entretenir les mille hommes d'armes et les trois cents arbalétriers, qu'il avait promis de lever à ses frais (1). Fort de sa haute situation et plus encore de l'appui qu'il trouvait dans le duc de Berry, tout puissant en Languedoc, il crut qu'il n'avait qu'à demander des subsides aux trois Etats, pour les obtenir.

Il chargea donc Bernard de Battut, juge-

---

(1) D'après une lettre de Charles VI, écrite à la ville d'Albi et rapportée dans l'histoire du Languedoc, les chefs de cette ligue contre laquelle proteste vivement le roi, étaient: le duc de Berry, le duc d'Orléans et ses frères, Jean de Bourbon, Jean d'Alençon, Charles de Lebret et Bernard d'Armagnac. Plus sages que les princes du sang et leurs adhérents, les communes désapprouvaient la ligue et les divisions qu'elle introduisait dans l'État. Elles connaissaient la volonté du roi et craignaient de l'irriter en favorisant le comte d'Armagnac. Elles auraient pu, plus tard, être recherchées et punies; pour tous ces motifs, elles refusèrent de voter tous les subsides demandés par le comte Bernard. Si elles consentirent à en payer une partie, la crainte et le besoin que le pays avait de cet homme terrible, les détermina à cette résolution qui, à nos yeux, fut une faiblesse.

mage du Rouergue, de convoquer les Etats de la province à Rieupeyroux, au nom et par ordre de Monseigneur de Berry. L'assemblée se réunit le 4 juin 1410. Johan Johan, député de Millau, y assista avec le mandat formel de ne rien voter, mais de « vezer, auzir et reportar. » Le comte, présent aux Etats, leur dit : « quel avia serbit lo pays e gardat à son poder, et el e totz los sieus ; e pregava aqui allas gens dels tres estats am una letra que avia impetrada de Monsenher de Berry que hom ly volgues ajudar, car el n'abia gran mestier. » Son discours fini, le comte se retira. L'évêque de Rodez, l'abbé de Conques et tous les gentilshommes présents furent d'accord pour offrir au comte 10,000 écus, sachant très bien que leur vote était désapprouvé par tous les délégués des communes. Guillaumot de Solages, agent dévoué du comte, s'empressa de lui rapporter l'offre des deux ordres. Le comte fit alors dire à l'évêque de Rodez qu'au lieu des dix mille écus, offerts par le clergé et la noblesse, il fallait en obtenir douze mille des trois ordres réunis. Sur ce, le juge mage ajourna les Etats au même lieu de Rieupeyroux pour le dix Juin.

Le comte se trouva encore à cette journée, qui eut lieu au temps fixé. Les délégués des communes, après lui avoir représenté la misére du pays, lui offrirent six mille écus. Le comte refusa et ajourna les Etats au 16 juin et toujours à Rieupeyroux. Le 15, veille de la quatrième réunion des Etats, le comte envoya à Millau, à Compeyre et probablement en d'autres lieux, une letttre par laquelle il priait les conseils de ces villes de lui voter les dix mille écus promis par le clergé et la noblesse. Peine perdue. A l'assemblée qui eut lieu le lendemain, bien que Compeyre, Nant, Saint-Sernin, la cité de Rodez et deux autres petits lieux eussent accordé les dix mille écus pour faire plaisir au comte, les autres communes plus nombreuses et plus importantes, telles que Millau, Villefranche, Saint-Affrique, Saint-Antonin, Najac, Sauveterre, Villeneuve et le baillage de Roquecezière, maintinrent leur première offre de six mille écus et refusèrent d'aller « plus avan. » En présence de cette division, le comte fit dire aux délégués des communes qu'il n'accepterait rien tant qu'ils n'auraient pas voté les dix mille écus d'un commun accord, et les ajourna à Salles-Curan pour le 25 juin. A cette dernière journée, les communes, persistant dans leur volonté de ne voter que six mille écus au comte, « la causa demoret aytal ses autra assicnacio de jornada als digs recuzants. »

Au mois de juillet suivant, le sénéchal, ayant convoqué les trois Etats à Sauveterre, et trouvant de la part des communes la même résistance au vote des dix mille écus, fit faire la répartition de ce subside et prescrivit que tous le paieraient, même les opposants ; et, pour contraindre ceux qui refuseraient de payer leur quote-part, il ordonna de saisir, sur les chemins, les bêtes de charge appartenant aux communautés récalcitrantes. Au sortir de cette séance, les communes, s'étant réunies secrètement, appelèrent au roi de tout ce qui avait été fait jusque là, sans leur consentement.

L'obstination des communes à refuser au comte ce qu'il demandait ne le découragea pas ; il savait bien que, tôt au tard, par adresse ou par force, il arriverait à ses fins. Toutefois, avant d'employer la violence, il trouva bon d'essayer de la persuasion. Il envoya donc aux principales communes opposantes son fidèle conseiller, Guillaumot de Solages, pour les décider à voter les dix mille écus. Pendant que celui-ci négociait cette affaire avec le conseil de Millau, un commissaire vint dans cette ville sommer les consuls d'avoir à payer 628 livres 17 sous, qui leur avaient été adjugés dans la répartition des dix mille écus, faite aux Etats de Sauveterre. Comme de raison, les consuls répondirent, au nom du conseil, qu'on ne pouvait payer un impôt qui n'avait pas été consenti et dont la répartition s'était faite en leur absence (8 septembre.)

Quelques jours après, Guilhem Costi, lieutenant du sénéchal de Rouergue et commissaire délégué par le connétable Charles d'Albret, envoya à Millau et à toutes les autres communautés du pays une lettre par laquelle il les citait à venir à Villefranche délibérer sur le contenu de certaines lettres, que le roi avait données au connétable pour pouvoir imposer les subsides nécessaires à racheter Lavaur et d'autres places, occupées par les Anglais dans le Périgord et dans le Quercy. A ces Etats, qui se réunirent à Villefranche le 1er octobre 1410, le lieutenant du sénéchal demanda six mille francs, que Charles d'Albret réclamait au nom du roi, pour les rachats des places. D'une commune voix, les Etats refusèrent la somme demandée et en appelèrent au roi. Sans s'arrêter à cet appel suspensif de toute mesure de rigueur, les commissaires firent arrêter les représentants des communes, ainsi que leurs chevaux, « de que non y consentigron pong demorans et estans en lur apellasio ». Effectivement les trois Etats envoyèrent en France Guilhem Valadier, bachelier ès-lois, pour porter leur appel au roi.

Ces fâcheux incidents ayant fait échouer à Millau et ailleurs les négociations de Guillaumot de Solages, le comte d'Armagnac choisit un autre agent qui lui parut plus propre à ramener les communes opposantes. C'était « Guiral del Puech » Géraud Dupuy, originaire d'Aurillac, frère mineur, maître en théologie et confesseur du comte de Rodez. Ce dernier titre, qui aujourd'hui n'est rien, était alors une puissante recommandation. Aussi fut-il mis souvent en avant par Maître Guiral del Puech, dans la mission qu'il vint remplir à Millau au nom du comte d'Armagnac. A peine arrivé, il demanda au conseil de ville la permission d'être admis dans son sein ; ce qui lui fut accordé. Là, le maître en théologie fit un très long discours, pour prouver aux consuls et à leurs conseillers qu'ils avaient tout à gagner en votant les dix mille écus et tout à craindre en les refusant.

Monseigneur d'Armagnac, leur dit-il, sait que vous avez mal parlé de lui, que vous avez

CHAPITRE QUINZIÈME

blâmé sa conduite politique et que ce n'est qu'en haine de sa personne que vous avez refusé les dix mille écus qu'il demande au pays. Il sait aussi que le succès de cette affaire dépend de vous qui êtes « caps et capitanis de los contradisens » ; et que, si vous le voulez, les autres communes voteront selon ses vœux. Ajoutant la menace à la flatterie, l'orateur leur dit encore : Monseigneur le comte est très courroucé contre la ville, mais surtout contre ceux d'entre vous qui, par leurs menées secrètes, ont empêché les autres de voter les dix mille écus. Il sait leurs noms qu'on lui a donnés par écrit. Ainsi votre intérêt, comme celui de la ville, est de vous réconcilier avec lui, de lui montrer votre bon vouloir et d'éviter « la yra e lo coros » de ce haut et puissant prince. Après cela, le « révérend maître Guiral » rapporta, pour appuyer sa doctrine, force textes et force exemples, tirés de la sainte écriture, et finit sa longue harangue en assurant la ville de tout son dévouement.

Le lendemain, les conseillers, répondant au maître révérend, lui firent dire : qu'ils étaient pleins d'estime et de respect pour le comte d'Armagnac ; qu'après le roi, leur souverain, et les princes du sang, il n'y avait personne au monde qu'ils aimassent plus que lui ; que les vrais motifs qui les avaient portés à refuser les dix mille écus étaient la pauvreté de la ville, ruinée l'année précédente par une inondation, les grandes dépenses qu'ils avaient à faire pour relever une partie des murs d'enceinte qui s'était écroulée, la nécessité de sauvegarder l'honneur du Rouergue, dont on n'aurait plus fait compte, s'ils avaient consenti à payer un subside gracieux voté et réparti seulement par les nobles et le clergé, en l'absence et contre le gré des communes ; qu'enfin ils étaient disposés à faire ce que le maître révérend leur conseillerait, « totas ves saupuda la volontat dels autres contradisens, per soque om non nos pogues metre trahisio dessus, ni que nos los acsem enguanats, ni desemputs. »

Le maître révérend répondit : qu'il connaissait la gêne où se trouvait la ville et qu'il la regrettait ; que, néanmoins, ayant promis six mille écus, ils pouvaient bien monter à dix mille, parce que « la tara de X milia a VI milia non era granda ; » que le comte aviserait à ce que leur vote, dans les circonstances présentes, n'eût pas de mauvaises conséquences pour l'avenir ; qu'enfin ils étaient assurés que les autres communes opposantes, feraient, comme par le passé, leur volonté, car il n'ignorait pas que Millau avait toujours été « cap et govern de tot lo pays de Roergue ». « Plaise à Dieu qu'il soit fait, comme vous dites, répondirent les consuls ; pour nous, nous ferons notre devoir. » « Faites-le et vite, ajouta le maître révérend ; ce sera à votre avantage et à celui de la ville. »

Les consuls, rentrés à l'hôtel de ville, rendaient compte au conseil de leur entrevue avec le maître révérend, lorsque Huc Fournier vint leur annoncer que Armandot, capitaine d'un petit corps de gens d'armes, en garnison à Montclarat, avait, par ordre d'Escol Arribert, trésorier du comte d'Armagnac, saisi, sur le chemin du Caylar, vingt-un mulets chargés d'huile, de sel et de vin, lesquels appartenaient à quatre marchands de Millau, Etienne Clamens, Jean Solignac, Mathieu Bonamor, Guillem Fugi, et les avait amenés à Montclarat.

Ce premier acte d'hostilité, ordonné contre la ville par le comte d'Armagnac, était de mauvais augure. Le conseil le comprit et après avoir encore consulté le maître révérend, qui ne leur laissa pas ignorer que le comte les poursuivrait à outrance jusqu'à ce qu'ils lui eussent accordé ce qu'il demandait, ils se décidèrent à entrer en négociation avec les autres communes opposantes, afin de les amener à un arrangement sur l'affaire des dix mille écus. A cette fin, on député le consul Johan Johan à Saint-Affrique, à Saint-Rome-de-Tarn et à Villefranche. Mises par celui-ci au courant de l'affaire, les communautés de Brusque et de Saint-Affrique envoyèrent un délégué chacune à Millau, pour faire connaître leur volonté. Admis dans le conseil de ville, Raymond Amfre, député de Brusque, prenant le premier la parole, dit: que lui et le conseil de Brusque « se donavon meravilhas » que les conseillers de Millau voulussent « girar e mudar de termes, e que lo fora gran damnatge e dezonor per aras e per tots tems dels defendens e dels nonvolens autriar alla somma de X milia escuts e del tal fag per aquela soma ; e que l'on era demorat en bon aponchamen e onorable e aprofechable al pays. »

Guillem Colombier, consul de Saint-Affrique, prit ensuite la parole et dit : « que granda dezonor fora e gran ysquern, (moquerie), e vergonha, segon que lur cossel dizia, e que al las paraulas del dig maystre Guiral vos vos volsem aplicar et far per luy soque non aviam volguts far per Moss. le comte, ni per sas letras, ni per Moss. Guillaumot, ni per Moss. B. del Baltut ; e que se donava meravilhas de las paraulas que lur avia raportadas senh Johan Johan : que se la causa se podia accordar per lo dig maistre reveren que vos o tenian per espedien atendut la capsio de las bestias et los autres inconveniens », qu'enfin Saint-Affrique ferait ce que voudrait Millau ; et que dans tout on cherchât l'honneur et le profit du pays.

Le conseil répondit à maitre Guillem Colombier : qu'il n'avait jamais eu l'intention de se séparer des autres communes ; qu'il ferait ce qui serait décidé par la majorité d'entre elles ; que dans ses démarches il n'avait eu en vue que de faire connaitre la pénible situation de Millau, etc. La conclusion de cette longue discussion fut qu'il fallait envoyer des délégués à Villefranche, pour savoir sa volonté sur la question présente.

Le 26 mars 1411, le conseil de Millau étant en séance pour traiter les affaires courantes, Bertrand del Rieu, personnage fort important de la ville, se présenta à la maison commune et demanda d'être admis au sein de l'assemblée « per dire et explicar lo damnatge, lo péril de sa persona » ; ce qui lui fut accordé. Là, il fit connaitre « que lo maystre

Guiral del Puech ly avia dic ganre de paraulas malas, e fachas guanre de menassas, aferman que dins XII jorns el feyra son mal dan de cors e de bes, e que el non volgra esser en son loc per may que sos bes non valian quatre ves, per socar el tot jorn avia fac sayns -- dans le conseil — manapolit e liansa que om non fezes plazes à Moss. d'Armagnac; e que el vollia parlar per los hobradors. — boutiques — e per los cantos e caryeyras contra la onor de Moss. d'Armagnac, maintenen en contra luy Moss. de Bergonha; e oltra tot ayso avia resistit e contradig que om non escrizenses à senh Johan Azam que era anat tener la jornada à Vilafranca.

Après avoir exposé sa plainte, Bertrand del Rieu pria le conseil de vouloir bien le justifier. Le conseil envoya chercher le révérend maître Guiral del Puech, et, en sa présence, on lui dit qu'aucune des accusations portées contre Bertrand del Rieu n'était fondée. « En apres lo maistre va dire ganre de paraulas contra lo dig B. del Rieu, que el savia be, e que om lo avia to dig, e gens de la vilha e de foras vilha, que el avia facha expressa partida contra Moss. d'Armagnac; e que el avia ben counegut e expressamen en alcunas respostas que el l'avia fachas à la premieyra veguada... e cant no vole venir sayns, cant el seyera, que fonc trames quere dos o tres ves per los cossols, de que fazia gran dezonor à Moss. d'Armagnac e gran injuria coma el fos son servidor e son cofessor. Apro pro paraulas, lo dic Bertrand del Rieu presentet totz sos bes à

Moss. d'Armagnac, e lo maystre dis que om remediez als mals, e lo maystre anet sen ».

Intimidé par les menaces et les voies de fait du comte, le conseil décida qu'il devait se soumettre et prendre les mesures nécessaires pour amener les autres communes opposantes à faire comme à Millau. Le soir même de ce jour, le conseil députa plusieurs de ses membres, pour aller communiquer cette nouvelle au révérend maître Guiral del Puech, et lui dire de plus, que la ville avait envoyé un second délégué à Villefranche, avec l'ordre de s'entendre tous les deux, de se montrer coulants, et de consentir tout ce qui pourrait faire plaisir au comte d'Armagnac, si telle était la volonté des autres communes.

Les négociations pour terminer cette affaire duraient depuis plus d'un mois, lorsque, le 6 avril 1411, les consuls de Belmont, de Brusque et de Saint-Affrique, vinrent à Millau et déclarèrent au conseil de cette ville : « que la causa non devia penre negun acort e se devia defendre per la mala consequensia que s'en ensegria e per lo damnatge que s'en poria ensegre al pays, e que ne poyrian esser essegutz per nostre sobeyro — le roi —; e que en las autras senescalcias era estat cridat que degus non auzes donar ni empauzar talh per fac de doses la lesensia del rey ; que Moss. lo duc de Guiena en breu venra en aquest pays per vezer com se governa, per que nos ne poyrian far nostre dan ».

Le lendemain, le conseil de Millau, ayant bien examiné la pénible situation de la ville, d'où on ne pouvait sortir, et où on ne pouvait entrer sans s'exposer à être pris par les émissaires du comte, arrêta qu'il fallait prier les autres communes de cesser toute opposition au vote des dix mille écus et chercher le moyen de terminer cette affaire. Les délégués de Saint-Affrique, de Brusque et de Belmont, ayant reçu communication officielle de cette détermination, furent très mécontents, et quittèrent Millau incontinent.

Sur ces entrefaites, le député, qu'on avait envoyé à Paris, apporta les lettres du roi, ordonnant aux gens d'armes du comte d'Armagnac de ne plus molester les habitants de Millau et de poursuivre le capitaine Armandot pour les prises qu'il avait faites au nom du trésorier du comte de Rodez.

Le 14 avril suivant, Pierre Neveu, ancien réformateur général en Languedoc, nommé ensuite à l'évêché de Lavaur et depuis deux ans transféré sur le siège d'Albi, arriva à Millau. La ville qui le connaissait depuis longtemps (1) lui fit un grand accueil et lui offrit de très beaux présents. Dans la visite qu'ils lui firent, les consuls l'ayant consulté sur leurs différends avec le comte d'Armagnac, ce prélat leur répondit que, vu les troubles du royaume, lesquels n'étaient pas près de finir, puisque le dauphin était fort jeune et qu'avant d'avoir atteint ses vingt-cinq ou trente-ans, il ne

---

(1) En 1404 Pierre Neveu, était venu à Millau en qualité de délégué général réformateur pour le duc de Berry, gouverneur du Languedoc.

pourrait gouverner l'état sagement ; que, d'un autre côté, vu le bien que le comte d'Armagnac avait fait, et pouvait faire encore au Rouergue, ils feraient prudemment d'entretenir de bons rapports avec ce puissant personnage, qui, d'ailleurs, était leur plus proche voisin ; que, s'ils avaient besoin de lui pour arranger leurs affaires avec le comte « o per autra calque se foz, el faria per la vilha tot cant poyria. »

Si Millau ne suivit pas les conseils de l'évêque d'Albi, c'est qu'il ne voulait pas sérieusement la paix avec le comte d'Armagnac. Cette ville cachait son jeu. Depuis quelque temps elle manifestait publiquement un grand désir de s'accorder avec le comte ; au fond, elle était bien aise, sans vouloir paraître l'approuver, de la résistance des autres communes opposantes. Très mécontent de cette attitude, le comte, dont l'amour propre était piqué au vif, prit alors contre Millau une mesure radicale bien propre à lui donner gain de cause. Il chargea Guillaumot de Solages de signifier à Millau qu'aucun habitant de cette ville « non auzes intrar en la terra de Moss. d'Armagnac, ni neguna de la sia tera non auzes intrar à Melhau. » Le même ordre fut donné au sire de Sévérac et aux autres barons feudataires du comte ; en sorte que les habitants de Millau ne pouvaient pénétrer sur les domaines de ces seigneurs, ni les vassaux de ces seigneurs aller porter des provisions à Millau, sous peine d'être fait prisonniers et d'avoir leurs denrées confisquées, si on les saisissait sur les cher ins. Pour le coup, Millau, mis au pied du mur, fit aux officiers du comte les plus belles promesses et donna les plus formelles assurances que l'accord des communes avec leur terrible adversaire ne tarderait pas à se faire : il se fit en effet quelque temps après. Ainsi finit cette lutte, où les communes du Rouergue tinrent en échec, pendant plus d'un an, le clergé, la noblesse, le sénéchal, le connétable et le comte d'Armagnac. Les motifs secrets de leur résistance prolongée étaient la haine qu'on portait au duc de Berry et au comte d'Armagnac son gendre, qui par tous les moyens cherchaient à leur extorquer de l'argent. Au fond, les communes du Rouergue, comme celles du reste du Languedoc, étaient, en ce moment, très attachées au roi, à la reine, au duc de Bourgogne et à leurs partisans. Elles désapprouvaient, au contraire, le duc de Berry, le duc d'Orléans et le comte d'Armagnac. Si, après les vives discussions que Millau venait d'avoir avec ce dernier personnage, cette ville parut, l'année suivante, approuver la ligue des princes et favoriser le comte d'Armagnac et ses alliés, ce furent la peur et l'abandon où la laissaient les officiers du roi qui la jetèrent dans ce parti. Elle n'y resta pas longtemps. Charles VI ayant révoqué le duc de Berry et nommé, à sa place, trois de ses conseillers pour gouverner le Languedoc, Millau fit sa soumission, demanda grâce et l'obtint facilement. Nous rapportons aux pièces justificatives la lettre de rémission accordée aux habitants de Millau et dans laquelle

Bernard d'Armagnac — sans autre qualification — est déclaré ennemi du roi et de la patrie. (1412).

Nous n'avons pas à suivre le comte d'Armagnac sur le grand théâtre de la politique et de la guerre civile, où le portèrent son ambition et ses alliances de famille. Qu'il nous suffise de dire qu'après être arrivé au commandement suprême, comme connétable de France, il finit sa bruyante carrière par une mort aussi cruelle qu'humiliante. Massacré avec une foule d'autres personnes par le peuple de la commune de Paris, le 12 juin 1418, le connétable fut traîné pendant trois jours dans les rues, puis enterré avec les autres victimes, dans une fosse commune, creusée dans un lieu appelé La Loubière et situé auprès de l'église de Saint-Martin-des-Champs. D'après Monstrelet, auquel nous empruntons les détails qui précèdent et ceux qui vont suivre, les enfants du connétable, dix-neuf ans plus tard, par un sentiment filial qui les honore, tirèrent le corps de leur père de la fosse où il gisait, lui firent rendre les honneurs funèbres, à Paris, dans l'église de Saint-Martin-des-Champs et le transportèrent dans le comté d'Armagnac. *(Monstrelet, T. I, p. 261 ; T. II, p. 144, Edition de Paris, 1571.)*

D'après les historiens du Rouergue, les restes du connétable auraient été portés dans l'abbaye de Bonneval, en Rouergue, et placés dans un mausolée à côté duquel on lisait jadis l'inscription suivante :

« *Anno ab incarnatione dom. MCCCCXVIII*

die XIV septembris in hoc tumulo conditum est corpus illustrissimi et potentissimi principis Bernardi comitis Armeniaci, Ruthene et stabuli Francie. Exequiis interfuerunt DCCCC presbyteri et fuit ecclesia hujus monasterii Bonevallis CXL pannis cincta aureis vel sericis et XXII M ardentibus facibus illustrata. »

Auquel de ces deux documents qui se contredisent formellement, devons-nous croire ? A nos yeux, une inscription authentique, faite à l'époque des évènements qu'elle rapporte, c'est la vérité prise sur le fait, et son témoignage est irrécusable ; il doit même l'emporter sur celui d'un auteur, dont les écrits ont pu être altérés soit par les copistes, soit par les imprimeurs. Il est arrivé souvent, il arrive encore tous les jours qu'on rectifie des auteurs anciens au moyen d'inscriptions lapidaires. Dans le cas présent ce sera le contraire. L'inscription de Bonneval nous paraît devoir être corrigée par un texte d'auteur contemporain et témoin oculaire des faits qu'il rapporte. D'après ce texte, que nous allons citer un peu plus bas, voici comment les choses se passèrent à Bonneval, après la mort du connétable Bernard.

La famille du comte de Rodez, désirant donner une grande marque de son affection à son illustre chef, qui venait de périr si misérablement, au lieu d'un enterrement véritable qu'elle était dans l'impuissance de faire, voulut lui faire rendre les honneurs funèbres en son pouvoir et, pour cela, lui fit faire un service religieux très-solennel dans l'église du couvent de Bonneval. Jean, vicomte de Lomagne, fils aîné du connétable, devenu, par la mort de son père, comte de Rodez et d'Armagnac, invita le clergé, la noblesse et les consulats du Rouergue à ce service, appelé, dans la langue du temps, *obit,* ou service funèbre. Les invités se rendirent avec empressement à cet appel, emportant chacun son offrande, qui consistait, selon l'usage, en torches de cire et en draps d'or et de soie ; on laissait la cire, mais on rachetait toujours les draps au chef de l'église où avait lieu la cérémonie religieuse.

Deux consuls de Millau, Jean Fournier et B. Rozier, accompagnés d'un domestique, assistèrent à ce service. A leur retour, B. Rozier, consul boursier, écrivit la note suivante dans son livre de comptes qui existe encore, et d'où nous l'avons extraite sans y rien changer :

« Dilhus que fon a V setembre tenguem coselh general de l'Esqvilha sus lo contengut de la letra à nos transmessa per Mossegner d'Armagnac de pregarias que a nos plagues de esser per honor al obit de Mossegner d'Armagnac son payre els monestier de Bonaval lo XV Jorn de setembre. Vole e azordinet lo cossel que hom ly fezes honor de XII en torchas e de I drap d'aur. Las torchas de dos lieuras emiega e de may que fosson belas et honorablas.

Foron aqui meteys eliegits per anar al dig hobit sen Johan Fornier et yeu B. Rozier e que menassem P. Gontier. Anem y forem al dig jorn et ufriguem las dichas entortas e lo dich drap d'aur am las armas de la vila local drap d'aur era de la coffraria de nostra Dona.

Dimars que fon a XIII setembre partiguem sen J. Fornier et yeu B. Rozier et P. Gontier per anar al dig obit e passem a Rodez per far nostres escuzels e fezom lo... sur la poncha de l'alba à Bonaval e fezem totz nostre fag ben aponch. » (1)

D'après ce texte, ce n'est pas l'enterrement du connétable qu'on fit, à Bonneval, mais bien un *obit* ou service funèbre pour le repos de son âme. De plus, cette cérémonie eut lieu, non le 14, mais le 15 septembre ; ajoutons que l'inscription, en portant à quatorze cents le nombre des prêtres présents, et celui des torches à vingt-deux mille, exagère les choses de façon à les rendre invraisemblables. Le diocèse de Rodez ne pouvait pas fournir un pareil nombre de prêtres ; il ne les a pas aujourd'hui, quoiqu'on lui ait annexé le diocèse de Vabres. Ces erreurs matérielles, sur la nature, les détails et la date de la cérémonie, nous portent à regarder l'inscription de Bonneval, comme très suspecte de fausseté.

Il est probable, en effet, que cette épitaphe n'a été faite que longtemps après la date qu'elle porte. La famille d'Armagnac, s'étant relevée, après la violente secousse qu'elle éprouva, par la mort du connétable, fit ériger un monument à ce personnage, aussi fameux par ses malheurs que par ses hauts exploits, où, peut-être, on déposa secrètement le corps du comte Bernard, quand on l'eut retiré de la fosse de la Loubière, au lieu de l'emporter à Auch, comme le dit Monstrelet. Dans ce

(1) On racheta le drap d'or qui coûta deux francs. Les petits écussons mis aux torches furent faits à Rodez. On voit dans le même article, que le prieur de Millau alla aussi à Bonneval et y apporta son offrande de torches de cire. *Liv. de comptes de B. Rozier année 1418 -- 1419.*

cas, le mausolée et l'épitaphe seraient postérieurs à 1437 ; on y aurait rappelé le service solennel du 15 septembre 1418, et, par inadvertance, on aurait mis le 14 au lieu du 15.

Bosc, T. 2, p. 174 de ses *Mémoires sur le Rouergue*, racontant la mort et la sépulture du connétable Bernard, nous dit « que son corps fut déposé d'abord dans l'église de Saint-Martin-des-Champs, et transporté ensuite, non à Auch, comme certains auteurs l'ont écrit, mais à Bonneval, où il fut enseveli le 14 septembre 1418. » La cérémonie funèbre faite à Saint-Martin-des-Champs ayant eu lieu, d'après Monstrelet, en 1437, le corps du comte de Rodez ne put être porté à Bonneval, en 1418. Bosc a eu tort de ne pas suivre Monstrelet, dans toutes les parties de son récit ; il fallait le rejeter, ou l'accepter en entier.

La fin du comte Bernard ne pouvait être guère plus misérable. Sa mort cruelle et sa sépulture ignominieuse dans une fosse à fumier, ne furent après tout que le juste châtiment des maux infinis qu'il avait faits à sa famille et à la France. Toutefois, quelque méchant qu'ait été cet homme, il ne commit pas tous les crimes qu'on lui a imputés. Il en est un des plus énormes dont nous devons laver sa mémoire. Bosc, tome II, page 168, des *Mémoires sur le Rouergue*, l'historien de Gascogne et plusieurs autres compilateurs de chroniques locales racontent qu'Amauri de Sévérac, maréchal des armées royales, étant allé à Gages rendre visite au comte d'Armagnac, fut mis à mort et pendu à une fenêtre du château, par l'ordre du comte, son parent, son ami et son hôte. Bernard d'Armagnac est innocent de ce forfait ; la preuve en est évidente : C'est que, d'après les actes officiels, rapportés dans l'Histoire du Languedoc, t. IX, p. 1134, le maréchal de Sévérac vivait encore dix ans après la mort de son prétendu meurtrier. Bosc, du reste, se réfute lui-même à la page 318 du même volume, où il dit que le seigneur de Sévérac fut assassiné par le comte de Pardiac, frère de Jean IV, alors comte d'Armagnac et de Rodez. Le corps de cet infortuné, enterré d'abord dans l'église ou le cimetière de Saint-Gervais, près de Gages, fut transporté dans le chœur de la cathédrale de Rodez, où il reçut une sépulture honorable et définitive, le 1er juillet 1432. (Inventaire des archives de Rodez CC. comptes consulaires, p. 48.)

Bonne de Berry, veuve du connétable Bernard, survécut à son mari environ dix-sept ans. Retirée au couvent des Frères Mineurs de Rodez, où elle occupait un quartier séparé des religieux, elle passa le reste de sa vie dans les pratiques de la religion, réparant ainsi, si c'avait été nécessaire, l'acte de cruauté dont nous avons parlé plus haut et auquel nous refusons de croire, faute de preuves suffisantes. La comtesse Bonne mourut à Carlat, que le duc de Berry avait donné au comte Bernard, en 1407, et fut portée à Rodez, d'après l'inventaire des archives de cette ville, la veille de « paritio », l'an 1435. Selon sa volonté, on l'enterra dans l'église des Frères Mineurs avec l'appareil dû aux personnes de sa condition. (1) Jean du Pouget, prieur des Frères Mineurs d'Aurillac, fit son oraison funèbre. Le peuple, qui s'était porté en foule à ses funérailles, alla de même prier à son tombeau, où s'opérèrent « plusieurs grands et évidents miracles »; ce sont les propres termes de Charles VIII, dans la lettre qu'il écrivit aux Frères Mineurs de Rodez, pour les autoriser à changer le lieu de sépulture de Bonne, « sa grande ayeule ». Cette lettre, donnée à Amboise, le 22 juin 1489, est rapportée par Bosc, aux pièces justificatives, numéro 118.

Bernard VII, comte d'Armagnac et de Rodez, eut pour successeur son fils ainé, le vicomte de Lomagne, qui prit le nom de Jean IV.

Au milieu des fortes épreuves par lesquelles passait le Rouergue, la Providence lui procura un grand secours en lui envoyant, pour l'évangéliser, un de ces hommes rares, dont la parole et l'exemple sont bien propres à relever le moral des populations abattues par les malheurs publics. Cet homme, ou plutôt cet apôtre, était saint Vincent Ferrier, qu'à cette époque on ne connaissait que sous le nom de Maître Vincent. A la fin du XIV° siècle et au commencement du XV°, maître Vincent remplissait l'Europe du bruit de son nom. Partout on parlait de ses prédications éloquentes, de ses vertus et de ses miracles éclatants. Depuis saint Bernard, le monde n'avait rien vu de

---

(1) A cette occasion, les consuls achetèrent 15 torches pesant 28 livres, firent peindre 15 écussons aux armes de la ville, pour orner ces torches, et payèrent dix religieux qui avaient gardé le corps.

pareil. Toutes les villes de France, d'Espagne et d'Italie, se disputaient le bonheur de posséder ce saint missionnaire. Millau, cédant à l'entraînement universel, voulut elle-aussi voir et entendre le grand apôtre, qui avait évangélisé tant d'autres cités. Par délibération du conseil communal, on le pria de vouloir bien venir prêcher dans la capitale de la Haute-Marche du Rouergue. Cette invitation officielle trouva Maître Vincent à Béziers, où il donnait une mission. On était alors vers le milieu de décembre 1403. Treize années s'écoulèrent et le saint religieux n'avait pu se rendre aux vœux des habitants de Millau. Après ce long temps, l'illustre enfant de saint Dominique se décida à évangéliser le Rouergue. Sortant de l'Albigeois, où il avait prêché des missions à Gaillac, à Cordes et à Albi, Vincent Ferrier entra dans notre province par la Guépie où, dit-on, il annonça la parole de Dieu une seule fois. Pendant son séjour en Rouergue, qui fut de deux mois au moins, il donna des missions à Najac, à Villefranche et à Sauveterre ; à Rodez il prêcha sur la place du Marché-Neuf, et, à son départ, lisons-nous dans l'inventaire des archives de la Cité, les consuls firent don de 40 livres « als frayres que van am lo dich mestre Vincens per sostentar lor vida. »

Quant la nouvelle de sa présence à Sauveterre fut connue à Millau, le conseil communal s'empressa de lui députer deux de ses membres, dont un consul, avec une lettre qui le suppliait de vouloir bien honorer la ville de sa visite. Partis le mardi 30 juin 1416, les délégués revinrent le jeudi d'après et furent heureux d'annoncer que, leur demande ayant été favorablement accueillie, Maître Vincent arriverait à Millau dans 23 jours, c'est-à-dire le 23 du mois suivant.

Aussitôt qu'on eut, à Millau, l'assurance de la visite du Frère Prêcheur, le conseil de ville désigna sept de ses membres, qui furent chargés de préparer tout ce qui serait nécessaire pour le recevoir convenablement. Par leur ordre et sous leur direction, la place publique située à côté de l'église Notre-Dame, fut nettoyée et parée de draps blancs et de tentures, comme au jour de la Fête-Dieu. On y éleva un grand échafaud sur lequel on plaça un autel où le prédicateur devait dire la messe, et de là aussi adresser la parole à la foule immense de ses auditeurs qu'aucune église de la ville n'aurait pu contenir.

Enfin arriva le 23 juillet. Le soir de ce jour, Maître Vincent et sa suite, composée d'environ 160 personnes, firent leur entrée dans Millau, au son de toutes les cloches et au milieu des plus vives démonstrations de joie, de respect et d'affection de toute la population pour l'illustre missionnaire. On se rendit sur la place où devaient se faire toutes les cérémonies religieuses. Mais, comme il était tard, il n'y eut point de prédication ce jour-là. Maître Vincent se retira dans le couvent de son ordre avec deux ou trois autres dominicains qui l'accompagnaient et un serviteur; quant aux autres personnes de sa suite, qui toutes étaient fort honnêtes et de bonne compagnie, on les logea deux à deux dans les meilleures maisons de la ville, qui les hébergèrent gratuitement pendant tout leur séjour à Millau. Le lendemain s'ouvrit la mission. De bon matin, le prédicateur dit la messe, qui fut chantée par les excellents chantres qu'il menait, partout, avec lui ; après la messe eut lieu le sermon qui dura trois petites heures. Les matinées des cinq jours suivants furent consacrées à de semblables exercices ; les après-dînées, on faisait des prières publiques en procession. Le mercredi tout fut fini à midi. Le soir de ce jour, saint Vincent Ferrier quitta Millau et alla coucher à Compeyre, petite ville royale assez importante, qu'il évangélisa et d'où il se dirigea vers le nord du Rouergue. Il en visita les principales localités et passa ensuite en Auvergne et de là dans le Berry. En 1427 il se trouvait à Bourges, où il reçut des lettres de Jean V, duc de Bretagne, qui le suppliait de venir dans ses états pour y travailler au salut de son peuple. S'étant rendu à Vannes, résidence du duc, il y mourut au milieu de ses travaux apostoliques, le 5 avril 1428, à l'âge de 70 ans.

Tous les biographes de notre saint le font naître à Valence, en Espagne. D'après les notes du consul boursier de Millau, il serait originaire d'une petite ville appelée Fragua ou Fragna « laqual es el réalme de Cataluenha e d'Arago ». Le consul boursier qui avait vu, entendu, qui avait entretenu le grand prédicateur et les personnes de sa suite, ne pouvait qu'être bien informé : il nous paraît donc bien raisonnable de croire ce qu'il nous dit sur le lieu d'origine de saint Vincent Ferrier, plutôt que des historiens étrangers à l'Espagne, venus plus tard et qui, pour faire honneur à une grande ville, y placèrent le berceau de notre saint, sa plus belle gloire. Le même consul boursier nous apprend que Vincent entra, dès son bas âge « *petit efan* », chez les Frères Prêcheurs de Valence ; ce qui semble contredire ce qu'on a écrit touchant l'enfance et la jeunesse de l'illustre dominicain, comme on peut le voir dans les auteurs de sa vie.

Tels sont les renseignements que les archives de notre ville nous ont fournis sur le passage de Saint Vincent Ferrier à Millau. Nous avons cru devoir les recueillir religieusement, soit pour l'édification du public, soit pour l'utilité des futurs historiens de l'église du Rouergue. Et, afin que désormais ces précieux documents soient à l'abri du feu et de tout autre accident destructeur, nous les publions dans leur teneur originale aux pièces justificatives. Ils seront une preuve sensible des sentiments religieux qui animaient alors la ville de Millau et ses administrateurs. Ils nous donneront également un échantillon de plus du langage de nos pères aux XIVe et XVe siècles.

Ce langage, aux multiples dialectes, était en usage dans presque toute l'Europe occidentale. Il était donc la langue maternelle de Saint Vincent Ferrier. Cela explique comment il put, quoique espagnol, se faire entendre des habitants de Millau et de la plupart des autres villes de France et d'Italie qu'il évangélisa.

Ces historiens lui ont attribué le don des langues. Cela peut être ; toujours est-il qu'il n'en avait besoin ni en Catalogne, ni en Aragon, ni en Languedoc, ni en Provence, ni en Auvergne, ni en Savoie, ni en Ligurie, théâtres principaux de ses travaux apostoliques ; car, dans tous ces pays, on parlait la langue romane appelée aujourd'hui *patois*, désignation très impropre, mais que nous subissons, parce que l'usage l'a fait prévaloir.

Les courses évangéliques de saint Vincent Ferrier, sa manière de vivre, le but qu'il se proposait dans ses prédications n'étaient pas un fait isolé, ni personnel. Dans ce même temps, d'autres religieux, sortant presque tous des ordres mendiants, parcouraient l'Europe pour en réformer les mœurs. Le plus illustre émule de saint Vincent Ferrier, dans l'apostolat de la parole, fut un carme breton appelé Thomas Connecte. Monté sur un petit mulet, et suivi de plusieurs de ses frères, il évangélisa le nord de la France, la Bourgogne, la Flandre, le Brabant et le Hainaut. Lorsqu'il arrivait dans une ville, les plus grands seigneurs s'empressaient d'aller au devant de lui, et s'estimaient honorés de tenir la bride de sa monture. On le logeait dans la maison la plus apparente. On dressait un échafaud sur lequel, après avoir célébré la messe, il parlait à son immense auditoire. Partout où il prêchait, il opérait des conversions innombrables. Malheureusement moins sage, moins prudent, moins éclairé peut-être que l'apôtre espagnol, le missionnaire breton finit comme Savonarole; l'Italie, dont ces deux grands prédicateurs voulaient corriger les désordres, punit leur zèle indiscret par le bûcher. Vincent Ferrier eut un sort plus heureux : sa modération et sa piété sincère le firent élever sur les autels. Ce saint a laissé, en catalan, un grand nombre de sermons encore inédits. Le souvenir de ce grand apôtre de l'évangile fut longtemps vivant à Millau. En 1429, frère Raphaël, dominicain et son neveu, étant venu dans notre ville, le conseil décida qu'on lui ferait une visite et qu'on le prierait de prêcher à Notre-Dame. Il va sans dire que Frère Raphaël fut très sensible à cette marque d'honneur et qu'il se rendit aux vœux des consuls.

CHAPITRE SEIZIÈME

Votes de nombreux subsides par les Etats du Rouergue. Etats généraux de Tours en 1429. Rodrigue de Villandrando. Voyage de Charles VII en Languedoc. Son passage en Rouergue. Etablissement des foires de Millau. Ravages du Rouergue, par les troupes de plusieurs capitaines français. Guerre entre le roi de France et le comte Jean IV d'Armagnac. Défaite des Anglais en Guienne. Leur expulsion définitive de la France.

1418-1453

Depuis le commencement du XVe siècle jusqu'à 1430, les courses des Anglais en Rouergue furent très rares et peu désastreuses. Ce laps de temps fut employé à tenir des assemblées, à voter des subsides et à racheter des places encore au pouvoir des routiers, en Quercy, en Limousin et ailleurs. Voici un résumé de ces faits, d'après les livres des consuls boursiers de Millau et de Rodez.

En 1400, on demande aux Etats du Quercy et du Rouergue, 6.000 francs, pour la rançon de Castelnau en Périgord.

En 1404, une somme d'argent considérable est accordée au duc de Berry et au comte d'Armagnac par les Etats du Rouergue.

En 1405, les trois Etats du Rouergue sont réunis à Millau, pour le vote ordinaire des subsides.

En 1406, demande aux Etats du Rouergue,

d'une somme de 6.000 francs par le comte de Clermont.

En 1407, le 7 avril, imposition faite aux trois Etats du Rouergue d'une forte somme d'argent, par Pierre Neveu et Pierre Pérols, au nom du duc de Berry, qui les avait nommés réformateurs en Languedoc. La part de Millau fut de 547 livres, 4 sous et 6 deniers. Au mois d'octobre de cette même année, les Etats du Rouergue votent encore au comte d'Armagnac, 10,000 écus pour la garde du pays, et pour le rachat « buéja » du château de Lourdes, de Caylus et de Comarca.

En 1417, demande de secours au Rouergue, pour le siège de la Réole.

En 1420, le dauphin fait son entrée solennelle à Rodez; il descend dans le couvent des des Frères-Mineurs.

En 1421, ordre est donnée aux Etats du Rouergue, de voter 58.000 francs au dauphin. La répartition de cette imposition, acceptée par les Etats, fut faite à Salles-Curan. La part de Millau fut de 3.018 francs. Celle de la Cité de Rodez de 2.248 livres. (Inv. des arch. de Rodez, CC. 239.)

En 1422, mort de Charles VI, 21 octobre, d'après dom Vaissette, page 1070; le 29 octobre, on ne connaissait pas à Millau cette mort, d'après un acte notarié que nous rapportons, aux pièces justificatives, et qui est un appel contre une ordonnance du régent, faite, au nom du roi, de porter tout l'or et l'argent monnayé au plus proche hôtel des monnaies. Convocation des trois états du Languedoc à

Espaly, près du Puy, et non à Espalion du Rouergue, comme le portent par erreur les annales de Villefranche. Les consuls de Millau ne voulurent pas assister à cette assemblée ; plus tard, le roi Charles VII leur pardonna cet acte de désobéissance.

En 1424, les Etats du Rouergue, réunis à Villefranche, au mois d'octobre, votent 15.325 francs, au comte d'Armagnac, pour la défense du pays.

En 1425, les Etats du Rouergue, après s'être réunis plusieurs fois à Villefranche, finirent par s'entendre, et accordèrent 15.000 écus au comte d'Armagnac, pour la défense du pays.

En 1429, demande aux Etats de 12.000 francs pour le couronnement du roi Charles VII.

La même année, convocation des Etats généraux à Tours pour le 18 juillet. Les trois états du Rouergue, réunis à Sauveterre le 2 juillet, pour choisir les délégués, nommèrent pour les représenter à Tours, « Mossen Johan del Vernh, Baptista del Rieu, Johan Borias de Vilafranca et Bertrand Valada de Rocaserieyra ». Faute de pouvoirs suffisants de la part des délégués aux Etats de Tours, cette assemblée ne fit rien et s'ajourna à Tours même, au dix septembre suivant. Convoqués une seconde fois, à Sauveterre, pour élire d'autres représentants, les trois états du Rouergue nommèrent les mêmes, sauf un, Baptiste Delrieu, qui fut remplacé par le seigneur d'Arpajon.

Cette fois, la somme d'argent accordée au

roi dut être considérable, s'il faut en juger par la part de Millau, qui s'éleva à trois cent vingt-six livres treize sous. C'est tout ce que nous savons sur les Etats généraux de Tours dont aucun historien, à notre connaissance, ne fait mention. Le 19 novembre de cette même année, les trois Etats du Rouergue, réunis à Sauveterre, envoyèrent au comte d'Armagnac cinq de leurs membres, le seigneur de Valady, « Moss. Johan del Vernh, » Maître Pierre de Vessodes, J. B. Bories et Pierre Barrière « per acordar e conclusi la suefra » c'est-à-dire la cessation de tout acte d'hostilité de la part des Anglais, en Rouergue, pendant un temps déterminé. Le traité, qui renfermait les conditions de ces trêves, fut signé à l'Isle-en-Jourdain. Il paraît que le comte Jean IV d'Armagnac ne se plaisait pas en Rouergue. Il n'habita jamais Gages. Son père, le connétable, ayant ramassé des matériaux pour bâtir un château à Rodez auprès de la porte Sainte-Catherine, il les donna à cette ville ; puis, en 1421, il acheta le comté de l'Isle-en-Jourdain, où il fit sa résidence habituelle jusqu'à sa mort.

En 1430, il y eut de grands tiraillements au sein des Etats, réunis à Villefranche, pour aviser à la défense du pays. Le comte d'Armagnac, qui trouvait son intérêt à servir d'intermédiaire entre les Anglais et les Etats, voulait que les subsides, par lui demandés, fussent payés, par égale part, par la Haute et la Basse Marche, et appliqués à acheter la « suefra » des ennemis. Les députés de la Basse-Marche, et les gens du Quercy, trouvant les propositions du comte contraires à leurs intérêts et en opposition avec une lettre du roi, les rejetèrent. Cette lettre, qui fut communiquée aux Etats, proscrivait tout pacte avec les Anglais, et ordonnait de leur faire une guerre ouverte et sans merci. Sur ce, les états furent ajournés au 22 juillet suivant. A cette dernière journée, ni à plusieurs autres qui la suivirent, on ne fit rien. Le premier jour d'octobre seulement, les Etats, réunis à Villefranche, purent s'entendre, et, malgré l'ordre du roi, votèrent au comte d'Armagnac, pour la défense du pays, 6.999 moutons d'or. Le mouton valait alors un cinquième de moins que la livre tournois. La part de Millau fut de 602 moutons.

Les dix années suivantes, le Rouergue eut beaucoup à souffrir d'une nouvelle espèce de routiers, ce n'étaient plus des Anglais, mais bien des Français, commandés par des Français, et à la solde du roi de France. C'étaient les compagnies de Guilhem Valette, de Balthasar le Narbonnais, de Jean d'Apchier, du bâtard de Peyre, et de Ramonet de Guerra. Le comte d'Armagnac, chargé de la défense du pays, avait pris, à sa solde, ces gens d'armes et leur avait confié la garde de la Haute-Marche du Rouergue. Placés en garnison à la Cavalerie, à Saint-Félix-de-Sorgue, à Saint-Paul-de-Nonenque, à Saint-Geniez-de-Vertenan, et non pas de Bertrand, comme on l'écrit aujourd'hui, au lieu de protéger le pays, ils le rançonnaient sans vergogne.

C'était sur le Larzac, dans les environs de

Millau et dans le diocèse de Vabres, qu'ils faisaient leurs principales incursions. Millau, à qui on adressait, de toutes parts, des plaintes contre ces pillards, envoya deux messagers au comte d'Armagnac, avec mission de lui dire que, pour son honneur et le bien du pays, il voulût bien faire sortir de la Haute-Marche les compagnies de Jean d'Apchier et du bâtard de Peyre. Le comte fit ce qu'on lui demandait avec tant d'instances. Il ordonna à son officier, Jean de Loupiac, qui se tenait en garnison au château de Cabrières, près de Compeyre, de faire partir Jean d'Apchier, le bâtard de Peyre et les autres capitaines, ce qui fut exécuté le 26 mars 1431. Malheureusement, après le départ de ces larrons, il en vint d'autres plus nombreux et pires.

Le chef de ces nouveaux routiers, qui vinrent alors s'implanter dans les provinces méridionales, s'appelait Rodrigue de Villandrando ; il était espagnol d'origine et comte de Ribadéo. Ce fameux condottiere, contemporain et émule de la Hire et de Xaintrailles fit, d'abord, comme eux, la guerre aux Anglais, et se mit, ensuite, au service des factions princières qui déchiraient la France. Il devint, enfin, l'un des plus terribles chefs de ces bandes, qui ravagèrent les environs de Paris et qui sont connus dans l'histoire sous le nom d'*Ecorcheurs*. L'annonce seule de sa prochaine arrivée mit en émoi tout le Languedoc, comme on le voit, par les lettres que les consuls de Rodez et de Gaillac, en Albigeois, écrivirent aux consuls de Millau. La plupart des sénéchaussées, où il trouva bon de faire stationner ses troupes, au nombre de trois à quatre mille hommes, firent avec lui des traités, afin de se préserver de leurs ravages, ou, du moins, d'en atténuer la gravité. Voici quelle fut, en cette conjoncture, la conduite du Rouergue, autant que nous pouvons l'établir par les rares et incomplets documents qui nous restent sur les affaires de ce temps, (1432).

Rodrigue, qui se présentait comme le défenseur du pays et qui, disait-il, voulait faire aux Anglais une guerre ouverte « guerra uberta », commença par exiger des subsides des pouvoirs publics, tels que officiers du roi et administrateurs des communes. A différentes reprises, il demanda mille moutons d'or, dix mille écus et deux coursiers, une « saumada de blat per beluga », c'était la centième partie du feu. Le Rouergue ne se pressant pas de lui accorder ce qu'il voulait, Rodrigue le livra au pillage de ses troupes. Pendant sept ans, elles le parcoururent sur tous les points. Les livres des comptes consulaires de Rodez et de Millau signalent leur présence à Bagnars, près d'Entraygues, à Salles-Curan, à Villefranche-de-Panat, à Villecomtal, sur les montagnes du Levezou, sur le Larzac, à Saint-Germain et ailleurs. En 1435, les gens d'armes de Rodrigue, faisant des courses dans les environs de Millau, montent sur le Larzac, capturent deux juments et une ânesse qui appartenaient au domaine de l'hôpital. Pour les racheter, le fermier est obligé de donner une paire de chausses, une paire d'éperons et deux sétiers d'avoine. Au mois de décembre de l'année suivante, les mêmes routiers revenus sur le Larzac y prenaient tout, hommes et bêtes, et se conduisaient comme des Anglais « prest que seron Engleses », dit l'auteur du mémoire d'où nous tirons ces faits. Pour sauver les troupeaux, on dut les amener à Millau, où il en coûta beaucoup pour les nourrir dans les étables, car personne n'osait sortir dans la campagne de peur d'être fait prisonnier.

Les populations, ayant beaucoup à souffrir de la présence de ces brigands dans la Haute-Marche, font parvenir leurs plaintes au sénéchal et au comte d'Armagnac et demandent instamment à être secourues. Le comte répond : qu'il est disposé à faire la guerre ou une trêve « guerra o suefra » avec Rodrigue, selon qu'en décideront les Etats. Les Etats sont convoqués à Villefranche ; après avoir délibéré sur les moyens à prendre pour la défense du pays, ils ne trouvent rien de mieux que de voter un subside de quatre mille cinq cents francs au roi et un don de trois mille ivres tournois à Rodrigue : le délégué de Millau refusa de voter cette dernière somme.

Pendant que les gens d'armes de Rodrigue se livraient à leurs pilleries dans nos provinces du Midi, de grands et décisifs évènements se passaient dans le Nord. Le connétable de France et le bâtard d'Orléans, Dunois, à la tête de six mille hommes d'armes, dit notre consul boursier, pénétraient dans Paris, et, avec l'aide des Parisiens, en chassaient les Anglais et rendaient au roi la capitale de la

France, que ces mêmes Parisiens lui avaient fait perdre, vingt ans auparavant. Ces heureuses nouvelles, transmises à Millau par l'évêque de Vabres, mirent la ville en liesse. C'était le lundi, 23 avril 1436. Après dîner, par arrêté du conseil, les consuls, leurs conseillers, les officiers de justice, les ménétriers, bannière en tête, parcoururent la ville, annonçant « à totz los cantos aquestas bonas novelhas », et ordonnant qu'on sonnerait les cloches « entor de dos horas, et que tota persona fezes fuoc davan la porta » ; la procession générale, la messe solennelle d'actions de grâces et le sermon furent renvoyés au mercredi suivant, fête de Saint-Marc.

De pareilles réjouissances avaient eu lieu dans notre ville, lorsque y arriva la nouvelle de la défaite des Anglais sous les murs d'Orléans. Voici la note du consul boursier relatant ces faits : « Disapde a XIV de may que eron las vespras de Pantacosta, vengron dos merchans que nos porteron la copia de una letra que avia tramessa Mossen bastard d'Aurlenx, que contenia la descofida dels Engles que avia fach la pieuzela per la gracia de Dieu ; e tramezem lur una gran merlussa trempa. Item fezem far fuox, lo seras, ezanar los menestrias per la vila, e processio general lendema que fon Pantacosta. » *(Livre du consul boursier Johan Johan, pour l'année consulaire 1428-1429).* (1)

(1) Depuis du Bellai Langey, qui fut un des premiers à mettre en question si la mission de Jeanne d'Arc était oui ou non surnaturelle, on a écrit pour et contre des volumes sans nombre. De nos

En 1437, Charles VII fit un voyage en Languedoc. A son retour en France, il passa par le Rouergue. D'après les pièces citées dans l'Histoire du Languedoc, le roi était à Miliau, le 10 mai. Le livre des comptes consulaires de cette année ayant disparu, nous ne pouvons

---

jours, ce qu'il y a de curieux dans ce conflit d'opinions, c'est que les défenseurs du merveilleux dans l'histoire de la Pucelle voient venir à eux des écrivains qui se disent hautement libres penseurs. Henri Martin est de ce nombre ; Clovis Hugues en est aussi. Au moment où nous rédigions ces pages pour les livrer à l'impression, il nous est tombé sous la main un journal contenant un article du député marseillais sur Jeanne d'Arc. Ne pouvant le reproduire tout entier, nous en donnons l'extrait suivant qui mérite d'être conservé :

« Hystérie ! Ah ! c'est facile à dire ; mais essayez donc un peu de l'hystérie du patriotisme, pour voir ! Sainte, trois fois sainte, cette démence des nerfs et du cerveau, qui se traduit en actions d'héroïsme, à la face du monde émerveillé ! et comme nous serions plus grands, si nous étions un peu plus hystériques, dans le sens élevé du mot et pour le triomphe de l'idée !

» Tenez, voyez ce qui arrive. Est-ce que l'esprit de sacrifice n'existe plus ? Est-ce que les dévoûments font défaut ? Allons donc ! Partout il y a des êtres qui ne demandent qu'à s'immoler à un drapeau. Ceux-ci sonnent la fanfare de la revanche, en des attitudes d'hommes prêts à mourir ; ceux-là travaillent à l'édification d'un avenir meilleur, avec une foi que n'ébranle aucune persécution. Et que dit-on autour d'eux ? On dit qu'ils sont fous !

» Fous, ceux-là qui sèment en ce moment l'âme de la France aux quatre vents du ciel ! Fous, ceux-là qui oublient ce que fut Kalkoff en politique, pour ne saluer en lui que l'ami de notre pays ! Fous, ceux-là qui boivent à Alexandre « le Juste », en regardant du côté de l'Alsace-Lorraine ! Et si Deroulède était une femme, il y a belle lurette qu'on l'aurait fait enfermer à Bicêtre...

» Jeanne d'Arc aussi, n'est-ce pas ? si elle revenait ! Et ce serait bien fait, car on n'a pas le droit d'entendre des voix, quand les autres n'entendent rien du tout.

» — Et vous croyez, vous, que Jeanne d'Arc entendait des voix ?

» — Si je le crois ? mais pourquoi aurait-elle menti, notre bonne grande Jeanne ? Ah ! je crois tout, quand il s'agit d'elle ! Je crois qu'elle a vu saint Michel et les anges ! Je crois qu'elle a causé avec eux ! Je crois tout, vous dis-je, parce qu'elle a cru à tout elle

donner aucun détail sur la réception et le séjour de Charles VII dans notre ville. Le 12 du même mois, le roi se trouvait à Palmas, résidence ordinaire de l'évêque de Rodez. (1) C'est à Palmas qu'il fit à Millau la concession de trois foires, par une lettre patente que nous rapportons aux pièces justificatives. D'après cette lettre, les trois foires étaient fixées, la première au 15 août, fête de l'Assomption de la Sainte-Vierge, la seconde au 22 février, fête de la Chaire de saint Pierre, la troisième au 6 mai, fête de saint Jean l'Évangéliste. Elles étaient franches et pouvaient durer trois jours chacune. Jusque là, Millau n'avait eu qu'une seule foire, datant de bien loin, celle du 28 octobre, fête des saints apôtres Simon et

---

même ! parce qu'elle a entendu ce que son cœur lui disait d'entendre ! parce qu'elle a vu ce que sa noble et généreuse pensée lui montrait ! parce qu'elle a eu la foi, cette foi sublime qui soulève les montagnes et sauve les patries ?

« C'était la foi de son temps et elle l'avait. Trop heureux serions-nous, si nous avions tous également la foi de notre siècle ! Ah ! croyez à tout ce que vous voudrez, mais croyez à quelque chose ! Tout est là, pour le présent et pour l'avenir ; car il n'y a plus de peuple là où le scepticisme règne en maître.

» Je relisais tout récemment encore l'interrogatoire subi par Jeanne d'Arc au cours de son procès. Eh bien ! je ne connais rien de plus attendrissant et qui respire une aussi sublime mélancolie. Lisez-les, ces pages, si vous ne les avez pas encore lues, et vous pleurerez comme des enfants. Mais, quand vous aurez pleuré, vous méditerez, vous descendrez en vous-même, et comme vous aimerez davantage encore cette patrie française, qui fut la patrie de Jeanne d'Arc ! (*Petit Marseillais*, 1887) ».

(1) Bosc et M. de Gaujal, qui le suit sans le citer, affirment sans preuve que Charles VII, en quittant Millau, alla voir le sire d'Arpajon, dans son château de Caumont de Plantcatge. Si elle eut lieu, la visite fut très courte; parti de Millau le 11 mai, le roi était à Palmas le 12, où il donna la lettre accordant trois foires à Millau

Jude. Sur la demande des habitants de Millau, le roi, par une seconde lettre donnée à Angers le 21 décembre 1439, porta à huit jours la durée de chaque foire. Toutes ces concessions exigeaient des enquêtes longues et dispendieuses. Il s'agissait de prouver que l'établissement des foires de Millau ne portait préjudice ni au roi, ni aux villes voisines. Quand elles furent finies, le roi, après en avoir pris connaissance, donna à Paris une troisième lettre, le 7 octobre 1447, par laquelle il renouvellait la concession faite à Millau et ordonnait de la mettre à exécution : dans cette même lettre, il réduisait à six jours la durée de chaque foire et transférait au 10 août, fête de Saint-Laurent, celle qu'il avait fixée auparavant au 15 du même mois, parce qu'on lui avait fait observer que cette dernière foire était trop rapprochée de celle de Pézénas, qui avait lieu le 8 septembre, fête de la Nativité de la Sainte Vierge.

La procédure pour l'établissement de ces foires avait duré dix ans et coûté beaucoup de peines et d'argent à la ville. Pour sa part, le roi eut cent cinquante écus d'or qu'on paya en monnaie courante, à la chambre des comptes de Paris. Peu s'en fallut que cette chambre ne voulût pas enregistrer les lettres royales. Ce ne fut que sur l'ordre formel du roi qu'elle se décida à le faire. Elle motivait son refus sur ce que les formalités légales n'avaient pas été accomplies dans le cas de la présente concession. Restait à mettre à exécution les lettres octroyées par le roi. Pour cela, il fallait en faire la publication avec toutes les formalités prescrites par le droit commun et la volonté des officiers de justice.

Les premières publications furent faites simplement, un jour de foire, à Salles-Curan, à Sévérac-le-Château, à Espalion, à Rodez, à Mende, à Saint-Affrique, à Compeyre et à Villefranche-de-Panat. A la foire du 28 octobre, fête des saints apôtres Simon et Jude, on les fit aussi, à Millau, avec une certaine solennité : le crieur public, précédé des ménétriers, jouant de leurs instruments, se transporta sur les places et carrefours de la ville, alla « al feyral », qui était en delà de la porte de Jumel, et, sur tous ces points, donna connaissance au peuple des pièces concernant l'établissement des nouvelles foires. Tout cela n'etait pas suffisant. Les règlements sur la matière exigeaient qu'à Millau, on mit plus de solennité, dans la proclamation officielle des dons du roi.

Il y avait, à cette époque, à Paris et aussi dans les provinces, une espèce d'officier ministériel, connu sous le nom de roi des merciers. En vertu de sa charge, qu'il tenait du roi, il devait assister à l'établissement des marchés et des foires ; et, comme sa juridiction s'étendait quelquefois sur plusieurs sénéchaussées, on lui donnait des lieutenants. C'était le cas de Jean Barrault, établi roi des merciers, en Auvergne, en Gévaudan, en Quercy, en Limousin, en Rouergue et ailleurs. Requis, par les consuls de Millau, de venir faire la proclamation des nouvelles foires, Jean Barrault, qui ne pouvait pas être partout, envoya, pour le remplacer, Nicolas Ducrot. Celui-ci, arrivé à Millau, organisa la fête. Il forma une petite troupe de miliciens, pris parmi ses sujets, les merciers, et nomma, pour son connétable, le marchand Jean Mora.

Au jour fixé pour la publication des foires, le lieutenant du roi des merciers, précédé du crieur public, des trompettes, des ménétriers et du connétable, tenant l'épée nue à la main, escorté des miliciens, des consuls et d'un grand nombre de bourgeois, fait son apparition sur la place publique, avec les insignes de sa charge et à cheval sur un bœuf; c'était sa monture officielle. Puis, le cortège se mettant en marche, parcourt les rues et les places de la ville, s'arrêtant de temps en temps sur les points, où il était d'usage de faire les proclamations consulaires. A chacune de ces haltes, le crieur public, de sa voix la plus sonore, proclame le don du roi et lit ensuite, sur le même ton, les règlements municipaux, qui avaient pour but de pourvoir à la bonne tenue et à la prospérité des nouvelles foires. Cette cérémonie eut lieu le 21 février, veille de la fête de saint Pierre, jour où commençait la foire de ce nom. Elle fut répétée aux deux autres foires de saint Jean l'Evangéliste et de saint Laurent, et présidée chaque fois par Jean Régis, marchand de Rodez, qui, lui aussi, se disait roi des merciers en Rouergue. Ce fut à ce titre, et par suite d'un accord avec Nicolas Ducrot, que le juge de Millau le nomma commissaire. En 1555, par ordre d'Henri II et sur la demande des habitants de Millau, la foire du

22 février fut transportée au premier jour de carême. Enfin Louis XIII, par une lettre patente donnée à Saint-Germain-en-Laye, le mois de novembre 1638, accorda à Millau une cinquième foire, qui devait se tenir, le cinq novembre de chaque année, et un marché pour le mardi de chaque semaine, outre celui du vendredi.

On nous a souvent demandé d'où venait une fête, sans aucun caractère religieux, très-populaire à Millau, et qui consiste principalement à faire, à donner aux amis et à manger en famille des gâteaux appelés *fougasses*, le jour de la fête de saint Jean l'Evangéliste. En se rapportant à l'établissement de la foire du 6 mai, on trouvera sans peine l'origine de cette fête. Les Millavois, désireux d'avoir beaucoup d'étrangers à leur foire, les y attiraient par l'appât des excellents gâteaux et du bon vin qu'on leur servait, ce jour-là, dans les maisons où ils étaient invités. Si toutes les vieilles institutions étaient aussi clairement établies et expliquées que celles des foires et de la fête de Millau, il y aurait plaisir à faire et à lire l'histoire de nos villes au moyen-âge.

Les trois ou quatre années qui suivirent le passage de Charles VII en Languedoc sont marquées, dans notre province et dans les provinces voisines, par une recrudescence de pillages qu'y commirent les troupes françaises, envoyées par le roi en Guienne, pour combattre les Anglais. De ce nombre étaient les gens d'armes du bâtard de Bourbon, de Poton de Xaintrailles et de l'espagnol Rodrigue, qui n'avait pas encore quitté le pays. Ces troupes, marchant par petites bandes, couvraient le Rouergue et le mettaient rudement à contribution. En 1438, lisons-nous dans un mémoire composé par les fermiers des domaines de l'hôpital de Millau et adressé aux consuls, patrons de cet établissement, pour leur demander des indemnités, les gens d'armes de Salazar, de Gauthier de Brussac et de Blanchefort, capitaines de compagnies, servant dans l'armée de Rodrigue, vinrent jusqu'aux portes de Millau, allèrent à Brocuéjouls, domaine de l'hôpital, et y capturèrent toutes les juments. Le propriétaire de ces bêtes, qui avait failli être pris avec elles, courut après les voleurs pour racheter leur butin. Il les rencontra à Laclau, et il lui en coûta, pour la rançon de ses juments, dix écus de Toulouse, cinq douzaines de pains, trois sétiers d'avoine et deux outres de vin. Ses domestiques, étant allés, le lendemain, porter à Laclau les vivres et la finance, furent complètement dévalisés, à leur retour, par d'autres routiers. On leur prit un cheval, une jument et tout le matériel qu'ils portaient. Quand vint le temps de couper les blés, personne ne voulait aller sur le Larzac, où était le domaine de l'hôpital, de peur d'être maltraité ou fait prisonnier. Pour avoir des moissonneurs, le fermier eut recours à un moyen singulier : il alla à Aguessac, où étaient logés les gens d'armes de Xaintrailles, et fit marché avec Jean de Cambrons, gentilhomme de cette compagnie, pour garder les moissonneurs. Jean de Cambrons monta sur le Larzac avec deux valets et trois roussins, y resta neuf jours et, grâce à sa présence, on put faire la récolte des blés. Outre la nourriture, le fermier donna pour salaire aux gardiens des moissonneurs douze pans de brunette de Perpignan, cinq moutons d'or et une paire de chausses rouges.

Toujours dans la même année, d'autres compagnies de gens d'armes, à la solde de la France, couraient en Rouergue, et, de gré ou de force, y vivaient à ses dépens. Le 16 avril, avant-veille de Pâques, arriva à Millau « una trompeta de gens d'armes que eron alogiadas à Saint-Léons, enque avia tres capitanis, e portet una letra enque mandavo que los tramessem de vieures e un ome o dos per parlar ambels al profieg de la vila. » Par ordre du conseil, Guilhem de Saint Bresson alla trouver les capitaines et Etienne Daréna leur porta soixante-douze pains, une charge de vin et cinquante poissons frais. Le jour suivant, Guillem de Saint-Bresson ayant fait un second voyage à Saint-Léons, les capitaines lui firent mille remerciements pour les dons de la ville ; puis, le premier d'entre eux, appelé Rolin « Rauli Bertrand », après lui avoir représenté que, quoique au service du roi, ils étaient très pauvres, lui demanda un coursier. Le conseil de ville, saisi de cette demande, répondit qu'il ne donnerait pas même un denier.

Le 25 mars de l'année suivante, le bâtard de Loupiac, capitaine d'une bande de gens d'armes, faisant partie des troupes du vicomte de Lomagne, chargé de la défense du Languedoc, fondit, à son tour, sur la ferme de Brocuéjouls, y prit quatre paires de bœufs qu'il mena au village de Saint-Laurent où il tenait garnison. Leur rançon se monta à quatre écus de Toulouse.

Le 8 mai suivant 1438, les gens d'armes du vicomte de Lomagne retournèrent à Brocuéjouls et y saisirent toutes les juments qu'ils amenèrent à Sévérac-le-Château. Pour les ravoir, il fallut donner huit moutons d'or aux routiers.

En 1440, dans la nuit du deux mars, les mêmes gens d'armes allèrent de nouveau à Brocuéjouls et, malgré « la seguranca » donnée à prix d'argent par le vicomte de Lomagne aux fermiers des domaines de l'hôpital de Millau, ils capturèrent neuf bœufs, neuf vaches, neuf juments et neuf poulains, qu'ils conduisirent à Rodez. Le rachat de toutes ces bêtes ne coûta que dix moutons d'or, grâce à l'intervention des consuls de Millau, qui firent valoir auprès des routiers la « seguranca » délivrée par leur capitaine en chef.

Cette même dernière année, les fermiers des domaines de l'hôpital, pour se mettre à l'abri des prises du bâtard d'Armagnac, qui était venu se loger avec sa compagnie au château de Saint-Geniez de Vertenan, conduisirent tout leur bétail, gros et menu, sur les terres de Nant et de la baronnie de Roquefeuil, où ils restèrent trois semaines.

D'autres compagnies de gens de guerre, nouvellement venues dans le pays, continuant de le piller, les fermiers de l'hôpital furent forcés, pour sauver leurs troupeaux, de les cacher au fond des bois et sur les terres de leurs voisins. Ne les sentant pas encore assez en sûreté dans ces profondes retraites, ils les conduisirent tantôt à Meyrueis, tantôt à Saint-Beauzély, tantôt à Ganges et à Clermont de Lodève, sur les terres des seigneurs de ces lieux, qui voulaient bien, moyennant finance, les recueillir et les faire vivre. Pendant les deux années que durèrent ces émigrations, le fermier de l'hôpital, ne pouvant pas traire ses brebis, fut privé au moins de seize quintaux de fromage, et il perdit, ajoute-t-il dans son mémoire, cent cinquante bêtes, qui furent volées ou périrent de fatigue.

Outre les gens des compagnies, dont nous venons de raconter les brigandages, le pays était infesté de voleurs « layros », associés uniquement pour piller. Dans le mémoire cité, on en signale deux bandes qui exploitaient les environs de Millau, et dont une, composée de treize ribauds, avait son repaire au château de la Roque-Sainte-Marguerite.

Un jour, ces larrons s'étant emparés de tout le menu bétail de l'Hôpital-du-Larzac, exigèrent, pour sa rançon, six écus de Toulouse, deux charges de vin, deux douzaines de harengs saurs, quatre morues, quatre sèches « sepias » et une paire de chausses de la valeur d'un écu de Toulouse. Dans une autre expédition, les mêmes voleurs, ayant pris le même bétail, qui paissait à la Granède, s'empressaient de l'amener à la Roque-Sainte-Marguerite, leur repaire. Avertis par les bergers de cette capture, les Millavois, au nombre de soixante-neuf compagnons, se mettent à la poursuite des ribauds : ceux-ci, se sentant serrés de près, abandonnent le troupeau, mais, en se retirant, ils emportent chacun un chevreau, plus quatre agneaux. Ces razzias, qui se renouvellaient tous les jours, n'avaient toutes pour objet que de faire financer les propriétaires du bétail capturé. Cette singulière manière de faire la guerre aux ennemis, très en vogue au moyen-âge, se perpétua, parmi nous, jusqu'à la fin du XVIe siècle, où on la voit encore pratiquée entre catholiques et protestants (1).

Dans le cours des quatre-vingts ans que nous venons de décrire, nous avons vu les mal-

(1) En 1570 et plus tard encore, les calvinistes, maîtres de Millau, courent les champs, parcourent les grands chemins, y prennent tout ce qu'ils trouvent, ramènent leurs prises à Millau et les vendent à la criée sur la place publique. Le 19 mars 1570, le gouverneur de Millau et sa compagnie, s'étant mis en campagne, capturèrent sur la montagne de Salles-Curan et aux Canabières, 260 bêtes à cornes, 1000 bêtes à laine et 12 mulets chargés d'huile d'olive et de sel ; le tout fut vendu aux enchères et rapporta 2369 livres 6 sous 9 deniers. Dans une autre excursion à Aubrac, ils prirent 116 bêtes, tant bovines que chevalines ; la vente de ce butin, faite à la criée, sur la place de Millau, rapporta 1402 livres 15 sous. Dans cette même campagne, on fit prisonnier un certain Campinel, qui paya pour sa rançon 114 livres ; le cellerier, le curé, le sacristain, deux autres religieux de la Domerie d'Aubrac, également faits prisonniers, furent conduits à Millau et mis en prison au château royal, où ils restèrent quinze jours. Enfin le gouverneur les mit à rançon, et ils payèrent trois mille livres tournois, dont mille furent données au gouverneur, en déduction de ses gages, et deux mille à la ville, pour l'entretien de l'artillerie ; les capitaines et les soldats avaient aussi leur part dans la vente de tout ce butin. (Archives municipales de Millau, EE. 112, reg. in-4o).

heurs que la guerre avec les Anglais attira sur le Rouergue. Après tant de misères, on se prend à désirer un temps plus heureux, pour les populations si éprouvées de notre province. Malheureusement, ces jours de calme et de bonheur se feront longtemps attendre. Après les Anglais, après les routiers, après les compagnies françaises, qui tous pillèrent le pays sans pitié, viendront les guerres seigneuriales ; celle dont nous allons faire un très-court récit, eut lieu entre le roi et Jean IV, comte d'Armagnac.

Après de longues contestations, relatives à la possession du comté de Comminges, que nous omettons, parce que le récit en a été déjà fait plusieurs fois par de graves historiens, le comte d'Armagnac, refusant de faire la volonté du roi, fut déclaré rebelle et ennemi de la couronne de France. Le roi le fit sommer de ne plus s'intituler comte « par la grâce de Dieu », titre qui n'appartenait qu'au roi de France. Jean répondit que le titre qu'on lui contestait, ses ancêtres l'avaient toujours porté avant lui ; puis il en appela au Parlement de Paris, au Pape, au concile général, et fit signifier cet appel aux commissaires. A ce grief s'en ajouta un second. Le roi voulut assujétir le comte à contribuer aux subsides de guerre ; Jean s'y refusa ; le roi insista et fit faire de nouvelles injonctions au comte ; celui-ci persista dans son refus. La cour de France reprochait aussi à Jean d'avoir fait embaucher le capitaine Salazar par Jean de Lescun, batard d'Armagnac ; d'avoir donné à ces deux capitaines six cents hommes d'armes et de les avoir placés dans le Rouergue, d'où ils se répandaient dans les contrées voisines, pillant et rançonnant les sujets du roi. On l'accusait encore d'avoir des rapports secrets avec le roi d'Angleterre, auquel il avait offert de donner sa fille Eléonore en mariage et de le rendre maître du Rouergue et de l'Auvergne. Le comte, protestant contre ces accusations, continua de braver le roi. Le roi, las de voir son autorité méconnue, chargea le dauphin d'aller tirer raison de tant de désobéissance.

Le jeune prince, menant avec lui mille lances et beaucoup de gens de trait, commandés par le maréchal de Cullan et les seigneurs de Châtillon, d'Estissac et de Blanquefort, se rendit promptement en Rouergue et, sans donner le temps à ses ennemis de se reconnaître, il se montra sous les murs de Rodez que gardait le capitaine Salazar. Ce capitaine fut bientôt réduit à capituler. Le dauphin exigea impérieusement qu'il abandonnât le pays, mais il prit au service du roi la compagnie qu'il commandait. Il se contenta de mettre à sa place Mathieu Garcie, chef de routiers comme Salazar, mais chez qui la fidélité et le dévouement à la couronne égalaient la valeur. Après la prise de Rodez, le dauphin retourna à Toulouse et se livra à d'autres opérations militaires. Un peu plus tard, il alla assiéger l'Isle-en-Jourdain, où le comte Jean s'était enfermé avec sa femme, ses deux filles et Charles, son second fils. Après un semblant de défense, le comte d'Armagnac ouvrit les portes de la ville et se livra avec tous les siens à la générosité de son vainqueur.

Le dauphin fit arrêter le comte avec toute sa famille et les envoya prisonniers au château de Lavaur. Il revint ensuite en Rouer- pour en achever la conquête. A son approche, tout le pays se soumit, à l'exception des châteaux de Capdenac et de Sévérac, où le bâtard d'Armagnac avait introduit deux fortes garnisons, avec l'intention de les défendre. Les deux forteresses ayant été assiégées simultanément, le bâtard d'Armagnac comprit bientôt qu'il ne pouvait tenir contre des forces supérieures et se rendit.

Cependant le comte et sa famille étaient toujours en prison et ses domaines sous la main du roi. Ses parents, ses amis, parmi lesquels se trouvaient les plus puissants seigneurs de France, lui-même enfin, après des démarches réitérées auprès du roi, en obtinrent que sa cause serait portée au Parlement pour être jugée selon les règles de la justice. Le roi y siégea en personne, entouré de sa principale noblesse. Quand le défenseur du comte eut parlé, l'avocat criminel du roi demanda trois jours pour préparer sa réponse. Au jour convenu, il reparut et, en présence du Parlement, il fit un très long discours, dans lequel il rapporta « toutes les fautes, dommages et inconvénients qui étaient advenus aux rois de France et à leur royaume depuis trois cents ans par les comtes d'Armagnac précédents, et nommait pleinement par leurs noms ceux qui avaient fait cela, et en quel temps ils en avaient ainsi usé. Il récita ensuite, de point en point, ce qui avait été fait contre le roi, son autorité et sa seigneurie par ce comte d'Armagnac à présent régnant. Il rappela qu'il donnait grâces et rémissions comme un souverain, qu'il mettait tailles en ses terres deux ou trois fois par an, qu'il tenait frontière pire au peuple qu'aux Anglais et prenait vivres, blé, moutons, bœufs, vaches, mulets, pourceaux, si l'on n'avait de lui saufs conduits ; qu'il battait son confesseur quand celui-ci ne voulait point l'absoudre ; qu'il avait fait pendre, à Nîmes, un huissier qui venait lui signifier un exploit ; qu'il avait battu, pillé et emprisonné plusieurs ecclésiastiques. »

Au nom de tous ces méfaits, l'avocat criminel requit du roi que cette affaire fût poursuivie en justice jusqu'à la fin et allégua plusieurs raisons qui s'opposaient à ce qu'on usât de clémence. Il conclut enfin, non seulement à la confiscation de tous les domaines du comte Jean, mais encore à la punition corporelle du coupable.

En entendant ces graves et foudroyantes accusations, les défenseurs demandèrent un jour pour répliquer, et, dans l'intervalle, ils parlèrent aux partisans de la maison d'Armagnac, qui tous, d'un commun accord, leur conseillèrent de requérir du roi grâce et miséricorde, vu qu'il y aurait trop de péril pour leur maître à attendre les rigueurs d'une sévère justice. Ils suivirent ce conseil et le roi, sur les instances des amis et des parents du comte, promit de faire droit à la requête qui lui était présentée. Dès ce moment, le procès fut poussé moins vivement, et, peu de jours après (août 1445), Charles VII donna des lettres de rémission au comte d'Armagnac, lui accordant en outre la restitution de ses domaines, sauf le comté de Comminges, les terres et seigneuries du maréchal de Sévérac, les quatre châtellenies du Rouergue que, peu de mois après, le roi donna au dauphin. Le roi exigea encore que Jean IV et ses enfants lui feraient serment d'être toujours bons et loyaux serviteurs, qu'ils renonceraient à toute alliance avec l'Angleterre et qu'ils ne prendraient plus le titre de comtes d'Armagnac « par la grâce de Dieu », attendu qu'ils étaient les sujets du roi et que leurs terres relevaient directement de la couronne de France.

Après bien des difficultés, le comte finit par accepter ces dures et humiliantes conditions. Il se soumit donc au roi et sortit de prison avec sa famille. Il avait alors quarante-neuf ans. Le souvenir de ses malheurs, l'humiliation de sa défaite et de sa longue captivité remplirent d'amertume le reste de sa vie, qu'il passa loin des affaires, dans son château de l'Isle-en-Jourdain, où il mourut, le 5 septembre 1450, cinq ans après sa délivrance. Il eut pour successeur le vicomte de Lomagne, son fils aîné, qui prit le nom de Jean V.

Jean V valut infiniment moins que son père; comme lui, par sentence du Parlement de Paris, il fut privé de ses domaines et condamné à un bannissement perpétuel. Sa conduite politique et, surtout, la monstrueuse licence de ses mœurs lui attirèrent ce juste châtiment. Amnistié plus tard et rétabli dans la possession de ses terres par Louis XI, il finit, comme son aïeul le connétable, par une mort violente, une vie pleine de trahisons et de parjures.

Nous trouvons dans ce procès que la famille d'Armagnac, voulant justifier son indépendance de la couronne de France, pretendait descendre des rois d'Espagne, et qu'elle avait été appelée par les peuples libres de l'Armagnac pour les gouverner et les défendre. Dom Vaysete et tous ceux qui l'ont suivi vont plus loin et rattachent la maison d'Armagnac aux rois mérovingiens, d'après la charte d'Alaon. Cette charte, qui a peuplé le Midi d'une foule de personnages imaginaires, est, aujourd'hui, reconnue fausse. On sait d'où elle vient et par qui elle a été fabriquée. Nous devons donc nous tenir en garde sur ce qu'elle nous raconte, touchant les origines des comtes de Rodez et d'Armagnac, des évêques d'Arisitum, des Ferréols, de Sainte-Tarcisse et de plusieurs autres personnages qui appartiennent à l'histoire de notre pays. Quoi qu'il en soit de leur extraction, les comtes de Rodez avaient une grande situation dans le Midi de la France. Ils ont joué un rôle prépondérant. Malheureusement pour eux, l'orgueil et l'ambition troublèrent leurs esprits, et la satisfaction de ces violentes passions attirèrent sur leurs têtes les plus terribles châtiments. A part Jean I, qui mourut dans son lit, estimé et regretté de

CHAPITRE SEIZIÈME 451

ses sujets et de ses contemporains, tous ses successeurs eurent une fin plus ou moins misérable.

Nous touchons au terme de notre travail, qui doit s'arrêter à l'expulsion définitive de nos ennemis de la terre de France. Pendant les six ou sept années qui précédèrent cette expulsion, il ne se passa dans notre province aucun fait important qui ait trait à notre histoire. Resserrés de plus en plus dans leurs anciennes possessions de l'ouest, les Anglais ne venaient plus ravager nos contrées ; entre eux et nous il y avait trop de distance. Les passages, d'ailleurs, étaient depuis longtemps fermés. Après un siècle de luttes où la France avait souvent eu le dessous, arriva le jour où elle devait définitivement triompher. Les Anglais, chassés d'abord de la Normandie, le furent, bientôt après, de la Guienne. D'après notre consul boursier, la nouvelle officielle de leur défaite à Castillon arriva à Millau le 27 juillet 1453. La lettre annonçant cette bonne nouvelle portait : « que davan Castilho en Peyragors, tenian lo seti los Franseses ; e los Engleses feron amas de VII melia homes en que era Talabot e so filh, e lo comte de Somberset, e lo filh del captal de Buech, e que hi demorero e morigro e la plasa, e may ben IIII melia Englezes e III melia prezonias. Los Franseses que feyro ayso, los caps e capitanis ero Mossen lo Menescalc, Mossen lo gran maystre d'ostal del rey, Joachim Roaut, Mossen l'amiral. E fon digh que non morigro de Franseses mas IIII cens francs archias, que non y mori home de renon ni d'armas : ezayso fonc dimars à XXV de julh l'an MCCCCLIII. »

Si cette note du consul boursier est exacte — et nous avons toute raison de croire qu'elle l'est — les dates assignées à la bataille de Castillon, par nos grands historiens, sont fausses. Villaret la place en 1452 ; le père Daniel et Henri Martin en 1453, le 13 juillet. D'après notre consul boursier, on vient de le voir, la défaite des Anglais, devant Castillon, eut lieu le 25 juillet 1453.

Ces heureuses nouvelles furent publiées dans la ville selon la forme accoutumée ; on sonna toutes les cloches, on alluma des feux de joie devant les portes de toutes les maisons ; on fit une procession générale, après laquelle Frère Amans, de l'ordre de Saint-Dominique, prêcha en plein air sur la grande place. Ces prédications, assez fréquentes à Millau, consistaient à raconter au peuple les évènements à l'occasion desquels avaient lieu les réjouissances publiques. Le 19 octobre suivant, la joie fut à son comble et les fêtes recommencèrent de plus belle, lorsqu'à Millau on apprit la prise de Bordeaux par le roi Charles VII. A partir de ce moment, la grande guerre entre la France et l'Angleterre est finie ; elle avait duré cent ans. L'antipathie entre les deux peuples dura davantage : aujourd'hui encore elle n'est pas entièrement éteinte, et Dieu veuille que, dans l'avenir, nous n'ayons pas à soutenir de nouvelles luttes contre nos anciens ennemis !

PIÈCES JUSTIFICATIVES

Toutes les pièces diplomatiques, que nous allons reproduire, sont inédites et copiées sur les originaux, conservés dans les Archives de Millau et de Rodez. Nous en avions préparé plusieurs autres que nous omettons, parce que nous les avons trouvées dans la nouvelle édition de l'Histoire du Languedoc. Nous les mentionnerons sous leur date.

I

Lettres du comte d'Armagnac, gouverneur du Languedoc, ordonnant la démolition des édifices qui se trouvaient hors des murs de Millau, de Saint-Rôme-de-Tarn et de Saint-Sernin. (21 mai 1356).

Johannes, comes Armaniaci, Fesensiaci et Ruthenensis, vicecomesque Leomanie et Altivillaris, et locum tenens domini nostri Francorum regis in lingua et partibus Occitanis senescallo Ruthenensi et Judici de Amiliavo vel eorum loca tenentibus salutem. Cum prout intelleximus circa circuitus locorum de Amiliavi, sancti Romani de Tarno, santi Saturnini senescallie Ruthenensis, existant plures domos, hospicia, pontes et ecclesie in prejudicium clausurarum et vallatorum dictorum locorum que clausure et vallatus facere et complere non possunt bono modo nisi destruantur et in casu quo non destruerentur posset redundare in dampnum dictorum locorum et totius patrie ; quocirca attentis periculis que pro premissis evenire possent, mandamus vobis et vestrum cuilibet quatenus ad dicta loca, visis presentibus et absque alterius expectatione mandati personaliter accedatis et dicta hospicia, domos, ecclesias, pontes, et aliis de causis dictos clausuras, vallatos, fortalicia dictis vallatis, clausuris et fortaliciis predictorum locorum prejudiciabiles, diruatis et destruatis et ad terram ponatis, facta primitus de eisdem longua informatione, prout est in talibus consuetum, frivolis appellationibus, recusationibus et subterfugiis et aliis litteris in contrarium impetratis vel impetrandis subrepticiis non obstantibus quibuscumque. Datum Tholose die vicesima prima Maii anno domini millesimo trecentesimo quinquagesimo sexto

per dominum locum tenentem, Johannem.

Les frères mineurs, dont le couvent et l'église, situés hors des murs de Millau, devaient être démolis par suite du mandement du comte d'Armagnac, s'opposèrent vivement à l'exécution de cet ordre. Le juge royal de Millau, commissaire en cette affaire, n'osa passer outre. Les consuls, qui, dans l'intérêt de leur ville, avaient sollicité et obtenu la première lettre du comte, lui en demandèrent une autre pour contraindre le juge à accomplir sa commission. Le comte écrivit la lettre suivante :

II

Lettres du comte d'Armagnac prescrivant la démolition des maisons, églises et autres édifices situés dans les faubourgs de Millau. (*6 septembre 1356*)

Johannes, comes Armaniaci etc., judici Amiliavi salutem. Cum nos per quasdam alias nostras patentes litteras vobis mandasse recolamus ut hospicia, ecclesias et alia ante muros ville Amiliavi existentia prejudicibilia in dicte ville et defensioni ejusdem facta primitus de eisdem longua informacione
prout est in talibus fieri consuetum dirueretis et ad terram poneretis, indilate et aliter prout in dictis nostris aliis litteris plenius continetur, vobisque earum virtute super contentis in eisdem certam informacio-

nem cum expertis fecisse intellexerimus nichil autem ulterius fuisse processum in dampnum maximum domini nostri regis et reipublice et mandatorum nostrorum vilipendium et contemptum quod grave gerimus et molestum. Quamobrem iterato volumus et precipimus et mandamus quatenus, visis presentibus, indilate omni morosa dilacione postposita contenta in dictis litteris aliis litteris de quibus liquebit faciatis compleatis et exaquamini juxta ipsarum formam faciem et tenorem, taliter ne in exequendis eisdem nullus ex parte vestri ulterius possit notari defectus. Et vigili diligentia possitis commendare certificantes quod si in premissis negligentiam adhibueritis vos taliter puniremus quod cedet ceteris in exemplum. Datum Mansieti die sexta septembris anno Domini millesimo trecentesimo quinquagesimo sexto.

Per dominum locum tenentem ad relationem domini R. Canhas.

III

Concession d'indulgences par Frère Guillaume, évêque in partibus et vicaire général de Faydit, évêque de Rodez, à l'occasion de la consécration de l'autel de Saint Jean l'Evangéliste, dans l'église de Notre-Dame de Millau. (*8 mai 1363*)

Nos frater Guillelmus Dei et apostolice sedis gracia Episcopus Sardon (ou Fardon) vicarius in spiritualibus reverendi in Christo patris ac Domini Domini Fanditi eadem gracia episcopi Ruthenensis universis presentes litteras inspecturis salutem.

Cupientes ut quoddam altare quod est in ecclesia Beate Marie Amiliani, quod quidem altare consecravimus die octava mensis may anno domini MCCC,LXIII°, ad honorem beati Johannis apostoli et evangeliste, a cunctis fidelibus visitetur et frequentetur perpetuis temporibus, ad laudem Dei qui gloriosus est in sanctis suis et ad verenacionem predicti apostoli, ob reverenciam cujus predictum altare est consecratum. (*Suit la nomenclature des indulgences avec les conditions imposées pour les gagner*). In quorum omnium testimonium sigillum nostrum ducimus presentibus apponendum. Datum in domo religiosi viri domini prioris Amiliani ordinis sancti Benedicti, Anno mense die predictis.

IV

Lettres patentes d'Edouard, prince d'Aquitaine, témoignant que les consuls de Millau lui ont prêté serment de fidélité. (*27 septembre 1363*)

Edouard, ainsné filx au noble roy d'Engletere, prince d'Aquitaine e de Gales, duc de Cornoualhe e comte de Cestre, a nostre senechal de Rouergue et a tous nos autres justiciers et officiers auxquels ces lettres venront ou a leurs lieutenans, salut.

Savoir faisons que Maistre Raymon Garnier, Estève Laurens, consuls, consuls de la Melhau, tant en leurs noms que au nom des autres consuls, université et habitans de la dite ville de la Melhau, en Rouergue, sont venuts et comparuts aujourd'hui et nous ont fait sagrement de feauté et d'obéissance, quel nous estent tenus de faire et par la manière et forme et es les protestations que ils n'auront fai illec au roi notre père en personne de nostre amé cher Messire J. Chandos, lors lieutenant de notre dit père au temps, qu'il print pour nom de ly la possession de la dite ville.

Et nous à ce les avoins reçeu et recevons, retenue a nostre très cher seignieur et peire la souveraineté selon la forme du transport fait ans et par un de lui; avons promis et juré les tenir, maintenir et garder en leurs privilèges, libertés, saysines, possessions, franchises, coutumes, usatges et yceux leur confermer mesque ne soient contraires à la pais.

Et avons vues alcui supplication et requête lesquelles disoient qu'il n'était temps de nos faire le dic serment si ce n'estoit en la dite ville de la Melhau; leur avons octroyé que ce ne leur porte préjudice, ne

PIÈCES JUSTIFICATIVES 457

puisse être trait à conséquence, ne déroger à nostre droit en temps a venir desque ho poiront dehuement eusseugner.

Pourquoi nous vous deffendons que pour cause dudit serment non fait vous ne les molestes ne poursuives en aucune manière. En testimoni de ce leur en avons donné et donnons ces notres lettres patentes scellées de nostre grand scel — Données à Poitiers le 27 jour de septembre l'an de grâce 1363.

V

Lettres d'Edouard, prince d'Aquitaine, confirmant les privilèges de Millau, données à Poitiers le 28 septembre 1363. Ce long document se trouve dans les archives de Millau AA. 18.

VI

Mandement du Prince d'Aquitaine, donné à Agen le 19 janvier 1364, et prescrivant au sénéchal du Rouergue de faire droit aux réclamations des consuls de Millau, qui avaient demandé au Prince de faire sortir de cette ville les ecclésiastiques, les religieux et les religieuses qui s'y étaient retirés, à cause des routiers qui dévastaient la campagne, leur défendant en outre d'y acheter des maisons pour s'y établir. Ce document, tiré de la collection Doat, est rapporté dans l'Histoire du Languedoc, t. IV, p. 806. Il se trouve aussi dans les archives de Millau GG, 22.

VII

Lettre du Prince d'Aquitaine accordant à Millau un impôt de quatre deniers par livre, sur les marchandises vendues en ville, pour être employées aux fortifications de Millau. *(19 janvier)*

Edwardus illustrissimi domini dei gracia Anglie regis primogenitus, princeps Aquitanie et Wallie, dux Cornubie et comes Cestrie universis presentes litteras inspecturis salutem. Notum facimus quod supplicatione intellecta pro parte dilectorum nostrorum consulum et communitatis ville nostre Ameliani facta nobis asserendo se magnos et sibi importabiles sumptus et onera tam in reparationibus clausurarum et fortaliciorum ac pontis dicte ville quam in aliis multiplicibus oneribus communibus ejusdem ville habens facere et substinere que de emolumentis communibus dicte ville guerrarum occasione nimium diminutis supportare non possent nec aliter perficere nisi nos super hoc gratiose subveniremus eisdem petentibus. Igitur impositionem quatuor denariorum pro libra de et super omnibus et singulis victualibus et aliis mercaturis que in ipsa villa vendentur ponendi, per eos habendi et percipiendi in dicta villa eis ad tempus per nos gratiose concedi. Hinc est quod nos predictorum necessitate pensata dictis consulibus nomine communitatis predicte concessimus et concedimus per presentes auctoritate nostra de gracia speciali impositionem predictam quatuor denariorum pro libra in et super dictis victualibus et aliis mercaturis predictis pomendi levandi et percipiendi per ipsos consules et eorum ejusdem ville consules successores ad et per duos annos continuos immediate incipiendos a die festis Purificationis B. Marie Virginis proximo venturo pro predictis reparationibus et aliis omnibus utilibus oneribus ville nostre predicte faciendis et sustinendis de emolumentis provenientibus ex imposione predicta ; ita tamen quod ipsa emolumenta in eisdem reparationibus faciendis et oneribus omnibus supportandis et non in usibus aliis integre convertantur. Dantes presentibus in mandatis senescallo Ruthenensi vel ejus locum tenenti quatenus consules et communitatem predictos nostra concessione et gracia supradictis gaudere et uti faciant et permittant sine impedimento quocumque. In cujus rei testimonium litteras nostras fieri fecimus has patentes : texte meipso, apud Agennum decime nona die mensis januarii anno domini millesimo trecentesimo sexagesimo tertio. Helias. Archives de Millau. EE. 119.

VIII

Lettres du Prince d'Aquitaine par lesquelles il prescrit que les religieux de l'ordre de Saint-Jean de Jérusalem, ayant des maisons dans la sénéchaussée du Rouergue, ne soient pas autorisés à jouir des priviléges qui avaient été autrefois accordés aux religieux dudit ordre résidant dans l'ancien Duché de Guienne. Ces lettres, données à Agen le 9 Janvier 1364, se trouvent dans les Archives de Millau avec le *vidimus* de Guillaume Vassal, chevalier, docteur ès lois, seigneur de Frayssinet, juge-mage de la sénéchaussée du Rouergue et Lieutenant du sénéchal, Amanieu du Foussat. (*9 janvier 1364*).

IX

Lettres de grâce données par le prince d'Aquitaine en faveur de la ville de Millau, le 15 juillet 1365.

Eduardus regis Anglie primogenitus princeps Aquitanie et Wallie dux Cornubie et comes Cestrie universis presentes has inspecturis salutem. Cum nos intelleximus quod dilectus nobis Senescallus noster Ruthenensis ad instanciam procuratoris nostri dicte Senescallie traxit in causam coram se dilectos et fideles nostros consules et habitatores ville nostre Amiliavi super eo quod per dictum procuratorem nostrum eis imponitur quod ecclesiam et hospicia sancti Johannis Jherosolimitani ac stabulum nostrum et barria dicte ville olim comburi fecissent et destruxissent pontemque introitus castri nostri ville predicte diruissent et portam ejusdem castri clausissent et alibi murum dicti castri aperuissent et portam ac introitum fecissent eorum propria auctoritate et absque superioris mandato ; et quoddam hospicium olim emptum per dominum Petrum de Quesaco infra muros dicte ville traditum sororibus minoribus pro faciendo ecclesiam et conventum intrassent et sorores et alios qui cum eis erant de ipso hospicio egecissent eorum auctoritate propria et claves ipsius hospicii penes se retinuissent necnon et claves cujusdam portalis dicte ville

Arnaldo de Roquafolio militi cum armis ante dictum portale existenti tradidisse pretendendo idem procurator noster eosdem consules et habitatores in premissis et circa premissa perplurimum deliquisse et ob hec eosdem puniendos fore. Verum cum dicti consules et habitatores premissa fecerunt pro bonis et justis causis prout de premissis omnibus et singulis sumus plenarie informati, ideo nos ad humilem supplicationem eorumdem consuluem et habitatorum eisdem et cuilibet eorumdem predictos excessus et crimina et eorum quemlibet casu quo in aliquo delinquerint in premissis aut aliquo premissarum remisimus et quittamus ac etiam de juris certa scientia et speciali gratia tenore presentium remittimus et quittamus, omnes informationes processus et inquestas contra ipsos factas super hec cassantes et anullantes predicto procuratori nostro et quibuscumque aliis officiariis nostris qui nunc sunt et pro tempore fuerint super premissis perpetuum silencium imponendo mandamus senescallo nostro predicto Ruthenensi vel ejus locum tenenti ut predictos consules et habitatores et eorum quemlibet hac nostra presenti gracia uti et gaudere pacifice faciat et permittat absque contradictione quacumque; in quorum fidem et testimonium presentes litteras fecimus sigilli nostri magni appencione muniri. Datum Burdigale die quinta decima mensis julii anno domini millesimo CCC° sexagesimo quinto.

X

Lettres du Prince d'Aquitaine, prescrivant à son sénéchal du Rouergue de respecter les privilèges du consuls de Millau, données à Périgueux le 26 septembre 1365, (*Archives de Millau*).

XI

Ordre du prince d'Aquitaine prescrivant au sénéchal du Rouergue de faire enlever un poteau auquel

était attaché un quartier d'homme, parce qu'il était érigé sur les domaines de l'évêque et du comte de Rodez. (28 *février* 1366).

Edoardus, regis Anglie primogenitus, princeps Aquitanie... senescallo nostro Ruthenensi aut ejus locum tenenti salutem. Quia reverendus in Christo pater episcopus Ruthenensis nobis significavit quod quoddam palum cum uno quarterio hominis malefactoris in itinere publico juxta villam Ruthenensem, in et sub omnimoda jurisdictione ipsius episcopi et dilecti nostri comitis Ruthenensis, in eorum prejudicium extitit appositum, sicut asserit episcopus antedictus, mandamus vobis quatenus si, vocatis procuratore nostro vestre senescallie et partibus cum ceteris evocandis, vobis legitime constiterit quod premissa in prejudicium dictorum episcopi et comitis facta fuerunt, ea ad statum debitum reducatis et super premissis dicto procuratori nostro et partibus justicie complementum faciatis. Datum apud Engolismam, ultima die februarii, anno Domini millesimo trecentesimo sexagesimo quinto. Firgaut.

XII

Lettres de Thomas de Wetenhale, sénéchal du Rouergue, ordonnant au Bailli de Millau de faire achever la démolition des églises des Frères Mineurs et des religieux de Saint Jean de Jérusalem, situées dans les faubourgs de Millau. (27 *mars* 1366.)

Thomas de Wetenhale, miles et senescallus Ruthenensis domini nostri Principis Aquitanie et Wallie baiulo Amiliavi vel ejus locum tenenti salutem. Cum ad nostrum, tam per litteras diversorum quam plurimorum fide dignorum relacionum pervenerit auditum, multas armorum societates esse intencionis patriam senescallie nostre predicte intrandi et ibidem eandem discurrendi, apprionandi, incendio comburendi villas, castra et forcia eorum viribus depredandi et occupandi, aliàque enormia comitendi et exinde forsitan ad majora mala procedendi et demum dominum nostrum inhonorandi ac ejus regalem potentiam vituperandi, nos, auditis predictis, volentes pugili corde ac magna diligencia talium agressorum maledictis intentionibus providere ; cumque apparuerit evidenter domino constabulario dicti domini nostri, citra decem dierum spacium et nobis in villa Amiliavi existentibus, ecclesias sancti Johannis Jerosolimitani et fratrum minorum in parte, sed non ex toto dirutas ante muros dicte ville Amiliavi situatas, esse multum prejudiciales et damnosas fortaliciis et deffencionibus ipsius ville, adeo quod faciliter proinde dicta villa posset capi et occupari, aut est in periculo eminenti capiendi et occupandi nisi subito ad id provideatur prestita manu ; igitur cum dicta villa Amiliavi sit insignior dicte senescallie per cujus occupacionem, quod Deus avertat, tota senescallia destrui posset, vobis et vestrum cuilibet in solidum precipimus et mandamus... quod omni mora posposita et excusacione cessante quacumque dictas ecclesias, seu quod restat ad diruendum de eisdem diruatis et ad terram poni et dirui faciatis... Datum Amiliavi die XXVII marcii anno domini millesimo CCC° LXVI°. (*Archives de Millau, EE* 120).

XIII

Lettre du Prince d'Aquitaine portant concession de la Barre pour 10 ans, donnée à Bordeaux le 8 juin 1366.

Eduardus, regis Anglie primogenitus... notum facimus universis quod nos pro eminenti necessitate fortificationis ville nostre Amiliani que in fine nostri Aquitanie principatus est situate et ad supplicationem humilem dilectorum et fidelium consulum nostrorum et communitatis ejusdem ville nostre concessimus et concedimus per presentes ut ipsi consules barragium sive impositionem decennalem a quarta decima die intrantis mensis octobris in decem annos ex tunc proxime subsequentes plenarie computandos secundum tamen morem solitum alias ipsis levandum concessum, videlicet pro uno equo, equa, mulo seu mula, unum denarium parvum guyanense nigrum; asino seu salmata, obolum; bove seu vacca, obolum; pro duodecim multonibus seu amborum matribus, hircis seu capris, unum denarium; pro duodecim porcis seu suibus quatuor denarios; pro una carra duos denarios parvos guyanenses, per dictam villam nostram Amiliavi et ejus jurisdictionem levare percipere et habere valeam in fortificationem et munitionem ejusdem ville nostre... Datum in castro nostro Burdegale octava die mensis junii anno domini millesimo trecentesimo sexagesimo sexto.

XIV

Lettre du Prince d'Aquitaine accordant à Millau la remise de la finance due pour la transgression des monnaies. (11 *mars* 1367.)

Eduardus... thesaurario nostro ruthenensi ant ejus locum tenenti salutem. Audita supplicatione consulum et habitantium ville Amiliani et ejusdem honori mandamus vobis quod ab executione contra ipsos per vos incepta facienda ratione financie transgressuum monetarum supersedeatis et supersedi faciatis et quidquid de bonis dictorum supplicantium arrestatum seu impeditum fuit eisdem reddi et restitui faciatis donec a nobis aliud habueritis in mandatum. Datum apud Burdegalam undecima die marcii anno domini MCCC sexagesimo sexto.

Des lettres semblables furent accordées à Saint-Affrique, la même année.

XV

Lettres patentes du Prince d'Aquitaine concédant à la ville de Millau le droit de percevoir un impôt sur le vin. (7 *février* 1368).

Edwardus Regis Anglie primogenitus, princeps

Aquitanie et Wallie, dux Cornubie, comes Cestrie, dominus Viscaie et Castri de Orvialibus : (1)

Notum facimus universis quod nos ad supplicationem dilectorum consulum nostrorum ville nostre de Amiliavo eisdem consulibus de nostra certa scientia et gracia speciali, concessimus et concedimus per presentes impositionem sive soquetum ; videlicet ut ipsi vel ab eis deputati vel deputandi sextam decimam partem vini vendendi in dicta villa percipere et levari valeant, hinc ad tres annos a data presentium numerandos, in fortificationem dicte ville nostre de Amiliavo, et non alibi commitendam : ita tamen quod collectores dicte impositionis de perceptis et missis per eosdem circa premissa commissariis nostris ad hoc per nos deputatis seu deputandis bonum et fidelem compotum reddere teneantur. Mandantes dilecto nobis senescallo nostro ruthenensi vel ejus locum tenenti ut eosdem consules nostros hujusmodi nostre concessionis gracia uti et gaudere libere faciat et permittat, contradictores et rebelles ad hoc debite compellendo.

Datum Angole septima die februarii anno domini millesimo trecentesimo sexagesimo septimo.

XVI

Vidimus d'une lettre patente du Prince d'Aquitaine accordant à Millau le droit de percevoir un impôt de cinq petits sous guiannais pour chaque muid de vin étranger porté en ville. (7 *février* 1368, *archives de Millau* EE, 120).

David Cradok miles locum tenens nobilis et poten-

---

(1) Seigneur de Biscaye et de Castre Dordiales. Dans le traité conclu, avant la guerre d'Espagne, entre le prince d'Aquitaine et Don Pedro et le roi de Navarre, il avait été stipulé que le Prince de Galles aurait pour frais de la guerre la principauté de Biscaye. Voilà pourquoi, en 1368, le fils aîné du roi d'Angleterre ajouta à tous ses titres celui du Prince de Biscaye et du château Dordiales.

tis viri domini Thome de Wetenhale militis et senescalli ruthenensis pro domino nostro principe Aquitanie et Wallie Judici de Amiliavo vel ejus locum tenenti presentes litteras patentes et pendentes predicti domini nostri principis in pergameno scriptas et suo sigillo magno impendenti ut prima facie apparebat sigillatas nos recepisse noviter sub his verbis :

Edwardus... notum facimus universis quod nos ad supplicacionem dilectorum et fidelium nostrorum consulum ville nostre de Amiliavo eisdem consulibus de nostra certa sciencia et gracia speciali concessimus et concedimus per presentes impositionem videlicet ut ipsi vel ab eis deputati vel deputandi a quocumque modio vini extraneo infra dictam villam de Amiliavo reponendo quinque solidos parvos guianenses percipere et levare valeant hinc ad tres annos a data presentium numerandos in fortificationem dicte ville nostre de Amiliavo et non alibi convertendam. Ita tamen quod collectores dicte impositionis de perceptis et missis per eosdem circa premissa commissariis nostris ad hoc per nos deputatis seu deputandis bonum et legale compotum reddere teneantur ; mandantes dilecto nobis senescallo nostro ruthenensi vel ejus locum tenenti ut eosdem consules nostros hujusmodi nostre concessionis gratia uti et gaudere libere faciat et permittat, contradictores et rebelles ad hoc debite compellendo. Datum Engole VII die februarii anno Domini MCCCLXVII°.

Quarum litterarum vigore et auctoritate vobis et unicuilibet in solidum concedendo mandamus quatenus omnia et singula in dictis litteris domini nostri principis contenta de puncto ad punctum faciatis compleatis etc. Datum Amiliavi die XX marcii anno Domini MCCCLXVII.

Regignatione et collatione facta cum originali. Bonelli.

XVII

Lettres du Prince d'Aquitaine contenant confirmation du privilège des habitants de Rodez de ne pouvoir être distraits de leurs juges naturels. Archives communales de la cité AA. 2.

XVIII

Sommation faite de la part de Thomas de Wetenhale, sénéchal du Rouergue, aux consuls de Rodez, d'avoir à placer les armes du Prince d'Aquitaine sur les portes de la ville. (6 *juin* 1365).
Opposition faite à l'exécution de cette sommation par Pierre Boissière, notaire, agissant comme procureur de l'évêque et du comte de Rodez qui avaient appelé de la susdite sommation. (2 *juillet* 1365). *Archives de Rodez, cité, FF. 23.*

XIX

Lettre de David Cradoc, lieutenant du sénéchal du Rouergue, autorisant les Juges de Millau et de Saint-Affrique de permettre une réunion des communes de la Haute-Marche du Rouergue. (5 *août* 1368).

David Cradoc, miles, locum tenens nobilis et potentis viri domini Thome de Wtenalle, militis et senescalli ruthenensis, pro domino nostro principe Aquitanie et Wallie, dilectis nobis judicibus Amiliavi et Sancti Affricani salutem. Cum nos concessimus consulibus Amiliavi et Sancti Affricani ut ipsi et alii consules et civitates Altarum Marcharum coram vobis, et vobis presentibus, se valeant impune congregare, pro tractando et concordando de et super contentis in litteris domini nostri principis, noviter missis, super facto decimorum feudatorum et aliis in eisdem litteris contentis, et eligendo unum hominem sapientem et idoneum pro eundo ad dictum dominum nostrum principem ad diem, per ipsum assignatam, cum potestate sufficienti de faciendo ea que per dictum dominum nostrum principem et ejus consilium super premissis ordinabitur dicta die; igitur vobis mandamus comitendo quatenus omnes et singulos consules sindicos seu juratos locorum dictarum Marcharum de quibus per vos consules fueritis requisiti, ad diem Jovis, hora tercie, proximam apud Amiliavum, coram vobis, adjornare faciatis, pro tractando ista vice, et concordando premissa et quedam alia negocia tangencia civitates predictas, vobis presentibus, et non aliter, et aliud faciendum quod in litteris domini nostri principis fieri precipitur et mandatur; mandantes omnibus dicte senescallie subditis ut vobis in premissis pareant et intendant. Datum Villefranchie die quinta mensis augusti anno domini MCCCLXVIII°.

Balsenx.

XX

Traité entre Jean, fils du comte d'Armagnac, Arnaud de Roquefeuil, délégué de Charles V et les consuls de Millau, par lequel ceux-ci reconnaissent la souveraineté du roi de France sur leur ville. (*Décembre* 1369).

Estans en la presencia del tres noble e tres honorable senhor, mossen Jehan d'Armanhac, e del mot noble e poderos senhor Arnal, senhor de Rocafuelh, trames per lo tres noble e tres poisant prencip lo rey de Fransa, am letras de crezensa de par lui; lo noble Ramund de Vonc e maistre Guilhem Manoasca, cossols de la vila d'Amelhau, el noble Mossenhem Peyre Senhoret, cavalier, cosselhier de la dicha vila d'Amelhau, trameses à las fis daval escrichas per los autres lhurs concossols et cosselhiers de la dicha vila d'Amelhau, e per nom del cossolat e de la universitat de la dicha vila d'Amelhau, e am los covinents e protestacios daval escrichas e subsequens, so es a saber que els dighs cossols, ni a lur universitat, ni als singulars d'aquela, d'aissi anan, per ascun temps, no sian ni dejo esser donats ni percurats alcus dampnatges, grieuts ho molestias, ni en cors ni en bes, per mercha donada o donadoira ni autramen ni puescon esser esseguts per alongamen de resposta ni per raso de la mantenensa que els, els habitans an facha, ni per damnatges o guerras que s'en sian esseguts ho essegudas, ni per calque sia altra causa. Per las causas d'avan dichas o d'aquelas o dalcuna delas dépenden de lur en qualque sia manieyra, ni los digts dampnatges ho interesses adels ho a lur universitat ni als singulars daquela no si puescon demandar per lo rey de Fransa ho per cal que sia autre, ni per so adels ni a la vila ni als singulars daquela damnatge percurar ni donar per se ni per autre. E el cas que home de qualque conditio que sia, aras o per temps venidor, volria venir o far contra las causas davan dichas ho qualque sia daquelas, lo rey de Fransa, o ses luoctenens e autres sieus officiers e ministres, les deion constrenher e compellir a tener e servar las causas davan dichas o cascuna daquelas, e issamen punir per dreg o per fortma prestamen aissi coma devon esser punits quan fa e van contra lo voler e la promessa de lur senhor. Et se a la dicha vila et als habitans daquela essems, ho departidamen, eron donats dampnatges, sus lo mieg del temps, que fosson alors emendats e restituits entieyramen, ses delays, e que adaysso lo rey de Fransa e ses autres ministres compellisson aquels que dat aurian los dampnatges, per dreg e per forma aissi quant la qualitat del negossi e de la persona ho requeria, e manieyra, que leu e prestament, fosson emendats e restituits los dampnatges que dats serian; e que aquestas causas se deion affermar et ratificar per lo rey de Fransa e sos autres ministres et autres, desquals ho requerian los cossols que aras son e per temps hi serian.

Ytem, fon protestat e retengut coma dessus que li digs cossols et habitans de la dicha vila demoron e remanhon demorar, remaner et estar deion, en las franquesas, libertats e saisinas, previlegis, usatges, costumas, juridictios, ressorts, conoisensas, obediensas, apellacions, o dreg d'apelar, e totas autras honors et immunitats els quals son e an estat ancienamen e usat.

Ytem, fon protestat e retengut per los sobre nommats, per noms que dessus, que per neguna causa que sia facha, o dicha, o si facha, o si digua, daissi anan, no volo ni entendo, en qualque sia manieyra, derogar ni en re prejudicar, o far, contra los dregs del rey d'Englaterra ni del princip, son premier nat, ni lurs dregs mermar, ni al rey de Fransa mager dreg creisser et donar, que deza aver sus els e en la vila, per razo de la retencio e reservacio per lui facha de la superioritat et derrier ressort, o autramen, ni novels dregs del rey de Fransa en re derogar ni aquels mermar, ni re en que le sian tenguts de negar : e lui entendo e volo avohar en la superioritat e derrier ressort, tant coma ne sen tenguts, e tant coma reservet e retenc en las letras del transport contra lasquals no volon re innovar, ni adaquelas prejudicar, ni contra lurs sagramens e liautat venir, en qualque sia manieyra. Am las dichas protestacios e retencios e aquelas et cascuna daquelas salvas remanens a lur et a lur universitat davan dicha, e als singulars daquela; li digs cossols e cosselhier, per noms que dessus, diron quel dig rey de Fransa, el transport de la dicha vila en lo rey d'Englaterra fag, retenc la superioritat e derrier ressort, e, de presen, dizo et aboho, per nom que dessus, autant quant pot tocar els e lur universitat, la dicha superioritat e derrier ressort al dig rey de Fransa apartanher e esser deguts, contra lasquals prometton e juro non venir e aquels observar.

Ytem, deu jurar lo dig Moss. Jehan d'Armagnac las causas davan dichas attendre à son poder; e quant es en luey, el ho fara ratificar e coffirmar per lo rey de Fransa e per Moss d'Anjo, e las letras necessarias per las causas davan dichas far redre ses tot cost.

La convention passée entre le comte d'Armagnac, agissant au nom de Charles V, et les habitants de Saint-Affrique, par laquelle cette ville reconnaît la souveraineté du roi de France et adhère à la ligue des appelants contre le Prince d'Aquitaine, est rapportée par M. de Gaujal, T. I, p. 320, d'après la collection Doat. Ce traité porte la date du 9 mars 1369, d'après notre manière de compter.

XXI

Lettre du duc d'Anjou autorisant le seigneur de Roquefeuil et Nicolas de Lettes à recevoir les serments des consuls et habitants de Millau etc... (2 *novembre* 1369).

Loys, fils de Roy de Fransa, frère de Monseigneur le Roy et son lieutenant ez parties de la Languedoc, duc d'Anjou et comte du Maine, à tous ceulx qui ces présentes lettres verront salut. Comme certain traictié ait esté commanciers et continue entre nous ou nos deputez pour mon dit seigneur d'une part, et les consuls, sindics et habitans de la Melhau d'autre part, sur la reconnaissance du ressort et souveraineté appartenant à mon dit seigneur à cause du duchie de Guienne, savoir faisans que nous confians du sens, loyauté et diligence de nos biens amez le Seigneur de Roquefuelh et de Messire Nicholas des Lettes, chevalier, maistre de nostre hostel, a yceuls et a chascun d'eulx pour soy, avons donné et octroié, donnons et octroions, par la teneur de ces présentes de nostre grace especiale et de nostre certaine science et autorité dont nous usons en ceste partie, povoir, autorité et mandement especial de requerre, prandre et accepter pour et ou nom de mon dit seigneur, et de nous. des dessus dits la recognaissance du ressort et souveraineté dessus dits, aussi tous séremens et autres devoirs et reconnaissances que les dis consuls, les dis habitans et singulieres personnes du dit lieu de la Melhau et des appartenances voudront faire à mon dit seigneur et à nous en la forme et maniere que ils le feraient a nous se present y estions en notre propre personne et que faire le pourrions. Donné à Toulouse le II° jour de novembre l'an de nostre seigneur mil trois cents soixante et neuf.

Par Monseigneur le duc.   Regis.

XXII

Lettres du duc d'Anjou au sénéchal de Beaucaire, etc. pour veiller à ce que tous les marchands puissent aller sûrement à Montpellier et ailleurs. (20 *février* 1369).

Loys, fils du roi de France, frère de Monseigneur le roy et son lieutenant es parties de Languedoc, duc d'Anjou et comte du Maine au sénéchal de Beaucaire, au recteur de Montpellier, au juge du petit seel de Montpellier et au baile dudit lieu ou à leurs lieutenans salut. Nous avons entendu que plusieurs gens de Compaigne, Bretons et autres, sont en la dite ville de Montpellier et en aucuns autres lieux du pays d'environ dont les aucuns se dient estre de nous et les autres à nostre amé et féal conseiller de Monseigneur et de nous, Messire Bertran de Queclin, qui guettent et espient de jour en jour et tres grandement grevent, pillent, robent, emprisonnent et rançonnent plusieurs marchands et autres gens, ensemble leurs denrées et marchandises tant du duché de Guienne comme d'autres parts alans et venans en la dite ville de Montpellier et environ ; et especialement ont naguère prins aucuns marchands, ensemble leurs denrées et marchandises et yceuls emprisonnes au chastel de Combas lez Sommières lesquels ils detiennent prisonniers sans eulx rançonner ne ne veulent rendre en aucune manière leurs dites denrées à rançon se ils n'ont la valeur d'icelles ; en plus lesquelles choses sont de mauvaise essemple et nous desplaist de tout nostre cuer, et nous ne voulons ycelles demourer impunies en aucune manière, pourquoi nous, attendu ce que dit est et qui ne voulons les dites choses estre faites par la manière dessus dite mais voulons que toutes manières de marchans dudit duché et d'ailleurs puissent aller et venir paisiblement et sans aucun destourbier ne empeschement en la dite ville de Montpellier ensemble leurs biens et marchandises pour faire et expédier ycelles et autres leurs besognes, vous mandons, commandons et enjoignons expressement et à chascun de vous si comme a luy appartient que tantost et sans aucun delay ces lettres veues toutes excusacions cessans, vous prenez et arrestés tous ces gens de Compaigne et chacun d'eulx quelque part que trouver les pourrez, hors lieu saint, et emprisonnez en ferme prisons ou cas dessus dit en fassiez inventaire de leurs biens que telle manière que vous nous faithies respondre de leurs corps et biens, toutes fois qu'il nous plaira et requis en seres. Et faites crier et publier es lieux acoutumés à faire cris en la dite ville que les dits marchands tant du duché que d'ailleurs puissent aller et venir en la dite ville de Montpellier et ailleurs par les pays de Languedoc paisiblement et sans aucun destourbi ou empeschement par la manière dessus dite et yceulx gens de Compaigne contraignez à rendre et paier et restituer sans aucun dommatge ne couts les dits prisonniers, leurs biens, denrées, marchandises prises comme dit est franchement et quittement et ycelles gens de Compaigne ne delivrer jusques à ce que il les aient rendus et delivrez ensemble les dites denrées marchandises et biens ou dit cas que vous aiez autre mandement de nous sur ce ; et gardez bien chascun de vous en droyt soy que en ce naît aucun deffaut car il nous en déplairoit fortement et non sans cause; de ce faire vous donnons povoir... mandement espécial et à chascun de vous mandons et commandons à tous les justiciers et officiers et sujets de Monseigneur et de nous, etc.

Donné à Toulouse sous le scel de notre secret en l'absence du grant le XXe jour de février l'an de grâce mil CCC soixante et huit.

Par Monseigneur le duc
Tourneur. facta est collatio cum originali.
. Bessol.
Arch. de Millau, AA 19.

XXIII

Lettres de Charles V exemptant à perpétuité les habitants de Rodez de toute imposition sur la vente et l'achat des marchandises dans tout le royaume.
(*février* 1370.)

Karolus Dei gracia... etc., considerantes grata et laudabilia servicia que dilecti et fideles nostri consules Burgenses, mercatores et habitatores civitatis et Burgi Ruthene nobis fideliter impenderunt, qui tanquam boni veri et fideles in perfecta voluntate persistentes nos in suum naturalem superiorem recognoscentes se in nostra obediencia libere ac voluntarie reddiderunt, notum igitur facimus universis tam presentibus quam futuris quod nos hiis et pluribus aliis justis et legitimis causis et consideracionibus nostrum animum ad hœc moventibus ipsorum consulum, Burgentium, habitatorum, mercatorum ac singulorum ipsorum requeste pro parte ipsorum nobis humiliter presentate favore benevolo annuentes eisdem consulibus, Burgentibus mercatoribus habitatoribus et omnibus et singulis eorumdem civitatis et Burgi Ruthene cujuscumque status sexus vel condicionis existant ex nostris plenitudine potestatis regie certa sciencia et gracia speciali concessimus et concedimus per presentes ut ipsi omnes et singuli et eorum heredes et successores presentes et futuri ex nunc et in posterum perpetuis temporibus ad quascumque civitates villas castra et loca regni nostri ubicumque in dicto regno existant ire et se transferre morari et remanere resque mercimonias et mercaturas et alia bona sua quecumque licita portare et de illis mercari illasque vendere, illasque non venditas et alias mercimonias merces et mercaturas quascumque licitas emere et emi facere. Et in dictis civitatibus villis castris terris et locis stare remanere et ad loca sua per se vel per alios conducere et conduci facere quoscienscumque voluerint et eisdem videbitur expediens sub securo conductu ac proteccione et salvagardia nostris absque eo quod ipsi Burgenses et singuli ipsorum civitatis et Burgi pro empcione dictarum mercaturarum aut aliorum bonorum per eos sic emptorum imposicionem subcidium gabellam pedatgium leudam ac quamcumque aliam exaccionem tam pro redempcione inclite recordacionis carissimi domini et genitoris nostri quam aliter in regno nostro nunc impositas et de cetero imponendas solvere teneantur. Quos quidem emptores dumtaxat ab eisdem imposicionibus pro dictis mercibus per eos aut eorum singulos emptis ut promissum est perpetuis temporibus esse volumus quittos penitus et immunes dantes tenore presentium in mandatis senescallis Ruthene, Carcassonne, Tholose et Bellicadri ceterisque senescallis Bayliviis prepositis Judicibus thesaurariis capitaneis ac bonarum villarum castrorumque et fortaliciarum portuum et passatgiorum seu districtuum quorum cumque custodibus recepioribus pedatgiariis seu impositoribus aliisque justiciariis officiariis et subditis in quibuscumque locis regni nostri constitutis etc. Datum Parisiis anno Domini millesimo tercentesimo sexagesimo nono regni que nostri sexto mense februarii.

Ces lettres, vidimées par le sénéchal du Rouergue, Arnaud de Landorre, et le juge de la cour royale de Millau, font partie des archives communales de Millau, sous la cote CC. 510. Elles sont aussi dans les archives de la Cité et du Bourg de Rodez.

XXIV

Lettres de rémission données par le duc d'Anjou en faveur des habitants de Millau. (14 *mars* 1370).

Ludovicus, regis quondam francorum filius, domini nostri regis germanus ejusque locum tenens in partibus occitanie, dux Andegavensis et comes Cenomanensis : notum facimus universis tam presentibus quam futuris, nobis pro parte consulum et universitatis ville de Amiliano, senescallie ruthenensis, signifficatum extitisse ipsos consules, eorum consiliarios, universitatem et singulares de eadem, cumjunctim vel divisim, retrolapsis temporibus, tempore quo locus predictus erat sub et obediencia corone francie, prout et nunc existit, et etiam tempore quo sub obedientia regis Anglie et ejus filii existebat, quam plures excessus enormes et alia communia ac levia crimina et delicta comisisse, quorum occasione nonnulli ex ipsis fuerunt inquestati, condempnati, alii vero multati et aliqui relegati ; cumque ipsi consules et universitas singulique de eadem corone francie liberaliter a pauco tempore citra se subjecisse noscantur, ob quod nobis humiliter supplicarunt quatenus excessus predictos, delicta et crimina eisdem remittere de gracia dignaremur speciali ; nos vero, premissis attentis, eorum supplicacioni favorabiliter inclinati, excessus predictos, delicta et crimina per dictos consules, consiliarios, universitatem et singulares de eadem acthenus temporibus predictis, conjunctim vel divisim commissa et perpetrata, quantumcumque gravia vel levia existant, condempnationes penarum et multarum impositiones, earumque declarationes, bannimenta et relegationes inde subsequtas, omnemque aliam penam civilem et criminalem, quam, seu quas, premissorum occasione erga dictum dominum nostrum seu nos incurrerint seu incurrere quovis modo potuerint, prefatis consulibus, consiliariis, universitati et singularibus de eadem remisimus et quittavimus, remittimus et quittamus per presentes de nostra certa sciencia auctoritateque regia qua fungimur et gracia speciali. Processus vero et informationes quoscumque super premissis quomodolibet et pro quoscumque factos et quidquid sequtum ex eis in quocumque statu existunt, cassamus revocamus irritamus et etiam annullamus, nulliusque efficacie ex inde esse volumus seu momenti, eosdemque consules, consiliarios, universitatem et singulares de eadem ad eorum bonam famam, larem et domicilium si infamiam aliquam incurrerint, in premissis seu occasione premissorum, restituimus ac etiam reintegramus, per presentes, advocato et procuratori regiis partium predictarum ac aliis quibuscumque partibus presentibus et futuris silentium perpetuum super hoc imponentes, salvo tamen jure partium lesarum, si contra ipsos aut contra alterum civiliter dumtaxat voluerint experiri; senescallo Ruthenensi et aliis justiciariis reformatoribus et officialibus regiis quibuscumque modernis et futuris et eorum cuilibet vel locum tenentibus eorumdem, dantes tenore presentium in mandatis quatenus dictos consules, consiliarios, universitatem et singulares de eadem, occasione premissorum et quorumque excessuum delictorum et criminum acthenus usque in hodiernam diem commissos et perpetratos in corpore sive bonis, nullathenus amodo citent, adjornent, inquietent seu molestent... sed ipsos, nostris remissione et gracia uti faciant et permittant pacifice et gaudere... quinomo bona ab eisdem seu corum altero propter hoc capta vel saisita eisdem reddant et restituant indilate : quod ut firmum et stabile permaneat in futurum nostrum secreti sigillum presentibus litteris fecimus apponi in absencia magni, jure regio in aliis et alieno in omnibus semper salvo. Actum et datum in Montepessulano menso marcii, anno domini Millesimo trecentesimo sexagesimo nono. *Archives de Millau, FF.* 70.

XXV

Lettre du duc d'Anjou accordant à Millau, pour 20 ans, l'exemption de tout impôt, donnée à Montpellier le 14 mars 1370.

Lettre de Charles V, approuvant et confirmant celle du duc d'Anjou, donnée à Paris le 28 mai 1370.

XXVI

Lettres du duc d'Anjou, accordant à Millau les émoluments du cesteyral et du commun de paix, données à Montpellier, le 14 mars 1370.

XXVII

Lettres du duc d'Anjou concédant à Millau, pour 20 ans, les impôts connus sous les noms de *Barragium Soquetum*. Ces lettres, données à Montpellier le 14 mars 1370, sont dans les Archives de Millau AA.

XXVIII

Vidimus d'une lettre de Charles V en faveur des consuls de Millau. (17 *Juin* 1370).

Arnaldus de Landorra, miles, dominus castri de Solomedio, vicecomesque de Cadarcio, senescallus ruthenensis domini nostri francorum regis, Begoni de Penavero, castellano Ruppescesarie et sancti Affricani ac baiulo Amiliavi, vel ejus locum tenenti ceterisque justiciariis et officiariis regiis has litteras visuris salutem.

Litteras patentes regias sigillo magno regio cere viride impendenti sigillatas nos reverenter recepisse noviter sub his verbis :

Karolus Dei gratia Francorum rex senescallo nostro ruthenensi judicique Amiliavi aut eorum locum tenentibus salutem. Supplicationem humilem consulum et nonnullorum habitatorum ville nostre Amiliavi suscepimus continentem quod licet ipsi nos in eorum dominum superiorem, ut debebant, advoaverint et per obviandi periculis ac bono reipublice et patrie ipsum diruti fecissent, Anglis occupantibus, quemdam locum de Paulhe prope unam leucam dicte ville Amiliavi in quo inimici nostri predicti post avocationem predictam per aliquot tempus remanserant et plurima damna ipsis intulerant et querentibus futurum erat dubium inferendi et ut iterato predicti inimici de victualibus inibi existentibus se alimentare nequirent ipsa victualia ab ipsis emissent et ea facerent deportare ad dictam villam Amiliavi, nichilominus quidam iniquitatis filii, more bellico armati diversis armorum generibus, videlicet inter alios quidam vocatus prior de Gorda, frater Deodali Eraldi, militis, supervenerunt pensatis insidiis, deportatores dictorum victualium et quosdam homines ducentes ipsa animalia capiunt ac liguant ac per magnum spatium secum ducunt et nichilominus animalia dicta victualia defferentes; imo viginti duo vel circa valentes VI^c franchos. De facto et per vim et violentias capiunt et rapuerunt et secum ad castrum sive fortalicium dicti militis vocatum Buzarengas adducunt et inibi alienaverunt seu secum retinuerunt et ipsa animalia quibus erant reddere ac restituere omiserunt in ipsorum grande prejudicium ac gravamen, sicut dicunt, ac justicie lesionem, quod nobis displicet, si sit ita. Quocirca supplicato nobis de remedio providere opportuno vobis et vestrorum cuilibet in solidum mandamus et quatenus de et super premissis vos diligenter et secreto informetis et si per informationem aliquos culpabiles receptatores, factores aut vehementer suspectos inveneritis ipsos ad restituendum dicta animalia si requirantur et nisi reperiantur eorum extimationem et valorem viis omnibus rationabilibus quibus vobis bonum videbitur expedire compellatis realiter et de facto prout de facto processum est. Et ne maleficia remanerent impunita ipsos culpabiles taliter puniantur quod justicie satisfiat recusatoribus contradicentibus oppositionibus litteris subrepticiis in contrarium impetratis vel impetrandis non obstante qualicumque. Datum Parisiis XVII die junii anno Domini MCCCLXX et regni nostri septimo. Perier.

Unde, cum nos ad executionem dictarum litterarum regiarum personaliter intendentes, nec quamquam aliis arduis negotiis regiis occupatum, vobis et unicuique vestrum in solidum precipimus et mandamus quatenus omnia et singula in dictis litteris contenta faciatis, compleatis et exequamini diligenter de puncto ad punctum... Datum Villefranche die XIIII Augusti anno Domini MCCCLXX. Bassens.

XXIX

Lettre de Charles V accordant à Millau la remise de 300 moutons d'or que cette ville devait au roi d'après l'imposition faite en 1360 pour la délivrance du roi Jean. (19 *juin* 1370).

Charles, par la grâce de Dieu, roy de France, à nos amés et féaulx les généraux conseillers sur le fayt de la délivrance de nostre tres cher seigneur et père que Dieux absoille salut et dileccion. Nous pour consideracion des bons et agréables services que les consuls et habitans de la ville de l'Amilhau en la senescalsie de Rouergue en Guienne nous ont fait en temps passé et que nous espérons qu'il nous facent en temps avenir, leur avons de grace special et certaine science quitié et remis et par ces presentes quitons et remetons la somme de trois cents moutons d'or ou environ en quoy il nous sont ou poirent estre tenus pour cause de la délivrance de notre dit seigneur et père ; si vous mandons que de la dite somme de moutons vous tenez et faites tenir les dits consuls et habitans de la dite ville de l'Amilhau quittes et paisibles dores enavant ; et nous voulons et mandons que y celle somme soit déduite de la récepte et alloée aux comptes de celui ou ceulx à qui il appartiendra pour reportant ces présentes pour nos amis et féaulx les gens de nos comptes à Paris sans contradis non obstant ordonnances mandements et défenses à ce contraires. Donné à Paris, le XIX jour de juing l'an de grâce mil CCC soixante et dix, de nostre règne le VII°.   Jaully.

Cette lettre est extraite d'un vidimus dont nous avons laissé le commencement et la fin. *Archives de Millau.*

XXX

Lettre de l'évêque de Paris accordant au curé de Millau, au Prieur des Frères Prêcheurs et au Gardien des Frères Mineurs le pouvoir d'absoudre de l'excommunication tous ceux qui avaient eu des rapports avec les gens des compagnies (3 *juillet* 1370).

Aymericus, divina miseratione parisiencis episcopus, comisarius una cum aliis collegis nostris cum clausula vobis et vestrum singulis in solidum a sede apostolica specialiter deputatis ad absolvendum gentes armorum nuper per regnum Francie per modum societatum discurrentes a sede predicta una cum eorum fautoribus defensoribus auxiliaribus et cum eis participantibus universis per litteras dicte sedis et processus inde secutos excommunicatis ad viam veritatis redire volentes necnon ipsos fautores defensores auxiliatores et participantes dummodo de delictis in hoc casu fuerint penitentes et contriti prout hec et alia in litteris apostolicis nobis directis vidimus plenius contentis venerabilibus et religiosis viris priori fratrum predicatorum et gardiano fratrum minorum nec non curato parochialis ecclesie ville Ameliani diocesis ruthenensis salutem in Domino.

Pro parte universitatis et singularum personarum dicte ville Ameliani nobis fuit humiliter supplicatum quod cum antequan dicta villa in obediencia domini nostri regis francorum reposita et reducta fuisset plures gentes armorum societatum predictarum in eadem villa que tunc erat subjecta principi Gallarum se logiassent, personeque ejusdem ville ipsas gentes armorum receptassent, eis victus, equos, armaturas et quecumque necessaria vendendo et ministrando et ab eis etiam plura emendo, nec non cum ipsis conversando participando comedendo et bibendo et alias in ipsorum comitiva se multimodo ingerendo propter quod sententias excommunicationis per dictum dominum nostrum papam modernum et ejus litteras ac virtute processuum inde secutorum contra dictas societates et cum eis participantes quocumque modo latas et promulgatas incurrere invenerunt, quatenus ipsas universitatem et singulares personas dicte ville que propter magnam itineris distantiam ad nos comode accedere non possint quo ad ipsas et quamlibet eorum a penis et sententiis quas occasione premissorum incurrerunt aut incurrere potuerunt quoquomodo absolvendum et alia salubria remedia circa hec oportuna eis impendendi potissime cum ad..... sint dicto domino nostro regi et corone Francie vere subjecte et de premissis penitentes et contricti vobis et vestrum cuilibet committere dignaremur vices nostras. Hinc est quod nos de vestris circonspectione probitate et industria prudentia atque scientia plenam in domino fiduciam obtinentes ut dictam universitatem ac singulares personas ejusdem a dictis penis et sententiis quas occasione participatione hujusdem et omnium aliorum premissorum incurrerunt aut incurrere potuerunt quovismodo absolvere juxta formam ecclesie consuetam dumtamen vobis apparuerit ipsas de hujus modi delictis fore penitentes et contrictas, recepto prius ab ipsis et earum qualibet ad sancta Dei evangelia corporali juramento quod de cetero parebunt ecclesie mandatis tanquam veri ejusdem filii, queque cum dictis societatibus non in contemptum sententiarum hujusdem participarunt et insuper quod deinceps dictis societatibus aut aliis contra dictum Dominum nostrum aut regem successores regis et regnum Francie arma movere volentibus suum consensum non adhibebunt, nec eis prestabunt auxilium vel favorem publice vel oculte directe vel indirecte ; ipsasque et earum quamlibet ad famam honores status possessiones et jura quibus private erant occasione premisssorum per dictas litteras apostolicas et processus inde secutos super dictis penis et sententiis consecutis, in integrum prout auctoritate apostolica possumus restituere ac maledictum latum auctoritate predicta in ecclesiam villam universitatem et singulares personas predictas relaxare et penitus abolere ac dicte universitati et singularibus personis ejusdem pro modo culpe penitentias salutares innungere ipsasque absolutas nunciare ac nunciari facere valeatis auctoritate apostolica nobis in hiis   attributa quo ad premissa omnia vobis et vestrum cuilibet in solidum committimus vices nostras. Datum Parisiis sub nostro sigillo tertia die mensis julii anno domini 1370.

XXXI

Lettre du duc d'Anjou nommant des commissaires pour mettre d'accord la Haute-Marche et la Basse sur l'imposition de 13000 francs qui lui avaient été alloués par les Etats du Rouergue. (28 *juillet* 1374).

Loys, fils de roy de France, frère de Monseigneur le roy et son lieutenant en tote languedoc, duc d'Anjou, etc., à tous ceux qui ces présentes lettres verront et orront salut. Comme les communes ou consuls des lieux et villes notables de la sénescalsie de Rouergue pour eux et tous autres consuls et habitans des lieux et villes qui sont du domaine de mon dit seigneur en la dite sénescalsie nous aient octrié à Toulouse la somme de dix mille francs d'or pour la deffense du pais et sustentation de la guerre a paier à trois termes, c'est assavoir à la Totsains, à la Purification

Nostre-Dame et à l'Ascension Nostre-Seigneur Jésus Christ, pour laquelle somme ils nous ont promis a eux s'obliger envers nous chascun consulat pour la part et porcion leur appartenant par toutes les plus fortes voies et manieyres que fere se pourra : savoir faisons que nos confians à plain du sens, loyauté et bonne diligence de nos chers et bien amez Messire Menon, seigneur de Castel Pers, et Messire Arnaud Beral, sire de Saissac et chastelain de Najac, yceulx et chascun d'eulx avons comis ordenez constituitz et establis... par ces présentes nos percureyres et comissaris pour recevoir, accepter et se faire en nom de nos et pour nos les obligations dessus dites ; et pour ce que entre les communes de la dite sénescalsie, c'est assavoir entre les consulats des villes et lieux de l'Auta Marcha et ceulx de la Basse a débat et désacort sur le paiement de la resta de treize mille francs en quoy ladite senescalsie nous est tenue à cause des ostaiges qui avaient été baillés aux ennemis de Monseigneur et nostres pour la rédempcion et délivrance de la ville de Fijac, lesquels nous avons rachetés et délivrés des mains Bertucat de Lebret et Bernat la Sala chevaliers, nos voulons ordenner et ordennons que li dits sires de Castel Pers et de Sissac et chascun d'eulx les puissent accorder oyr et determener le débat et désacort que est ou sera entre eulx pour les choses dessus dites et en cas que par eulx ne poiront venir en acort sur le paiement de la dite somme à nos deux qu'ils les puissent tant en leur absence que en leur présence à ce contraindre par totas voias et maniejras raisonnables et tout le débat qui est ou sera entre eulx moienner et mettre a fin deue sans longues altercacions et diffuges ou oppositions recevoir sur ce, et se   les dits sires de Castelpers et de Sissac ne povoient li dit debat determener ou mettre à fin per consentement desdites communes ou autrement nous voulons que révérent père en Dieu et nostramé et féal conseiller le patriarche d'Alexandrie administrateur spécial de l'église et eveschie de Rodez puisse lesdits débats parmi l'ordonnance des dits comissaris ou autrement si come bon lui semblera trancher et mettre en acort tout aussi coment nos ferions si nos étions en nostre personne de ce faire, nos au susdits patriarche sires de Castelpers et de Sissac donnons plein povoir auctorité et mandement espécial et que ils puissent las dites communes convoquer, citer et faire venir et adjourner per devant eulx ou l'un d'eulx en lieu royal pour octrier obligations fere et accorder les choses dessus dictes néantmoins de contraindre et conpellir tous ceulx qu'ils trouveront désobéissants et rebelles à faire les choses dessus dictes per prinse de leurs biens et déclaration de peines arrets et détention de lur personnes et autrement si comen bon leur semblera et verrons qu'il si pourra fere per raysson, etc. Donné à Toulouse le XXVIII° jour de juillet l'an de grâce MCCC soixante et quatorze. Par Mons. le duc. Présent Moss. Pierre de Caseton, chevalier. Desforêts.

En vertu de cette commission « lo noble et poderos baro Moss. Arnal Beral, cavalier, senher de Cessac, comissari deputat per lo dic Moss. lo duc d'Anjo » convoqua les communes du Rouergue à Sauveterre, pour mettre fin au débat dont le sujet est exposé dans la lettre du duc d'Anjou. A cette assemblée, qui eut lieu le 2 octobre 1374, assistèrent

« Lo noble Ramond de Vonc et discret Aldebert Johan trameses per los cossols et universitat de la vila da Milhau et discret Johan Magua cossol de la ciotat de Rodez et discret Huc de Peyromorta, trames per la dicha ciotat de Rodez et discret Pons de Pradelhas trames per los cossols et universitat de santa Frica et maistre Bernat Bonilar, notari, cossol de S. Serni de Rozergue, Guilhem Grim trames per Rocacoziera, Bernat Rossel, cossol de Plasensa, Johan del Cros trames per lo Pon de Camares, cossols et trameses per l'auta marcha ; els discrets senhors lo noble Johan Aribat, Cossol de Vilafranqua de Rozergue, Bernat de Capdenac et Ramond de Lissac, cossols de Vilanova, els discrets Arnal Canhas et Bertrand de Rayssac, cossols del castel de Peyrussa, el discret Peire Sicart cossol de Najac, el discret Guiral del Bosc, cossol de Sant Antoni, et Ramond Garigas trames per los cossols et universitat del dich luoc de Sant Antoni, et maystre Bertrand Cayro, notari, cossol de Salvaterra, trameses per la Bassa-Marcha. »

Après de longs débats, la Haute-Marche consentit, pour le bien de la paix et pour cette fois seulement, à payer autant que la Basse-Marche, pour acquitter les 13000 francs accordés au duc d'Anjou; acte de cet accord fut dressé à Sauveterre, le 2 octobre 1374, en bonne et pure langue vulgaire, par le notaire Raymond Imbert, d'Aguessac, auquel on avait adjoint Guillaume Monti, notaire royal de Najac.

XXXII

Lettre du duc d'Anjou, accordant à Millau la troisième partie des impositions de l'année, pour la réparation des murs de la ville. (19 *janvier* 1377).

Loys, fils de roy de France, frère de Monseigneur le roy et son lieutenent es parties de la Languedoc, duc d'Anjou et de Touraine et comte du Maine, à tous ceulx qui ces présentes lettres verront salut Comme le pays de Rouergue n'aguaire ait octroyé pour un an acompli à Monseigneur et à nous l'imposition de douze deniers pour livre et XIII* du vin pour la sustentation de ces présentes guerres et pour ce les consuls et habitans du lieu d'Amillau ou dit pays de Rouergue nous aient fait exposer comme pour le temps passé ils aient eus et soustenus et encoure ont et soustiennent de jour en jour plusieurs grands charges, mises, paines et travaulx tant pour la fortification et emparamant dudit lieu come autrement en plusieurs et diverses manières et tellement que d'ores en avant ils ne le pourroient plus soustenir. Si, comme ils dient en nous suppliant que sur ce leur vueillons pourveoir d'aucun bonne ayde et grâce : savoir faisons que nous, considerés les choses dessus dites, inclinant à leur supplication a yceulx consuls et habitants dudit lieu de l'Amillau la terce partie des dittes impositions de XII deniers pour livre et XIIIe du vin qui se lèvera ou dit lieu de l'Amillau à prendre et avoir par les mains du receveur ou receveurs par à ce ordenes avons donné et octroyé et donnons et octroyons de nostre certaine science et de grâce special par ces présentes pour tourner et convertir en la réparation dudit lieu et es autres charges et nécessités d'icellui. Si donnons en mandement par ces mesmes lettres au séneschal de Rouergue ou à son lieutenant que les dits consuls et habitants dudit lieu de l'Amillau il fasce, sueffre et laisse joir et user de nostre dit don et octroy paisiblement et sans aucun empeschement ou contredit ; et aussi au receveur général des dites impositions et XIIIe du vin ou diocèse de Vabre et à tous autres receveurs généraulx ou particuliers de la dite imposition et à chascun d'eulx si come a lui appartendra que ils paient, baillent et délivrent par leurs mains comme dit est aux dits consuls et habitans dudit lieu de l'Amillau ou à leur certain mandement laditte terce partie des dittes impositions et XIIIe du vin pour tourner et convertir en la fortification et autres nécessités dudit lieu et non autre part : Et par repportant ces présentes ou vidimus d'icelles soubs scel authentique et lettres de reconnaissance des dits consuls et habitans de la dite tierce partie nous voulons et mandons icelle tierce partie estre allouée es comtes dudit receveur ou diocèse de Vabre ou d'icellui ou ceulx à qui il appartendra par nos bien amés les gens des comptes de Monseigneur à Paris sans aucun empeschement ou contredit etc... En tesmoing de ces nous avons fait mettre nostre scel nouvel en absence du grant. Donné à Thoulouse le XIII° jour de Janvier l'an de grâce mil CCC soixante et seze. Par Monseigneur le duc Charmoye.

Ces lettres sont tirées d'un vidimus délivré par Jean Arribat trésorier du roi en Rouergue pour l'année 1376.

XXXIII

Lettre du duc d'Anjou qui déclare que certaine imposition faite pour un an sur le Rouergue ne portera aucun préjudice aux privilèges de Millau. (13 *janvier* 1376).

Loys, fils de roy de France, frère de Monseigneur le roy et son lieutenent es parties de la langue d'oc, duc d'Anjou et de Touraine et comte du Maine ; à tous ceulx qui ces présentes lettres verront salut :

Comme les bonnes gens du pays de Rouergue (ont) octroié à Monseigneur et à nous l'imposition de douze deniers pour livre et XIII° du vin pour un an acompli à condition que la dicte imposition et XIII° du vin sera mise sus et aussi un franc pour feu réparé pour tourner et convertir au fait des présentes guerres ; savoir faisons que pour cause dudit octroy nous ne voulons que le lieu de Lamillau assis oudit pays du Rouergue ne les consuls et habitants d'icellui aient a préjudicier a aucune liberté privilège ou franchise dudit lieu dont eulx et leurs prédécesseurs ont jouy et usé paisiblement ou temps passé ; mais voulons qu'ils leur soient tenus et gardés et que le dit octroy ne leur puist tourner à aucune conséquence ores ne pour le temps a venir ; et en oultre voulons que le dit an feni cesse du tout et des maintenant, pour lors révoquons les officiers establis à lever et cueillir ladite imposition et XIII° du vin et ne voulons que sur les dits consuls et habitans dudit lieu de Lamillau ladite imposition et XIII° aient cours oudit lieu de Lamillau se nonque y celle imposicion et XIII° courust généralement partout le dit pays et que ladite imposicion et XIII° soit levé par tout le dit pays de Rouergue; et ou cas que ladite imposicion et XIII° ne se leveroient partout le pays dessus dit que sitouts qu'il soit venu à la notice des dits consuls et habitans dudit lieu y ceulx consuls et habitans n'en paient rien nonobstant que la dite imposicion et XIII° fussent baillés à ferme ; et voulons que ce ne leur torne à aucune indignacion de Monseigneur ou de nous et permi ledit offre nous ferons vuidéer les ennemis de Monseigneur et nostres qui tiennent lieux occupés au dit pays de Rouergue et nientmoins toutes autres compaignes qui gastent et roubent lesdits pays et garderons y celui et mettrons telle ordonnance que des lieux en *fors* qui sont hors de ladite senescalsie né leur pourra venir dommaige durant l'an dessus dit et feni le dit an nous voulons et mandons que les officiers ordenés à lever les dittes imposicions et XIII° se cessent du tout y celles lever et se il s'efforçoient contre la teneur de ces présentes lettres lever et cueillir les dites imposicions nous voulons que les dits consuls et habitans en ce ne leur obéissent ne que ils feroient à privées personnes Et en oultre tous les dommaiges qui se donnent de présent sur le pays nous ferons cesser et y pourvairons briesvement de remède à la deffense dud pays et ferons tenir sur ledit pays de Rouergue le séneschal d'icelui ou autre bon capitaine a bonne et souffisante quantité de gens d'armes pour résister contre les ennemis, et toutes les choses dessus dites et chacun d'icelles nous promettons faire tenir garder et accomplir. En testimoni de laquelle chose nous avons fait mettre nostre scel nouvel en absence du grant à ces présentes. Donné à Toulouse le XIII⁰ jour de janvier l'an de grâce mil CCC soixante et seize Par Monseigneur le Duc. Charmoye.

NOTE RECTIFICATIVE

A la page 295 de ce livre, nous avons dit que les Etats du Rouergue, tenus à Rodez, pendant le séjour que le duc d'Anjou fit dans cette ville, avaient racheté le château de Balaguier, *situé en Quercy*. Ce château est en Rouergue, sur le Lot et à l'extrémité occidentale du canton d'Asprières. La rançon de cette place forte coûta cinq mille francs, que les Etats payèrent aux routiers au moyen d'un emprunt. Les consuls de Najac et de Millau refusèrent de contribuer à cette rançon et en appelèrent au roi. Dans l'acte d'appel, conservé dans les archives de Millau, il est dit, en parlant de Balaguier, que « *dictum castrum erat tale quod de facili absque magno exercitu et magna mora vi armorum habere et recuperare non poterat.* » Les mêmes Etats de Rodez avaient accordé encore au duc d'Anjou douze deniers pour chaque livre de marchandises vendues, le treizième du vin, un franc et demi par feu et les cinq mille francs pour la rançon de Balaguier.

XXXIV

Lettre du duc d'Anjou, donnée à Nîmes le 18 mai 1377, par laquelle il reconnaît un prêt d'argent à lui fait par les consuls de Millau. Pour faire le prêt, qui n'était au fond qu'une avance, la ville s'imposa un franc par tête et un franc par denier cadastral. La somme prêtée était de sept cent soixante francs, ainsi qu'on le voit dans la quittance suivante faite par le secrétaire du duc d'Anjou.
(*Mai* 1377).

Sachent tuit que je Johan Fitor, secrétaire de Monseigneur le duc d'Anjou, et lieutenant de honorable et sage sire Ambroise Beth, trésaurier de Carcasonne, et général de toutes finances royaulx, es parties de Languedoc, ay eu et recu de sage homme Johan

Arribat, receveur du subcide de sept francs et demi pour feu, en ville fermée et de L feus en sus, et de demi franc pour feu, en plat païs et ville fermée de L feus en soubs, par assignacion faite aux gens de la ville de l'Amilhau qui ont presté audit Monseigneur le duc la somme de sept cens soixante francs d'or, pour partie de sa recette dudit subcide de laquelle somme de VII cens soixante francs d'or suis content. Donné à Rodez, le IIIe jour de may l'an de grâce MCCCLXXVIII. Fitor.

XXXV

Don de quarante livres fait par le duc d'Anjou aux consuls de Sauveterre ; ce document, en français, est daté de Rodez le 7 mai 1377 ; il est rapporté dans le T. X de l'histoire du Languedoc, p. 1590. (7 *mai* 1377).

XXXVI

Don fait par le duc d'Anjou aux consuls de Millau (17 *juin* 1377).

Johannes Arribati, receptor imposicionum et fogatgiorum in senescallia Ruthenensi, Bartholo Lumbardo locum tenenti nostro, salutem. Litteras discreti viri magistri Johannis Fitoris, secretarii domini ducis Andegavensis, germani et locum tenentis dicti domini nostri regis, locum tenentis honorabilis viri Ambrosii Beth thesaurarii Carcassone et generalis omnium financiarum in lingua occitana, nos recepisse noveritis sub hiis verbis. Johan Fitour, secretaire de Moss. le duc d'Anjou et lieutenant de honorable homme et sage Ambroise Beth, tresorier de Carcassonne et général de toutes finances royales, appartenant au roy nostre seigneur et mondit seigneur le duc, en Languedoc, a Johan Arribat, receveur de l'imposition de XII deniers pour livre et XIIIe du vin en la sénéchaussie de Rouergue ou à son lieutenant salut : Nous vous mandons et comandons estroiement et enjoignons tant comme nous povons que tantôst et sans delay ces lettres veues et sans autres mandements de nous sur ce atendre vous payez baillez et délivrez à tous et à chascun des termes et quartons des dittes impositions et XIII° du vin c'est assavoir de troys en troys mois comptant du jour que les dittes impositions et XIII° du vin furent mises sus et publiées en la ville de Milhau aux consuls de la dite ville ou à leur sertain commandement par eux sur ce ordenné ou à ordonner la quarte partie des dittes impositions et XIII° du vin ou de leur valeur c'est assavoir d'icelles de la dite ville a eulx données et ottroyées par mon dit seigneur le duc et par ces lettres sur ce à eulx ottroyées desquelles vous est apparu ou appara et vous gardez bien que on ce n'ait point de défaut tout ainsi et par le maime que mondit seigneur le duc vous mande par ces dittes lettres etc. Donné à Rodez le XVII° jour de Juing l'an de grâce MCCCLX et dix-sept. Fitor. Quarum litterarum virtute et auctoritate vobis mandamus etc. Datum Rutheno die XVII mensis Junii anno MCCCLXXVII. Arribat.

XXXVII

Lettres de « Johan fils au roy de France, duc de Berry » etc. donnéés au Puy Notre-Dame, (*le 15 juin* 1381).

Elles concernent et approuvent l'alliance contre les Anglais qui a été faite entre les gens des trois états des pays d'Auvergne, des montagnes d'Auvergne, de Gévaudan, de Velay, de Vivarais, de Valentinis. — Le duc y rappelle qu'on avait décidé de lever 400 hommes d'armes et 100 arbalétriers. — Les gens d'Auvergne et des montagnes d'Auvergne avaient déjà payé (*ou devront payer*, le texte n'est pas très net, à cause des taches faites par l'humidité sur le papier) 312 hommes d'armes et 78 arbalétriers, « (et les autres pais de Javaudan, de Vellait, de Vivaroys, ainsi de Valentinays paieront et bayleront lez autres

IIII^xx et huit hommes d'armes et vingt et deux arbalestiers pour accomplir le nombre dessus dit. »

Tous ces pays, comme il le décideront, contribueront à fournir à ces hommes d'armes des gages suffisants.

Défense aux gens d'armes de rien prendre sans payer, etc.

XXXVIII

Lettre du duc de Berry, au sénéchal du Rouergue, lui prescrivant de respecter les privilèges de Millau, sur le fait de la Justice à rendre à ses habitants. (25 *juin* 1381).

Johan, fils de roy de France, duc de Berry et d'Auvergne comte de Poitou et per de France, lieutenant de Monseigneur le roy es dits pays et ressorts en toute la Languedoc et duché de Guienne, au sénéchal de Rouergue ou à son lieutenant salut. Nous avons reçu humble supplication des consuls de la ville de la Milhau, contenant que come au lieu et ville de la Milhau ait certain juge pour Monseigneur le roy auquel appartient la première connaissance de tous cas et causes, qui sont et viennent par devant lui, lequel juge a accoustumé e come ordinaire de absodre condampner et faire toutes autres choses appartenant en cas et fait de justice et par preuve de privilèges donnés et octroiés ja pieça et habitans et consuls de la dite ville par Messeigneurs les roys de de France qui ça en arrière ont este : néantmoins vous faites adjourner et appeler de jour en jour par devant voux à Villefranche de Rouergue les dits consuls et habitants ou aucuns diceulx, et ne les voules remettre à leur ordinaire ; et aussi ceulx qui sont absots par le dit juge de la Millau vous poursuivez et faites poursuivre pour les cas dont ils ont été absots judicialement par le dit juge ou son lieutenant ; laquelle chouse est en leur très grand préjudice et domage et en vient contre leurs privilèges, si comme ils disoient et nous ont supplié que sur ce leur voussions pourvoir de remède convenable; nous inclinans a leur supplication et requeste, considérans ces chouses, vous mandons et commandons que les dits consuls et habitans de Milhau, vous ne fassies appeler ne adjourniés au lieu de Villefranche ne aucune part contre la teneur de leurs privilèges et anciennes coustumes ne les mettez ou faciez mettre hors de leur ressort; et ceux qui par le dit juge ou son lieutenant sont absots et des cas dont à lui appartiendra la connaissance laisses et faites joir et user pasablement les dits absols des jugement et absolutions à eux faites ou a faire si come deves et raison veut et requiert : En révocant et mettant au neant tout ce que par vous aura este ou sera fait au contraire ou préjudice et domage des dits consuls et habitans ou d'aucun d'eux indûment : car ainsi le voulons estre fait nonobstant lettres secrètes impetrées ou a impétrer à ce contraires. Donné à Saint-Servin sous nostre scel le XXV° jour de juing l'an de grâce mil CCCIIII^{xx}, et ung. *Archives de Millau AA. 14.*

XXXIX

Lettre du comte d'Armagnac ou il est question du combat de Rabastens. (6 *août* 1381).

Johan, per la gracia de Dieu, comte d'Armagnac, de Fezensac, de Rodez et de Charoles, vescomte de Lomagna et d'Aut Vilar et senher de la terra de Ribera, a nostres cars et amats cossols d'Amelhau, de Sancta Affrica et de Najac, et a totz autres del pays de Roergue, salut. Cum nos aiam entendut que alcunas companhias se son partidas des capitanis et autres nostres companhos, que non ha gaire son estatz escofitz per los Foissenx, davan Rabastenx, e pueis se son roliatz et annatz alotjar à la Guepia, per socore a nostre cosin Moss. Johan de Gordo e sen son anadas el pays de Roergue et aqui et ou la autra tera del rey, Mossenhor, lacal nos volriam gardar coma la nostra, de jorn et de nuech ; fan ganre de dampnatges, prenden, rauban bestials gros et menutz, saumatges, merchands et autras gens ; per so, vos pregam e requerem de part nos et aissi meteys de part lo rey, mon dih senhor, aitant quant a nos si aperte, que vos e cascun de vos los dihs raubados e lors bes ontque los trobes el dich pays de Roergue, foras de loc sagrat o religios, prengatz e fassatz penre e de las personas fassatz far justicia aissi cum sera de raso, e los bes tenhas o fassatz detener jos ma segura, entro per tant que nos en aian ordenat autramen coma a nos sapartanha de razo. Mandan e comandam a totz nostres officiers, justicies e sosmes pregan e requeren totz los officiers justicies e sosmes, amics e bevoledors del rey de Fransa, Monsenhor, que a vos et a cascun de vos en las causas desus dichas hobezèsiant et entendant, e vos preston socors, conselh, cofort et ajusda, si bezonhs es, ni per vos en son requitz. Donadas a Carcassona, jos nostre sagel secret, lo VI jorn d'aost, l'an de nostre senhor MCCCIIII^{xx} et un. Per Moss. lo comte. Petrus.....

Archives de Millau. Série EE, 121.

XL

Vidimus d'une lettre du duc de Berry, ordonnant au sénéchal du Rouergue, de cesser toute poursuite contre les habitans de Millau. (16 *mai* 1382).

Arnaldus de Landorra.... sénescallus Ruthenensis.... Judici de Amiliano. etc,.. Johannes regis Francorum filius..... senescallo Ruthenensi..... salutem. Per partem consulum et singularium ville Amiliani nobis expositum extitit cum querela quod vos seu vestri locumtenentes ac nonnulli commissarii per vos deputati plures et diversos singulares et habitatores dicte ville diversimode vexatis et vexant tam citando adjornando mulctando arestando quam aliter capiendo pro eo quod tam per informaciones factas quam aliter pretenditis et pretendunt quod dicti de Amiliano tam universaliter quam singulariter cum Anglicis et domini mei et nostris inimicis diversi mode perseverasse tam emendo ab eisdem quam eisdem vendendo in premissis que diversimode delinquendo crimenque leze majestatis racione premissorum comitendo. Et cum dicta villa sit solium et in solidium dicti domini mei regis absque aliquo medio et sint et extant in ea officiarii regii jus unicuique reddentes et justiciam de delinquentibus ministrantes et qui possint de premissis justiciam ministrare supplicarunt nobis eis super premissis de remedio opportuno et congruo providere, et officiis regiis ordinariis dicte ville remitti. Nosque considerantes oportunum et laudabile servicium quod predicti de Amiliano fecerunt super transporto et obediencia per ipsos nuper domino meo et germano nostro duci Andegavensi et tunc locum tenenti facta et alia animum nostrum moventia; quapropter vobis et vestrum cuilibet inibendo precepimus et mandamus quot ne a cetero racione premissorum et supra expressatorum criminum seu ex eis dependencium dictos de Amiliano homines et habitatores citetis ac adjornetis capiatis seu citari... adjornari capi seu aliter quovismodo molestari faciatis seu puniatis nec de predictis et supra expressis criminibus etc. Datum Villenove prope Avenionem die XVI° mensis maii anno domini MCCCLXXXII° per dominum ducem et locum tenentem de Berri. Le vidimus est daté de Saint-Affrique, le 19 décembre 1382. *Archives de Millau FF*, 51.

XLI

Au lieu de la Canourgue, réunion des trois états (gleisa, nobles et comus) de Rouergue, d'Auvergne de Velay et de Gévaudan, (5 *décembre* 1382).

On explique aux États du Rouergue que, en 1381, le

15 Juin, fut conclue, avec la permission de Monseigneur de Berry, en présence du comte d'Armagnac, une alliance entre les pays d'Auvergne, de Velay, de Gévaudan et de Vivarais, pour la garde et la défense des dits pays contre les ennemis du roi de France et « *tota autra raubaria e pilharia* » —; à cet effet, on avait arrêté que « *els farian IIII^c homes d'armas e C balesties* »

Les états du Rouergue décident de s'unir aux sus dits pays ; ils fourniront, pour leur part, 80 hommes d'armes ; on aura ainsi 480 hommes et 100 arbalétiers qui devront se repartir là où il sera le plus nécessaire.

Suit une douzaine de paragraphes établissant les divers points de cette alliance.

Les pays devront se porter mutuellement secours « *juxta la ordenansa dels elegitz deputadors per los pays desus dichs* ».

Aucun homme d'armes ne pourra rien prendre sans payer.

Aucun homme des pays alliés ne pourra acheter, ni vendre aux Anglais, ni se mettre en rapport avec eux, « *non comprara ni vendra neguna causa ni conversara als Engles et enemis del Rei de Fransa nostre senhor.* »

Les gens d'armes et le capitaine de chaque pays devront être du pays même.

Les gens d'armes devront prêter serment de servir le pays bien et fidèlement

Toutes les forteresses leur seront ouvertes. etc —

« *Las quals causas foron fachas et accordadas com desus se conté el loc de la Canorgua per lo noble e poderos senhor moss. Marques, senhor de Canilhac, vescomte de la Mota per lo pais d'Alvergne, de Velay e de Gavaudan, am Moss. Gui de l'Estrangua, prior de Santa Erimia, et per los nobles et poderous Moss. Johan, senhor de Castelnou et de Saint Colme, et per* lo noble Gui, senhor de Mostuéjols, e per Johan Magna de la viela de Rodes, per lo pays de Rouergue, los quals en nom que desus promeyro e jurero a tener e complir e de far rattiffier als ditz pays..... »

Le tout en presence « dels nobles Moss. D. senhor de Rocalaura, mossenhor Guilhem de la Romeguieyra, Canorgue de V... et de maestre Guilhem Coqural, notari imperial, que delas dichas causas a presa nota... »

A la suite de cet acte se trouve une sorte de postscriptum, établissant que, en cas que le pays d'Auvergne ne voudrait pas accepter l'alliance susdite, elle sera cependant valable pour les autres pays, « los sobre dichs an facha liansa am lo pays de Rouergue, so es assaber Guavalda e Belayc am los sieys perbostatz en la manieyra e forma que desus et an los articles contenens (?), et Rouergue deu far LX homes d'armes e LX vayletz armatz et Guavalda e Belayc am los VI perbostatz devo far VI^{xx} homes d'armas e VI^{xx} vayletz armatz.... »

Archives Communales de Rodez, Cité, EE, 5.

XLII

Instructions faites par le roy, nostre seigneur, sur la manière de lever la nouvelle aide, ordenée pour la guerre, comensant le premier jour de setembre l'an M. CCC quatre-vingt et trois, laquelle aide est tale, que de toutes manières de deniers et marchandises quales que elles soient, seront paiez dotze deniers pour lievre, pour tant de foys que elles seront vendues, ou eschangées, excepté de pan dont l'on ne paiera rien, pour ce que lo boulanger, qui convertira le blé en farine, en paiera là ont il le convertira, au prix que le blé lui aura costé, ou qu'il vaudra pour la journée qu'il sera converti coma dit est ; et pareillement des vins et autres bervages qui seront vendues en gros, seront paiez dotze deniers pour lievre.

Item du vin et totz autres bevratges, qui seront

vendus à détal, sera pris et lieuvré du vendeur la huitième partie de la vente.

Item que de tot lo sel, qui sera vendu en les greniers du roy, sera pris et lieuvré pour le roy pour chascun muey, à la mesure de Paris. une franc d'or, selon les instructions qui sur ce seront faites.

Premieyrement l'aide dessus dicte sera criée en les lieux acostumés et baillée à terme et délivrée au plus offrant et dernier anchérisseur... exceptet le fait du sel en la manière acostumée etc.

Donné à Paris le XVIIIe jour de Juilet l'an MCCC quatre-vingt et trois. par le roy à la relation de Messeigneurs de Berri et de Borgogne etc...

XLIII

Appel fait par les consuls de la cité de Rodez au Sénéchal du Rouergue, à raison de certaines impositions qu'il voulait établir sur le pays. Exposition de leurs raisons. (*17 Septembre 1383*).

Les habitants du Rouergue « an suffertat de gran temps ensa, e sufferto tôt jorn molts grans esemportables despens, greuchs e dampnatges per la gran amor, dilecsio e fisaltat que tot temps a la corona de Fransa, e principalmen car foro los premiers que oltra la voluntat del princip de Galas, can era senhor del pays, tornero el poder del Rey nostre senhor am gran perilh de lor, esam gran cost, esam despens no per colpa de lor ne per lor fach, mas per resistir als enemixs del Rey nostre senhor, de que so totz gastatz e destruchs, so hes a saber per las causas enseguens : Premieyramen per los despens sobre grans que lor a calgut far et far tot jorn per la forteficatio de la dicha cieutat per mielhs resestir als enemixs. Item per las pecunias moltz grans que lor a calgutz paguar una am l'autre pays de Rouergue à la requesta dels officiers reals del Rey, nostre senhor, per moltas finansas fachas per ganre de locz reals occupatz per los enemixs del Rey, nostre senhor, e per lo be del Rey e de son realme, so es a saber per lor partz per lo loc de Fijac detengut e ocupat per lo dichs enemixs. Item per lo loc de Comiat. Item per Gerla e Lestanc, e per Belfortz, e per Previnquieyras, e per la Bastida. Item per Balaguier, que fo pres per los dichs enemixs, per tres ves. Item per lo Domayrenc. Item per las bojas de Carlat et de Castel Dausol, de Torn. Item de Benaven. Item per Calvinhac et per Puech Minho, los quals locz so del dich realme e de sa hobédiencia.

Item, otra las dichas finansas, an despendut am tot l'autre pays de Roergue per las dichas causas e per resestir als dichs ennemicz, a profich del Rey e de tot son realme, an ganre de pecunias de pueys que vengro a la obediencia del Rey, coma desus se conte, eja sia que per la gracia de dieû e per lo socors de moss. d'Armanhac, en lo dich pays de Roergue, non era de presen mas lo loc de Possols occupat per los dichs enemicz; es assabedor que en tom del dich pays de Roergue so los locs que sen seguo preses e detengutz per les dichs enemicz en que a grans garnisos de gens d'armas tot jorn corren e damneian lo dich pays; so es assaber : lo loc de Carlat, Murat, Lagassa, lo Clusel prop de Murat, Melet, Palaret, Montvalen, Torn, la Garnia, S. Progieh, la Boria dels pratz, la Bossia, S. Serget, Pena, Orguelh, S. Amans, Moyssaguel, lo castel de Turias, Crinala, Puech Peyros, S. Joan de Janas, Aygo, los quals locz so en torn de Roergue si que per tremor dels dichs enemicz las gens els habitans en la dicha Cieutat o en los autres locz del dich pays no pudo ne auso intrar ne yssir lo dich pays ne far lors besonhas, e per so els so molt guastat e destruchs, es gasto es destruysso tot jorn per las dichas causas tan per los dichs enemicz, tan per las gens d'armas, que cove, a despens de lor e de l'autre pays de Roergue tener a resestir als dichs enemicz, e en special per lo seti que mossenhor d'Armanhac, a la requesta del dich pays e per la deffensa daquel, te e a tengut longamen am gran cop de gens darmas contra los Engles, enemicz del Rey nostre senhor, que teno lo castel real de Turias, de que lor na calgut pagar e pago tot jorn grans pecunias à lor endichas e enpossiblas a pagar......

Archives Communales de Rodez, Cité, FF, 4.

XLIV

Lettres de « Johan de Carlat, cavalier senescalc del Comtat de Rodes » rappelant la criée (crida) qui a été faite à son de trompe, au bourg de Rodez, le sept du présent mois de mars, « que tot lo pays et tota la terra de Moss. lo comte es en guerra an los Engles.) *(16 mars 1384).*

Suit la teneur de la criée. — Ordre à toute personne de se réfugier dans les forts « se reduga dins los fortz, en meta los vieures, en trameta los bestials fora del pays, » d'y retirer les vivres et d'expédier les bestiaux hors du pays, sous peine de perdre les vivres, si dans 8 jours ils ne sont pas en lieu fort. « Et que tot home fassa als dichs Engles de nuechs et de jorns tota la guerra et dampnatge que poyra. » — Défense de vendre aux Anglais quoi que ce soit. Toute personne devra se tenir prête à faire la montre de « sos arnes. »

Après avoir rappelé cette criée, le sénéchal déclare que les peines portées contre les personnes qui viendraient à enfreindre les ordres ci-dessus, ne concernent pas les habitants du Bourg et que si, par ordre du comte, ou de Bernard son frère, des Anglais viennent dans le Bourg, les dits habitants pourront leur fournir des victuailles, mais pour le temps seulement qu'ils seront dans la ville, sans encourir aucune peine; mais les autres prescriptions conservent leur entier effet (sus la venda de l'arnes o l'autre cofort demorans en lor fermetat.)

XLV

Lettres de Jean, duc de Berry, gouverneur du Languedoc, accordant à la sénéchaussée du Rouergue la décharge de toutes impositions pour un certain temps et à certaines conditions. (18 *novembre* 1384).

Johannes, regis Francorum filius, Bituricensis et Alvernie dux comesque Pictaviensis et locum tenens domini nostri regis in eisdem partibus totaque lingua occitana et ducatu Aquitanie, notum facimus universis presentes litteras visuris ac etiam audituris, quod nos, attentis dampnis et gravaminibus innumerabilibus per gentes Ecclesie, nobiles et communitates senescallie Ruthenensis, preteritis temporibus, passis et que adhuc cotidie patiuntur diversimode et incessanter ex parte inimicorum dicti domini nostri et nostrorum qui, lapsis temporibus, plura loca infra dictam senescalliam tenuerunt et de presenti circumjecta ipsam senescalliam destinent occupata; attentisque etiam sumptibus et expensis quos gentes predicte senescallie fecerunt et sustinuerunt et adhuc facere et sustinere cotidie oportet, in tenendo gentes armorum pro ipsius patrie defensione, et dictorum inimicorum oppresione ac gravamine predictis gentibus dicte Ruthenensis senescallie adeo ut se et dictam patriam a conatibus dictorum inimicorum deffendere et ipsos inimicos gravare et opprimere valeant atque possint; donavimus, remisimus et quittavimus, donamus, et remittimus et quittamus, per presentes, de nostris certa sciencia et gracia speciali, auctoritateque regia, qua fungimur in hac parte, quascumque impositiones, gabellam salis, subcidia atque juvamenta per dictum dominum meum in dicta patria lingue occitanice indicta et imposita ac etiam ordinata et cursum in dicta patria lingue occitanice habentes, videlicet a mense septembris qua dicte impositiones gabelle salis, subcidia et juvamenta fuerunt indicta et imposita et ordinata in villa de Lione usque ad priman diem mensis junii, exinde subsequentis, e a dicta prima die Junii usque ad aliam primam diem instantem dicti mensis Junii, una cum emolumento quocumque quod exinde dicto domino meo aut nobis potest per dictum tempus pertinere. Cùm tali conditione quod ipse gentes dicte senescallie Ruthenensis pro ipsius patrie defensione et dictorum inimicorum oppressione teneantur, suis sumptibus et expensis, tenere centum homines armorum et vadia ipsorum solvere usque ad predictam diem primam Junii, quod admodum fecerunt, anno presenti, prout nobis relatum existit, et hoc fieri concordavimus in Avinione, cum carissimo fratre nostro comite Armaniaci nuper defuncto, nostre gentes dicte senescallie. Quocirca precipimus et districte mandamus generalibus sive electis aut commissariis per dictum dominum meum aut nos super facto dictarum impositionum gabelle salis subsidiorum juvamentorum in dicta patria lingue occitanice deputatis vel deputandis nec non senescallo dicte Ruthenensis senescallie et receptori ejusdem senescallie ceterisque justiciariis et officiariis dicti domini mei et nostris quorum interest et locum tenentibus eorum etipsorum cuilibet prout sua intererit quatenus si per litteras certificatorias carissimi nepotis nostri comitis Armaniaci sibi constiterit gentes predicte senescallie tenere de presenti dictos centum homines continuasseque tenere et tenuisse usque ad dictam diem primam mensis instantis Junii et ipsorum vadia solvere et solvisse usque allotunc ipsas gentes dicte senescallie Ruthenensis hujusmodi   nostris donatione remissione quitatione et gracia speciali juxta sui formam uti pacifice faciant et gaudere permittant, factaque in contrarium omnia et singula ad statum, pristinum et debitum indilate reducant. In cujus rei testimonium... Datum in castro *Andegavensi* die XVIII mensis novembris anno domini MCCCLXXXIV.

Per dominum ducem, locum tenentem, J. de Berri.

XLVI

Lettres de Charles VI accordant au Rouergue les arrérages des tailles dues au roi jusqu'à la ... de la présente lettre. (*24 décembre 1389.*)

Charles, par la grâce de Dieu, roy de Fran... ...s amés et féaulx gens de nos comptes les généraux conseillers sur le fait de nostre domaine......, amendes et aussi des aides ordenes pour la guerre, aux sénéchal et receveur de Rouergue à tous nos autres justiciers et officiers ou à leurs lieutenans salut et dilection. Savoir vous faisons que pour considération des griéves pertes et domatges que nos amés les consuls, universités, singuliers et habitans des cités villes et chasteaulx et autres lieux, fors ou non fors, habitables ou non habitables, de toute la dite séneschaussée de Rouergue, ont longuement soustenu et souffert, et chacun jour soustiennent, supportent et souffrent pour occasion de nos guerres, attendu l'amour et l'affection que tous jours ont eue à nous et nostre rohaume, et aussi que darnièrement ils se sont retirés de nos ennemis en quelle subjection ils ont par longtemps esté et venus en nostre obéissance; nous à iceulx universités, consuls, singuliers et habitans des lieux dessus dits et chacun d'eulx avons quitté, remis et donné, quittons, remettons et donnons de grâce spécial, par ces présentes, tous les arreyratges es quels ils nous sont et peuvent estre tenus, en quelque manière que ce soit, jusques a présent, exceptés tant seulement ce qu'ils doivent et peuvent devoir, tan pour cause de l'aide ordonné pour les vuides de la composicion ou amande   de huit cens mille frans, pieca faite, come de cinq frans pour feu d'or imposés au pays de Languedoc, se comprims y sont; si vous mandons et estroictement enjoinignons à chascun de vous, si comme à lui apartendria, que les dits universites, consuls, singuliers et habitans des lieux dessus dits et chascun d'eulx faites, souffriez et laissiez jouir de nostre présente grâce, don, quitance et rémission, sans eulx ou aultres d'eulx molester ne souffrir estre molestés aucunement au contraire ; mais si aucune chose du leur estoit pour ce prix ou arresté ou aucuns estoient pour ce détenus prisonniers si leur mettez ou faites mettre tantost au délivré. Et par resportant vidimus de ces présentes, faits soubs scel royal et quitance sur ce, nous voulons et mandons les dittes dettes à nous deues, pour les dictes causes, estre allouées escomptés et rebattus des receptes de celui ou y ceulx à qui il appartient ou appartiendra par vous, nous dictes gens des comptes, nonobstant que en ces presentes la declaration d'icelles nos deptes ne soit exprimée et quelconques ordonnances, mandements ou deffenses au contraire. Donné à Toulouse le XXIIIIe jour décembre l'an de grâce mil CCC quatre vingt et neuf, le dixième de nostre règne, soubs nostre scel ordinaire en l'absence du grant. Par le roy en ses requestes esquelles estoient les évesques d'Auxerre, de Noyon, Messeigneurs Enguerrand d'Eudin, maistre Odart de Moulins, Jehan d'Estouteville et autres. Manhac.

XLVII

Commission du roi à Jean de Blaizy, pour faire évacuer les forteresses occupées par les Anglais en Auvergne, Gévaudan, Velai, Rouergue et Quercy. (21 mai 1390)

Cette pièce, qui se trouve, dans les archives de Millau, en plusieurs copies, et que nous avions préparée pour l'impression, a été reproduite dans la dernière édition de l'Histoire du Languedoc T. X, p. 1811.

XLVIII

Appel au roi des trois Etats du Rouergue, réunis à Villefranche, contre le sénéchal du Rouergue, commissaire délégué par Jean de Blaizy, pour obtenir

des dits Etats certaines sommes d'argent nécessaires au rachat des places occupées par les Anglais.

Cet acte, trop long pour être rapporté ici en entier, se trouve dans les archives de Millau. Il fut rédigé, à Villefranche, par le notaire Mirols, à la réquisition des appelants, le 5 Juillet 1390. Il contient l'abrégé des negociations qui avaient eu lieu pour racheter les forteresses au pouvoir des Anglais, les noms et la situation de ces forteresses, les conditions de leur évacuation, les noms et qualités des députés aux Etats de Villefranche et enfin les motifs de leur appel. En réponse à cet appel, Charles VI adressa aux juges de Millau et de Compeyre la lettre suivante :

XLIX

Lettre de Charles VI en réponse à l'appel des trois Etats du Rouergue au roi, contre le sénéchal du Rouergue, subdélégué de Jean de Blaisy, pour l'affaire de l'évacuation des places, occupées par les Anglais. (*septembre* 1390).

Karolus, Dei gratia Francorum rex : Judicibus nostris Amiliavi et de Competro, vel eorum locum tenentibus, salutem. Dilecti nostri Episcopus et capitulum ecclesie Ruthenensis, abbatesque monasteriorum Conchensis, Bonnecumbe, Belliloci, Nanthensis et Loci Dei, pro statu ecclesie; nec non vicecomes de Murato, domini de Landoria, de Severiaco, de Arpajone, nec non nobiles Villenove, bailhagii de Naiaco et alii pro statu nobilium ; ac consules, syndici, actores, procuratores et jurati locorum de sancto Antonino, de Viridifolio, de Naiaco, de Villafrancha, de Villanova, de Conchis, de Clarisvallis, de Ruthena, de Rivopetroso de Amilhano, de Nantho et alii pro statu communitatum senescallie Ruthenensis, in hac parte consortes, nobis exposuerunt unanimiter conquerendo, quod, licet gentes trium statuum dicte seneschallie quotam partem seu porcionem, sibi indictam, pro evacuatione fortaliciorum ab hostibus nostris in dicta senescallia et partibus circumvicinis occupatorum et longe ultra realiter et do facto solverint, et ultra hoc duos mille et ducentos francos auri pro facto hujus evacuationis solvere concesserint sub certis modo et forma conditione et cum protestationibus in dicto concessionis instrumento super hoc confecto latius declaratis; nichilominus senescallus Ruthenensis dicens se in hac parte commissarium subdelegatum per dilectum et fidelem militem et cambellanum nostrum Johannem de Blasi super dicto facto commissarium generalem, dictas gentes trium statuum compellere nisus fuit ad solvendum vadia sexties viginti hominum armorum per certum tempus, nonobstante generali teugra inter nos et adversarium nostrum Anglie inita, de qua dictus senescallus cum aliis conservator existit; nec non ad transmittendum ad civitatem Mimatensem distantem per duas dietas et ultra et ad quam sine grandi periculo non potest agressus haberi, certos procuratores, actores et sindicos sufficienter fundatos, ad obligandum dictas gentes trium statuum erga dilectum et fidelem consanguineum nostrum comitem Armaniacum in parte quota seu porcione quam dictus senescallus ipsos asserit contingere de summa triginta millium francorum auri dicto comiti, ut dicitur, promissa, quo facto dicte evacuationis et quamvis dicti conquerentes coram dicto senescallo soluciones et concessiones pro facto dicte evacuationis per dictas gentes trium statuum factas, nec non dicta pericula et locorum distantias allegaverint, et plures alias justissimas rationes proposuerint, cum ad premissa non tenentur, tamen ordinationi et dispositioni dicti Johannis de Blazy in et de premissis se submiserunt, ad quod dictus senescallus ipsos admittere recusavit, et, quod deterius est, procuratores actores sindicos et juratos dictorum conquerentium in Villafrancha arrestavit et eis inhabuit, sub certis magnis et excessi vis penis, ne a dicta villa discederent, quousque promissa adimpleta fuissent. Quapropter dicti conquerentes, sentientes se in premissis multipliciter gravatos et oppressos à dicto senescallo nominis quo procedit suaque commissione et ejus executione et inde secutis nec non preceptis mandatis injunctionibus penarum et mulctarum impositionibus et omnibus processibus in hac parte factis et aliis gravaminibus loco et tempore, si opus sit, declarandis, in suo instrumento appellationis latius expressis, eisdem in hac parte factis et illatis ac in ferre comminatis et etiam inferendis tanquam a nullis et si que sint ut ab iniquis et injustis pro se et suis in hac parte adherentibus et adherere volentibus ad nos seu ad nostram parlamenti curiam juste et legitime appellarunt. Sed, dicta appellatione nonobstante, et ea spreta, prefatus senescallus contra dictas gentes trium statuum durius processit et procedi fecit, ac de die in diem facit: ipsos per captionem et detentionem personarum et bonorum et aliis viis rigorosis ad premissa facienda compellendo, post et contra dictam appellationem attemptando temere, sicut dicunt : supplicantes per nos sibi super hoc de remedio provideri Quocirca vobis et vestrorum cuilibet qui super hoc requisitus fuerit mandamus ratione dicte appellationis committendo quatenus procuratorem nostrum senescallie ruthenensis et aliam partem adversam si que sit adjornetis vel adjornari faciatis ad dies senescallie Ruthenensis nostri futuri proximo parlamenti in et super appellatione predicta processum et factum ulterius ut jusserit, intimetisque vel intimari faciatis dicto senescallo et aliis quos hoc tangit, ut ad dictos dies intersint, si sua crediderunt interesse, inhibendo seu inhiberi faciendo, ex parte nostra, sub certis magnis penis nobis applicandis, senescallo et aliis de quibus requisiti fueritis ne, dicta pendente appellatione, aliquid in dictorum appellantium et appellationis sue predicte attemptent vel innovent nec etiam attemptari vel innovari faciant vel permittant, sed attemptata vel innovata siquo sint aut fuerint ad statum pristinum et debitum reducatis seu reduci faciatis indilate; et nichilominus de et super attemptatis predictis eorumque circonstancias et deppendentes vos diligenter et secreto informetis et quos per informationem aut alias debite post et contra dictam appellationem attemptasse noveritis adjornetis vel adjornari faciatis ad dictos dies procuratori nostro generali et de dictis appellationibus quatenus eorum quemlibet tangit super dictis attemptatis eorumque circonstancias et dependentes responsum et processum ulterius ut fuerit rationis. De adjornamento vero et aliis que feceritis in premissis dilectas et fideles gentes nostras que dictum nostrum parlamentum tenebunt debite certificando et eis dictam informationem fideliter clausam ad dictos dies remittere nullatenus omittendo.

Datum Parisiis septima die septembris anno Domini millesimo trecentesimo nonagesimo et regni nostri undecimo.

L

Lettre du comte d'Armagnac dans laquelle il est question du siège de Peyrusse et de la Roquebouillac, pris par les Anglais. (*23 septembre 1390.*)

Le comte rappelle que « cum présentament las gens dels tres estats so es essabor de gleysa nobles e comus de nostre comtat de Rodes e de nostras montanhas de Roergue e de lor ressort nos ayan autreyat balhar certana somma de pecunia tant per rasos de las gens d'armas ordenadas a la defenssa deu dit pais quant per los costages e despens que nos avens feytz en getar los ennemis del Rey nostre senhor e nostres dels lox de Peyrussa et de la Roque Bolhac, devant los quals lox aven estat e mettut ceti an certan nombre de gens d'armas. — Il a octroyé certaines choses, aux gens des trois états, sur leur requête :

Il fera sortir du pays les gens d'armes français, ou les gardera sous ses ordres, de façon qu'ils ne fassent aucun dommage.

Les gens d'armes ne pourront rien prendre sans payer de leur argent, excepté le foin, la paille, le bois qu'ils pourront prendre où ils en trouveront en dehors des forteresses (fora les fortz.)

Pour payer la taille, ceux qui n'auront point d'or, donneront 20 sols tournois pour un franc.

Pardon aux personnes qui ont commercé avec les Anglais en leur vendant du blé, du vin (raubas, arnes, rossis, bestial et autras causas.)

Archives de Rodez, EE, 2.

Les pièces justificatives reproduites aux numéros 41, 43, 44 et 50 nous ont été obligeamment communiquées par M. Lempereur, archiviste du département de l'Aveyron.

LI

Lettre de Jean de Blaisy aux consuls de Millau, leur donnant commission de faire payer la somme de 70 francs et demi par le baillage de Millau. (6 *février* 1393).

Johan de Blaisy, chevalier, seigneur de Mauvilly, chambellan, et Pierre de Saulx, secrétaire du roy nostre seigneur, et commissaires de part y celui seigneur en ceste partie, au baille de Lamillau ou à son lieutenant salut. Il nous plest et voulons et à la requeste des consuls de la dite ville Damillau vous mandons que pour paier et faire paier les gaitges et salaires que nous avons tauxés et qui sont dehus à Thomassin Villet, sergent d'armes, du roy nostre seigneur et à maistre Guillaume Tompinon, Jehan Legoix et autres notaires et sergens qui ont vacqué et travaillié avec que eulx par nostre mandement, ou de l'un de nous ez villes de vostre bailliage et ailleurs, par plusieurs journées, pour le fait de Mérigot Marches, que autrement, dont a esté fait nouvellement certain tail à Sauveterre, vous assemblez ou faites assembler les habitans de vostre dit baillage et yceulx assemblés ordenez et mettez sur eulx le plus justement que faire se pourra leur juste porcion desdits gaitges et salaires ; pour laquelle porcion paier contraignez ou faites contraindre tous les refusans ou contradisans à paier ycelle par toutes voies et manieires deuez et raisonnables et comme accoustumé est à faire pour les propres dettes du roi. etc... Donné à Sauveterre soubs nostre scel et signet le 6e jour de février l'an MCCC quatre-vingt et douze. (1393 nouveau style). Lesquels gaitges et salaires montent au dit baillage de Millau LXX francs et demi. Donné comme dessus.

LII

Lettre de Charles VI donnant commission au Bailli d'Auvergne, au sénéchal du Rouergue et à d'autres, d'obliger les habitants du Rouergue à payer une imposition de 2700 francs pour le rachat du Roc-Dunsac. (18 avril 1393).

Charles etc... au séneschal de Rouergue ou à son lieutenant et à nos amés Pierre Desgrenal, escuier, nostre bailli de Morengoul et Jean Loton, salut et dileccion. Comme nostre amé et féal chevalier et conseiller Jehan le Maingre, dit Boucicault, mareschal de France, ait n'aguère obtenu nostres lettres patentes scellées de nostre grand scel dont la teneur s'en suit : Charles etc. au Bailli des Montaignes d'Auvergne et à nos amés Pierre Desgrenal, escuier, bailli pour nous à Morengoul, et à Guichart, de Praelles, escuier de nostre escurierie, salut. Comme il soit venu à nostre cougnoissance que se soit ce que n'a guère les gens des trois Estats de la séneschaussie de Rouergue ou la greigneur ou plus saine partie d'iceulx assemblés en nostre ville de Sauveterre meut accordé, consenti et voulu estre cueilli et levée sur les habitans de la dite séneschaussie la somme de deux mille cinq cens francs d'or en acquit de plus grant somme qui avoit esté ordennée par eulx pour leur part et porcion des grans missions et despens que nostre amé et féal conseiller Jehan le Maingre, dit Boucicault, mareschal de France, avoit et a faits eux et soustenusen et pour la délivrance du Roc Dunsac lors occupé par nos ennemis avec que deux cents francs pour les frais par lui supportés en la poursuite de ceste besoingne et ayent renoncé à toutes appellations et opposicions faites et à faire en ceste partie comme de ces accors, consentement et voulonté nous est apparu par lettres faites soubs le scel de la dite séneschaussie, comme par certains instrumens et scriptures sur ce fait ; et aussi aient les dits habitans depuis fait sur eulx certains taxes et impost pour paier les dits deux mille V cens frans à cause de la dite vuide et les dits deux cens francs pour les frais d'avan dits qui font en somme deux mille VII cens francs. Toutes voies yceulx habitans ou aucun d'eulx, meus de leur volonté desordonnée, ou autrement indeuement ont esté et sont refusans et en demeure de paier à nostre dit conseiller les dits deux mille et sept cens francs. Et quant on les y a voulu contraindre ont fait en commun plusieurs rebellions et désobéissances encontre nous et nos gens officiers et commissaires ordenez a ce lesquelles sont de très mauvais exemple et ne doivent estre tolérées ou passées soubs dissimulation ainsi que entendu avons. Nous confians de vos sens et souffisantes loyautés preudommies et diligences ayans regart aux choses dessus dites et aux inconvéniens qui en pourroient ensuivre et pour certaines autres concidérations nous mouvans vous avons et chacun de vous ordené comme ordenons et comettons en vous mandant expressement par la teneur de cetes lettres que toutes appelacioes et opposicions rejetez et mises en arrière vous par toutes voyes et manières deues et peines afferans en tel cas et ainsi que pour nos propres detpes est acostumé à faire contraignez ou faites contraindre vigeuresement et sans déport les habitans devan dits et chacun d'eulx entant qui lui touchera a paier à nostre dit conseiller ou à son certain commandement ladite somme de deux mille sept cens francs ainsi que trouverez avoir été accordé par lesdits trois Etats comme dessus est dit. Et ycelle contrainte faites ou faites faire aux dépens desdits habitans sur lesquels nous voulons et ordonnons que a chascun de vous qui ainsi que dit est vacquerez en ce fait ait et prengne quarante sols parisis pour chacun jorn qu'il y entendra etc. Donné à Abbeville le XVIII jour d'avril l'an de grace mil CCC quatre-vingt treize et le XIII de nostre regne.

Les ordres rapportés dans la lettre précédente n'ayant pas été exécutés le roi en donna de nouveaux et de plus formels, dans une seconde lettre datée de Paris le 10 Juillet 1393. Ces deux lettres sont contenues dans un vidimus de la cour royale de Millau délivré le 29 août 1393.

LIII

Vidimus d'une ordonnance de Charles VII, et d'une lettre du duc de Berry, concernant les forteresses du royaume. (14 *janvier* 1403).

Jehan de Bonnebaut, chevalier, conseiller et Chambellan du roi nostre seigneur et son sénéchal de Rouergue, à tous ceulx qui ces présentes lettres verront salut : Savoir faisons que nous avons receu unes lettres patentes du roy nostre dit seigneur contenant la fourme qui s'en suit : Charles, par la grâce de Dieu, roy de France, au sénéchal de Rouergue ou à son lieutenant, salut : Savoir faisons que pour certaines nouvelles qui nous sont survenues, nous par délibération de nostre conseilh où estoient nos très chers et très amés oncles los ducs de Berri, de Bourgogne et de Bourbon, nostre connétable et plusieurs autres notables personnes de nostre conseilh avons ordenné et ordenons par ces présentes que toutes les forteresses de nostre royaume et especiellement celles qui sont assises ès frontières de nostre dit royaume sur la mer, pors de mer et près de la mer, et sur les passages des rivières et totes les autres, en quelque lieu que eles soient assises en nostre dit royaume, soient visitees hastivement et diligemment, et que celles qui sont fortes et nécessaires à tenir pour le bien et la seurté de nostre dit royaume et de nos subjets soient tost réparées, mises en estat de défense et garnies de vivres, artillerie et autres abillements nécessaires pour la défense d'icelles aux dépens de ceulx à qu'il appartendra et que guet et guarde y soient faiz de nuit et de jour par ceulx qui les y ont acoustumé faire en temps passé ; et que les autres forteresses qui ne sont mie tenables soient abattues et démolies et mises en tel estat quo domaitge n'en puist venir. Si vous mandons, commettons et enjoingnons estroitement que tantost et sans delay ces lettres veues appelez avecque vous des chevaliers, escuiers et autres gens notables de votre séneschaussie ha ce expers et cognoissans, hausquels nous mandons et enjoingnons que en ce vous obéissent ; vous mettrez notre dite ordonansse ha effet et exécution en vostre dite sénéchaussie, tellement que en vostre défaut aucun dommage ou inconvénient ne s'en puitz enduyre ; en sus de ce faire vous donons povoir et mandons à tous nos justiciers, officiers et subjets que à vous et à nous députés en choses dessus dictes et es dependentes obéissent et entendent diligemment. Donné à Paris, le XIIII jour de janvier, l'an de grâce mil CCCC et trois et le XXIIIIe de nostre règne.

Et pour ce que nous sommes occupés à Paris pour aucunes grosses besongnes tochans le roy nostre dit seigneur, Mons. le duc de Berry, confiant à plain des sens, loyaultés, prodommies et bonnes diligences de nos chiers et bien amés Pierre Bourc, escuier, painatier de nostre seigneur de Berry et nostre lieutenant en la garde du chastel et ville de Naijac et de Guillaume Toupignon, viguier du dit lieu de Naijac, aux deux ensemble et chacun d'eulx avons commis et, par ces présentes, commettons à faire faire en lieu de nous les réparations nécessaires de faire es chasteulx et forteresses de nostre dite sénéchaussie de Rouergue selon la fourme et manière contenues en lettres du roy nostre dit seigneur dessus transcriptes; donnons en mandement par ces présentes à tous les officiers et subjets de cellui seigneur en nostre dicte séneschaussie qui par lesdits Pierre Bourc et viguier en seront requis que à eulx en faissant les choses dessus dictes obéissent et entendent diligemment ainsi come à nostre propre personne. Donné à Paris, le XXII° jour de janvier, l'an MCCCC et trois, soubs nostre propre scel. Bonnebaut.

Le reste de la pièce constate que les consuls de Millau ont accompli ou sont disposés à accomplir le contenu de la lettre du roi, relativement aux fortifications de Millau. Sur quoi les commissaires les déclarent en règle et les déchargent de toutes peines encourues sur le fait présent, dans le passé.

LIV

Lettre de rémission pour les consuls et habitants de Millau. (9 *juillet* 1412).

Guillaume de Vienne, seigneur de Saint-George et de saincte Croix, Regnier Pot, seigneur de la Prugne, gouverneur du Dauphiné, chevaliers et chambellans, et Pierre de Marigny, tous conseillers du roy nostre seigneur et de Moss. le duc de Guienne et par eux comis députés et ordenez es pays de Languedoc et duché de Guienne, à tous ceulx qui ces présentes lettres verront salut. De la partie des consuls, singuliers, manans et habitans de la ville de la Millau et du mandement d'icelle en la séneschausie de Rouergue, nous a esté humblement exposé, come tant par crainte, come pour ce qu'ils n'estoyent portés ne deffendus par les officiers du roy nostre dit seigneur, come il appartenoit et autrement ils ayent receu en la ditte ville aucuns des officiers de Bernad d'Armagnac, ennemy, rebelle et désobeyssant du roy nostre dit seigneur, et avecques ce lui ayent obéy et donné cosel, confort et ayde audit d'Armagnac et à ses aliés et complices, sans les avoir en même manière empeschez ne contresté aux prinses et pilleries par eux faites de plusieurs bestiaulx gros et menu et d'autres biens, les ayant aussi laysié passer sur le pont de la Melhau, appelé le pont vies (vieux) et en plusieurs autres manières les ayant favorisés, conseillés et aydés, dont ils se douptent estre poursuivys empeschez et punis, se par nous ne leur est impétré grâce et remession ; requerans humblement yceulx ; porquoy, nous, considéré ce que dit est dessus, et que les dits consuls, singuliers, manans et habitans sont vrays obéissans au roy nostre dit seigneur et Mons. de Guienne et que depuis que nous sommes arrivez par deça ils se sont montrés tels et ont receu et reculhy les gens d'armes du roy nostre dit seigneur en grant obéissance, et si ont souffert plusieurs graves domages pour le fayt de la guerre présente contre les dits ennemis et souffrent paciament de jour en jour ; et pour autres causes justes et raysonnables qui a ce nous ont meus et meuvent à nous par vertu du povoir à nous donné quite remis et pardone et par ces presentes quittons remettons et pardonnons de grâce spécial auxdits consuls et aulx singuliers, manans et habitans dudit lieu et mandement de la Millau et à chacun d'eulx toute offense que ils povent avoir comise envers le roy nostre dit seigneur pour la cause dessus dite les despendans circumtans dicelle ; et en sience qu'ils pourraient avoir offensé et mespris en gouvernement de leur consulat mement en la favour dudit d'Armagnac de ses dit aliez et complices en quelque manière que ce soyt ensemble come peine offense et amende corporelle publique et civile qu'ils peuvent avoir comise à cause de ce et imposons silence perpétuel au procureur du roy nostre dit seigneur et aussi au procureur dudit Mons. de Guienne et les restituons à leur bone fame et renommée au pais et leurs biens non confisqués. Aussy donons en mandement par ces présentes aux sénéchaulx de Toulouse, de Carcassonne, de Beaucayre, de Rouergue et de Quercin, d'Agenez, de Bazadez et à tous autres justiciers et officiers du roy nostre dit seigneur et dudit Mons. de Guienne ez dits pais de Languedoc et duchie de Guienne presens et à venir ou à leurs lieutenans et à chacun d'eulx si come à lui appartendra que les dits consuls, singuliers, manans et habitans et chacun d'eulx ils facent, sueffrent et laissent joir et user plainement et paysiblement de nostre présente grâce et rémission etc. En testimony de ce nous avons scellé ces présentes de nos sceaulx. Donné à Toulouse le IX⁰ jour de juillet l'an mil quatre cens et douze. Par Messieurs les commissaires : Dubois.

LV

Lettre des consuls de la cité de Rodez aux consuls de Millau touchant la venue de Rodrigue en Rouergue. (11 mars 1432).

Cars et honorables senhors, nos nos recomandam à vos et plassiam vos saber que aysi cum aves pogut veser et avisar la jornada que era entrepresa à Salvaterra, sus lo fag de la sufferta e del govern del pays no se es tenguda à causa de la venguda de Rodigo. E cum segon que nos es avist sia molt necessaria causa al pays consideradas moltas causas que vesem e per moltz parlars ausem e sentem que si dones qualque bona provesio e bon orde; e sia dupte que degun non vuelha trebailhar ni dar obra ni orde seno que per nos meymes nos ho fasquem; per so vos pregam que en so vulhas avisar e nos brevamen certificar de vostre bon voler et ententa, els autres senhors a qui toca als quals ho vulhas far saver, car perilhs es que degu non aia gayre cura de nos senon que de nos procedisa. Item plus, senhors, el es vers que Rodigo nos ha tramesa na gayre una lotra escriven à nos, à vos, à Compeyro et à St-Affrica sus lo fag del senhor de Bergonha laqual nos haven uberta per so car totz à qui s'endressava no podiam pouch esser ensemble, e nos no savian que se contenia, ni se era causa cochada, ni perilhosa. Item nos en ha tramesa à nos et als cossols de Boro una autra sus lo fac de l'acord de non passar e lauta marcha, lasquals vos trametem per lo portador de las présens per soque las veias e ne sias certificats et avisets sus lo contengut daquelas al melhor que poyres al profich et honor del pays « afin que » per colpa nostra ni per negligencia degus enconveniens ni dampnatges al pays non puiscan enpenre, car al jorn duey tala gen a pro am petita de ocasio coma saves : plasia vos que retenguda copia de las dichas letras per vos e per trametre à ont vos sera avist los originals nos remetes car publicamen nos fon estadas presentadas e bayladas. De las materias ni dels afars no vos escriven autramen car be saven ho crezen que tot cant nos ne sabem vos ne sabes ; mas se causa vos plasia que à nos sia possibla à far que nos ho mandes fiablamen car de bon cor nos ho farem en pregan nostre senhor que vos aia en sa gardà. Scrich à Rodez, lo XI de mars.

Los cossols de la cieutat de Rodez.

LVI

Lettre des consuls de Gaillac (d'Albigeois) aux consuls de Millau au sujet de la venue de Rodrigue de Villandrando en Languedoc. (*27 Mars 1433*).

Honorables e cars senhors et nos bos amix, Nos Nos recomandam à vos. Et plasa vos saber que per la venguda de Redigo e de sas gens que devo venir en aquest pays d'Albiges, segon que alcus disa, om nos vol cargar de gens d'armas, en nostra vila. Et per saber la certanetat si lo dic Rodiguo ve ho deu venir en aquest pays, nos envian lo portador en vostras marchas, perque nos vos pregam carament que vos plassa de nos escrieure per lo portador la certanetat de so que ensauretz affi que nos ne estiam avizatz. Car nos fariam autant per vos em semblan cas, ho major. Et se deguna causa vos plat que puescam far mandam la nos car la farem de tres bon cor. Nostre seignor, honorables e cars seignors e nostres bos amix, vos tenga en sa sancta garda. Escrig à Gaillac à XXVII de mars.

LVII

Lettre de Charles VII concédant à Millau les droits du Souquet et des Barres. (*27 septembre 1434.*)

Charles, par la grâce de Dieu roy de France, à tous ceulx qui ces présentes lettres verront, salut. Savoir faisons de la partie de nos bien amés les consuls, habitans et communaulté de nostre ville d'Amilhau en la senerchaussée de Rouergne nous avoir esté exposé que par l'octroy de feu nostre très cher seigneur et père cui Dieu pardonne et par le nostre les dits exposans ont cueilli et fait cueillir et lever par certain temps ung souquet, c'est à savoir la dixième partie de la pinte ou pot de vin vendu au détail en la dite ville d'Amilhau, et un barrage sur les bestes entrans et passans tant par icelle ville comme par dessus le pont d'icelle ; et est assavoir sur chascun cheval ou jument ou autre beste chevaline, un denier tournois ; sur chascun asne ou anesse, obole tournois ; sur chascun bœuf ou vache, un denier tournois ; sur chascun pourceau ou truye, un denier tournois, et sur chascune douzaine de moustons ou brebis, un denier tournois ; et l'argent qui en est issu, converti et employé en réparacions, fortifications, remparemens de la dite ville d'Amilhau. Toutes voyes puis et a guères une des tours et grant partie de la muraille d'icelle ville et aussi le pont ont esté par les inundations des rivières et eaux passant par dessoubs le dit pont et joignant icelle ville rompuz, despechiez, cheuz et démoliz et sont en voye de devenir et choir en plus grant démolition, se briesvement n'y est pourveu ; et seroit impossible aux dits exposans de faire et soustenir d'eulx-mêmes les frais et missions que pour rédifier et remettre en estat les dits tour, muraille et pont, sans encore prendre et lever les dits souquets et barrage, ce que n'oserait faire sans nostre congié et licence, si come il dit y ceulx humblement requérant. Pourquoy nous ces choses considérées désirant nostre dite ville estre mise et tenue en estat afin d'obvier aux inconveniens qui par faute desdites réparations se pourroient ensuivre et aussi que ledit pont ne vienne en ruyne, aus dits consuls, habitans et communaulté, avons octroyé et octroyons de nouvel de grâce spécial par ces présentes que jusques à sept ans entiers prochains venans, ils puissent lever et prendre ledit souquet et aussi ledit barrage sur les bestiaux entrans en la dite ville d'Amilhau ou qui passeront par dessus le pont d'icelle par la manière que ci-devant est prescrit et déclaré ; pour l'argent qui en yssira convertir et emploier en réparations, soustènement, fortifications, remparements des dites ville et pont d'Amilhau et non ailleurs, pourvueu toutes voyes que la plus grant et seine partie desdits consuls et habitans se consentent à ce et que nos droits de domaine et aides n'en soient aucunement diminués et que celui ou ceulx qui seront comis à recevoir les deniers qui viendront et yssiront des dits souquets et barrage en rendent compte par devant nos gens et officiers en temps et en lieu, et donnons en mandement par ces présentes mesmes à nos juges dudit lieu d'Amilhau et de Compierre et à tous nos autres justiciers officiers ou à leurs lieutenans et à chascuns d'eulx si come à lui appartiendra que de nostre présents grâce et octroy fassent, seuffrent et laissent les dits exposans user plainement et paisiblement en contraignant ou faisant contreindre à paier les dits souquets et barrage tous ceulx qui pour ce seront à contraindre par toutes voyes deues et raisonnables, car ainsi nous plaist-il, etc. Donné à Tours le XXVIIe jour de septembre l'an de grâce mil CCCC trente et quatre et de nostre règne le douziesme. Par le conseil, Juquechon.

LVIII

Lettre de rémission pour les consuls et habitants de Millau, Saint-Affrique, Saint-Sernin, Saint-Rome-de-Tarn, Nant et autres lieux du ressort de la Justice royale de Millau et Roquecezlère. (*16 juillet 1436.*)

Karolus, Dei gracia Francorum rex : notum facimus universis presentibus et futuris, nos humilem supplicationem consulum et habitatorum villarum et locorum de Amiliano, de Competro, de sancto Romano, de sancto Afri cano, de Villa Vaurrensi, de sancto Saturnino, de Nanto et alicorum locorum sub ressorto Judicature nostre Amiliani et Ruppisceserie constitutorum in senescallia ruthenensi recepisse continentem quod lapsis temporibus et presertim in dispositione que longe diu viguit in regno nostro cujus facto non potuerunt ipsi supplicantes comode, sub debita correctione justitie regularum, quinymo ipsi, qui in fronteria situantur Ducatus Aquitanie et in metibus Burdigalarum, humana infirmitate impulsi, cum inimicis nostris Anglicis necessario habuerunt frequenter conversare, procurando abstinentias guerrarum libertatemque captivorum in potestate ipsorum inimicorum existentium, et alias, citra expressam, proditiones, conspirationes, seu tractatum per ipsos supplicantes contra nos seu nostram majestatem regiam in favorem dictorum inimicorum nostrorum ullo modo contemptus; in super proclamationes et ordinationes super facto monetarum nostrarum factas, assumendo monetas, billonum, extra metas, ordinatas transportando et alias ipsas transgrediendo ad effectum deducere ac observare minime curarunt, nec non senescallis, judicibus, comissariis et servientibus nostris, vel eorum locumtenentibus, in exercicio suorum officiorum aut alias vim intulerunt, salvas gardias fregerunt, violaverunt privilegia bonaque ac jura rei publico ipsarum communitatum, temporibus eorum regiminis minus bene protegerunt, deffenderunt ac conservaverunt contra eorum juramenta, in assumptione eorum regiminis prestitaa temere veniendo nec non seditiones, congregationes et monopolia illicita conceperunt, contratus illicitos et usurarios fecerunt, pluraque alia enormia crimina et delicta comiserunt et perpetraverunt sane ulterius percepimus quod inter ceteros dictarum communitatum manentes quidem Petrus et Johannes Coleti, fratres mercatores dicte ville de sancto Africano, eorum malicia inveterata perseverantes per suas iniquas persuationes a consortio et benigna communione ceterorum popularium ipsius ville se totaliter segregari student diversas ceditiones, discordias et zisanias inter ipsos populares seminando, et potissime totiens quatiens contingit per nos tallias seu subsidia imponi seu indici et inter subditos ejusdem communitatis sit et coequari per eosdem; unde eorum facto, vicio et culpa solent subsequi et de die in diem generantur et subsequentur discenciones, rebellationes, scandala et alia infinita damna et inconvennientia nobis et subditis nostris perniciosa viciosaque ac mali exempli que diu est sub dissimulatione remanserunt et remanent impunita memorative. Supplicantes nostram graciam super hoc quo ad se misericorditer impertiri postulantes nosque attendentes veram et inviolatam fidelitatem quam dicti supplicantes apud nos et predecessores nostros lapsis temporibus integre servaverunt... gracia speciali quittavimus perdonnavimus et remisimus... per presentes... prefatis Johanne et Petro Coleti fratribus dumtaxat exceptis... Datum Turonis die XV mensis Julii anno domini millesimo CCCC tricesimo sexto et regni nostri quarto decimo.

Per regem, Domino Karolo de Andenavia, Bastardo Aurelianensi, Chrystoforo de Aricuria et thesaurario andegavensi presentibus. Juvenat.

LIX

Lettres de Charles VII concédant à Millau trois foires (12 *mai* 1437)

Charles, par la grâce de Dieu, roy de France, aux séneschal de Rouergue et juge d'Amillau ou à leurs lieutenants salut. De la partie de nos bien améz les consuls, bourgeois et habitans de nostre dicte ville de Amillau nous a esté exposé que en icelle ville qui est assise à l'entrée de nostre pays de Rouergue marchissant et voysine de nos pays de Languedoc, Velay et Gévaudan, en grand trespas de marchandises, et laquelle est fort peuplée et y afflue grans gens de plusieurs pays, n'a aucunes foires fors une qui riens ne vault ; et seroit chose bien expédiant et prouffitable pour lesdits exposans qui sont nos subgés sans moien et le bien de la chose publique du pays que y en feussent mises sus et ordonnées aucunes et en seroient nos droits et revenues de plus grant prouflt si come ils dient. En nous humblement requérant que attendu les grans charges et dommaiges que lesdits exposans ont eues à l'occasion de la guerre et mesmement des logis des gens d'armes qui ont esté souventes fois sur le pais d'environ ; il nous plaist leur donner congié de y en mettre sus trois au long de l'an aux termes qui s'en suivent ; c'est assavoir : une le jour de nostre Dame mi-aoust, une autre le jour de la chière Saint-Pierre et une autre le jour Saint-Johan en may, durant chacune trois jours. Pourquoi nous, considéré ce que dit est, désirans le prouflt et augmentation de nos villes et subgies, vous mandons et commettons à chacun de vous sur ce requis que appellez ceulx qui seront à appeler, vous vous informiez bien diligemment de et sur ce qui dit est : mesmement quel prousflt ou domaige seroit pour nous ou pour la chose publique du pays à l'octroy des dites foires ; se es lieux et villes voisines se tiennent aucunes foires auxdits jours à qui elles puissent préjudicier, se nos droits et domaine en seroient aucunement diminué, et icelles foires faire publier es lieux et villes voisins de la dite ville où verrez estre à faire ; en renvoyant icelle information feablement close et scellée avecque vos advis et assignant jour aux opposans s'aucuns en y a par devant nos amés et féaulx les gens de nostre grant conseil pour pourvoir sur ce come il appartiendra par raison.

Donné à Palmas le XIIᵉ jour de may l'an de grâce mil CCCC trente-sept et de nostre règne le XVᵉ soubs nostre scel ordenière en l'absence du grant.

Après cette lettre, le roi en donna trois autres qui ne sont qu'une amplification et une modification de la première : nous ne les rapportons pas à cause de leur longueur. On les conserve dans les archives de

Millau avec le registre contenant toute la procédure faite pour l'établissement des trois foires. (Voir la liasse HH. 1.) L'ancienne foire de Millau, tenue le 28 octobre, durait six jours et n'était franche que les quatre premiers jours. Ces cinq foires, qui existent encore, ont beaucoup perdu de leur ancienne importance Quelques unes sont devenues nulles et valent moins qu'un simple marché.

LX

Lettres de Louis XIII accordant à Millau une foire et un marché. (*Novembre 1638.*)

Louis, par la grâce de Dieu, roy de France et de Navarre, à tous présens et à venir, salut. Nos chers et bien amés les consuls et habitans de la ville de Millau en Rouergue nous ont faist remonstrer que la dicte ville est assise en beau et bon païs, abondante en toutes comodités, d'un grand nombre d'habitans, fermée et close de murailles dans laquelle il y a bureau d'élection, baillage et autres jurisdictions, environnée de plusieurs bourgs et villages; pour plus ample décoration de laquelle et comodité du public les exposans désireroient y faire establir une foire tous les ans, le cinquième de novembre, outre trois autres qui y sont déjà establies et un marché tous les mardy de chaque semaine outre celui qui y est aussi establi le vendredi. Pourquoy ils nous ont très humblement suplié et requis leur octroier nos lettres nécessaires. A ces causes désirans favorablement traiter les exposans en considération de leurs services et affection qu'ils nous ont tesmoignée; nous, pour ces causes et autres considérations à ce nous mouvans, avons créé, ordonné et establi et ce, de nostre grâce spécialle, plaine puissance et authorité royalle, faisons, créons, ordonnons et establissons, par ces présentes, signées de nostre main, en ladite ville de Millau, une foire, toutes les années, le dit jour cinquième novembre, et un marché, tous les mardy de chacune semaine, outre ceux qui y sont déjà establis, pour y estre tenus, entretenus et continués à perpétuité, à tels semblables droits et libertés que les autres foires et marchés d'icelle ville et des environs ; voulons qu'aux dictes foires et marché, toutes personnes puissent venir vendre, achepter, trocquer et eschanger toutes sortes de denrées et marchandises licites et permises et non defendues, comme aux autres foires et marchés dudit pays. Et pour les faire tenir et asseoir, permettons aux dits suppliants d'établir lieux et places et faire bastir des halles, bancs et estaux, logis et autres choses nécessaires pour la comodité des marchands et seureté de leurs marchandises, etc. Donné à Saint-Germain en Laye au mois de novembre l'an de grâce mil six cent trente huit et de nostre règne le 29ᵉ

Louis.

NOTE SUR LES ROUTIERS

Au temps des guerres des Anglais contre la France, on appela routiers ces bandes armées qui couraient par le pays pour le saccager. L'origine de ces brigands remonte au XII siècle au moins. Alors on les désignait par le nom de *Ruptarii* pour *Ruptuarii*, dit Ducange, ce qui veut dire gens pillards, destructeurs, incendiaires. En effet, ces brigands armés et enrégimentés passaient leur temps à ravager les campagnes, lorsqu'ils ne servaient pas d'auxiliaires aux princes et aux seigneurs allant en guerre les uns contre les autres. De *Ruptarii*, toujours d'après Ducange, se forma le mot *Rutharii Rotharii* que les

Français du XIVᵉ siècle rendirent par routiers. Quant aux bandes de ces brigands, on les appela *Ruta, Rutta* et *Rupta*, qu'on traduisit en français par route, rotte, et rota, en langue vulgaire. D'autres auteurs, donnent une autre étymologie au mot routier. Ducange, qui rapporte leurs opinions, dit qu'elles sont moins probables que celle que nous venons d'exposer d'après la sienne. Nous sommes de son avis et le lecteur voudra bien ne pas tenir compte de ce que nous avons dit sur l'étymologie du mot rota à la page 253 de ce volume.

FIN.

Cet ouvrage, imprimé aux frais de l'auteur, n'a été tiré qu'à cent exemplaires. On aurait pu doubler et même tripler le nombre des pièces justificatives qu'il renferme et y ajouter plusieurs extraits tirés des registres consulaires qui ont rapport à la guerre de cent ans. C'est ce que nous aurions fait si ce volume n'avait pas été déjà trop fort et la dépense trop grande. Les sociétés savantes peuvent seules prendre à leur charge de pareilles publications. Puisse une d'entre elles entreprendre cette œuvre et la mener à bonne fin ! Ce serait un service signalé rendu au pays dont l'histoire est à faire et qu'on ne pourra bien faire qu'en mettant en œuvre les pièces originales, contenues dans nos archives locales. D'ailleurs le feu et d'autres accidents peuvent détruire ces documents ; c'est une raison de plus de les publier pour les conserver ainsi à la postérité.

Dans le Xᵉ volume de la nouvelle édition de

l'*Histoire du Languedoc*, M. Auguste Molinier a publié 22 chartes qui ont un rapport direct à l'*Histoire du Rouergue* pendant les guerres avec les Anglais. Pour notre part nous en avons rapporté cinquante-neuf; et comme nous l'avons déjà dit, on aurait pu en recueillir un plus grand nombre dans les archives de Saint-Affrique, de Millau et de Rodez, sans parler de celles qui se trouvent à à Paris dans la collection Doat, où M. Molinier a puisé les siennes.

ERRATA

Page 219, ligne 18, *au lieu de* aux partis, *lisez*: aux parties.

Page 224, ligne 15, *au lieu de* les partis, *lisez*: les parties.

Page 253, ligne 15, *au lieu* d'assujetties, *lisez*: assujetties.

Page 253, ligne 29, *au lieu de* l'angue, *lisez*: langue.

Page 255, ligne 13, *au lieu de* l'unique métier des compagnies des gens d'armes, *lisez*: l'unique métier de ces compagnies de gens d'armes.

Page 266, ligne 4, *au lieu de* Magnac, *lisez*: Marnhac.

Page 288, ligne 24, *au lieu* d'archevêque, *lisez*: archevêché.

Page 419, ligne 29, *au lieu de* quant, *lisez*: quand.

TABLE DES MATIÈRES

AVANT-PROPOS

CHAPITRE PREMIER

Situation du Rouergue pendant les cinq années qui précédèrent son annexion à l'Angleterre. Page.................... 7

CHAPITRE DEUXIÈME

Prise de possession et administration du Rouergue par les Anglais. Défaite du comte d'Armagnac par le comte de Foix à la bataille de Launac. Page.................................... 36

CHAPITRE TROISIÈME

Le roi d'Angleterre érige l'Aquitaine en principauté et la donne à son fils aîné, le prince de Galles, qui en prend possession. Page.. 60

CHAPITRE QUATRIÈME

Évènements qui eurent lieu en Rouergue pendant l'année 1364. Page.. 77

CHAPITRE CINQUIÈME

Thomas de Wetenhale est nommé Sénéchal du Rouergue. Page.. 91

CHAPITRE SIXIÈME

Guerre d'Espagne et ses suites funestes. Page............ 105

TABLE DES MATIÈRES

CHAPITRE SEPTIÈME

Derniers États d'Aquitaine. Page...................... 123

CHAPITRE HUITIÈME

Ligue des seigneurs gascons contre le Prince d'Aquitaine; réfutation de quelques erreurs historiques touchant Rodez et Villefranche. Page.................................. 138

CHAPITRE NEUVIÈME

Attaque du Rouergue par les Français; prise de la Roque-Valsergue, de Roquecézière et de Valady; siège de Compeyre; défaite et mort du sénéchal Thomas de Wetenhale dans le Camarès. Page.............................. 166

CHAPITRE XIÈME

Pénible situation de Millau. Jacques Comitis et son épouse, dona Flors. Notables habitants de Millau, partisans de l'Angleterre. Millau reçoit la réponse des docteurs de Bologne. Millau reconnaît la souveraineté du roi de France sur l'Aquitaine. Évacuation du Rouergue par les Anglais. Mort de Jean Chandos. Le Prince d'Aquitaine quitte la France. Sa mort en Angleterre. Page................................ 210

CHAPITRE ONZIÈME

Conduite de Charles V après l'évacuation du Rouergue par les Anglais. Les compagnies. Courses des routiers en Rouergue. Les bâtards d'Armagnac et de Landorre, les capitaines Blazy, Pansart, Hiennequet, chargés de la garde du pays. Prise de Figeac par les Anglais. Rachat de cette place par les Français. Passage du duc de Lancastre sur la frontière septentrionale du Rouergue. Mort de Jean I, comte de Rodez. Jean II, son fils, est nommé gouverneur du Languedoc. États de Rodez. Un consul de Millau, détroussé par les routiers. Le duc d'Anjou reprend le gouvernement du Languedoc. Convocation des communes à Montauban. Projet de bataille à Moissac. Assemblée des délégués des communes à Toulouse. Demande de subsides. Refus de la part des délégués du Rouergue. Appel au roi. Extermination de routiers à Béziers. Le grand Ferré. Page................................ 247

CHAPITRE DOUZIÈME

Les Anglais s'emparent de Carlat. Le capitaine Pierre de Galard. Prise de Peyrelade, de la Liquisse et de Saint-Jean-du-Bruel par les routiers. Voyage du duc d'Anjou en Rouergue. Etats de Rodez. Jean de Cardaillac, patriarche d'Alexandrie et administrateur de l'évêché de Rodez. Bertrand de Cardaillac, prétendu évêque de Rodez. Le commandeur de Bellechassaigne. Etats du Rouergue tenus à Rodez. Traités du comte d'Armagnac avec les routiers de Carlat, etc. Olivier de Malechat est battu par les Anglais à la Couvertoirade. Nouvelles courses de Pierre de Galard en Rouergue. Les Etats du Rouergue votent deux cents lances pour la défense du pays. Les Anglais de la forteresse d'Ansols. Millau fait raser ses faubourgs. Massacre à Montpellier du sénéchal du Rouergue. Page.................. 279

CHAPITRE TREIZIÈME

Troubles dans le Languedoc à l'occasion de la nomination du duc de Berry au gouvernement de cette province. Lutte entre le duc de Berry et le comte de Foix. Combat de Rabastens. Etats de Rignac. Campagne du comte de Charolais dans le Vabrais. Jean de Baylenox prisonnier à Millau. Mort de Jean II, comte d'Armagnac. Le sire d'Albret. Mobilité des seigneurs gascons dans leur conduite politique. Courses des Anglais de Curvale en Rouergue. Mort et sépulture de Pierre de Galard à Rodez. Nouvelles courses des Anglais en Rouergue. Assemblées des Etats du Rouergue. Bernard Colomb. Jean Taffanel. Le comte de Charolais chargé de la garde du Rouergue. Le routier Jean de Vica. Frère Jean Ermite de Figeac. Fêtes de la noblesse du Rouergue. Jean III d'Armagnac nommé capitaine général des guerres. Jean de Vica défait, à Recoules, le Chopi de Badefol. Départ du comte d'Armagnac pour la France. Etat de la Province. Page 310

CHAPITRE QUATORZIÈME

Etats généraux du Languedoc, tenus à Rodez, pour racheter les places occupées par les Anglais. Résultat du traité fait avec les routiers. Réparation des feux du Rouergue. Impôts. Combat singulier entre un Français et un Anglais. Les routiers Montfalco, Guiot de Creusi. Le bort d'Arnac et un de ses valets prisonniers à Millau. Le seigneur d'Arpajon est fait prisonnier par les Anglais de Carlat. Voyage de Charles VI en Languedoc. Reprise des négociations pour le rachat des places occupées par les routiers. Etats de Villefranche. Les capitaines Graulet et Guigo de Marcillac. Expédition d'Italie. Mort du comte d'Armagnac, Jean III ; Bernard VII lui succède. Prise de Peyrusse. Démêlés des communes du Rouergue avec les commissaires royaux, Jean de Blaizy et Pierre de Saulx. Prise de Marcillac et rachat du Roc-Dunzac par le maréchal Boucicault. Les Tuchins du Rouergue. Les Anglais de Pousthomi. Siège de Creyssels. Bernard, comte de Rodez, et le vicomte de Creyssels. Cruautés du comte Bernard. Conflit entre le comte de Rodez, vicomté de Creyssels, et la commune de Millau. Page... **343**

CHAPITRE QUINZIÈME

Bernard VII, comte d'Armagnac et de Rodez. Le château de Gages. Luttes des communes du Rouergue, contre le comte Bernard. Mort du comte de Rodez, devenu connétable de France. Discussion sur le lieu de sa sépulture. Funérailles de Bonne de Berry, comtesse de Rodez. Prédications de St-Vincent-Ferrier en Rouergue. Thomas Connecte. Frère Raphaël. Page. **394**

CHAPITRE SEIZIÈME

Votes de nombreux subsides par les Etats du Rouergue. Etats généraux de Tours en 1429. Rodrigue de Villandrando. Voyage de Charles VII en Languedoc. Son passage en Rouergue. Etablissement des foires de Millau. Ravages du Rouergue, par les troupes de plusieurs capitaines français. Guerre entre le roi de France et le comte Jean IV d'Armagnac. Défaite des Anglais en Guienne. Leur expulsion définitive de la France. Page **425**

Millau. — Imp. Artières et J. Maury.

LE ROUERGUE SOUS LES ANGLAIS

PAR

M. L'ABBÉ J. ROUQUETTE

Nous lisons dans les *Annales du Rouergue et du Quercy* (N° du 1er juillet 1888), un compte-rendu de cet ouvrage, par M. AUGUSTE MOLINIER, ancien élève de l'école des Chartes, conservateur à la bibliothèque Ste-Geneviève. Nous le reproduisons avec d'autant plus de plaisir que son auteur est très compétent pour apprécier des travaux de cette nature. Les lecteurs de la nouvelle édition de l'Histoire du Languedoc savent que c'est à M. AUGUSTE MOLINIER qu'a été confié le soin de surveiller et d'annoter cet important ouvrage.

De tous les chroniqueurs français du xive siècle, Froissart est encore aujourd'hui le plus lu, le plus souvent cité ; en effet, où trouver plus de talent, plus de grâce ? Tout se réunit pour retenir le lecteur : tableaux de mœurs, détails pittoresques, expressions vives. Bien informé, l'auteur l'était sans contredit ; il avait, durant sa longue existence, fréquenté ou connu la plupart des acteurs des guerres anglo-françaises et parcouru le théâtre de beaucoup des actions de guerre qu'il raconte avec tant d'humour. Aussi, pendant longtemps, l'a-t-on cru sur parole, et la plupart des livres de vulgarisation sur l'histoire du xiv siècle ne sont que la paraphrase des *Chroniques*, avec pour intermèdes de longues citations du texte original. Le malheur a voulu que Froissart fut un homme d'imagination, un littérateur; il n'a pas peint les hommes tels qu'ils étaient, raconté les événements tels qu'ils étaient passés, mais tels qu'il les voyait ou plutôt qu'il les voulait voir. Que l'on accepte en partie son témoignage quand il s'agit des mœurs, des idées, des usages de son temps, passe encore, à condition de le coriger, de le compléter à l'aide d'écrivains moins partiaux et moins amoureux de la forme; mais depuis longtemps les érudits savent que, pour les faits, il n'y a pas grands fonds à faire sur lui. Erreurs de dates, confusions de noms et de personnes, ce sont là petits défauts inévitables dans toute composition historique de longue haleine; mais, reproche plus grave, Froissart était partial, vivait dans un monde artificiel, le monde chevaleresque. Enfin, il paraît en plus d'un cas avoir estimé, comme bien d'autres, que la forme, le style étaient choses plus importantes que le fonds. Aussi quiconque veut écrire l'histoire vraie, doit-il préférer au témoignage de cet auteur, soit celui de chroniqueurs moins brillants, mais plus sincères, tels que Jean de Venette ou le Religieux de Saint-Denis, soit celui des documents originaux.

Cette nécessité, reconnue dès le xviii siècle, — D. Vaissette a contribué pour sa bonne part à corriger quelques-unes des erreurs du chroniqueur de Valenciennes, — a été encore plus vivement sentie de nos jours; de là l'édition critique de M. Luce, les travaux de MM. Lacabane et Bertrandy, les notes de la nouvelle édition de l'*Histoire du Languedoc*.

Mais la plupart de ces travaux ont été composés à Paris et leurs auteurs n'ont connu des archives de province que les rares mentions éparses dans des inventaires très brefs, parfois inexacts et toujours incomplets.

Dépouiller ces fonds d'archives serait donc une entreprise bien utile, surtout dans le Midi, où les villes conservent encore une foule de registres de comptabilité remontant au milieu du xɪvᵉ siècle. Le jour où des travaux méthodiques, analogues à la publication de M. Delaville le Roulx sur les registres de la ville de Tours, auront fait connaître les comptes municipaux de Toulouse, de Montpellier, de Narbonne et d'Albi, on sera bien près d'avoir les éléments complets d'une histoire du Languedoc au xɪvᵉ siècle.

C'est la tâche que M. l'abbé Rouquette s'est imposée pour le Rouergue ; il avait publié les premiers résultats de ses recherches il y a bon nombre d'années, mais il avait rencontré tant de contradicteurs dans son propre pays, qu'en dépit de l'approbation de quelques personnes moins prévenues, on pouvait craindre qu'il n'en donnât jamais la suite. Fort heureusement l'auteur ne s'est pas découragé, et le volume qu'il vient de publier : *Le Rouergue sous les Anglais*, (Millau, 1887, in-8°) répond bien à ce qu'on espérait de l'auteur de la mince brochure parue en 1869.

M. l'abbé Rouquette étudie la période qui s'étend de 1356, année de la bataille de Poitiers, à 1453, date de l'expulsion définitive des Anglais de la Guyenne ; sauf exception, il ne s'occupe que du Rouergue et ne parle que par occasion des événements étrangers à cette province. Son travail est donc avant tout un livre d'histoire locale ; mais le Rouergue ayant subi le contre-coup de tous les graves évènements qui signalèrent cette période d'un siècle, tout historien devra le consulter avec profit.

L'auteur débute par un tableau bien étudié de la situation du Rouergue au moment du traité de Brétigny, qui allait céder cette province à l'Angleterre, et les comptes municipaux de Millau lui permettent de compléter et sur quelques points de rectifier ce que ses prédécesseurs avaient dit. Avec le chapitre II

(p. 36) commence l'histoire de la domination anglaise, qui dura de 10 à 12 ans, suivant les localités. Il ne semble pas que les villes aient montré la moindre répugnance à accepter cos nouveaux maîtres; il faut d'ailleurs convenir que les premiers administrateurs anglais ne firent rien pour choquer les sentiments des pays annexés ; les privilèges municipaux furent confirmés, les usages maintenus, et, plus riche que le roi de France, Edouard III sut garantir en partie les Rouergats contre les déprédations des pillards qui battaient le pays. La situation changea à l'arrivée d'Edouard de Galles en Aquitaine ; le Prince Noir était un grand prodigue ; il se montra maladroit et sut mécontenter à la fois les villes en leur demandant des subsides exorbitants et les nobles en les traitant avec hauteur. Les débuts de son sénéchal de Rouergue, Thomas de Wetenhale, furent pourtant heureux ; cet officier prit en main les affaires et les conduisit avec habileté en suivant les errements de ses prédécesseurs français. Mais tous les agents Anglais n'étaient pas aussi adroits et pour n'en citer qu'un, David Cradoc se fit remarquer par sa brutalité, son avidité, son arrogance. Il est curieux de voir dès le XIVᵉ siècle se manifester les traits principaux du caractère Anglais, tel que le dépeignent les anglophobes de nos jours. En tout cas, c'est après l'expédition d'Espagne, qui ruina ses finances, que les difficultés commencèrent réellement pour le prince de Galles ; il fallait de l'argent, Don Pèdre le Cruel n'ayant point tenu ses promesses ; on demanda aux habitants de la Guyenne de nouveaux subsides ; mais pour les lever, on avait besoin de l'assentiment des seigneurs et du plus puissant de tous, le comte d'Armagnac. Le Prince Noir ne sut pas les gagner, et, pour résister à leur suzerain direct, ils s'adressèrent au roi de France. Tel est l'origine du célèbre appel de 1369 qui reçu par Charles V, amena la rupture du traité de Brétigny et l'expulsion des Anglais.

Ce n'est pas que les bourgeois eussent montré en cette occasion le moindre enthousiasme ; si dure, si capricieuse qu'elle pût être la domination anglaise n'était à aucun égard pire que celle des Capétiens, et les sentiments patriotiques prêtés aux habitants de Villefranche et de Rodez par certains écrivains du pays n'existaient guère au xiv° siècle. L'histoire que M. l'abbé Rouquette substitue à ces récits romanesques est moins brillante, mais plus vraie ; elle nous montre les agents de Charles V et du duc d'Anjou achetant un à un les principaux bourgeois de Millau, de Rodez et de Villefranche, et les détachant par toutes sortes de faveurs du parti Anglais. Même système, même résultat en Quercy et en Agenais ; presque partout, dans les pays cédés en 1360, la noblesse est française, les seigneurs se souviennent qu'ils ont combattu aux côtés de chevaliers du nord, à Crécy, à Poitiers ; leurs affaires, leurs intérêts, leurs sympathies, tout les rattache à la France. Plus pratiques moins chevaleresques, les habitants des villes acceptent pour maître celui qui leur promet les plus beaux privilèges, qui leur donne les gages les plus sûrs de bonne et loyale administration. C'est à la politique habile de Charles V et aux fautes du Prince Noir que la France doit ses succès de 1368 à 1380 et non à des sentiments patriotiques qui naissaient à peine dans les anciens domaines de la dynastie capétienne, qu'on n'aurait pu sans injustice exiger des provinces méridionales réunies à la couronne depuis moins de cent ans.

Toute cette partie de travail de M. Rouquette est excellente ; on peut en dire autant de celle qui suit (p. 310 et suiv.) ; l'auteur y raconte les négociations pour le rachat des forteresses occupées par les routiers (1380-1387). Sur une foule de points, on y retrouvera des faits curieux ; on y verra les routiers vivant à même sur le pays et y commettant les pires excès ; c'est un supplément utile au célèbre chapitre de l'*Histoire de Duguesclin*, dans lequel M. Luce a tracé un tableau si pittoresque de l'existence que menaient ces aventuriers de sinistre mémoire.

M. Rouquette s'est moins étendu sur l'histoire du xv° siècle; on doit néanmoins signaler les pages qu'il consacre au passage de saint Vincent Ferrier, à Millau, en 1416 (p. 418 et suiv.), et quelques détails nouveaux sur les incursions en Rouergue du célèbre Rodrigue de Villadrando; on y trouverait de quoi compléter sur certains points le beau livre de Jules Quicherat. L'ouvrage se termine par une soixantaine de pièces justificatives des plus curieuses, privilèges municipaux, extrait de comptes, etc. On ne pourra, cette fois reprocher à l'auteur de n'avoir point donné les preuves de ses assertions.

Pour conclure, souhaitons que les archives municipales de chacune des anciennes provinces composant le Languedoc, soient un jour dépouillées avec ce soin et cette patience. Le jour où l'Albigeois, le Toulousain, le Narbonnais, le pays de Montpellier auront été l'objet de travaux semblables à celui de M. l'abbé Rouquette, l'histoire de cette province au xiv° et au xv° siècles pourra être écrite; jusque-là, trop souvent, on devra procéder par hypothèse et laisser subsister bien des lacunes.

AUGUSTE MOLINIER,

Conservateur à la Bibliothèque Sainte-Geneviève, ancien élève de l'Ecole des Chartes.

Dans le numéro du 15 juillet 1888 des *Annales du Rouergue et du Quercy*, nous lisons la lettre suivante de M. SIMÉON LUCE, membre de l'Institut :

Paris, 1er juillet 1888.

Monsieur le Directeur,

Vous avez eu l'obligeance de me remettre, de la part de M. l'abbé J. Rouquette, la seconde édition, considérablement augmentée, de l'ouvrage publié en 1869 par ce savant ecclésiastique sous le titre de : *Le Rouergue sous les Anglais*.

En ce qui concerne la première édition, je me permets de renvoyer les personnes qui auraient la curiosité de connaître mon opinion sur cette première forme de l'ouvrage de M. l'abbé Rouquette, aux notes du tome VII de mon édition des *Chroniques de F. Froissart*, ainsi qu'à la page 164 de la nouvelle édition du *Rouergue sous les Anglais*.

Cette nouvelle édition montre encore mieux que la première l'heureux parti que les travailleurs du midi de la France, s'ils étaient doués de la sagacité et de l'ardeur au travail qui distinguent M. l'abbé Rouquette, pourraient tirer des archives communales, extrêmement riches et presque inexplorées, de la région située au sud de la Loire. L'auteur du *Rouergue* a élevé un monument durable, fondé sur l'étude des actes, et que tous les érudits qui s'occuperont désormais, je ne dis pas seulement des annales de cette province, mais encore de l'histoire générale de notre pays à l'époque de la guerre de Cent ans, devront consulter et mettre à profit. Le succès de haute estime, sinon d'argent et d'honneurs, qui a couronné les nobles efforts de M. l'abbé Rouquette, excitera l'émulation et tentera l'ambition, nous l'espérons du moins, de la jeunesse méridionale.

Il y a dans l'étude des archives locales, mieux conservées en général au sud de la Loire qu'au nord de ce fleuve, un champ immense qui s'offre pour ainsi dire au zèle et à la science des défricheurs. Qu'on lise dans la seconde édition du *Rouergue sous les Anglais* les pages consacrées aux prédications de Vincent Ferrier à Millau (p. 418 à 424) ou la curieuse mention d'un message du bâtard d'Orléans annonçant la levée du siège de cette ville par la Pucelle (p. 433), on verra qu'il a suffi à M. l'abbé Rouquette d'interroger les archives d'une ville, aujourd'hui fort modeste, pour recevoir les réponses les plus neuves et les plus intéressantes. Je suis heureux d'applaudir à de tels résultats et je vous prie, Monsieur le Directeur, de transmettre mes remerciements à l'historien de la guerre de Cent ans dans le Rouergue.

Veuillez agréer mes salutations.

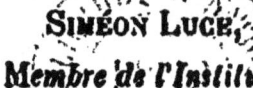
SIMÉON LUCE,
Membre de l'Institut.

www.ingramcontent.com/pod-product-compliance
Lightning Source LLC
Chambersburg PA
CBHW071401230426
43669CB00010B/1411